普通高等教育研究生教学用书

Theory and Methods of Comprehensive Traffic Hub Plan
综合交通枢纽规划理论与方法
（第 2 版）

何世伟　编著

人民交通出版社股份有限公司

北京

内 容 提 要

本书主要介绍综合交通枢纽规划的基本理论和方法。全书分四篇。第一篇交通枢纽规划概述,包括:交通枢纽的概念与特性,交通枢纽规划;第二篇交通枢纽规划的基本原理,包括:枢纽规划的原则、程序、内容、形式及要求,交通枢纽规划的前期准备和综合调查,社会经济与土地利用分析预测,枢纽交通需求预测,交通枢纽规划方法,枢纽交通影响分析,枢纽规划方案的综合评价;第三篇交通枢纽规划,包括:铁路枢纽规划、港口枢纽规划、公路主枢纽规划、机场枢纽规划和城市交通枢纽规划;第四篇综合枢纽规划,包括:综合枢纽规划概述、航空与高速铁路综合枢纽规划、港口与铁路综合枢纽规划。

本书可作为交通运输专业的高年级本科生、研究生教材,并可供在交通规划与管理部门、规划设计研究院、相关科研部门、咨询公司、公共利益组织以及其他相关机构从事交通运输规划等工作的人员参考。

图书在版编目(CIP)数据

综合交通枢纽规划理论与方法/何世伟编著.—2版.—北京:人民交通出版社股份有限公司,2024.2
ISBN 978-7-114-19137-4

Ⅰ.①综⋯ Ⅱ.①何⋯ Ⅲ.①交通运输中心—规划—研究生—教材 Ⅳ.①U115

中国国家版本馆 CIP 数据核字(2023)第 243723 号

Zonghe Jiaotong Shuniu Guihua Lilun yu Fangfa

书　名:	综合交通枢纽规划理论与方法(第2版)
著 作 者:	何世伟
责任编辑:	张一梅
责任校对:	赵媛媛　魏佳宁
责任印制:	刘高彤
出版发行:	人民交通出版社股份有限公司
地　址:	(100011)北京市朝阳区安定门外外馆斜街3号
网　址:	http://www.ccpcl.com.cn
销售电话:	(010)59757973
总 经 销:	人民交通出版社股份有限公司发行部
经　销:	各地新华书店
印　刷:	北京市密东印刷有限公司
开　本:	787×1092　1/16
印　张:	22.5
字　数:	548千
版　次:	2012年9月　第1版
	2024年2月　第2版
印　次:	2024年2月　第2版　第1次印刷　累计第2次印刷
书　号:	ISBN 978-7-114-19137-4
定　价:	68.00元

(有印刷、装订质量问题的图书,由本公司负责调换)

第2版前言

近年来,我国交通枢纽的建设和发展取得举世瞩目的成就。在国家政策层面,《交通强国建设纲要》《国家综合立体交通网规划纲要》提出了构筑多层级、一体化的综合交通枢纽体系,重点建设京津冀等4大国际性综合交通枢纽集群,推进建设20个左右国际性综合交通枢纽城市以及80个左右全国性综合交通枢纽城市的目标,将综合交通枢纽列入"十四五"规划102项重大工程项目予以推进。《国家物流枢纽布局和建设规划》《国家物流枢纽网络建设实施方案(2021—2025年)》提出,选择127个城市作为国家物流枢纽承载城市,规划建设212个国家物流枢纽,聚焦打造"通道+枢纽+网络"现代物流运行体系。交通运输部等部门联合印发的《现代综合交通枢纽体系"十四五"发展规划》,围绕建设现代综合交通枢纽体系,进一步明确"十四五"交通枢纽发展的具体任务。这些振奋人心的政策和文件为新时期综合交通枢纽体系化大发展指明了方向,传递了高质量发展下新的更高要求。这些均为本书的再版修订提供了新背景、新要素和新变化。

随着交通强国建设加快、国家综合立体交通网布局不断完善,综合交通枢纽在提高综合运输组合效益、优化运输结构、完善城市功能、促进交通与其他产业融合发展、支撑现代物流体系建设等方面的地位和作用愈发突出。党的二十大报告提出要以中国式现代化全面推进中华民族伟大复兴。这就要求交通枢纽发展要顺应时代、符合国情、彰显特色。交通运输是国民经济循环的载体,是链接国际国内两个市场、配置国际国内两种资源的基础条件和重要纽带。新时代要加快建设中国特色现代综合交通运输体系,交通枢纽作为综合交通体系的重要内容,需要完整、准确、全面贯彻新发展理念,主动融入服务构建新发展格局,加快推进交通运输高质量发展。要围绕构筑人民交通、智慧交通、可持续交通三大支柱,持续深化交通运输供给侧结构性改革,拓展交通有效投资,优化网络空间布局,补齐交通设施短板,以交通枢纽为重要切入点,强化方式间、区域间一体衔接,提升交通运输系统供给能力和质量水平。要把实施扩大内需战略同深化供给侧结构性改革有机结合起来,扩大交通运输生产消费,以交通枢纽为落脚点,培育交通运输新业态、新模式和产业链新优势,推动交通运输与先进制造业、现代农业、现代服务业深度融合发展,建设高效顺畅的现代流通体系,增强国内大循环内生动力和可靠性。要持续深化交通运输重点领域和关键环节改革,以交通枢纽为示范点,推动交通运输要素市场化配置,推进交通运输投融资体制改革,强化交通运输系统韧性和战略支撑保障能力,加快构建政府、市场、社会等多方共建共治共享的交通运输现代化治理体系。要推进交通运输高水平对外开放,以交通枢纽为着力点,以国内国际交通互联互通为支撑,建设面向全球的具有超大规模优势的统一大市场,以国内大循环吸引全球商品和资源要素集聚,推动国内国际循环相互促进,推进现代国际物流供应链发展,提高国际运输应急处突能力,维护全球供应链产业链稳定,推动共建"一带一路"高质量发展。

因此，准确理解新时代综合交通枢纽发展的新定位，深刻认识枢纽在锚固和支撑国家综合立体交通网建设中的关键地位，有利于增强枢纽在国民经济发展中的战略牵引和要素集聚能力，加强枢纽与国土空间、城镇、产业发展的融合联动，开创枢纽高质量发展的新局面。当前，我国综合交通枢纽发展已进入体系优化、互联成网、提档升级的历史机遇期，需要在着力推进不同运输方式一体衔接的基础上，提升枢纽的一体化、集约化、人文化、复合化水平，促进枢纽服务供给与需求实现更高水平的动态平衡。要从国际国内、区域城市的整体视角及战略定位出发，统筹考虑设施布局、线网衔接、功能配套、运输组织、服务供给等，加快优化整个枢纽体系，提升枢纽体系的整体效能，提供更高品质的服务，促进枢纽经济发展。

本书第1版于2012年9月正式出版，基于上述新背景、新政策和新要素的影响，本教材亟待修订再版。

第2版教材在继承第1版教材系统性、综合性、方法性的基础上，保留了各种交通方式在内的综合交通枢纽规划的基本理论与方法内容，进一步丰富了国内外综合交通枢纽规划的先进理念和实际做法，补充了"十三五"以来的相关枢纽规划的新特征和新变化，使教材内容更加贴近枢纽发展需求。作者在教材编写过程中参考了大量与枢纽相关的文献，在此向这些文献的作者表示衷心的感谢！

感谢北京市地铁运营有限公司、北京公共交通控股（集团）有限公司及科研院所等企（事）业专家学者为本书提供的工程实践案例，为交通运输专业本科生、研究生、校企联合培养工程硕博士生以及从事交通运输规划工作的专业人员提供了学习参考。感谢国家重点研发计划课题（2018YFB1201402）、中央高校基本科研业务费专项（2022JBQY006）、北京交通大学工程硕博士校企联合培养建设专项的支持。

特别感谢人民交通出版社股份有限公司对本书第2版修订工作的大力支持！

由于作者水平所限，书中内容不准确甚至错误之处在所难免，恳请专家、读者批评斧正。

作　者
2023年12月

第一篇 交通枢纽规划概述

第1章 交通枢纽的概念与特性 ··· 2
1.1 交通枢纽的概念 ·· 2
1.2 交通枢纽的分类 ·· 2
1.3 综合交通枢纽的构成 ·· 5
1.4 综合交通枢纽的功能与特性 ······································ 9
1.5 综合交通枢纽的形成与发展 ···································· 12
复习思考题 ·· 23
第2章 交通枢纽规划 ·· 24
2.1 区域与城市规划理论发展对枢纽规划的影响 ······················ 24
2.2 交通规划理论发展对枢纽规划的影响 ···························· 35
2.3 综合运输系统理论对枢纽规划的影响 ···························· 42
2.4 枢纽规划的意义 ·· 46
复习思考题 ·· 47
本篇参考文献 ·· 47

第二篇 交通枢纽规划的基本原理

第1章 枢纽规划的原则、程序、内容、形式及要求 ······················ 50
1.1 枢纽规划的原则 ·· 50
1.2 枢纽规划的程序 ·· 51
1.3 枢纽规划报告的主要内容及报告图表 ···························· 52
复习思考题 ·· 54
第2章 交通枢纽规划的前期准备和综合调查 ···························· 55
2.1 基础资料的收集整理与分析 ···································· 55
2.2 交通模型的选择、建立与校核 ·································· 59
复习思考题 ·· 64

第3章 社会经济与土地利用分析预测 65
3.1 社会经济分析预测 65
3.2 交通枢纽与土地利用的关系分析 67
3.3 土地利用模型 71
复习思考题 74

第4章 枢纽交通需求预测 75
4.1 交通需求分析概述 75
4.2 交通生成 76
4.3 交通分布 79
4.4 交通方式划分 84
4.5 交通分配 86
4.6 组合优化模型 88
复习思考题 93

第5章 交通枢纽规划方法 95
5.1 交通枢纽选址 95
5.2 线网规划 109
5.3 交通组织设计 122
复习思考题 132

第6章 枢纽交通影响分析 134
6.1 概述 134
6.2 枢纽交通影响分析的流程及内容 137
复习思考题 143

第7章 枢纽规划方案的综合评价 144
7.1 枢纽规划方案评价概述 144
7.2 评价系统的组成 145
7.3 综合评价方法 149
7.4 评价案例 155
复习思考题 165

本篇参考文献 165

第三篇 交通枢纽规划

第1章 铁路枢纽规划 168
1.1 概况 168
1.2 铁路枢纽规划的原则及方法 174
1.3 宏观层次规划 176
1.4 中、微观层次规划 179
1.5 规划案例 189

复习思考题 ··· 196
第 2 章　港口枢纽规划 ·· 197
　2.1　概况 ·· 197
　2.2　港口枢纽规划的原则及方法 ······································ 199
　2.3　宏观层次规划 ·· 201
　2.4　中、微观层次规划 ·· 204
　2.5　规划案例 ··· 209
　　复习思考题 ··· 212
第 3 章　公路主枢纽规划 ··· 213
　3.1　概况 ·· 213
　3.2　公路主枢纽的规划原则及方法 ··································· 214
　3.3　宏观层次规划 ·· 218
　3.4　中、微观层次规划 ·· 220
　3.5　规划案例 ··· 224
　　复习思考题 ··· 228
第 4 章　机场枢纽规划 ·· 229
　4.1　航空港概述 ·· 229
　4.2　航空港规划原则及方法 ·· 232
　4.3　航空港宏观层次规划 ··· 235
　4.4　航空港中、微观层次规划 ··· 237
　4.5　规划案例 ··· 256
　　复习思考题 ··· 260
第 5 章　城市交通枢纽规划 ·· 261
　5.1　概况 ·· 261
　5.2　城市交通枢纽规划原则及方法 ··································· 265
　5.3　宏观层次规划 ·· 270
　5.4　中、微观层次规划 ·· 270
　5.5　规划案例 ··· 276
　　复习思考题 ··· 281
本篇参考文献 ·· 281

第四篇　综合枢纽规划

第 1 章　综合枢纽规划概述 ·· 284
　1.1　综合交通枢纽 ·· 284
　1.2　综合交通枢纽规划的内容 ··· 286
　1.3　综合交通枢纽规划 ·· 287
　1.4　规划案例 ··· 299

复习思考题 ·· 305

第 2 章　航空与高速铁路综合枢纽规划 ······································ 306
　2.1　概况 ·· 306
　2.2　航空与高速铁路枢纽规划原则及方法 ································ 310
　2.3　联合枢纽规划 ·· 313
　2.4　规划案例 ··· 321
　　复习思考题 ·· 327

第 3 章　港口与铁路综合枢纽规划 ·· 328
　3.1　概况 ·· 328
　3.2　铁路与港口联合枢纽规划原则及方法 ································ 329
　3.3　铁路与港口联合枢纽规划 ··· 332
　3.4　规划案例 ··· 344
　　复习思考题 ·· 350

本篇参考文献 ·· 350

第一篇

交通枢纽规划概述

第1章 交通枢纽的概念与特性

1.1 交通枢纽的概念

枢纽,《辞海》的解释为"比喻冲要的地点,事物的关键之处"。以此类推,交通枢纽(或称运输枢纽)自然是交通的"冲要地点"和"关键之处"。

交通枢纽,一般地处路网各大通道或线路的交叉点,是运输过程和为实现运输所拥有的设备的综合体,是交通运输网的重要组成部分,也是路网客流、物流和车流的重要集散中心。它不仅是关系到运输全局的重要运输组织和生产基地,保证路网畅通、实施运输宏观调控的关注焦点,一般又是交通运输网中各种交通方式相互联系、相互配合的重要环节和支持所在地区经济和社会发展的重要基础设施、产运销联系纽带、客流乘降与中转换乘中心。交通枢纽包含运送过程(客货运输)、技术设备(车站、港口、线路、仓库等)、监督及管理手段等重要内容,在运输系统中具有特殊重要的地位和作用。

综合交通枢纽,特指在两种或两种以上干线运输方式衔接地区办理长途、短途及城市客货运输的各种技术设备的综合体。关于综合交通枢纽的定义很多,比较有代表性的是将综合交通枢纽定义为:国家统一运输体系的组成部分,是由若干种运输(不少于两种干线运输)方式所连接的固定设备(构筑物)和活动设备(载运工具、装卸工具等)组成的统一体,共同完成货物及旅客运输的中转与地方作业。

交通枢纽的定义很多,一般而言有狭义与广义之分。狭义的交通枢纽非常强调枢纽的形式特征及功能,如某一交通方式的枢纽有两个突出的特点,其一是两条以上线路的交叉点,其二是多种设备的综合体。对于综合交通枢纽,两条以上线路的交叉点可以看作两种或两种以上的多种交通方式的交叉点,如一条铁路与一条公路或者一条铁路与一个港口等,这就使综合交通枢纽的范围大大扩充。广义的交通枢纽还包括枢纽的定位、经济社会作用等,如国家级综合交通枢纽是国家综合运输体系和国家基础设施的组成部分,城市综合交通枢纽是重要的市政设施及建筑,使其能更好地服务于与国家或城市层面的规划和建设统筹。

1.2 交通枢纽的分类

根据不同的标准,交通枢纽有如下分类。

1)按所在地区主要的交通方式分类

交通枢纽包括铁路枢纽、公路枢纽、航空枢纽、水运枢纽、管道枢纽等。其中,铁路枢纽是两条及以上铁路线路交会形成的铁路设施设备的综合体;公路枢纽是两条及以上公路线路交会形成的公路设施设备的综合体;航空枢纽是两条及以上的航空线路交会形成的航空设施设备的综合体;水运枢纽是通过两条及以上航路连接多个港口的水运设施设备的综合体;管道枢纽是多条管道交会形成的设备综合体。

2)按服务的主要对象分类

交通枢纽包括客运枢纽、货运枢纽、客货运枢纽等。客运枢纽是以客运作业为主的枢纽,如华盛顿枢纽等。货运枢纽是以货运作业为主的枢纽,如徐州枢纽、山海关枢纽等。客货运枢纽是客货运作业都较多的枢纽,如北京枢纽、上海枢纽、广州枢纽和武汉枢纽等。

由于城市客运枢纽特殊的重要性,往往又将其从客运枢纽中分离出来,进行专门的规划设计研究,形成很多针对城市客运枢纽本身的一些分类,具体如下:

(1)衔接城市交通与对外交通的客运枢纽,一般是集多种交通工具和多种服务于一身的综合性、多功能客运站,是多种交通方式相互衔接所形成的大型客流集散换乘点,更是多种对外交通方式与市内交通的衔接点。此类枢纽有两类:一类是大型综合性客运枢纽,包括火车站、汽车站、港口、飞机场等对外交通设施;另一类是作为公路主枢纽组成部分的公路客运站。此类客运枢纽的特征是衔接城市与对外交通,为旅客提供方便、快捷的换乘条件。

(2)城市中心区的换乘枢纽。这类枢纽主要是在城市内部轨道交通线路交叉处形成的大型公交换乘站,其交通方式主要是轨道交通、公共交通及自行车交通。此类客运枢纽的特征是以市民或旅客的娱乐、休闲、购物、上班、办事为主,且以城市居民为主。此类枢纽的客流量特别大,尤其是在上下班高峰期间。

(3)城市边缘的大型换乘枢纽。这类枢纽主要是城市边缘的大型停车换乘站,截流外围城镇、郊区、远郊区进入主城区的小汽车,换乘轨道交通和优质公交进入主城各区域。随着城市向外拓展以及私人小汽车的发展,这类枢纽也开始变得越来越重要。此类枢纽的客流以进入市区上班、娱乐、休闲、购物等居住在郊区的居民或外围的城镇人口为主。

对货运枢纽而言,也有服务于城市内部居民生产、生活相关物流系统的货运枢纽,以及为更大区域范围甚至全国性、国际性过境物流的集结、中转等服务的货运枢纽之分。

3)按地理位置分类

交通枢纽包括陆路枢纽、滨海枢纽和通航江河枢纽。其中,陆路枢纽,如我国的西安枢纽、洛阳枢纽、长春枢纽、北京枢纽等;滨海枢纽,如我国的上海枢纽、大连枢纽、宁波枢纽等;通航江河枢纽,如我国的上海枢纽、武汉枢纽、重庆枢纽、宜宾枢纽等。

4)按作业类型分类

交通枢纽包括中转枢纽、地方性枢纽和混合型枢纽等。其中,中转枢纽以办理直通或中转客货运业务为主,地方运量甚少或所占比重很小,如我国的郑州枢纽等;地方性枢纽以办理地方作业为主,中转运量较少,如我国的广州枢纽等;混合型枢纽不仅具有大量的地方作业,同时办理相当数量直通客货运作业,如我国的成都枢纽等。

5)按交通方式的组合分类

交通枢纽包括铁路—公路枢纽、水路—公路枢纽、水路—铁路—公路枢纽和综合交通枢纽等。

(1)铁路—公路枢纽

这种由陆路干线组成的枢纽分布于内陆地区。我国的枢纽中约50%以上属于此类型。

(2) 水路—公路枢纽

由河运或海运与公路运输等运输方式组成的枢纽,一般水路运输起主要作用,公路运输为其集散旅客、货物,如我国沿海一些城市的枢纽。

(3) 水路—铁路—公路枢纽

此类枢纽因水路有海、河之分,又包括三种情况:海运—河运—铁路—公路枢纽(位于通航干线河流入海口处);海运—铁路—公路枢纽;河运—铁路—公路枢纽。前两种多以海运起主要作用,并有庞大的水陆联运设施,如我国的上海、荷兰的鹿特丹、美国的新奥尔良、俄罗斯的圣彼得堡都是有名的河口港。我国的大连、青岛,法国的布勒斯特等是海运—铁路枢纽的典型代表。由河运—铁路—公路组成的枢纽,有些铁路运量占比大,有些水运比重较大,如我国的南京、武汉、哈尔滨,俄罗斯的伏尔加格勒、彼尔姆,美国的圣路易斯等都是重要的水陆枢纽。

(4) 综合交通枢纽

综合交通枢纽是交通枢纽发展的高级阶段。其组成方式有:建立了五种运输方式的枢纽;具有铁路、公路、海运(或河运)、航空(或管道)等多条干线的枢纽;虽然无水运但具有其他四种运输方式(铁路、公路、管道与航空)多条干线的大型枢纽。我国的上海、北京、沈阳、天津、武汉等已形成具有不同运输方式组合的综合交通枢纽。

6) 按服务市场范围分类

交通枢纽包括国际性枢纽、全国性枢纽、区域性枢纽和地方性枢纽。以美国货运枢纽为例,地方性枢纽主要为地方性市场提供服务。所谓地方性市场通常是指使用短程载货汽车,从离开到回到枢纽车站的时间小于载货汽车一天的工作时间(美国法律规定每名驾驶员每天最长连续工作的时间为10h);区域性货运枢纽通常为一定的地理区域提供服务,特别是为国家的某一部分地区提供直接的服务(如美国联邦快递 FedEx 运营的区域性枢纽与孟菲斯的全国枢纽相连或者是诺福克南部系统的多式联运铁路编组站与芝加哥或者诺福克的主要枢纽相连);全国性货运枢纽为全国范围的货运服务,如芝加哥或者堪萨斯州的铁路枢纽,或者是孟菲斯、路易斯维尔的航空枢纽。国际性海关车站或者国际性货运枢纽通常为进出国外市场的货物提供直接服务。国际性港站与枢纽要提供进出口货物所需的特殊的服务(如准备相关文件、海关的通关、检查与连接等),通常根据清关的可能性定义国际性货运枢纽,除非根据边境协议可以优先清关(如美国与加拿大、墨西哥的国际铁路货运)。区域性、国家性以及国际性货运市场通常要求 24h 全天候服务,而地方性市场只需要常规的商业工作时间服务。一些区域性、全国性或者国际性货运枢纽提供货物的中转服务,由于中转货运与货运枢纽的地理位置无直接联系,因此如果要按货运量来对货运枢纽进行分类,就必须说明铁路与公路承担中转运量所占的比例。

7) 按用户数量分类

枢纽也存在有不同的实体使用与分享的问题。根据枢纽内用户数量划分,枢纽可分为单用户枢纽和多用户枢纽。如果只是为特定的海运船舶、铁路或者航空经营人使用的枢纽,称为单用户枢纽;相反,能为很多用户提供服务的枢纽,称为多用户枢纽。此外,根据枢纽的所有权,枢纽还有公有与私有的区别。通常而言,公共枢纽的用户(其中不少是租用设施)比私有枢纽的用户更具变动性与不稳定性。比如,世界航空货运量长期排名第一的美国孟菲斯机场作为重要的货运航空枢纽,为单用户枢纽,主要为联邦快递提供航空货运的集散任务,联邦快递货运量占机场全部货运量的90%以上。

8)按交通干线与站场空间分布形态分类

交通枢纽包括终端式枢纽、伸长式枢纽、环形辐射式枢纽、辐射半环枢纽和组团式枢纽等。其中,终端式枢纽,分布于陆上干线的尽端或陆地边缘处,如连云港、青岛枢纽等;伸长式枢纽,干线从两端引入呈延长式布局,如兰州、伏尔加格勒枢纽等;辐射式枢纽,是各种运输干线可以从各方向引入的枢纽,如郑州、徐州枢纽等;环形辐射式枢纽,由多条放射干线和将其连接起来的环形线构成,如北京、维也纳、巴黎、伦敦、布鲁塞尔、柏林枢纽等;辐射半环枢纽,由多条放射干线和将其连接起来的半环线构成,多分布于海、湖、河流岸边,如芝加哥、圣彼得堡、布宜诺斯艾利斯、里斯本枢纽;组团式枢纽,由交通干线把若干个主要区域连接起来的枢纽,如华盛顿枢纽。

9)按枢纽所在经济地理区域及其内在关联性分类

在同一经济地理区域内的交通枢纽往往以枢纽群的形式共同发挥作用,如我国交通枢纽按地理位置分类,可以分为华北区、华东区、中南区、西南区、西北区、华南区等。

10)按枢纽内部的各种换乘关系分类

按照城市交通枢纽中各种交通方式间的换乘关系,可以分为停车换乘枢纽(Park and Ride)、临停换乘枢纽(Kiss and Ride)、供车换乘枢纽[为乘客方便换乘旅行提供配套服务,如美国机场提供汽车租赁服务,欧洲(如德国铁路)提供汽车、自行车等租赁服务等]。

此外,根据交通功能、布置形式、规模等,交通枢纽还可划分为:对外枢纽和市内枢纽、立体枢纽和平面枢纽、一级枢纽和二级枢纽等。

1.3 综合交通枢纽的构成

1.3.1 交通枢纽的构成

交通枢纽的构成如图1-1-1所示,包括枢纽对外交通系统、枢纽内部交通系统、枢纽内外交通系统的结合部。

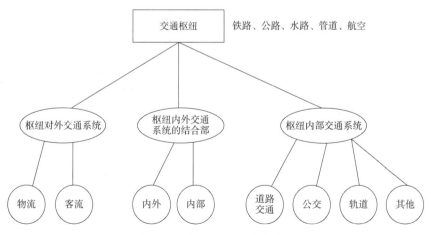

图1-1-1 交通枢纽的构成示意图

1.3.2 枢纽设备

枢纽主要的设备包括港站、通道线路、配套附属设备、信息管理。现以五种干线运输方式为例进行说明。

(1) 铁路枢纽

其通路和设施包括共同完成客、货运作业的正线、车站和其他设备,以及专用线、联络线。作业量大时,还分别形成为客运服务的通路与设施,如客运正线、客运站、客运技术作业站等;为货运服务的通路与设施,如货运正线、专用线、编组站、货运站、地区站、工业站等,并通过各种联络线将它们连为整体。具有这些复杂设施时,就形成铁路枢纽。铁路枢纽是许多大型综合交通枢纽的核心设施之一。

(2) 水运枢纽(河运、海运)

其设备包括水上部分——水域与航道,一般多为客运与货运船舶共用;以岸线为核心的陆域,一般都区分为设置有旅客站舍的客运码头,设有堆场、仓库、专用线和装卸设备的货运码头。货运码头又可分为通用码头、专用码头和工商企业用货主码头等。

(3) 公路枢纽

公路枢纽包括对外公路线路、立体交叉桥、客运站、货场、停车场、保养基地等。

(4) 航空枢纽

航空枢纽包括航空港的客运站、货运站和导航设备等。

(5) 管道枢纽

管道枢纽包括专用管道、泵站、储油(气)库等。

在交通枢纽的组成中,实际包含三方面性质不同的交通运输系统,如图 1-1-1 所示。上述五种交通方式枢纽可被视为沟通国内与国外、国内各地区和各城市之间物流与客流联系的外部交通运输系统。此外,还有实现城市内部联系的交通运输枢纽(包括工业运输设施和城市交通运输设备等),以及城市内部与外部交通的结合部。而城市内部联系的交通运输枢纽的设备构成如下。

(1) 工业运输枢纽

包括工矿企业专用线路和有关车站等。

(2) 城市交通运输枢纽

包括担负市区内与市郊客、货运的道路网、水道网、各种公共客运交通设施和专业货运设施等。

事实上,每个交通枢纽都包含这三方面的交通系统,但并非都具备上述各套设施。规模大的枢纽多较复杂,规模小的枢纽一般都较简单。

1.3.3 枢纽的协调

在枢纽设施设备的规划与布局中,应注意其在五个层面的协调:

(1) 枢纽层级的协调

交通枢纽往往涉及铁路、公路、内河航运、海港、运输管道和航空等多种交通方式,而综合交通枢纽更是多种交通方式统筹融合为一体的海陆空协同体系。由于不同性质的客货需求对时间、距离、费用及个性化服务等各不相同,不同交通模式的客货流存在较大差异,各种交通方式自身也存在不同层级体系等,这些都决定了综合交通枢纽体系必须是多层级、一体化,并且要在节点上实现更高层面的客货供需动态平衡。以我国为例,在"十四五"期间,首先要依托超大型城市群内高度发达的多方式一体化综合立体交通网,以国际性综合交通枢纽城市为核心,建设面向世界的京津冀、长三角、粤港澳大湾区、成渝地区双城经济圈四大国际性综合交通枢纽集群。其次要加快建设国际性综合交通枢纽城市以及全国性综合交通枢纽城市,有效支撑国际和跨区域人员交往、物流中转集散、资源高效配置。最后要建设一批国际性综合交通枢纽港站、全国性综合交通枢纽港站,推进综合交通枢纽一体化建设。而如何协调国际性、全国性、区域性和地方性综合交通枢纽的内在联系,是需要重点关注的问题。

(2) 站址选定的不同理念与协调

一般认为外部交通系统的站址应设立在城市的外围,如航空港、水运码头、铁路客运站和公路长途客运站等,利用城市内部交通系统,实现城市内部旅客与长途客运站间的集散;而城市内部的公交枢纽则需要设立在客流大量聚散或人口稠密的地区,但这种观点也受到强烈的质疑,比如欧洲的高速铁路车站一般均引入城市中心,不仅方便旅客长途出行,而且减少了对城市交通的干扰与影响,但存在投资大、拆迁困难等问题。我国高速铁路车站的站址,应该设立在市中心还是城市边缘,相当长时期以来争议很大,目前还没有定论。

在枢纽选址中,还需要考虑枢纽内具有多个同类型场站时换乘、中转作业的相互协调与配合问题。以北京枢纽客运系统为例,其对外客运系统有机场、铁路客运站和长途公路客运站等,主要铁路客运站包括北京、北京南、北京西、北京北、丰台、清河、朝阳、城市副中心等8座车站。在枢纽布局时,必须考虑这些客运站之间的旅客换乘问题,如机场与高速铁路客运站之间客流如何换乘,普通铁路客运站与高速铁路客运站客流如何换乘,高速铁路客运站与高速铁路客运站之间客流如何换乘,铁路客运站与长途公路客运站之间客流如何换乘等。这些都是枢纽规划设计改造需要考虑到的问题。目前,方便客流换乘的做法是在枢纽地区加强站点联系或实现多种交通方式客运站点的整合,如考虑机场与高速铁路客流方便换乘的做法是将高速铁路引入到机场,在机场修建高速铁路车站;将公路长途客运站站址与铁路车站站址进行整合,在大型铁路客运站附近修建长途公路车站,以方便客流在公路运输与铁路运输方式之间的换乘等。在站点难以整合的地区,通过地下或者高架快速通道或者公交专用线路,方便站点之间的联系。

(3) 通道选择的协调

枢纽通道是指外部交通干线与枢纽内部场站的连接线路。通过枢纽通道,将外部干线交通引入到枢纽内部的场站。枢纽规划中通道的预留与选取非常重要。这一方面是由于土地的价格增加很快,特别是大城市中心区土地价格飞涨,非预留的通道或选取不当的通道不仅拆迁难度大,而且拆迁费巨大,往往比相距数十米外的预留通道费用超出数十亿元,甚至上百亿元,导致工程费用剧增,在我国也多次出现枢纽地区铁路与高速公路线路争夺同一通道的情况;另一方面,原来预留的通道站位选取、线路条件或者客货流条件一般都比较好,相比新选通道建成后企业运输收益要好,这也成为通道选择的重要原因。而地方政府也需要考虑投资费用、拆迁费用、公众态度、旧城改造、新城建设等一系列问题,因此,通道的规划往往成为不同运输行业间以及与地方政府博弈的焦点。目前,广泛采用的做法是修建立体的复合通道,比如在原有的枢纽道路通道的下方修建轨道交通系统或地下高速道路,或者通过高架的方式,修建新的快速道路或城市轨道交通系统;还有就是利用原有的地面大铁路系统通道,在其旁边或上面修建高架的快速道路或者城市轨道交通线路,比如北京地铁13号线就是在原有京包铁路的上方修建高架的线路,通过共用同一线路通道,减少拆迁工作,降低工程费用。

(4)附属设施的协调

枢纽作为各种交通设施汇聚的设备综合体,与直接服务于旅客和货物的客货运场站相比较,枢纽的附属设施主要提供其他配套服务(如提供载运工具的加油、整备、维护、修理等工作)。在进行各种枢纽场站与设备布局规划时,必须考虑其这些服务的专业性特征,比如铁路枢纽的技术站,其附近必须配备相应的机务段、车辆段等,以方便完成列车牵引相关的机车出入段整备、车辆维修等工作;高速铁路客运站附近也必须配备相应的动车运用所、动车段等,以方便高速动车组的日常检修和保洁、整备等工作。同样道理,要求必须统筹考虑港口、机场、公路客货运站及地铁站等枢纽的各类附属设施的规划布局与主要场站的布局,使枢纽各种作业组织能相互协调、配合,更加方便、顺畅。

(5)互联互通的协调

交通枢纽是实现多种交通方式或同一交通方式不同线路互联互通,实现衔接及中转、换乘等服务的重要基础设施。互联互通不仅包括硬件基础设施的物理连通、标准衔接,为跨线贯通运营提供基础保障,也涉及安检、收费、清算、信息、管理与服务等软件环节的统一标准与衔接,以实现服务水平的提升。以轨道交通"四网融合"互联互通为例,必须考虑不同线路、车辆、供电、通信、信号、站台门、收费等多个专业的标准统一,列车才可能在交通枢纽不同线路贯通运行,实现从"人"换乘到"车"换线的突破。对于不同交通方式的联运枢纽,比如空铁联运枢纽,除了实现将高速铁路、城际铁路、市郊(市域)铁路、城市轨道交通引入机场实现物理连接外,还应该建立健全空铁联程联运管理体制机制,切实打破行业分割,打通运营规则,完善协作机制,破解联程联运管理中的难题。积极推动整合信息平台,加强数据、时刻、规则等衔接,提高信息化、智能化、智慧化水平,便于轨道交通根据航班情况合理调度车辆和旅客安排出行。优化轨道交通车站城市航站楼的值机、行李托运等服务,推进轨道交通与机场安检互认,提供便捷的换乘服务。开发空铁联程联运产品,共同打造优质的空铁联程联运服务。根据航空客流变化情况,轨道交通运营单位合理安排运力,科学编排车次,适时开行快、慢车,满足不同旅客的出行需要。同时,采取一票到底、多种票价机制等灵活措施,方便旅客出行选择等。再如,我国推行的互联互通公交一卡通,目前已实现全国300个地级以上城市跨地域、跨交通方式(地铁、公交、出租等)符合技术规范的终端上消费使用,为旅客出行提供便利。值得指出,枢纽信息的共享是实现枢纽运输工作协调的前提条件,也是枢纽服务水平提升的重要标志。由于枢纽运输工作涉及多样化的服务对象、多种运输方式、每种方式不同的运输设备、各种复杂的作业环节等,信息的共享对于枢纽工作的开展具有重要的价值。如对于港口枢纽,如果能预先获知集装箱船舶的靠泊信息,就能针对性地安排装卸作业,通过协调列车或集装箱卡车到达时间,使集装箱的装卸作业与换装作业同步进行,最大程度降低船舶、列车和集装箱卡车的停靠时间,同时减少货物中转时间,加速货物的送达。同样道理,对于客运枢纽场站,航空、铁路或者公路长途客运系统的信息共享(如载运工具到发时刻信息、售票信息等),可以更方便旅客的换乘,提升客运综合服务水平。枢纽信息共享的主要问题在于,不同运输企业的竞争合作程度、保密信息和公开信息的关系处理等,在有共同利益且保障信息安全的领域有可能最先实现信息共享。

1.4 综合交通枢纽的功能与特性

1.4.1 综合交通枢纽的基本功能

1)运输功能

正如前面定义中所指出,综合交通枢纽是各种运输方式汇集的地区,是大宗客流和货流中转、换乘、换装和集散之地,也是各种运输方式衔接和联运的主要基地。枢纽内的各种技术设备与管理部门均为完成枢纽的功能而服务。枢纽的运输功能主要体现在以下作业过程中:

(1)为本地区旅客的到发以及过境旅客改变旅行方向或换乘另一种交通方式服务;

(2)为各种交通运输方式之间换装货物服务;

(3)通过干线直接将货物送达货运站、码头,通过专用线将货物直接送达工矿企业、仓库,或者反向运出;

(4)将货物由外部干线运输转入城市内部运输线路,或者向相反方向的接运;

(5)为各种交通运输方式运营(接运、发送、编组),车、船等运输工具的周转与检修提供各种技术服务;

(6)枢纽内部运输作业,包括城市各区间及其与郊区间的客货运输。

由此,交通枢纽系统的运输功能如图1-1-2所示。

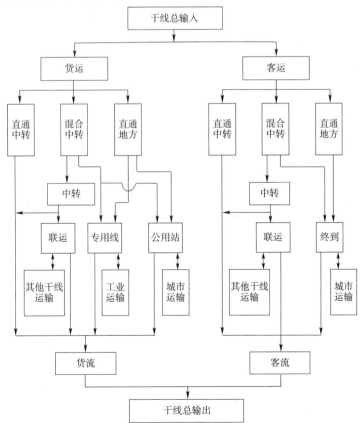

图1-1-2 交通枢纽系统的运输功能

2) 服务功能

除了运输功能之外,服务功能也是交通枢纽功能的一个重要组成部分,包括为各种运输方式的旅客提供行包托运和提取、医疗、信息咨询等基本服务,为货主提供休息、信息、金融等服务,为铁路列车、飞机、船舶、汽车、公交车、出租车、社会车辆等载运工具提供维护、检修、停车等载运工具服务空间。

枢纽的综合服务功能:一是围绕出行服务的便捷顺畅,推进国际客运网络互联开放,促进国内客运网络服务提质和加快联程联运发展,提升旅客出行全链条服务的便捷程度和易行服务体验;二是有助于推动物流服务经济高效,推进国际物流供应链网络联通全球,推动国内物流网络高效发展和加快全程物流链发展,提高物流供应链体系安全性、开放性、可靠性;三是针对冷链物流、应急物流、危险化学品运输、电商快递、定制客运、旅游客运等专业化服务需求,通过完善枢纽配套设施,增强专业化服务功能,可以进一步提高专业化服务供给质量。

3) 经济功能

枢纽的经济功能主要体现在对区域经济的带动作用上,这是与枢纽所具有的独特的优势分不开的。正如前面所说,枢纽是货物与旅客的集散地。从各地来的物资首先要在枢纽汇集,这就使得枢纽所在地区具有其他地区无法比拟的资源优势。从各地来的旅客也要在枢纽汇集,这就给枢纽所在地带来了得天独厚的人员优势。另外,由于枢纽所在地的交通状况比其他地区要便利得多,因此比其他地区具有更好的经济环境。正是由于这些优势使得枢纽地区的经济发展比周围地区有更好的条件,从而成为区域经济的一个生长点。综合交通枢纽的经济功能主要体现在以下几个方面:

(1) 对能源和原材料的汇集功能。这是由枢纽在运输网中本身的特点所决定的,可以说这是一种先天的功能。

(2) 创造了更多的吸引人才的机会。这一功能作用机制十分复杂,主要从社会经济、交通、环境、机会等方面吸引人才。

(3) 吸引投资的功能。这主要是由于枢纽所在地有良好的交通条件,对于投资者来说,这是一个十分重要的因素。

(4) 促进枢纽所在地良好的经济循环的功能。这使得枢纽所在地的经济部门有一个良好的经济条件。

此外,综合交通枢纽作为城市的重要节点,其优越的地理位置、便捷的交通条件和大量的客货流,使枢纽及其周边地区的商业价值不断增加。国外的枢纽多采用"交通枢纽 + 商业开发"的模式,不仅实现了土地的集约化利用,也为乘客和周边地区的居民提供了商业服务,成为区域经济的一个增长点。近年来,我国枢纽在规划设计时,也在不断探索如何能够实现交通和商业的有机结合和良性互动,枢纽的经济功能越来越受到重视。

4) 带动城市发展及土地开发功能

综合交通枢纽是多种运输方式的汇集点,通常也是城市的门户或者地标,大量的客流、货流、车流在此集散、中转/换乘,产生了明显的集聚效应。这种集聚效应将对周边地区产生较强的辐射带动作用,随之形成沿/环枢纽发展轴/圈,甚至逐步成为城市新的发展中心。可以说,综合交通枢纽的发展引导了城市的可持续发展,现代的综合交通枢纽开始逐步从单一的交通功能向城市的其他功能延伸,融为城市的多功能体。

在新型城镇化中,交通设施建设、土地利用与城市发展关系非常密切,比较有代表性如公共交通导向开发(transit-oriented development,TOD)模式,对综合交通枢纽周边土地进行一体化开发,打造城市的发展区域。近年来,"站城"融合协调发展得到更多关注,多种政策措施相继出台:一是推动综合客运枢纽向城市综合体转型、综合货运枢纽向物流集聚区转型发展;二是推动"枢纽+"产业深度融合,如开拓临空经济发展新空间,发展邮轮经济与临港经济,培育临站经济新业态等。

5) 促进文化传承、低碳环保和可持续发展功能

综合交通枢纽建筑往往融合文化、科技、绿色、休闲等诸多元素,成为一个充分展示城市文化和特征的重要名片,往往体现历史传承和独特的地域文化特征。此外,综合交通枢纽在引导乘客采用更清洁、环保、低碳交通方式出行方面可发挥积极作用。从环境保护角度,目前交通枢纽在污水循环利用、太阳能发电、节能环保设计等方面都有更多的新应用。

1.4.2 综合交通枢纽的特性

1) 综合交通枢纽布局的离散性

所谓布局离散性是指在综合交通枢纽内部,各部门性枢纽总是在这一地区以点阵的形式离散地分布于该地区的相应位置,子系统之间总是具有一定的宏观距离。这一特性是在综合交通枢纽形成的过程中自发形成的,原因在于各种运输方式之间存在一定的不相容性,如我国的铁路枢纽与航空港之间总存在相当的距离。这是影响枢纽整体功能发挥的重要因素。

2) 综合交通枢纽内部各运输方式的网状集中性

所谓各运输方式的网状集中性是指各种运输方式总是以各种各样的形式集中于一个相对较小的地区内,从而形成一种枢纽的网状结构。与前面的离散性相对,为发挥枢纽的整体功能,将离散的点通过各种运输线路连接成网。从某种意义上说,这是对离散性缺点的必要弥补,是系统自适应性的一个表现。这一特性具体体现在子系统间通过城市交通或专用线路连接起来,从而有利于枢纽整体功能的发挥。

3) 综合交通枢纽的功能与目标的统一性

所谓功能与目标的统一性是指铁路、水路、公路、航空各部门性枢纽基本功能和目标是统一的,都同样发挥着中转与集散的运输功能和带动区域经济发展的经济功能,都以加速国民经济大循环、促进物资与旅客流通为生产目标。这一特性与各子系统同属于运输企业是分不开的。正是由于枢纽具有该特性,才使得前面所提到的运输方式之间的不相容性具有一定的限度,即限定于技术范围内,而且这一范围必将在该特性的作用下不断缩小。

4) 综合交通枢纽功能发挥的协调必要性和可能性

所谓协调必要性是指综合交通枢纽作为一个整体,必须在规划和管理上相互协调。这一特性取决于以下几个原因:一是由于功能与目标的统一性。由于子系统之间不存在根本性的矛盾,因此系统间的协调是可能的;二是如前所述,任何一种运输方式都无法独立完成运输的全过程,必然存在换乘与换装的问题,因此系统间的协调是必要的;三是由于资源的稀缺性,使得枢纽必须以最小的投入获得最大的效益。这就要求子系统间必须相互协调,从而发挥其整体功能。

5) 综合交通枢纽对区域经济发展的带动性

所谓枢纽的带动性是指枢纽本身不仅是一个运输的功能单位,而且对于枢纽所在地区

乃至整个区域的经济发展具有强大的带动作用。例如，上海综合交通枢纽对于整个华东的区域经济的发展起到了重要的带动作用。"三个中心，一个龙头"就是这种特性的集中体现。

6）综合交通枢纽各子系统发展不平衡性

所谓发展不平衡性是指枢纽内各子系统在能力和技术设备上不可避免地存在着阶段性的差异。之所以存在这一特性，是由于各子系统形成的历史过程及自然条件等不尽相同，因此出现了这种不平衡的现象。例如，目前我国铁路的集装箱运输与装卸设备的发展明显滞后于水运枢纽在这方面的发展，这无疑会造成枢纽的综合效率不高。

7）综合交通枢纽发展的层级性

目前，"单体港站"衔接逐渐向"枢纽体系"优化转变。当前，我国综合交通枢纽发展已进入体系优化、互联成网、提档升级的历史机遇期，需要在着力推进不同运输方式一体衔接的基础上，提升枢纽的一体化、集约化、人文化、复合化水平，促进枢纽服务供给与需求实现更高水平的动态平衡。要从区域、城市整体视角及战略定位出发，统筹考虑设施布局、线网衔接、功能配套、运输组织、服务供给等，加快优化整个枢纽体系，提升枢纽体系的整体效能，提供更高品质的服务。

1.5 综合交通枢纽的形成与发展

1.5.1 枢纽的形成与推动因素

枢纽的形成与发展受到自然条件、技术因素、经济因素、交通网的既有基础与发展条件、城市或区域的发展、国家发展战略等影响，并与社会、政治、文化、国防等相关。这里着重对六大因素做一分析。

1）自然条件

自然条件是交通枢纽形成的重要基础。交通枢纽涉及的设施设备众多且复杂，占地大而又必须相互衔接，因此通常形成和发展于有一定有利条件的地点，地理位置、地形和水文等自然条件都对枢纽的形成和发展产生影响。

（1）陆路交通枢纽或者以陆运为主的交通枢纽，一般形成于以下地点：

①平原、高原、盆地的中心部位。如郑州枢纽在豫中平原甚至中原地区中心，西安枢纽位于关中平原中心，沈阳枢纽形成于东北大平原南部中心，成都枢纽在四川盆地的川西平原中心等。值得指出的是，枢纽并不一定产生于其几何中心处，而是受人类主要聚集地域的政治、经济区域的影响，在最有利于交通干线汇集与客货流集散的地点形成。当这些地区分布有便于通航的江河湖泊时，枢纽不仅在陆路干线汇聚，而且会在水陆衔接的中心部位形成。如哈尔滨枢纽在东北平原北部的松花江滨，莫斯科枢纽位于俄罗斯东欧平原中心的莫斯科河畔，芝加哥枢纽位于美国中部平原偏北处（它不仅是全国铁路中心之一，而且濒临五大湖之一的密歇根湖，建有大型港口，成为美国东部与中西部联系的大门）。

②连接山脉两侧，广大地域的重要垭口山前平原处，并有利于交通干线汇聚的地点。例如，石家庄枢纽位处华北平原，面对通向山西的太行山垭口，是山西对外交通干线与南北交通大干线——京广铁路的衔接点；乌鲁木齐枢纽位于天山中段达坂城垭口之北，扼南北疆交通之咽喉；包头枢纽位于河套平原，是通向阴山北侧内蒙古高原广大牧区的必经之地，同时

又是跨黄河通向鄂尔多斯高原的要津渡口。丹佛位处美国中西部通往西海岸的山前口位置。

③走廊地带的中心。在连接相邻区域的走廊地带,因多条干线交会而成为枢纽。例如,兰州枢纽地处黄河与牛栏山之间的河谷地带,是内地通往河西地区、新疆与青海的必经之地和干线的分岔点;宝鸡枢纽位于关中平原的西端,地处宽仅 2~4km 的狭长河谷地带,是西北地区通向西南地区以及西北腹地的干线分岔地点。

(2) 水陆枢纽,一般都形成于通航主干江河或沿海有利于建港、便于与陆上交通干线相衔接的地点。

①重要的通航支流汇入干流的地点,沟通了强大的陆上交通干线,从而形成水陆交通枢纽。其实际上多是由水运为主枢纽发展而成。我国长江干流上有许多这种类型的枢纽,如宜宾、泸州、重庆、九江、芜湖等。

②由单一水运枢纽发展而成,如我国的宜昌即为此种特殊情况。它不是在支流汇入干流处,而是因进出险要的三峡航道而发展起来的船舶停靠与中转地,随着铁路的通达与三峡大坝的修建而成为重要的水陆枢纽。

③老的陆上交通干道通过江河的要津渡口和水陆交通衔接的枢纽,逐渐发展成为现代的水陆交通枢纽,如我国的南京、武汉,英国的伦敦等。

④通航江河入海口附近的早期海港沟通铁路或多条公路干线后而成为水陆枢纽。通达铁路者会成为大型枢纽,如我国的上海和广州、俄罗斯的圣彼得堡、荷兰的鹿特丹、美国的新奥尔良等。

⑤在有良好水域条件(深水位、波浪小、不结冻等)和陆域条件(地形开阔、工程地质条件好、有通向腹地的筑路条件)的沿海地点建设现代港口和强大的铁路线、管道、公路,是现代许多大型水陆枢纽的主要兴起地点,如我国的大连、青岛、连云港、湛江,美国的旧金山、洛杉矶,印度的孟买等。

2) 技术因素

自然条件对枢纽的形成固然有着重大影响,但随着技术的进步,为枢纽克服不利条件、利用有利条件创造了可能性,这些在水陆交通枢纽的布局演变和发展方面表现最为突出。被江河湖海分割的枢纽,利用轮渡可将运行车辆(包括承载的旅客与货物)分批运过江河,减少了换乘倒装环节(如我国的烟大轮渡),但在恶劣气象条件(大雾、风浪过大)下仍要断航。跨江河建设大型桥梁和水下隧道则比轮渡又有了更大的进步,车辆无须待渡,可直接驶过江河,运行时间大大缩短,能力则成倍提高;而且把江河两岸原来相对独立的枢纽设备连成一体,能更好地实行专业化分工,提高运输效率。如我国武汉枢纽天兴洲长江大桥,建成时不仅在技术上创造了世界公铁两用斜拉桥中跨径第一(主跨达 504m)、载质量最大(可以同时承载 2 万 t)、列车运营时速最高(列车时速可达 250km)、铁路桥最宽(4 条轨道并行)四项世界纪录,而且该桥建成后,京广高速客运专线穿越该桥,与武汉长江大桥形成一个铁路环线,使铁路过江能力扩大 2~3 倍。加上沪汉蓉快速客运通道也经过武汉,以及武汉火车站的新建、武昌站和汉口站的改造,为武汉成为我国四大铁路枢纽之一创造了良好的条件。

技术进步对陆路枢纽的布局影响也很大,如修建在"世界屋脊"青藏高原的青藏铁路。该铁路沿线海拔在 3 000m 左右,最高达 5 000m,是目前世界上海拔最高的铁路。青藏铁路修建过程中,克服了高原地区恶劣气候、脆弱生态、高原冻土等关键技术问题。青藏铁路建成后，彻底改变了我国西藏自治区不通铁路的历史，也使拉萨成为集公路、铁路和航空于一体的高原综合交通枢纽。高速铁路的修建，使北京、郑州等陆路枢纽增加了高速铁路等新运输方式，陆路枢纽的服务能力与范围进一步扩大。对于城市交通枢纽而言，轨道交通技术的发展以及立体枢纽开发技术的广泛使用，使城市交通立体枢纽得到了很大的发展，为城市居民的出行与换乘创造了更为方便的条件。

技术进步也影响海陆联运枢纽的布局。近代海港为了利用具有深水岸线的地点，往往要选择沿岸地段或伸入海中的半岛上，而其陆上运输干线的建设条件有时并不好，但利用先进的工程技术可以修建强大的铁路、管道，乃至高速公路。如大连和青岛两个海陆枢纽都是于20世纪初从原渔村而迅速发展成为大型港口，既与筑港技术进步有关，也与陆路交通的技术进步有直接关系。

从现代技术角度上看，几乎各种不利的自然条件都是有办法克服的，但是往往会产生高昂的工程费，甚至加大通行通航后的运营费。因此，不能不注意经济效果，既要考虑一个枢纽建设本身的效果，也应考虑宏观的经济效果。

3）经济因素

枢纽的形成与发展主要取决于经济联系的方向与规模的大小。

（1）在国家和区际主要联系方向上会形成强大的客流与货流，这些客、货流的汇集与分流是枢纽形成与发展的最直接因素和决定枢纽布局的主要条件。我国的货流特点是由北向南、由西向东，这两个大的货流方向构成了客、货运输的主流，它们主要经由南北向综合运输大通道（如南北沿海运输大通道、京沪运输大通道、满洲里至港澳台运输大通道、包头至广州运输大通道和临河至防城港运输大通道），东西向综合运输大通道（如西北北部出海运输大通道、青岛至拉萨运输大通道、陆桥运输大通道、沿江运输大通道和上海至瑞丽运输大通道）进行运输。我国主要交通枢纽多分布于纵向和横向的综合运输通道交会点上，处于大宗客流和货流汇聚、分流、转换交通方向的地点。

（2）枢纽既是区域客流与货流集散的中心，又是区域之间交流的转运中心，因此枢纽不仅形成于有利于集散的中心部位，而且还会靠向主要对外联系的方向处。或者说在一个区域一系列的枢纽中，必是处于这种地点的枢纽才能成为该区域交通网的中心。例如，西南地区重要的交通枢纽重庆，其有利用长江对外交流的方便条件，便于西南地区特别是川渝地区物资集散，又利于川渝地区对外联系。作为东北交通网中心的沈阳枢纽，其位于既便于全地域汇集、又利于对外交通的地点，即纵穿东北地区的哈大铁路干线与联系关内、关外的沈山线交会处，发展成为东北地区的中心枢纽。

（3）新的经济联系方向的开拓和原有经济联系方向货流的猛增，会促使新枢纽的出现和既有枢纽的迅速发展。上海宝钢对国外进口矿石的需要量很大，为此，在浙江宁波沿海兴建了北矿石转运码头，构成宁波交通枢纽的有机组成部分。随着蒙西煤炭基地的大力开发，外运煤炭快速增长，在其各条外运通道上的大同、湖东等陆上枢纽和秦皇岛、连云港、曹妃甸等水陆枢纽，都扩大了规模和改善了布局。

（4）以海运为主的水陆枢纽，其兴衰发展更容易受到国家对外经济联系演变的决定性影响。如我国的上海，曾经是远东地区货物进出口量最大的交通枢纽，后受西方国家封锁的影响，进出口集装箱吞吐量远远落后于香港。改革开放后，上海的对外交通枢纽地位得以恢复，目前其集装箱吞吐量已排名世界第一位。我国作为世界上最大的制造业大国，大量的进出口贸易也推动了沿海港口枢纽的发展,出现了包括上海、深圳、宁波、大连、青岛等一批世界集装箱吞吐量排名居前的港口枢纽。再如,由于与太平洋沿岸国家的贸易剧增,美国太平洋沿岸(如长滩、洛杉矶、西雅图等)港口枢纽得以快速发展。

(5)区域经济一体化对枢纽的发展有重要的影响。如中国与东盟于2002年签署《中国与东盟全面经济合作框架协议》,2010年中国—东盟自由贸易区全面建成。2019年10月,《中华人民共和国与东南亚国家联盟关于修订〈中国—东盟全面经济合作框架协议〉及项下部分协议的议定书》全面生效。中国与东盟的互补性贸易可极大丰富双边国内市场。2020年,中国已经连续第12年成为东盟的第一大贸易伙伴,东盟首次成为中国第一大贸易伙伴。这促使该区域的人流与货流的交换量有更大的增长,也推动了交通基础设施互联互通建设。2019年11月第22次中国—东盟(10+1)领导人会议期间,中国和东盟就"一带一路"倡议和《东盟互联互通总体规划2025》对接发布了声明,将加快设施联通建设,对接发展规划,共同推动设施联通项目落地,为本地区经贸合作提供关键性支持。东盟各国也提出了自己的发展规划和愿景,如柬埔寨的"四角战略"、印尼的"全球海洋支点"战略、菲律宾"大建特建"计划和越南的"两廊一圈"规划等。中国通过与东盟各国的共同努力,中泰铁路、中老铁路、印尼雅万高铁、越南河内轻轨项目、柬埔寨金边—西港高速公路、马来西亚东海岸铁路和国际陆海贸易新通道等一大批重点项目稳步推进,并已取得初步成效。2020年11月,东盟10国与中国、日本、韩国、澳大利亚、新西兰共15个亚太国家正式签署了《区域全面经济伙伴关系协定》(RCEP),根据2019年数据,RCEP中的15个成员国涵盖全球约22.7亿人口,国内生产总值(GDP)达26万亿美元,出口总额达5.2万亿美元,均占全球总量约30%,所包括的区域将成为世界最大的自由贸易区。根据RCEP的重要共识,将实现90%商品零关税,最终实现所有货物贸易自由化。随着人流和物流交换的扩大,也极大地推动了交通枢纽等基础设施的建设。

4)交通网的既有基础与发展条件

枢纽分布与交通网既有基础关系十分密切,枢纽的多少及其分布直接取决于交通网的发展程度。枢纽的形成与发展有两个特点:一是枢纽数量的增加慢于交通线的发展,交通网的发展主要导致枢纽布局和结构越来越复杂;二是主要枢纽大多集中于早期修建的主干线路上,这是因为每个地域早期修建的许多干线,都处于重要的区际联系方向上,并且成为工业和人口聚集的地带。

既有枢纽的设备条件往往成为吸引新交通干线的主要依据,利用既有设备比新建枢纽,无论是在时间上还是投资上,都有较大的节省,因此使得许多枢纽规模不断扩大,结构发生变化。新的长大交通干线的修建,使得它与原有干线的交会点形成一系列枢纽,如我国纵贯南北的京九铁路、焦柳铁路等新干线,沿线形成了多处新交通枢纽。

交通网布局的变化,有时会使一个区域的主要交通中心发生转移,新枢纽发展速度甚至超过了老枢纽。如我国郑州枢纽一直是中部地区最重要的货运枢纽,而地处京广铁路与武九、汉丹铁路交会点的武汉枢纽随着沪汉蓉铁路大通道、京广高铁、武黄、武咸、汉孝城际铁路以及石武客运专线等铁路的修建,其客运枢纽的地位进一步提升,成为中国四大客运枢纽之一,与郑州枢纽一起成为我国中部地区重要的货运枢纽。

有时枢纽本身布局虽无变化,但由于交通网的延伸发展,会使一些枢纽的地位上升,联系范围扩大。例如,随着我国《综合交通网中长期发展规划》的实施,更多的干线通道连通后,将使枢纽的客货运量不断增加;再如,莫斯科枢纽原通过伏尔加河通达里海,由于伏尔加河—顿河运河的兴建,又与黑海直接相连,使其枢纽地位进一步提升。

目前,我国交通运输网正处于快速发展时期,对交通枢纽的发展将产生重大影响,主要表现在:

(1) 高速公路网建设的影响

2004年12月,国务院常务会议审议通过了《国家高速公路网规划》,标志着我国高速公路进入了系统化、网络化发展的新阶段。《国家高速公路网规划》简称"7918网",由7条首都放射线、9条纵线、18条横线共34条主线以及5条地区环线、2条并行线、37条联络线组成,总里程85 000km。在此背景下制定了《国家公路运输枢纽布局规划》,根据此规划,国家公路运输枢纽总数为179个,其中12个为组合枢纽,共计196个城市。原规划确定的45个公路主枢纽已全部纳入布局规划方案,是国家公路运输枢纽的重要组成部分,并居主导地位。

2013年5月,国务院审批通过《国家公路网规划》(2013—2030年),国家公路网规划总规模40.1万km,由普通国道和国家高速公路两个路网层次构成。普通国道总规模约26.5万km,国家高速公路网总里程11.8万km,另规划远期展望线约1.8万km,这进一步影响和推进了公路枢纽建设。

(2) 铁路网发展规划和高速客运专线建设的影响

根据2004年出台的《中长期铁路网规划》,截至2015年底,全国铁路营业里程已达到12.1万km,其中高铁营业里程超过1.9万km,京沪高铁、京广高铁、哈大高铁、兰新高铁等一批重大项目建成通车,基本形成了以"四纵四横"为主骨架的高速铁路网,全面实现铁路网规划目标,由于这些铁路特别是高速铁路引入城市,新建和改建近600个高速铁路新客站中国主要城市形成多客运枢纽站格局,如北京有北京西站、北京站、北京南站、北京北站、丰台站五个主要客运大枢纽站,此外还有北京东站等辅助客运站,这促使对铁路枢纽内的客运站选址与布局进行全面论证,同时促使对货运系统场站布局进行全面调整。

根据2016年出台的《中长期铁路网规划》,国家铁路网包括高速铁路、普速铁路。未来,高速铁路将达到7万km(含部分城际铁路),普速铁路达到13万km(含部分市域铁路),合计20万km左右;形成由"八纵八横"高速铁路主通道为骨架、区域性高速铁路衔接的高速铁路网,由若干条纵横普速铁路主通道为骨架、区域性普速铁路衔接的普速铁路网。以京津冀、长三角、粤港澳大湾区、成渝地区双城经济圈等重点城市群率先建成城际铁路网,其他城市群城际铁路逐步成网。铁路网的建设与完善,产生更复杂的铁路枢纽和高铁枢纽,枢纽内多场站合理布局和分工成为枢纽规划关注的重要问题。

(3) 城市交通线网建设的影响

我国城市轨道交通建设速度迅猛。1995到2021年,我国建有轨道交通的城市,从2个增加到51个,开通了269条城市轨道交通线,运营里程达到9 192.62km(其中,地铁线路长度7 253.73km),车站5 216座。随着轨道交通线路的建设,产生了一系列的轨道交通换乘枢纽,轨道交通与地面公交、轨道交通与大铁路、机场等综合交通枢纽等。

轨道交通建设的发展,与其城市化水平紧密相关。近年来我国城市化进程明显加快,预计到2030年,我国的城市化率将达到70%。可见,我国轨道交通建设的未来发展有着巨大潜力,由于多条城市轨道线路交会点往往发展成为城市轨道交通枢纽或综合交通枢纽,这也是影响和推动交通枢纽特别是城市综合交通枢纽发展的重要原因。

(4)新建与改造机场的影响

机场方面,2015年我国民用机场数为207个,到2020年我国民用机场数已达241个,根据《"十四五"民用航空发展规划》,将加快建成以世界级机场群、国际航空枢纽为核心、区域枢纽为骨干、非枢纽机场和通用机场为重要补充的国家综合机场体系,构建四通八达、联通全球的空中客货运输网络。2025年,我国民用机场数将达到270个,其中续建34个(新建16个、迁建6个、改扩建12个)、新开工39个(新建23个、迁建4个、改扩建12个)、前期工作67个。"十四五"期间,将加快北京、上海、广州、成都、深圳、昆明、西安、重庆、乌鲁木齐、哈尔滨等国际航空枢纽建设,建成成都天府机场,规划建设珠三角枢纽(广州新)机场,推进天津、沈阳、济南、兰州、南宁、贵阳、拉萨等区域枢纽机场扩能改造,实施厦门、呼和浩特、大连、南通等机场迁建。建成投用湖北鄂州专业性货运枢纽机场,优化完善北京、上海、广州、深圳和郑州等综合性枢纽机场货运设施。研究提出由综合性枢纽机场和专业性货运枢纽机场共同组成的航空货运枢纽规划布局,涉及100多个城市的机场枢纽建设。

(5)新建与扩建港口的影响

根据2006年交通部公布的《全国沿海港口布局规划》,全国沿海港口划分为环渤海、长江三角洲、东南沿海、珠江三角洲和西南沿海5个港口群体,强化群体内综合性、大型港口的主体作用,形成煤炭、石油、铁矿石、集装箱、粮食、商品汽车、陆岛滚装和旅客运输等8个运输系统的布局,对全国沿海港口枢纽发展起到重要的指导和推动作用。根据《国家综合立体交通网规划纲要》,未来将建设津冀、长三角、粤港澳大湾区世界级港口群,更好服务国家重大区域战略实施,完善以国际枢纽海港为引领,主要港口为骨干,地区性重要港口、一般港口相应发展的多层级协同发展格局。布局上海港、大连港、天津港、青岛港、连云港港、宁波舟山港、厦门港、深圳港、广州港、北部湾港、洋浦港11个国际枢纽海港。打造具有国际影响力和资源配置能力的全球航运枢纽,提升国际影响力与竞争力,引领沿海港口转型升级与现代化发展。强化主要港口布局。综合考虑完善沿海港口体系、促进综合交通运输体系发展、推动国土空间开发、支撑对外开放和推动海南自贸港建设,最终形成63个全国主要港口,包括27个沿海主要港口和36个内河主要港口,从而进一步促进港口枢纽的建设和新发展。

5)城市的快速发展,原有枢纽用地与服务功能变化

交通枢纽与城市相共生,并在相互促进中不断发展。国外大规模的城市化现象发端于工业革命。一方面,工业革命所带来的大规模使用机器的生产活动,要求劳动要素的相对集中,以满足工业运输为目的的交通枢纽不断发展。另一方面,工业区域劳动市场价格的吸引作用,使农村人口向某些中心区域的迅速集中,人群的集中也带来了市场活动、商业经营以及服务业的发展。这促使大型的客运交通枢纽与场站出现与形成,而且在欧美大型客运场站多集中在城市的中心区域,如美国纽约的中央铁路车站,英国伦敦的滑铁卢、查灵克罗斯铁路客运站等。从18世纪中叶开始到20世纪中叶,在将近200年的时间里,多数西方发达国家基本上实现了"城市化",形成了多数人口聚集居住的格局。20世纪中叶,一些西方国家的城市人口占全部人口比例分别为:美国72%,英国87%,荷兰86%,加拿大77%,澳大利亚83%。更进一步观察发达国家城市化的演进过程与交通枢纽的关系可以看到,大体上可分为前后相继的两个阶段:第一阶段以"集中化"为特征,就是从工业革命开始到20世纪50年代前后,表现为工业和人口的持续、大规模的集中,城市数目不断增加,规模不断扩大,大

城市不断增多,这一阶段交通枢纽一般深入市区,形成集中化格局。第二阶段则以"分散化"为特征。20世纪60年代以后,西方发达国家城市化中出现了所谓市郊化(suburbanization)以及后来的超市郊化(exurbanization)现象,即大批居民从城市的中心地迁往城市的郊区地带。这一方面是因为城市的中心地带环境污染问题严峻;另一方面发达的现代交通工具也为人们从城市移居到郊区提供了可能。于是,这一阶段的区域发展模式表现为城市中心区域人口增长停滞,城市周边区域不断扩增,卫星城式的居民区发展迅速。于是,以大城市为中心的"都市圈"或"城市群""城市带"发展较快,原有枢纽所在城市用地发生很大的变化,如城市中心区的工业企业外迁,使原有货运设施废弃或不得不改变用途。另外,为解决城市交通问题,在城市群之间或者大城市与卫星城之间修建快速通道或者大运量的交通方式;在通道的终端,修建大型交通换乘枢纽,实现不同组团之间及其组团内部的交通联系。此外,为解决分散区域的居民自驾车进入城市中心区导致的交通拥挤问题,在中心区外围修建停车换乘枢纽,方便居民停车并换乘大容量快捷公共交通工具进入市区。

国际公认的世界级城市群有以纽约为核心的美国东北部大西洋沿岸城市群、以芝加哥为核心的五大湖城市群、以东京为核心的日本太平洋沿岸城市群、以伦敦为核心的英国伦敦城市群、以巴黎为核心的欧洲西北部城市群等。①美国东北部大西洋沿岸城市群以纽约、波士顿、华盛顿等城市为核心,土地面积13.8万 km^2,占全国的1.5%,集中了美国总人口的20%,制造业产值占全美的70%,城市化水平达到90%以上,是美国最大的生产基地、商贸中心和世界最大的金融中心。②五大湖城市群集中了美国30%以上的制造业,其汽车产量和销售额约占美国的80%,与美国东北部大西洋沿岸城市群共同构成北美制造业带,钢铁产业集中在匹兹堡,汽车产业集中在底特律;土地面积24.5万 km^2,人口约5 000万。核心城市芝加哥是美国重要的交通枢纽,也是美国主要的金融、期货和商品交易中心之一。③日本太平洋沿岸城市群由东京都市圈、大阪都市圈和名古屋都市圈组成,集聚日本80%以上的金融、教育、信息和研发机构;土地面积3.5万 km^2,占日本国土的6%,人口近7 000万,占总人口的61%。核心城市东京是日本政治、经济、文化和交通中心。④英国伦敦城市群是世界三大金融中心之一,由伦敦—利物浦一线的城市构成,其中包括世界纺织工业之都——曼彻斯特、纺织机械重镇——利兹、伯明翰、谢菲尔德等大城市,土地面积约4.5万 km^2,人口3 650万,占总人口的55%。核心城市伦敦贡献了全国约20%的国内生产总值(GDP),是欧洲最大的金融中心。⑤欧洲西北部城市群由大巴黎地区城市群、莱茵—鲁尔城市群、荷兰—比利时城市群构成,主要城市有巴黎、阿姆斯特丹、鹿特丹、海牙、安特卫普、布鲁塞尔、科隆等;土地面积约14.5万 km^2,人口约4 600万。其中,巴黎是法国的经济中心和最大的工商业城市,也是西欧重要的交通中心之一。

我国的城市发展经历几个阶段。中华人民共和国成立之初,提出"把消费城市变成生产城市",1952年,我国开始按照工业建设的比例分类建设城市的计划,同步规划建设相应的交通枢纽特别是铁路枢纽。我国众多城市如北京开始建设首都钢铁公司、燕山石化公司等,以及适应工业运输要求的交通枢纽,枢纽内规划了众多的铁路货运站、专用线,并建设大型的铁路编组站系统等。随着城市的发展,特别是城市建立了大型工业企业和构成复杂的工业综合体时,会使枢纽所在地点的运输需求猛增,从而需要对原有干线进行改造,增加运输能力,或是要求建设新干线,从而促进枢纽进一步发展。但由于种种条件的制约,当城市发展达到一定规模时,会发生如用地、用水等尖锐矛盾,另外还须考虑国防等原因。1955年

9月,国家建设委员会给中央的报告中提到:"原则上以中小城镇为主,并在可能的情况下建设中等城市。没有特殊原因,不建设大城市"。1961—1963年间,全国城市总数合计减少25座。

1978年3月,国务院召开了第三次城市工作会议,批准了《关于加强城市建设工作的意见》,要求"控制大城市规模,多搞小城镇",当时的大城市即人口在50万以上的城市。这一措施不仅影响了城市规模的扩大,也波及枢纽,限制其发展。有些枢纽具备许多有利于扩建的条件,如具备建设深水泊位的良好岸线等,往往由于城市方面的限制性影响,枢纽的扩建也受到限制;但另一方面也应看到,若铁路干线引入过多的枢纽,必然造成对市区切割和干扰的加剧,尽管对此可以采取多种方法加以解决,但必然要付出较多的投入。从城市方面考虑,新的交通干线在连接既有干线时,也开始注意尽量避开既有特大城市,或由于种种条件(地形狭窄等)而不宜再扩大的城市,或者宜引向中小城市,这对改善枢纽布局和控制大城市的发展规模有一定作用。

20世纪80年代起,以小城镇为主的分散式发展道路成为理论界与决策层的主流思潮,全国小城镇"遍地开花",小城镇得到了超乎寻常的发展。1985年我国只有建制镇2 851个,而到1992年,建制镇就达到14 182个,短短几年时间就增长了约5倍。但与此同时,交通枢纽的数量并没有明显的增长。交通枢纽的建设滞后,导致出现了一些问题,如城镇接合部交通秩序混乱等。1990年生效的《中华人民共和国城市规划法》规定,国家实行严格控制大城市规模,合理发展中等城市和小城市的方针,促进生产力和人口的合理布局。但这一法律规定,后来被我国城市化快速发展步伐所突破。2000年7月,国务院发布的《关于促进小城镇健康发展的若干意见》指出,加快城镇化进程的时机和条件已经成熟,要不失时机实施城镇化战略。2000年10月编制"十五"规划时,城市化首次被提到国家发展战略的层面上来,提出促进地区协调发展,促进城乡共同进步。这一时期枢纽作为城市交通系统的构成要素,开始逐渐得到重视。

2004年,振兴东北、中部崛起被提升到国家战略,中西部交通枢纽规划得到加强。2005年10月《中共中央关于制定国民经济和社会发展第十一个五年规划的建议》提出了社会主义新农村建设的新的政策,"工业反哺农业、城市支持农村"被正式提出,城乡接合部的交通枢纽问题开始被纳入城市统一规划。

2007年以后,全国各地的城(都)市带、经济圈等概念呼之欲出,城市发展进入相对快速发展时期,城市间以及城市内部交通枢纽的建设均得到较大程度的加强。

改革开放以来,伴随着工业化进程加速,我国城镇化经历了一个起点低、速度快的发展过程。1978—2013年,城镇常住人口从1.7亿增加到7.3亿,城镇化率从17.9%提升到53.7%,年均提高1.02个百分点;城市数量从193个增加到658个,建制镇数量从2 173个增加到20 113个。京津冀、长江三角洲、珠江三角洲三大城市群,以2.8%的国土面积集聚了18%的人口,创造了36%的国内生产总值,成为带动我国经济快速增长和参与国际经济合作与竞争的主要平台。到2020年底,我国的设市城市685个,建制镇2.1万多个,城镇人口8.5亿。目前,我国常住人口在20万以上的大镇还有63个,10万人口以上的建制镇和县城超过了300个。《中华人民共和国国民经济和社会发展第十四个五年规划和2035年远景目标纲要》中提出,要稳步有序推动符合条件的县和镇区常住人口20万以上的特大镇设市。"十四五"时期是中国经济社会发展的重要转折时期,也是实现全面建成小康社会目标后向全面建成社会主义现代化强国迈进的承上启下的关键时期。在这一时期,中国农村发展形势将呈现新的特点。预计到2025年,中国城镇化率将达到65.5%,到2030年中国城镇化率可能达70%左右,支撑中国城镇化高质量发展和交通强国建设的枢纽需求大大增加。

从城市发展总体来看,除城镇化个体发展外,正在逐步形成若干不同层次、不同规模、不同发育程度的城市群。2006年"城市群"第一次出现在中央文件中。2013年以来,中央要求把城市群作为推进国家新型城镇化的主体形态。2006年,"十一五"规划提出,把城市群作为推进城镇化的主体形态,培育新的经济增长极。2013年中央城镇化工作会议提出,要在中西部和东北有条件的地区,依靠市场力量和国家规划引导,逐步发展形成若干城市群。2014年《国家新型城镇化规划(2014—2020年)》及"十三五"规划要求建设长三角、珠三角、京津冀、山东半岛、海峡西岸、哈长、辽中南、中原、长江中游、成渝、关中平原、北部湾、山西中部、呼包鄂榆、黔中、滇中、兰州—西宁、宁夏沿黄、天山北坡等19个城市群。2017年,党的十九大报告指出,以城市群为主体构建大中小城市和小城镇协调发展的城镇格局。2018年,《中共中央 国务院关于建立更加有效的区域协调发展新机制的意见》明确指出,以京津冀城市群、长三角城市群、粤港澳大湾区、成渝城市群、长江中游城市群、中原城市群、关中平原城市群等城市群推动国家重大区域战略融合发展,建立以中心城市引领城市群发展、城市群带动区域发展新模式,推动区域板块之间融合互动发展。我国城市化的这一发展特点,使原有的土地利用模式发生很大的变化,对交通枢纽的影响主要体现为单中心枢纽向多中心枢纽群发展(如卫星城枢纽群、网络城市枢纽群等),单一集中型的交通场站向分散集中型交通场站发展(如形成枢纽多个主要客运站系统等),部分线路或场站改变用途(如进入城市中心的货运线改为客运线,重新修建新的环形货运线;货运站外迁、原有站址改建为客运站;由普通客运站转型为高速客运站;等等),在新规划区域修建新的客运站或者交通枢纽等,而且国家级、区域级、地区级等不同层级的交通枢纽群正在加快规划和形成,这种情况与国外城市化进程中交通枢纽的变化基本类似。

6)国家发展战略的影响

国家发展战略是一个国家纲领性、全局性的发展指导纲略,我国在中国特色社会主义总体战略、中华民族伟大复兴战略目标、"三步走"战略步骤、"五位一体"总体布局、"四个全面"战略布局统筹下,制定了经济政治社会发展各方面的一系列重要战略。有的战略是全局导向性的,如20世纪90年代开始提出的可持续发展战略;有的战略虽然是特定领域和方面的,但具有全局性的指导意义,如交通强国战略;有的战略直接涉及某一个领域,但也具有全局性的影响,如扩大内需战略,推动形成以国内大循环为主体、国内国际双循环相互促进的新发展格局;有的战略直接针对某一个区域,如京津冀协同发展战略,虽然不需要全国实行,但在全局发展中占有重要的地位。下面着重对交通强国战略、区域协调发展总体战略、京津冀协同发展战略、长江经济带战略等国家战略对交通枢纽规划建设的影响做一简要分析。

(1)交通强国战略

党的十九大提出建设交通强国的目标。根据有关规划,我国交通从2020年到21世纪中叶,将分"两步走"实现交通强国战略目标:第一步,从2020年到2035年,基本建成交通强国,进入世界交通强国行列;第二步,从2035年到本世纪中叶,全面建成交通强国,进入世界交通强国前列。建设交通强国,将着力打造构建综合交通基础设施网络体系、交通运输装备体系、交通运输服务体系、交通运输创新发展体系、交通运输现代治理体系、交通运输开放合作体系、交通运输安全发展体系、交通运输支撑保障体系等"八大体系"。《中共中央关于制定国民经济和社会发展第十四个五年规划和二〇三五年远景目标的建议》要求,加快建设交通强国,完善综合运输大通道、综合交通枢纽和物流网络,加快城市群和都市圈轨道交通网络化,提高农村和边境地区交通通达深度。党的二十大提出要构建以国内大循环为主体、国内国际双循环相互促进的新发展格局,加快建设交通强国,建设高效顺畅的流通体系,降低物流成本,优化基础设施布局、结构、功能和系统集成,构建现代化基础设施体系,着力推动高质量发展。《中华人民共和国国民经济和社会发展第十四个五年规划和2035年远景目标纲要》要求,建设现代化综合交通运输体系,推进各种运输方式一体化融合发展,提高网络效应和运营效率,明确将综合交通枢纽作为交通强国建设的重要内容。

(2)区域协调发展总体战略

区域协调发展总体战略,是改革开放以来我国推进的重要发展战略,包括1999年,党中央作出抓紧实施西部大开发的战略决策。2003年10月,中共中央、国务院下发《关于实施东北地区等老工业基地振兴战略的若干意见》,明确提出了振兴东北地区等老工业基地的指导思想、方针任务和政策措施。2006年4月,中共中央、国务院《关于促进中部地区崛起的若干意见》强调,促进中部地区崛起是我国新阶段总体发展战略布局的重要组成部分。随后出台鼓励东部地区加快推进现代化,支持革命老区、民族地区加快发展,加强边疆地区建设等一系列区域战略,更好地促进发达地区和欠发达地区、东中西部和东北地区共同发展。党的十九大首次正式提出区域协调发展战略,粤港澳大湾区建设作为我国区域协调发展战略重要组成部分,粤港澳三地在互联互通、协调机制、制度衔接等方面取得了重大突破,形成了齐头并进的大湾区共建态势。大湾区以交通、信息、能源、水利等基础设施建设为重点,构建功能完善、衔接高效、布局合理的基础设施网络。在大湾区城市交通体系的一体化规划和建设、跨境基础设施的衔接、空间规划和利用等方面,通过跨区域组织的协调,推动实现大湾区交通整体性优化,从而都推动大湾区综合交通枢纽的规划与发展。党的十九届五中全会要求坚持实施区域重大战略、区域协调发展战略、主体功能区战略,健全区域协调发展体制机制,完善新型城镇化战略,构建高质量发展的国土空间布局和支撑体系。党的二十大提出促进区域协调发展,深入实施区域协调发展战略、区域重大战略、主体功能区战略、新型城镇化战略,优化重大生产力布局,构建优势互补、高质量发展的区域经济布局和国土空间体系。《中华人民共和国国民经济和社会发展第十四个五年规划和2035年远景目标纲要》对"优化区域经济布局,促进区域协调发展"作出了专门的部署。其他还包括乡村振兴战略、军民统筹发展、自由贸易区提升战略、新型城镇化战略等,也对枢纽规划建设产生重要的影响。

(3)"一带一路"倡议

"一带一路"是"丝绸之路经济带"和"21世纪海上丝绸之路"的简称,是党的十八大以后我国扩大对外开放的重大战略举措。自"一带一路"倡议提出以来,沿线各国经贸人文交流不断增长。党的十九届五中全会要求,推动共建"一带一路"高质量发展。坚持共商共建共享原则,秉持绿色、开放、廉洁理念,深化务实合作,加强安全保障,促进共同发展。推进基础设施互联互通,拓展第三方市场合作。构筑互利共赢的产业链供应链合作体系,深化国际产能合作,扩大双向贸易和投资。坚持以企业为主体,以市场为导向,遵循国际惯例和债务可持续原则,健全多元化投融资体系。推进战略、规划、机制对接,加强政策、规则、标准联通。深化公共卫生、数字经济、绿色发展、科技教育合作,促进人文交流。党的二十大报告提出,推动共建"一带一路"高质量发展。《"十四五"规划和2035年远景目标纲要》从"加强发展战略和政策对接""推进基础设施互联互通""深化经贸投资务实合作""架设文明互学互鉴桥梁"四个方面,对共建"一带一路"进行了一系列部署。

(4)京津冀协同发展战略

党的十八大以后提出了京津冀协同发展战略。2015年6月,中共中央、国务院印发《京津冀协同发展规划纲要》。其从战略意义、总体要求、定位布局、有序疏解北京非首都功能、推动重点领域率先突破、促进创新驱动发展、统筹协同发展相关任务、深化体制机制改革、开展试点示范、加强组织实施等方面,描绘了京津冀协同发展的蓝图。根据规划,京津冀整体定位是"以首都为核心的世界级城市群、区域整体协同发展改革引领区、全国创新驱动经济增长新引擎、生态修复环境改善示范区"。北京市是"全国政治中心、文化中心、国际交往中心、科技创新中心",天津市是"全国先进制造研发基地、北方国际航运核心区、金融创新运营示范区、改革开放先行区",河北省是"全国现代商贸物流重要基地、产业转型升级试验区、新型城镇化与城乡统筹示范区、京津冀生态环境支撑区"。2017年3月28日,中共中央、国务院发出通知,决定设立河北雄安新区。2018年11月,中共中央、国务院明确要求疏解北京非首都功能,推动京津冀协同发展,调整区域经济结构和空间结构,推动河北雄安新区和北京城市副中心建设,探索超大城市、特大城市等人口经济密集地区有序疏解功能、有效治理"大城市病"的优化开发模式。京津冀协同发展战略实施以来,从《京津冀协同发展规划纲要》到跨行政区的《"十三五"时期京津冀国民经济和社会发展规划》,再到12个专项规划,京津冀协同发展规划体系不断落实落细。雄安新区的建设正在按照《河北雄安新区总体规划(2018—2035年)》抓紧推进。党的十九届五中全会和党的二十大报告要求推进京津冀协同发展。《中华人民共和国国民经济和社会发展第十四个五年规划和2035年远景目标纲要》围绕加快推动京津冀协同发展,进一步提出了"紧抓疏解北京非首都功能'牛鼻子',构建功能疏解政策体系,实施一批标志性疏解项目"等政策、要求和举措。

(5)长江经济带战略

长江是中国和亚洲的第一大河、世界第三大河。改革开放以来,长江流域得到快速发展,成为我国综合实力最强、战略支撑作用最大的区域之一。党的十八大以来,党中央、国务院审时度势,谋划中国经济新棋局,作出了依托黄金水道推动长江经济带发展,打造中国经济新支撑带的重大战略决策。2016年5月30日,党中央、国务院印发《长江经济带发展规划纲要》。长江经济带的战略定位是打造成为具有全球影响力的内河经济带、东中西互动合作的协调发展带、引领全国转型发展的创新驱动带、生态文明建设的先行示范带。长江经济带建设的任务,具体包括保护和修复长江生态环境,建设综合立体交通走廊,创新驱动产业转型,新型城镇化,构建东西双向、海陆统筹的对外开放新格局等。党的二十大报告提出推进长江经济带发展。《中华人民共和国国民经济和社会发展第十四个五年规划和2035年远景目标纲要》要求"全面推动长江经济带发展",其中,建设综合立体交通走廊对交通枢纽规划建设将产生重要影响。

1.5.2 枢纽的发展与形态

交通运输枢纽经历了从无到有、从简单到复杂、由低级到高级的形成与发展过程,各种交通运输枢纽的形成与发展过程可分为以下五个阶段。

第一阶段:形成枢纽雏形,这一阶段线路的引入多采用三角形或十字形(辐射式最简单情况),设施布局一般采用集中配置。受地形条件制约时,除引入端外,枢纽内部各种设备呈链性分布,表现为伸长式特征。

第二阶段:有更多的线路引入,在空间疏解可行条件下,引入枢纽线路表现为多放射线特征,且开始出现枢纽设施设备的专门化分工与分离,如客、货设施并列配置、普速铁路与高速铁路设施的专门化分工等。

第三阶段:为加强不同放射线交通运输流之间的交流,在放射线之间修建枢纽半环线或环线,枢纽内部通过直径线或对角线加强重要区域之间的联系。当枢纽规模进一步扩大时,甚至修建多重环线,以分流内部交通与过境交通。

第四阶段:随着城市或区域规划由单中心向多中心或者网络化发展,枢纽布局由原来的单中心放射式向多中心主通道连接式发展,表现为星形拓扑或者星形加环状拓扑枢纽。

第五阶段:由于不同性质的客货需求对时间、距离、费用及个性化服务等各不相同,不同交通模式的客货流存在较大差异,决定了枢纽的路网级、区域级、地区级等层级特征,表现为嵌套式、轴辐式等层级枢纽拓扑特征。

复习思考题

1. 什么是交通枢纽和综合交通枢纽?
2. 交通枢纽有哪些常用的分类?
3. 枢纽设施设备的规划与布局中,应注意哪些层面的协调?
4. 综合交通枢纽具有哪些功能与特性?
5. 影响综合交通枢纽形成与发展的主要因素有哪些?

第2章　交通枢纽规划

规划的概念包含了两个层面的含义。在意识层面上，英国《不列颠百科全书》认为，规划体现了形体的要求、社会与经济目标的实现，是人的意志与现实的结合。美国国家资源委员会认为，规划是一种科学、艺术和政策活动，它设计并指导空间的和谐发展，以满足社会和经济的需要。日本认为，规划是体现空间布局、进行建设的参照手段，旨在合理、有效地创造出良好的生活和活动的环境。在技术层面上，规划一方面是指对一个国家或地区建设发展所作出的全面、长远的安排，即该国家或区域规划方案或文件，另一方面是指设计产生规划方案或文件的过程，包括步骤、内容、方法和模型等。

枢纽规划，是指根据城市综合交通的发展需求，确定未来交通发展的目标，设计达到预定目标的方案、策略及其评价，是体现城市可持续发展观、政治经济价值观、人文历史价值观、环境保护观和交通需求观的科学、艺术与政策活动。

综合交通枢纽规划受到区域与城市规划、交通规划理论、综合运输系统规划理论的影响很大。

2.1　区域与城市规划理论发展对枢纽规划的影响

综合交通枢纽规划特别是城市综合交通枢纽规划受到区域与城市规划的影响很大，主要表现在以下方面。

2.1.1　分散与集中的土地利用模式导致不同类型的枢纽

分散与集中的土地利用模式一直是城市区域规划界不同学派争论的焦点，平面疏散与垂直疏散的争议一直没有中断过。

平面疏散的代表是"田园城市"。田园城市（Garden City）的规划理念是19世纪末美国人埃比尼泽·霍华德（Ebenezer Howard）提出的，其基本构思立足于建设城乡结合、环境优美的新型城市。他认为城市人口的过分集中是由于其有着吸引人口的"磁性"，如果对这种"磁性"进行有意识的移植和控制，人口就不会盲目膨胀。"田园城市"规划了一系列同心圆，通过不同性质用地沿直径方向分层布局，使城市功能及用地按平面方式发散与分解开来，从而有效避免城市人口和功能的过度集中，试图通过平面空间布局疏解的方式解决在工业化条件下，城市与适宜居住条件之间的矛盾，大城市与自然隔离而产生的矛盾和问题。

垂直疏解的代表包括法国的勒·柯布西埃（Le Corbusen）等为代表的立体建筑学派，他们主张以技术手段维护城市的集中与繁荣，解决传统城市集中导致的拥堵、低效和"田园城市"导致的城市发散问题。其代表性观点是在城市中心区设计若干栋摩天大楼，在大楼内部通过合理的设计，利用垂直疏解的办法解决人的餐饮、娱乐等一系列的问题，同时在大楼外面设计若干绿地和隔离空间等，利用大容量的交通工具如地铁、轻轨等解决中心区摩天大楼之间及与外部地区的交通疏解问题。勒·柯布西埃的观点在巴黎中心区设计中得以验证，至今仍然在很多城市运用，如沙特的迪拜塔设计、北京的中央商务区(CBD)及其东扩区域的摩天大楼群设计等。

"田园城市"和立体建筑学派作为比较极端的设计思想，各有其优势与不合理之处，有机疏散理论在某种程度上体现了平面与垂直疏解理念的折中。芬兰人埃罗·沙里宁(Eero Sarrinen)在《城市——它的发展、衰败与未来》一书中提出了"有机疏散理论"。他利用人体血液循环理论来研究城市交通系统，针对城市集中型发展造成的拥挤、混乱，城市的衰败与贫民区的扩散，提出"只有用有机的方法解决城市的分散问题，才能使城市恢复有机秩序"。其主要含义就是要像人的机体一样有生命地疏散过于拥挤的城市，成组成团地组织城市生活。按照有机疏散的原则，城市通过规划组成居住区的"细胞"，以相应道路系统为骨架，公共服务设施分级布置，集中工业区安排在交通干线附近，无害工业可靠居住区就近布置，城市各部分之间形成有机的联系。这种城市有机组织的形态既具有安宁的生活环境，又具有良好的交通关系。"有机疏散理论"在第二次世界大战后的一些新城规划中得到了广泛的应用和发展，它在某种程度上兼顾了田园城市和立体建筑学派的优点，具有较强的可操作性，至今仍有很重要的影响。

不同的城市土地利用模式，对交通枢纽的规划与设计产生了不同的影响，田园城市、有机疏散理论，导致停车换乘枢纽等换乘枢纽的出现，以实现发散的交通聚散以及与中心区的交通连接。而立体建筑学派的观点，促使以轨道交通或者大容量交通为主要载体的交通枢纽的出现。"有机疏散理论"形成的多组团、多中心，促使在组团中心的干线交通两端形成重要的连接性枢纽。

2.1.2 功能分区的思想对枢纽场站的分类产生重要影响，不同性质交通流分离促进了枢纽规划设计的改进

早期的枢纽或者交通场站多为客货混用的模式，而"田园城市"及"工业城市"等规划中功能分区的理念使货运枢纽和客运枢纽设计逐渐分离，某些枢纽还进一步分离为中转型、地区集散型和综合型等。

"田园城市"构建若干圈层的同心圆、对不同性质用地沿直径方向分层布局的设计方案，使工业区之间的货运交通在城市外围呈环向流动，居住区之间的生活性交通在居住区内呈环向流动，工作与居住间的交通在城市外半部呈放射性流动，居住与购物游憩之间的交通则在城市内半部呈放射性流动。这样各类不同性质的交通因用地布局而互不干扰，实现了道路的功能分工；由于工业区和居住区相对分离，导致"田园城市"的交通枢纽在很大程度上实现了客、货分离。

20世纪初法国人托尼·夏涅(Tony Garnier)提出的"工业城市"的规划理念与"田园城市"理论类似，认为作为生产单位的城市应该接近原料产地，要从交通的需要去布置道路，工业区应该设在交通运输最方便的地方，靠近铁路和码头，道路密度较低；生活居住区应该靠近环境最优美的地方，道路采用密方格网形式；工业区和生活居住区之间用交通干道和地铁相连。他初步提出了功能分区的思想，这一思想对客运枢纽而言是尽量靠近生活居住区，对货运枢纽而言是尽量靠近工业区，并实现客、货运枢纽的分离。

将不同性质的交通流分开，减少或者降低流线冲突一直是枢纽规划设计追求的目标，

"田园城市"和"工业城市"模式中提出的功能分区思想,并通过功能分区的安排减少不同性质交通流的相互干扰,对现代交通枢纽的规划设计思想形成有很大的影响。

2.1.3 网络连接方式的改变有助于枢纽的分级建设与管理

城市交通线路既是连接城市各居住或功能单位的连接通道,又是划分城市各居住或功能单位的边界,道路的分级是与道路连接和服务区域大小关联的,而城市与区域规划理论中对于构成城市的居住或功能单位"细胞"大小的认识也在不断变化。

城市最小的居住或功能单位是"邻里单位"。"邻里单位"是自20世纪30年代开始,流行于欧美居住区的规划理论,其出发点一是以"邻里单位"为细胞来组织居住区,二是力图解决现代机动车交通对居民,特别是小学生上学安全的影响。"邻里单位"为居住区的细胞,它首先考虑小学生上学不穿越马路,以小学为中心,以1/2英里(mile)❶为半径来考虑邻里单位的规模,在小学附近还设置日常生活所必需的商业服务设施,在"邻里单位"内部为居民创造一个安全、静谧、优美的步行环境,把机动交通给人造成的危害减少到最低限度。这是解决交通问题的最基本要求之一。"邻里单位"比较有代表性的是美国新泽西州雷德本(Radburn)新城规划,该方案实现了机动车交通和步行、自行车交通的分离。Radburn的道路系统按照不同的功能要求进行了分类,避免了外部交通对居住环境的干扰。这种人车分流的新形态,后来有人称之为"Radburn"原则或"Radburn"形态。"邻里单位"的理论在第二次世界大战后的英国新城规划建设中得到了广泛的应用,后来又发展了"小区规划"的理论,其继承了Radburn开始的做法,把城市的交通干道及天然或人工的界线(如河流、小山、铁路等)作为划分小区或邻里单位的界线,小区内部的道路系统与周围的城市干道有明显的划分,道路系统成为确定城市结构布局的重要因素。

另外,工业化以后的欧美许多城市中,过小的街坊和过密的道路网导致建筑单调,交通不畅,居民生活受交通干扰严重。为此,第二次世界大战后英国提出城市及道路重建的思想,即把城市主次干道同地方支路分开,在城市中开辟高容量、高速度的干道,划出大街坊,干道上设置少量交叉口,以允许和限制交通进入大街坊内的地方支路;街坊内有自己的地方性商业服务设施,还可以组织内部的步行道路系统。这样既保证了城市干道交通的畅通、安全,又可使居住区内部不受主要交通的干扰。这种做法又称为"扩大街坊",是Radburn形态在旧城改建中的发展。

1922年,恩维发展了"田园城市"理论,提出了"卫星城镇"规划的理论,通过在大城市的周围建立卫星城镇,以疏散人口控制大城市规模。卫星城理论是"田园城市"理论的发展,而有机疏散理论又进一步发展了卫星城的理论。早期为了疏散过于稠密的大城市而开始建设的卫星城只不过是卧城,后来又发展成为半独立和独立性的卫星城,又称新城。比较有特点的"卫星城"或"新城"有哈罗(Harlow)新城、朗科恩(Runcon)新城、密尔顿·凯恩斯(Milton Keynes)新城、筑波科学城等。

交通线路把城市中的各居住或功能单位连接了起来。为了提高交通线路的功能效率和经济效益,德国人莱肖提出应采用树枝形道路系统,即道路系统就像树枝一样有主干路、次干路和支路,主干路连接重要的大组团、卧城、卫星城,次干路连接稍小区域,而支路把城市

---

❶ 1英里(mile) = 1 609.344m。

的居住小区及内部连接起来。有机疏散理论提出道路系统的设计应该像人体的血管一样,由"主动脉血管"连接重要的功能区,由"毛细血管"连接所有需要的区域。这种理念对现代城市道路交通系统中快速路、主干路、次干路和支路,以及城市轨道交通系统中的干线和支线的规划有很大的作用。如哈罗(Harlow)新城,由若干个邻里单位组成一个居住组团,城市主要干道从居住组团之间的绿地穿过,连接市中心、火车站和工业区,各居住组团中心由次一级干道连接,成为划分邻里的界线,各邻里中心又有邻里级道路相连接。城市道路的分级布置与城中用地结构的分级布局配合十分清晰。再如,朗科恩(Runcon)新城以"8"字形的公共交通专用道路和"日"字形的快速机动车道路为骨架组织城市;快速机动车道路用立交与高速公路相联系,并通过立交进入各邻里道路网;公共交通专用道路把各邻里中心联系起来,并同城市中心和外围的工业区相联系;由"日"字形快速机动车道路分割而成的两个城区中,分别由各邻里围合形成一个城市中心绿地,步行道路系统把各邻里与中心绿地连接在一起,形成了良好的步行环境。

交通线路的分级布置观点,也对交通枢纽规划设计产生了很大的影响,使交通枢纽可根据不同性质的道路及流量进行合理分级。如城市市域级枢纽一般设置在快速路或主干路(或轨道交通干线)相交的地方,区域级枢纽一般设置在干线与支线相交(或轨道交通干线与支线相交)的地方。

2.1.4　TOD模式和城市与区域规划的相互影响

TOD模式狭义是指公交引导发展(Transit Oriented Development),广义上可以理解为交通引导发展(Traffic Oriented Development)。

交通引导城市发展与土地利用具有较为悠久的历史。19世纪末西班牙人阿尔图罗·索里亚伊·马塔(Arturo Soriay Mata)提出了"带形城市"(Linear City)的理论,他主张城市沿交通干道发展;干道上设置有轨电车,两旁是方格状的街坊和绿地,每隔一定的距离设一条横向道路,联系干道两旁的用地。他在马德里周围规划了一个马蹄状的带形城市,甚至设想用带形城市把西班牙的加的斯同俄国的彼得堡连接起来。现代城市规划的实践发展了带形城市的理论,在考虑城市发展时,出现了沿主要交通轴线成组团的带状发展的理论。如美国首都华盛顿区域规划就是将市区中心哥伦比亚区向外延伸的六条主要交通干线公路作为城市的发展轴,在轴线上建设一些新的城市活动中心,并有计划地在新区之间、新区与市中心区之间保留一些间隔空间,避免连成一片。我国城市规划中也多次提出了发展轴的规划方案,如北京市规划中提出了北京沿原京广通道的传统发展轴、沿天津通道的新兴发展轴等。

公交引导发展是指城市发展与土地利用沿干线公交方式[如地铁、轻轨或快速公交(BRT)线路],以公交站点500m距离范围为开发区域进行居住或商业区开发,以最大限度地实现土地利用开发与未来居民便利出行的协调。如巴西库里蒂巴BRT线路、北京地铁13号线,就是以公交建设带动土地开发利用较成功的实例。

交通枢纽是TOD模式中交通线路上的重要节点。对于广义的TOD,城市沿交通干线发展,将在干线引入端形成大型的集散枢纽;对于狭义的TOD,在公交干线不同的连接站点区域,可规划建设不同类型的公交枢纽。比较典型的TOD项目包括日本的大阪站和新京都站,法国巴黎的圣拉扎尔站,我国香港的西九龙站、北京城市副中心综合交通枢纽等。

一般而言，TOD 的发展经历了以下几个阶段：

（1）TOD1.0，即车站时代，打破城市边界。公共交通、轨道交通逐渐普及，极大增加了城市交通的运载效率，大型车站附近形成 TOD 模式的初级形态。

（2）TOD2.0，即站楼时代，简单功能集聚。在商业和交通相结合的思路主导下，形成了较为完善的公交特别是轨道交通的上盖楼层（一般二层以上）商业系统、地下街商业系统和二层步行平台系统相结合的形态。

（3）TOD3.0，即站城一体化，功能初聚合。公交枢纽站特别是轨道交通建设已经和城市建设、房地产开发形成共同发展的结构，进一步优化了垂直交通的整合，实现了经济、社会价值更好融合，即"站城一体化模式"。

（4）TOD4.0，即站城商居一体化，构建立体微都市。即"地铁站、商业、城、人一体化"模式。TOD4.0 倡导以"人的需求"为驱动，在满足轨道交通、公共服务、物质消费的基础上，融入对人群行为的日常关照，将当地的自然景观、艺术氛围结合城市个性，创造出富有独特魅力的场所，即形成"站城人一体化"。

（5）TOD5.0，即站城商居业人文一体化，构建人居知识之都，发展高铁＋地铁＋产业＋商业＋创业＋娱乐＋城居＋人文一体化模式。拥有综合交通枢纽能力，实现综合开发一体化，它描述了城市最新的"进化论"——在以人为主导的时代思潮里，如何在高效的城市中，构建立体生活，解决创新创业和生活娱乐关系，拥有便捷的同时，享受创造、自然与艺术之美。

对于轨道交通郊区站点周边地区的开发，大致可归结为"TOD＋新城中心""TOD＋大型社区""TOD＋特色小镇"三种模式。其中，"TOD＋新城中心"以高层商务办公、高端商业和高档居住的"三高"开发为主。"TOD＋大型社区"追求卧城向职住平衡新市镇的升级。前两者起源比较早且已基本模式化，而"TOD＋特色小镇"则是一种更为灵活、更为精致且与创新距离最近的开发模式。与 TOD 模式相似的概念还有：TAD（Transit Adjacent Development），即交通站点附近的开发，和 TJD（Transit Joint Development），即整合公交站点或者其他公交设施的房地产开发行为。TAD 类似于 TOD1.0 和 TOD2.0，存在的问题是由于缺乏对土地的总体规划，往往会导致商圈层叠，无序扩张，公共交通的价值提升难以实现。TJD 是 TOD 在社区层面的延伸概念，类似于"TOD＋大型社区"，社区拥有发达的公共交通和适宜的步行距离，人在其中能工作、生活、休闲，减少对小汽车的依赖，缩短通勤时间，可增强城市的幸福感和宜居感。

我国已经进入城市群和都市圈发展新阶段，TOD 发展空间巨大。截至 2021 年底，我国已有 50 个城市开通城轨交通运营（全国统计数据均未包括港澳台），轨道站点周边覆盖人口达到 1.04 亿，占全国城镇总人口的 11.5%，轨道出行机动化分担率也达到 15.9%，全国站点平均带动地价增值 14%。随着中国众多城市的轨道交通站点开发，TOD 开发模式以点带面的城市触媒效应愈加突出，已成为城市综合体的重要发展趋势。总体来看，我国 TOD 发展处于 TOD3.0 向 TOD4.0 过渡阶段，目前值得关注的重点包括：

（1）重视 TOD 引导新城建设发展与老城改造的适应性和协调性。地铁 TOD 的发展应紧密结合城市的发展方向，除公交引导新城建设开发外，要注意老城应注意调整用地功能、升级优化配套服务设施、慢行系统的建设、老城区的更新改造等方面的适应性和协调性。老城往往存在着城市布局与公交特别是地铁结合不够、道路资源紧张、停车困难等诸多问题，如何在老城更新改造中贯彻TOD理念、保护老城区原有建筑、引导绿色低碳的交通出行方式、缓解交通拥堵,已成为众多城市亟待解决的问题。

(2) TOD的发展应注重功能的适配性。TOD的发展应着重于车站开发与所在区域定位、用地功能和交通功能等的适配性。例如位于中心城区的车站,应着重考虑步行环境的优化、配套功能的优化,支撑起城市中心的定位;而位于外围地区的车站,则应考虑功能混合度、站城一体化设计等,促进车站及线路的职住平衡。

(3) 需考虑车站的差异性,分类分级引导TOD发展。车站所处的城市区域不同,对其TOD的建设的需求也不同。例如,位于居住区的车站,应考虑周边的生活服务设施的配套;而位于交通枢纽的车站,则更应着重城市门户方面的建设。因此,TOD的发展应结合车站所在区位和上位规划,对车站进行分类,确定车站应提供的服务功能,再对各车站提供量身定制的开发方案,使车站更好地服务城市发展与市民生活。

(4) 优化公共空间的人性化设计,让TOD的设计更符合生活需求。慢行系统设计是TOD需要关注的内容,构建连续的步行系统是TOD社区最基本的人性化设计要求。通过良好的慢行系统,建设以人步行生活为动线的服务体系,从而实现依托步行加公共交通的TOD生活方式。

(5) 因地制宜创新体制机制,扫清TOD的发展障碍。TOD项目在实施过程中往往面临着专业沟通不畅、政策法规难以支撑、参与主体责任不明确等诸多挑战,从而制约TOD的发展,亟待通过政策和法规来扫清TOD的发展障碍。

国内在推进TOD发展政策方面,2015年《国家发展改革委关于当前更好发挥交通运输支撑引领经济社会发展作用的意见》指出,有序发展高铁经济,干线铁路建设要与城市规划衔接,线路、车站工程与周边土地综合开发同步规划、设计,具备条件的同步开工建设,发展通道经济,引导城市空间布局调整。住建部2015年发布《城市轨道沿线地区规划设计导则》来规范TOD的发展。《客运枢纽区域开发规划导则》(T/CSOTE 0002—2021)、《客运枢纽区域开发适应性评价标准》(T/CSOTE 0001—2021)等团体标准陆续颁布。国内多个城市也颁布了相关地方性法规和指导意见。如广州印发了《广州市轨道交通场站综合体建设及周边土地综合开发实施细则(试行)》(穗府办规〔2017〕3号)、《关于支持铁路建设推进土地综合开发若干政策措施的通知》(粤府办〔2018〕36号)、《关于印发轨道交通场站综合体用地收储补偿实施方案的通知》(穗规划资源字〔2019〕255号)、《关于改革优化土地储备市区联动机制方案的通知》(穗府办〔2020〕15号)等文件。成都为推动TOD建设发布《成都市轨道交通专项资金筹措方案》《成都市人民政府关于轨道交通场站综合开发的实施意见》《成都市轨道交通场站综合开发实施细则》等多项实施指导文件,成立专门的领导小组,建立多方合作机制,创新投融资模式等,并积极推出TOD示范项目等,通过体制机制的规范和引领,支持TOD发展。

2.1.5 立体交通使综合交通枢纽立体化空间发展具备更大的设计空间

立体交通是指在不同平面把不同方式或者不同类型的交通流分开的方案,典型的代表是所谓的"双层城市"的立体交通模式。早期"双层城市"的立体交通试验都是针对地面上的建筑使用和设计展开的,其目的是把行人和机动车交通在不同空间层面分隔开来,即建筑的底层为商业和企事业使用,与地面车行交通道路相联系,而建筑的上层为居住房屋、平台花园和商业中心等,用架空的人行道或者步行廊把居住房屋、各平台花园、商业中心、主要文化服务设施和交通设施联系起来,供行人使用,使各项功能之间的关系既方便密切,又互不干扰。我国香港、瑞典马尔默(Malmo)市、美国明尼阿波利斯市的"空中步道系统"等均进行了"双层城市"的试点。瑞典的马尔默(Malmo)市在林德堡(Lindeborg)南区皮尔达姆斯维根路带状双层城市的试验表明,双层城市大大减少了人行交通与车行交通的干扰,而且土地利用的效率高于平面布置的城市,其人均经济造价也低于平面布置的城市。随着城市的发展、环境保护意识的加强以及交通拥堵的加剧,人们对空间的综合利用开始由地面转到地下,除常见的地下运行轨道交通系统外,甚至专门建设地下高速公路通道或者在原有的地下停车空间的基础上进行包括地下交通通道在内的更全面的地下空间利用和开发。如美国的波士顿市,认为原有的"中央干线"高架高速公路分割了城市,破坏了城市环境,从而花费巨资将高架高速公路拆除,代之以地下高速公路。美国的西雅图市也修建了穿越城市的地下高速公路通道。加拿大蒙特利尔地下城(Montreal Underground City)、芬兰赫尔辛基的地下空间开发也很有特色。蒙特利尔地下城建有 2 000 多家商店(其中包括两家大型百货商场)、1 600 多个住宅单元、1 200 多个办公室、200 多家餐厅、40 多家银行、40 多家电影院及其他娱乐场所、7 家大型酒店和 2 所大学,通过地下通道将这些地下空间和 10 个地铁站相连,有超过 120 个的出入口,每天在地下城中穿梭的人流总量超过 50 万。

近年来,随着我国城镇化进程的加速,城市空间资源紧张、基础设施水平偏低等问题,开始在城市发展过程中不断涌现。由于地上空间资源的紧张,地下空间开发开始逐渐得到关注。我国很多城市,如北京、上海等也启动了地下或地上空间的立体化开发。2017 年,住建部、国家发展改革委联合发布《全国城市市政基础设施建设"十三五"规划》,其作为首部国家级市政基础设施规划,提出在城市新区、各类园区和成片开发区域,新建道路必须同步建设地下综合管廊,老城区因地制宜推动综合管廊建设。针对我国城市地下空间之间连通性较差,同一地区相邻项目之间缺乏联系和贯通,城市地下空间与地面空间协调不足,缺乏衔接等问题,我国在城市地下空间和功能的顶层设计,实现地上、地下空间共同规划,地下交通设施与地下综合管廊建设的协调发展方面开展积极探索,比较有代表性的是我国雄安新区的地下空间和地下管廊系统规划。雄安新区的地下管廊系统分为三层。其中,最高层为地下物流网络,依次往下为地下交通通道和水电、能源、通信管道。负一层的物流通道宽度为 14.4m,高度为 7.8m,相当于双向四车道的地下货运通道。地下物流系统是一类基础设施,大型地下物流系统被归为与公路、铁路、航空和水运同样的交通模式。而小型地下物流系统则被认为是和水管、下水道、电力、燃气、通信网络相同的公用设施。其建设成果可分为轨道式货运、隧道式货运和管道胶囊式货运,通常具体建设方案依据配送货物内容而定。雄安新区作为国内高质量城市建设的示范区,其系统性地下物流体系将对全国城市配送效率的提升和交通拥堵的缓解提供新范例。

立体交通枢纽可以看作立体交通的节点代表,由于交通枢纽往往衔接多种交通方式,在交通枢纽设计时,通过立体开发,将不同交通方式引入不同的空间层面,如地铁在地下层、地面公交和大铁路在地面层,对进出枢纽客流也采用不同层面分离等措施,可以减少不同性质交通流之间的冲突和交叉干扰。德国的法兰克福机场枢纽和柏林枢纽、日本东京枢纽等都是立体交通枢纽的典型代表,广州流花火车站是我国较早进行立体交通枢纽开发的实例之一。我国北京丰台高铁站是国内首座采用高速铁路、普速铁路双层车场设计的立体枢纽车站。目前,交通枢纽的立体化开发已在我国城市交通枢纽规划设计中广泛使用,大大拓展了交通枢纽设计的思路和利用空间。值得指出的是,立体交通空间特别是地下空间开发不仅投资巨大、维护成本高昂,而且其与地面建筑相比,更具资源稀缺性和难恢复性。因此,其建设开发应该加强规划设计和审慎论证,针对立体交通的开发建设模式和后期维护运营方案,也需要进行更多的创新探索。

2.1.6 大区域城市、经济带(区)城市群、网络城市的规划,使枢纽的规划设计从原有的单独枢纽的独立规划设计向多层级枢纽群的统一规划设计发展

"大区域城市"或"经济带(区)城市群"理论是指将经济联系或协作紧密的区域城市,从系统角度重新规划城市的功能与未来发展,实现分工协作与优势互补,改善交通与居住生活环境,提升区域经济优势和核心竞争力。在这一过程中,某些区域城市群出现网络化发展倾向,形成所谓的"网络城市"。例如,在欧洲,从阿姆斯特丹、伦敦,到米兰的北部、罗马这一带形成了统一的城镇体系,荷兰的阿姆斯特丹、海牙、鹿特丹中间形成了绿心城市体系,它不是仅仅由阿姆斯特丹称雄,而是以整个城市体系为单位,参与欧洲或者世界的经济事务。从英国1960年到2010年的城市区域"夜间影像"图可以看到,城市从单独的几个中心的发展,逐步扩充到网络化的城市体系,高速公路和交通轴把重要的城市发展联系起来。德国柏林也与它周边的勃兰登堡州地区做了统一的规划,将分散的中心化的发展模式,转为网络状的、开放的空间体系。日本城市体系中东京从一点集中,转为向多核心结构的发展,形成横滨、千叶、筑波等多个核心,以分散东京的功能。近年来,我国的区域城市之间的联系不断加强,京津冀城市群、长三角城市群、粤港澳大湾区、成渝城市群、长江中游城市群、中原城市群、关中平原城市群等一大批区域城市之间的联系进一步得到加强。值得注意的是,"大区域城市""经济带(区)城市群"和"网络化城市"理论的提出,都伴随着新型快速城际或城市交通系统的开发与建设,如城市与城际快速铁路系统,地铁、轻轨系统,高速公路系统等。城市内部与城市间联系的加强,促使区域间通道交通,以及联系城市城区各交通方式间的换乘必要性和重要性大大提高,枢纽也由原来只考虑独立个体的规划设计向多层级多枢纽之间的系统协调转化,更多从整体上考虑枢纽群的优化布局和合理分工,从而进一步促进了综合交通枢纽规划设计理论的发展和完善。

2.1.7 低碳化与可持续发展的区域与城市规划的影响

可持续发展是指既满足当代人的需要,又不对后代人满足其需要的能力构成危害的发展,其核心是发展,但要求在严格控制人口、提高人口素质和保护环境、资源永续利用的前提下进行经济和社会的发展。而能源、环境和经济是人类社会发展所面临的三大问题。为了有效兼顾三者利益,应对全球气候变化,实现可持续发展,《京都议定书》中首次提出排放权交易制度。2003年,英国政府发布能源白皮书《我们未来的能源:创建低碳经济》,首次以国家文件的形式提出低碳经济的理念。欧盟委员会于2007年提出了欧盟战略能源技术计划,目标是把欧洲改造成高能效、低二氧化碳排放的经济体。美国参议院于2007年提出了《低碳经济法案》,确定发展低碳经济是美国未来重要的战略选择。次年,美国众议院推出《2009年美国绿色能源与安全保障法案》,构成了美国向低碳经济转型的法律框架。日本、德国、法国、澳大利亚、加拿大等国家都相继出台了一系列旨在减少温室气体排放、发展低碳经济的

长期规划。

1992年,我国成为最早签署《联合国气候变化框架公约》的缔约方之一,2002年我国政府核准了《京都议定书》。2007年,我国政府制定了《中国应对气候变化国家方案》,科技部、国家发展改革委等14个部委公布了《中国应对气候变化科技专项行动》。2010年8月,国家发展和改革委在北京启动我国低碳省和低碳城市试点工作,承担低碳试点工作的省市承诺将研究编制低碳发展规划,纳入当地经济和社会发展规划,加快建立以低碳排放为特征的产业体系,积极倡导低碳绿色生活方式和消费模式。2013年11月,我国发布第一部专门针对适应气候变化的战略规划《国家适应气候变化战略》。2015年6月,我国政府向联合国气候变化框架公约秘书处提交了《强化应对气候变化行动——中国国家自主贡献》文件,确定了到2030年的自主行动目标:二氧化碳排放2030年左右达到峰值并争取尽早达峰;单位国内生产总值二氧化碳排放比2005年下降60%~65%,非化石能源占一次能源消费比重达到20%左右。在中国的积极推动下,世界各国在2015年达成了应对气候变化的《巴黎协定》,2016年,中国率先签署《巴黎协定》并积极推动落实。到2019年底,中国提前超额完成2020年气候行动目标。2020年9月,习近平总书记在第七十五届联合国大会一般性辩论上正式宣布:"中国将提高国家自主贡献力度,采取更加有力的政策和措施,二氧化碳排放力争于2030年前达到峰值,努力争取2060年前实现碳中和。"❶上述"双碳"目标是我国基于推动构建人类命运共同体的责任担当和实现可持续发展的内在要求而作出的重大战略决策,展示了我国为应对全球气候变化作出的新努力和新贡献,体现了对多边主义的坚定支持,为国际社会全面有效落实《巴黎协定》注入强大动力,重振全球气候行动的信心与希望,彰显了我国积极应对气候变化、走绿色低碳发展道路、推动全人类共同发展的坚定决心,向全世界展示了应对气候变化的中国雄心和大国担当。

低碳交通系统是指以低能耗和低排放(或者零排放)交通工具占主导的交通系统。如以城市交通系统发展为例,随着我国城市化进程的不断推进和城市机动车拥有量的迅速增加,城市交通拥挤加剧、交通事故增多、能源消耗上升、城市环境恶化,交通问题正迅速成为制约城市特别是大城市经济发展的重大问题之一。低碳城市是可持续发展的必然选择。高度密集的城市居住人口和有限的道路空间资源决定大城市必须优先发展低碳化的"人均占用道路空间资源最少、能耗和污染最低"的公共交通系统。目前,大城市采用的客运交通系统包括城市轨道交通系统(如地铁MRT、轻轨LRT)、巴士快速公交系统(BRT)、公共电车系统、常规道路公交汽车、出租车、小汽车和自行车等。为了实现大城市客运交通系统的可持续发展,必须转变城市客运交通系统的结构,发展低碳客运交通系统。国内外城市低碳客运交通系统的规划与发展都经历了循序渐进、逐步建设和完善的过程。巴黎、伦敦、莫斯科、东京、纽约等大城市都逐步形成了以公共交通系统,特别是轨道交通系统为主导的低碳客运交通系统,公共交通出行比例在60%以上。为方便城市居民出行,这些城市的轨道交通线路不同程度地深入到了城市中心,城市中心的多个客运站有利于旅客乘降和换乘,给城市交通减轻了负担。同时,城市公交系统线路和车站的配置结合了城市的地形条件及土地使用规划,较好地适应和促进了城市的发展。我国城市客运交通系统也得到了快速的发展,北京、上海、广州、深圳、武汉等各大城市均在大力发展轨道交通等大容量客运交通系统。与此同时,电

---

❶ 习近平:在第七十五届联合国大会一般性辩论上的讲话(2020年9月22日),《人民日报》2020年9月23日。

动(或新能源)公共汽车、电动网约车和共享自行车等低碳出行模式,作为倡导绿色出行的措施在我国城镇广泛推行。许多城市客运交通系统根据低碳化和可持续发展的要求在进行新的规划与调整。

2.1.8 以人为中心高质量发展的区域与城市规划的影响

随着人民需求的提升,未来需要更好推进以人为核心的城镇化,使城市更健康、更安全、更宜居,成为人民群众高品质生活的空间。在新发展理念推动下,城市更新行动要体现以人民为中心的发展思想,把城市更新行动作为高质量发展和构建新发展格局的主战场,从前瞻性、战略性、全局性和整体性的高度推动城市结构优化、功能完善和品质提升,转变城市开发建设方式,以城市体检为手段,统筹城市规划建设管理,目标是建设宜居城市、绿色城市、韧性城市、智慧城市、人文城市。城市规划应当以人为中心,注意人的基本需要、社会需求和精神需求,城市建设和改造应当符合"人的尺度",反对那种追求"巨大""宏伟"的巴洛克式的城市改造计划。城市更新行动要围绕老百姓关心的居住环境、生活环境、出行条件、就医和就学的便利程度等展开。一是要控制城市扩张速度,建设紧凑、混合的社区,以增加近距离的就业机会,减少远距离通勤;二是要提供丰富多样的公共服务设施,包括健全的生活服务设施、高质量的教育设施、完善的医疗设施、舒适的文化娱乐设施等;三是要提高交通运行效率,倡导公共交通出行。目前,我国已转向高质量发展阶段,从城镇化的发展历程来看,我国步入了中后期,这一阶段城市更新行动就成为主旋律。通过质量变革、效率变革和动力变革,推动城市经济社会的高质量发展,增强城市的经济竞争力、创新力和抗风险能力,全面建设宜居、绿色、韧性、智慧和人文城市。东京、伦敦和纽约等城市也纷纷出台以人为中心的新一轮区域与城市规划方案。

进入21世纪以来,日本东京相继出台了多版城市发展战略规划、战略行动计划以及城市总体规划,2016年12月城市发展战略规划提出《建设"市民为中心"的新东京——面向2020年的行动计划》,2017年9月东京制定了最新一版城市总体规划,题为《都市营造的宏伟设计——东京2040》(简称《东京2040》)。《东京2040》在规划全过程都体现了鲜明的人本立场,规划以解决"人"的问题为导向,紧密围绕"少子高龄、人口减少"的根本困境,鼓励培育多样化的人群、特别关注特定人群,强调重塑各类人群的社会价值,从而使每个居民都能够蓬勃发展、应对挑战、享受宽松生活和灵活地选择生活方式。规划愿景蕴含3个层面的人本需求:保障安全、放心的生活,自由而充满活力的生活,以及满足不同人群的差异化需求、带动地方经济增长。围绕建设一个安全、多彩、智慧的东京,《东京2040》提出了7个战略和30项空间政策,其中战略2"实现人、物、信息的自由交流"的第4~9项政策与交通相关,而东京作为建设在轨道上的城市,也高度重视对轨道站点及周边用地的综合开发来激活地区潜能,提出了以满足多样化的活动、交流、生活为目标,运用城市更新与建设的各种相关制度,通过引导轨道站点及周边地区一体化开发,来强化地方特色。

英国伦敦于2021年3月2日《大伦敦空间发展战略》,通过大伦敦地区议会审议并正式发布。《大伦敦空间发展战略》是大伦敦政府成立以来所发布的第三版总体规划,规划期限至2041年,其内容涵盖了大伦敦地区交通、环境、经济发展、住房、文化、健康等关键领域的未来发展战略。新版《大伦敦空间发展战略》目标愿景的制定以2016年10月该市萨迪克市长发表的《为了所有伦敦人的城市》(*A City for all Londoners*)一文为引领,针对伦敦所面临的各项重大挑战提出了"良性增长"（Good Growth）的总目标。"良性增长"的含义是"具有社会和经济包容性及环境可持续性的增长"，强调了《大伦敦空间发展战略》对可持续发展的关注。规划提出了六大分目标，包括伦敦的增长发展廊道（Growth Corridors）、机遇地区（Opportunity Areas）、城镇中心、绿带和市级开放空间等内容，将高速铁路二期（HS2）、横贯铁路（Crossrail）、贝克卢线及北线延伸段等对地区发展产生重大影响的交通基建项目也列入《大伦敦空间发展战略》，体现了交通支撑城市规划的重要作用。

进入 21 世纪后，美国纽约陆续推出两轮四个版本的城市总体规划，分别是《更葱绿、更美好的纽约》（2007 年版及 2011 年修订版）以及《只有一个纽约：强大和公正的纽约》[2015 年版及 2019 年 4 月的《只有一个纽约 2050：建立强大且公平的城市》（简称《纽约 2050》）]。《纽约 2050》于 2019 年 4 月出台，明确了 5 大价值观：①公平。公平构成纽约城未来愿景之基石。②增长。人口与经济增长的同时，确保城市更可负担和更宜居，让所有人而并非仅少数人从中获益。③可持续性。削减温室气体排放，建设支持可持续生活方式和可持续消费的住区与基础设施，为所有人创造经济机会。④韧性。借助韧性提升，在不确定性环境下实现可持续。⑤多样性与包容性。纽约向来都是"五方杂陈之地"，拥抱多样性，应当让不同背景的人都能找到自己的出路并为社区和城市发展作出贡献。《纽约 2050》提出了"高效出行"的愿景，着眼于"让出行更加安全、可靠、可持续，让纽约人不再依赖汽车"。围绕"高效出行"之愿景目标，包含 4 项行动方案：打造现代化的公共交通网络、保障纽约街道安全和可达性、减少交通拥堵和尾气排放、强化与区域和国际的联系。

各国城市新规划实例表明，以人为中心高质量发展的区域与城市规划，把对人的服务提高到更高的视角，除重视城市的科技创新外，要把城市的宜居环境、历史文化风貌和特色作为城市发展的新动力源，提升城市的宜居性、吸引力和包容性。要遵循城市自然格局，保留城市的山水风貌，让居民能够更加便利地亲近自然、融入自然，充分享受和体会自然给人们带来的精神愉悦，提高城市的宜居性。城市规划在更新发展的同时，也需要保留城市历史风貌、建筑特色、街区肌理、人文风格等，传承城市历史文脉，强化城市的地方性和本土性，形成独特的城市文化符号和标识，增强城市的吸引力，建设人文城市。城市规划需要构建开放和包容的社会环境，形成多元的文化和创新氛围，提升城市创新创业发展生态环境，增强城市发展活力。同时，要加大现代技术和创新在城市规划建设管理中的应用水平，建设能更好为人服务的智慧城市。此外，充分考虑经济规律和资源环境承载力，推进城市圈和城市群的建设，构建高质量的城市生态系统和安全系统，改善人活动的自然空间；提高城市治理能力和治理水平的现代化，防控特大城市治理中的各种风险，保障人的安全性。这些城市更新发展的新理念，为建设以人为中心的绿色、韧性、智慧和人文交通枢纽提供了解决问题的新思路。

除了上述城市规划理论外，对于现代城市交通和城市综合交通枢纽规划产生积极影响的还有国际现代建筑协会（CIAM）制定的一系列重要宪章，如 1933 年雅典大会制定的《雅典宪章》。该宪章首次提出了居住、工作、游憩和交通为城市四大功能。1977 年利马会议制定的《马丘比丘宪章》，不仅再次肯定了《雅典宪章》对城市交通问题的论述，提出创造综合性多功能生活环境的新目标，更重要的是，该宪章强调公共交通的重要性，并提出在城市未来的发展规划中要考虑交通运输方式的转换。《马丘比丘宪章》揭示现代城市交通规划可能出现的新焦点问题，即既要解决城市公共交通问题，又要考虑多种公共交通方式的转换、交替和共存，而这些问题在综合交通枢纽将表现得更加突出和迫切。1981 年，华沙国际建筑师协会第 14 届大会宣言,不仅重申了《马丘比丘宪章》的主要观点,而且提出需要特别重视日益严重的环境问题,指出制定和贯彻人类居住建设规划和政策,使其与工业、农业、社会福利、环境和文化政策相协调,而城市规划不是孤立的,它具有时代性,应适应时代的需要,要不断丰富城市规划的理论。这些论点对于综合交通枢纽中城市综合交通枢纽的规划与设计具有特别重要的现实指导意义。

2.2 交通规划理论发展对枢纽规划的影响

20 世纪 60 年代"四阶段"需求预测方法的诞生与推广应用,成为现代交通规划理论发展的重要里程碑。所谓"四阶段"需求预测方法是将交通需求预测分为交通生成、交通分布、方式划分和交通分配四个相互联系的阶段。传统的交通规划一般不包括方式分担,即只有所谓的"三阶段"。20 世纪 60 年代初,美国芝加哥都市圈交通规划(Chicago area transportation study)首先突破了这一限制,开发了包括交通方式划分在内的四阶段交通需求预测法,从而开创了城市综合交通规划之先河。1962 年,美国制定的《补充联邦道路法》,规定人口在 5 万以上的城市,为了得到与交通建设有关的联邦政府的补贴,必须制定以城市综合交通调查为基础的都市圈交通规划。此后,关于城市综合交通规划的理论研究和规划实施在全美广泛地开展起来。英国于 1963 年发布了著名的"布凯南报告",在此前后,开始了制订城市综合交通规划所必需的城市交通调查。1964 年,莱斯特市进行的综合城市交通规划是英国定量进行城市交通规划的先驱。在日本,广岛都市圈首先进行了大规模的居民出行调查,通过将"不同交通方式分担"这一新的预测步骤加到三阶段需求预测法中,分析人们利用汽车、轨道交通及公共汽车的情况,开创了对城市内全部交通方式进行系统分析的先河。"广岛调查"进行后,以东京、京阪神、名古屋等大都市圈为首,日本在全国主要都市圈都开展了居民出行调查,由交通发生、交通分布、不同交通方式分担、交通分配所构成的四阶段交通需求预测法也固定下来。

20 世纪 80 年代初,四阶段需求预测方法开始引入我国。随着经济社会的发展,人们对交通规划的认识不断加强,在调查方法、数据分析、模型精度、预测技术、战略研究、规划的层次划分、交通设计等方面均进行了广泛的探索研究,与城市规划、市政工程设计、运输规划、交通管理的结合方面也取得积极的进展。目前,我国各大中城市及区域交通规划广泛采用了四阶段需求预测方法。在此过程中,四阶段需求预测方法也开始引入综合交通枢纽规划设计中,并在 20 世纪 90 年代开展的广州流花火车站站前枢纽综合交通规划、温州综合交通枢纽规划等实际枢纽规划项目中得到应用。结合枢纽需求预测的特点,枢纽需求预测方法得以不断完善,对指导枢纽规划与设计起到了很好的作用。

进入 21 世纪,大数据和精细化管理快速发展的背景下,交通模型的发展面临传统模型体系无法深度融合大数据、集计模型难以满足精细化决策支持需求、现有交通调查模式无法支撑建模体系转型等诸多问题。这也推动了基于活动链的出行需求模型、基于大数据的交通模型、基于云技术的交通模型平台等新的建模体系及技术不断涌现,并在交通枢纽规划实际工程中得到越来越多的应用。

归纳起来,现代交通规划理论对枢纽的规划理论形成与发展的重要影响,主要体现在以下几个方面:

1）从国土空间规划与交通规划的关系角度研究枢纽规划问题

交通规划与国土空间规划之间具有非常紧密的关联，但从编制内容、成果要求等方面来看又属于两种不同类型的规划。国土空间规划是在国土空间治理大背景下，针对国土空间管控和国土资源分配的公共政策安排；交通规划是强调战略指导和系统整合前提下的政策性技术安排。国土空间规划追求的核心目标，是通过合理的空间关系组织，实现减少自然资源索取和污染排放基础上的空间活动高效运作、社会生活健康运行、经济活动可持续发展。从这个角度看，空间不再是各种用地的简单拼合，而且包含各种空间要素之间联系的科学安排。交通网络是支撑各种空间联系的载体，在空间关系组织中交通系统不再限于技术层面保障，而成为实现空间战略的重要政策工具。这要求交通网络结构设计需要充分考虑对于国土空间的组织作用。

交通网络所产生的作用与效率，不仅与所形成的空间连接关系相关，而且受到网络自身结构及交通政策的极大影响，直接影响多模式交通系统的构成、不同交通方式的规模及布局等决策，需要从交通战略、综合交通体系结构、交通政策杠杆运用，乃至交通服务组织等方面的系统性研究加以科学回答。因此，在国土空间组织的顶层设计中，国土空间规划与交通规划需要建立更紧密的联系。城市和区域规划与建设实践经验，既反映出交通网络、交流规模对城市功能空间结构的巨大影响，也揭示出抽象理念、传统模型在城市空间复杂演化面前存在的不足。在这一背景下，建立一种能够让城市规划师和交通规划师共同参与并进行有效交流，能够客观反映交通网络对空间结构体系和空间质量影响的定性定量相结合的决策分析方法，成为目前规划决策领域探索发展的重要方向，通过顶层设计中围绕"空间中的关系—空间中的行为—空间中的活动—空间中的网络"分析逻辑，依托大数据资源，建立与传统基于OD❶分析模型相衔接的决策分析模型，有助于消除国土空间规划与交通规划之间分析技术方面的壁垒，而从国土空间规划与交通规划的关系角度研究枢纽规划问题，对于准确把握交通枢纽的层级定位，统筹利用好国土空间资源，更好服务国家战略，实现社会经济发展目标无疑具有重要的指导作用。

2）从路网布局、地区规划、土地利用、经济社会发展方面来研究枢纽交通问题

（1）明确枢纽的功能定位

路网性枢纽一般地处路网性干线的交会点，区域性枢纽地处干线与次干线、干线与支线或者次干线之间的交会点。因此，枢纽是路网性还是区域性，与路网布局有很大的关系。如我国的郑州铁路枢纽，就是因为处于京广铁路和陇海铁路两大最重要的干线铁路的交会点，衔接东、南、西、北四个方向车流的交换重任，成为我国最重要的路网性铁路枢纽。根据我国《综合交通网中长期发展规划》，我国各种主要交通方式的路网结构将发生很大变化，原有的枢纽布局势必发生新的调整，区域性枢纽可能会升级为路网性枢纽。同样道理也适用于区域性枢纽与地方性枢纽，或者是城市交通枢纽内部的调整中，如武汉枢纽随着多条干线铁路的引入，其在路网中的地位得到了极大提升。

国家、区域与地区发展规划也直接影响枢纽的功能定位，如为适应我国的西部大开发战略，规划建设的西部地区路网性枢纽数量比以前有明显的变化。以铁路枢纽为例，原来西部地区没有一个路网性铁路枢纽，目前重庆枢纽、西安枢纽、贵阳枢纽、兰州枢纽等均由区域性

---

❶ "O"源于英文Origin指出行的出发地点；"D"源于英文Destination，指出行的目的地。

铁路枢纽升级为路网性铁路枢纽。

经济社会发展水平对枢纽的功能定位也有很大的影响,如我国东部地区经济较为发达,交通网络密度明显比中、西部地区稠密。在《综合交通网中长期发展规划》实施前,交通枢纽的数量也明显多于中、西部地区。从枢纽的功能来看,我国东部地区与西部地区也有较大的区别,东部地区外向型生产企业众多,西部地区生产企业相对较少,使东部沿海地区口岸型港口枢纽功能与西部内陆口岸货运枢纽功能明显不同。前者主要依靠载货汽车与内河船运等服务于沿海 500km 的长三角、珠三角地区生产企业的货物集散运输;后者则是依靠铁路、长途货车等实现更长距离的货物中转与换装作业。

特别值得指出的是,"十四五"期间,我国正在加快构建以国内大循环为主体、国内国际双循环相互促进的新发展格局。在此背景下,交通枢纽规划的层级及功能定位均发生变化。对外循环东部仍为核心,东部拥有京津冀、长三角、粤港澳大湾区、山东半岛等世界一流的城市群、港口群、机场群。无论从提升国际产业链地位,还是保障国际供应链安全来看,东部交通枢纽均承担着推动高水平对外开放、建立高水平外循环体系的任务,而西部和东北地区西安、乌鲁木齐、昆明、南宁、喀什、哈尔滨等中转枢纽地位不断凸显;区域间循环"量降质升",跨区域运输模式面临重塑,对交通枢纽服务跨区域运输质量和效率提出更高需求,应更加注重推动运输结构优化;区域内循环以城市群为核心,辐射周边中小城镇,着力强化城市群交通辐射能力,应突出城市群枢纽的锚固作用,助力成为经济发展的新增长极;区域内循环以新型城镇化和城乡融合为主要拓展方向,交通枢纽建设应有助于加快推动城乡交通运输一体化。

(2)避免土地开发强度超载

交通出行与人们的居住、工作、休息等活动密切相关,而居住、工作、休息空间的配置及人口密度等这些土地利用规划的内容也与交通规划有直接的关系。因此,应当依据土地利用的理想状态来确定交通需要量,从枢纽区域规划和土地利用的角度,控制交通发生与交通吸引,避免交通需求或枢纽地区功能过度集中,使交通总需求超过枢纽交通容量极限,避免枢纽地区土地利用强度过大而使交通问题无法解决,如立体建筑学派在建设城市 CBD 地区摩天大楼群时,往往需要考虑引入大容量的轨道交通系统,并在轨道交通系统与地面交通系统的衔接点修建多种方式间方便换乘的换乘交通枢纽。此外,在枢纽交会点,为避免换乘客流的过度交织或土地开发强度过大,对同一地点交会换乘的轨道交通线路数量也有一定的限制,一般不超过三条等。

3)从交通发展阶段来研究枢纽交通问题

交通枢纽特别是城市交通枢纽规划,是城市交通规划的重要构成部分,必须与城市交通发展所处阶段的功能需求相吻合。一般而言,城市交通发展基本要经历四个阶段:第一个阶段是机动化初期的内聚式发展阶段,公共交通及公交枢纽成为城市出行的重要途径;第二个阶段是私家车普及后城市蔓延式扩张阶段,停车换乘等类型的枢纽在实现郊区到城市中心区集约化出行、减少拥堵、实现人群再聚集中发挥重要作用;第三个阶段是城市结构调整、交通网络结构调整与公共交通发展、大城市迅速扩张阶段,分层级交通枢纽在实现多模式交通的连接和转换方面有重要作用;第四个阶段是城市空间、城市交通基本定型阶段,交通枢纽在出行需求多样化条件下,引导和改进城市交通出行方面可发挥重要的作用。这四个发展阶段清晰反映了城市扩张与各交通方式及枢纽规划的关系。新时代交通规划要以存量设施应对交通需求的长期不断变化,实现交通系统的高质量、绿色发展。存量阶段城市交通的发展需要面对两方面的任务:一方面,在存量空间内应对需求的变化引导城市的发展;另一方面,要在促进向绿色交通方式转型的同时,提升交通服务的品质,促进城市转型发展。

新时代交通规划主要从三个方面实现转型:

(1) 交通规划的目标与实现路径

增量阶段交通发展的目标是保证城市交通畅通,通过超前规划、超前建设,满足城市交通需求的增长。存量阶段城市若要实现以畅通为目标的交通规划,要有交通优先政策,鼓励有助于缓解交通拥堵的交通系统优先发展,鼓励绿色交通优先、公共交通优先;进行交通需求管理,对私人交通的出行进行成本管理,从而影响出行者的出行选择。因此,交通枢纽承担引导公交绿色出行的职责。

(2) 空间组织与交通系统协调

重视多中心空间发展与优化空间组织平衡城市职住关系的作用。大城市在多中心的分区范围内按照城市模式组织职住平衡,形成"城市组群",使城市尽可能在合理的运行成本下提升通勤交通速度,以获得更大的集聚效益。交通规划与城市空间的协调措施主要包括两个方面:一是大城市应按分区布局城市对外交通设施,将交通枢纽与中心、分区结合,使交通枢纽在城市职住分区内分散化布局,从而缩短对外交通市内集散距离;二是围绕多中心和分区组织城市交通网络,通过改造和调整环放交通网络适应城市多中心的空间组织,在分区之间形成快速系统,而交通枢纽将为快速系统间协同提供连接和换乘服务。

(3) 交通设施的分类与分级

在存量发展阶段,交通指标的确定方式也要转变,主要体现在交通基础设施的分级和分类等技术方法上。在城市存量发展阶段和信息技术发展的背景下,"以人为本"的核心是需求分类,设施管理和空间分配的根本要求是设施分类。交通规划由满足需求的设施建设转向保障城市正常运行与交通优先,由靠建设扩能力向保障城市效率靠活动组织和活动方式调整转变,由"生产能力"提升向"公平与激励"转变,由粗放的"一刀切"向因地制宜、因人制宜的精细化、多样化转变。因此需要进一步明确交通枢纽的分级分类标准,提升对多样化出行需求的服务能力。

4) 从交通结构层面考虑枢纽的规划与建设问题

(1) 注重运输网络及枢纽布局的层次序列

现代交通规划中,对交通运输网络进行了明确的分工,运输网络具有明显的层次序列特征。以道路交通系统为例,美国在 1950 年提出了"市区道路网规划中根据高速道路、干线道路、集散道路、局部道路的不同功能赋之以明确的特性分工"的路网构成思路。该思路明确提出了道路划分层次序列的概念。英国在 1963 年发表的布凯南报告中,为协调机动车交通与居住环境的关系给出了"道路按一定层次序列构成"的原则,明确提出将道路划分为干线道路、地区道路、局部道路、衔接道路四个层次等级,交通必须由衔接道路经局部道路、地区道路再进入干线道路,然后依次经由地区道路、局部道路、衔接道路到达目的地,从而建立起有秩序的机动车交通流,构成具有一定层次序列的道路网体系。为确保这一层次体系的实现,仅在相邻等级的道路间连通,而跨等级道路间一律不连通。这一方法成为后来英国城市道路设计标准的基础,对世界各国也产生了较大的影响。我国的城市道路系统包括了快速路、主干路、次干路和支路,城市公交网络有快速公交线路和普通公交线路之分,均具有明显的层次特征。再如,铁路系统有铁路干线、次干线和支线铁路之分。交通网络的层次结构对枢纽的规划与建设有很大的影响,比如主枢纽(或路网性枢纽)一般位于干线的交点,区域性枢纽一般位于主干线与次干线的交点。由于不同类型的线路承担的交通量大小及作业类型有很大的区别,导致交通运输枢纽也表现出典型的层次序列特征。

(2)体现新交通系统建设运营与枢纽规划设计的协调

现代交通规划理论同样关注新交通系统的开发及其带来的影响。通过技术革新使原有的交通运输系统更加快捷、节省能源、降低成本是推动交通运输业发展的重要因素。近年来,对于新交通系统进行研究开发的重点又进一步转向使之成为有助于缓和环境恶化,并具有高度可靠性、安全性、能提供优质服务的现代化交通工具上。此外,新交通系统还被视为在飞机、铁道、公共汽车、步行等原有的交通方式间具有调和补充作用的部分,如日本对新交通系统的开发主要就是把它作为介于轨道交通与公共汽车之间的一种中运量轨道系统来进行的。欧洲开发的新型有线电车等载运工具,较传统电车运营更加便捷。我国也开始重视新交通系统的发展,如开展城市轻轨、BRT 的规划建设等。此外,我国已开通运营 4 万 km 的高速铁路,上海建成运营了世界第一条商业性高速磁悬浮铁路,新的时速 600km 及以上的更高速度磁悬浮铁路正在加快研制,长沙等城市的中低速磁悬浮铁路系统已开通运营。

特别需要注意的是,伴随为人车路协同提供保障的物联网、车联网、云计算技术、先进制造中自动驾驶载运工具等快速发展,新一代智慧交通系统在智联、智感、智动方面不断升级,厂商和科技公司都在争相研发面向未来的无人驾驶的载运工具,包括无人汽车、无人列车、无人机等。从谷歌总部山景城每天都在路测的谷歌无人驾驶车 Waymo,到百度测试的无人驾驶车 Apollo,每天有大量无人驾驶汽车测试,谷歌宣布无人驾驶汽车队每天模拟驾驶将达 300 万英里。据美国电气电子工程师学会(IEEE)的大胆预测,在 2040 年,道路上所有行驶的汽车中,有 75% 是无人驾驶车。我国交通运输部正在编制无人驾驶技术规划,研究起草技术规范,并在建设测试基地,多地积极发展无人驾驶技术。其他无人驾驶载运工具方面,无人机群在快递物流等领域已有广泛的应用。2017 年 6 月,名为"智能轨道快运系统"的公共交通系统在我国出现。该系统融合了现代有轨电车和公共汽车两者的优点,同年年底搭载"智能驾驶公交系统"的深圳巴士集团公交车开始试运行。此外,自动驾驶地铁列车在国内外多条线路已成功运行,我国已经在珠三角莞惠、佛肇两条时速 200km 的城际铁路开通了自动驾驶列车,时速 300~350km 的高速铁路自动驾驶技术在智能京张高速铁路投入运用。与此同时,互联网约车平台也纷纷加入面向共享的无人自动驾驶载运工具的研发,如总部位于美国加利福尼亚州旧金山的 Lyft 公司,目前在纽约、旧金山及洛杉矶等 300 个美国城市中营运,每月提供 1 870 万次载客服务,正积极研发无人自动驾驶车辆,以开展载客车辆租赁及实时共享等服务。这些新的运输系统的规划与运营带来新的技术与服务,同时需要考虑其与其他交通系统的协调与配合。综合交通枢纽的规划与设计,必须考虑到这些不同类型,特别是新交通系统的特征与特点,真正实现旅客换乘零距离及货物中转无缝化的目标。比如,在沙特迪拜机场应用自动驾驶汽车,从机场酒店开始提供服务,在前往候机楼的移动过程中完成人和行李的安检,极大提高出行效率。包括无人自动驾驶的共享载运工具接驳服务等功能设计已在更多的交通枢纽规划方案中出现。

(3) 交通比例分担对枢纽的结构产生影响

现代交通规划理论中"交通方式划分比例"的观点,在20世纪60年代初被实际应用到美国芝加哥都市圈交通规划中。此后这种方法不但应用于整个美国,而且也影响到欧洲各国、日本及我国,成为目前广泛采用的基本方法。与以往的考虑各种交通方式在全体中所占比例的思路相对,近年来又逐步发展出非集计模型的思考方法,它着眼于考虑在不同的时间、目的、场合条件下,每一个交通参与者如何选择交通方式的问题。该方法成为很有发展前途的理论体系和模型构造方法。

每种交通方式都有其技术经济特征,在能源、空间、环境、费用等制约条件下,如何平衡各种交通方式的比例,成为"交通方式分担比较"观点的核心问题。以城市交通为例,私人小汽车由于其具有方便、舒适等特性,受到出行者的青睐,但随着私人汽车的迅速普及和交通拥堵的加剧,人们逐渐意识到,仅依靠私人小汽车来承担城市交通需求的主体,显然是城市的道路条件所不允许的。城市交通不仅要依靠作为个体运输工具的私人汽车,更需要依靠公共汽车、轨道交通等大运量运输方式。为确保城市交通顺畅,就应当依据不同的场合、目的、时间,使各种交通方式的利用达到适当的平衡。国外一些大城市,如伦敦、巴黎、纽约、东京等,公共交通出行的比例均超过60%。在我国,人们也开始认识到合理交通结构的重要性,提出大中城市要从交通结构的角度,采取各种有效措施优先发展公共交通,形成以公共交通为骨干的快速交通运输系统,提高公共交通出行的比例,更合理地利用有限的土地资源和交通设施。在这一背景下,必然需要合理规划与建设与这种交通结构相对应的交通枢纽,特别是公交枢纽,以方便出行者在不同交通方式之间或者不同公交线路之间的换乘。

5) 要重视枢纽的规划设计与管理的协调问题

规划是科学化管理的前提。一方面,通过科学的规划,可以降低管理的难度,提高运营的水平。如我国的郑州铁路枢纽,于20世纪50年代完成规划,经过30年分阶段建设,20世纪80年代完成规划方案,由于规划设计科学合理,枢纽车流运营组织流畅便捷,成为我国枢纽规划设计的典范。而我国原有的洛阳铁路枢纽,由于规划时枢纽功能定位等诸多原因,修建了洛阳东、洛阳北和关林三个区段站,外加分散配置的机务设施,使整个枢纽作业极度复杂,调度生产组织管理要求很高,生产产出率很低,最后根据新的生产力布局调整需要,将洛阳东、洛阳北和关林三个区段站合并为洛阳北一个站,才使枢纽管理问题得到解决。另外,通过科学化、现代化管理等措施,充分有效地利用现有枢纽设施,可使现有的枢纽基础设施发挥最大作用。如通过停车收费政策的调整,可减少地处交通拥挤核心区的交通枢纽车辆的停放,诱导车辆在 Park and Ride 驻站停车枢纽进行停车,或者减少枢纽路面停车,使其转到专门的停车场(如地下停车场)停车等,使枢纽停车资源与需求合理匹配。再如,通过在枢纽区域内采用各种交通标志或管理措施,引导各类交通流,减少不同性质交通流之间的交织、冲突和干扰等。通过弹性调整交通供给和交通需求的关系,如减少引入枢纽的公交车线路数,控制枢纽区域内交会的轨道交通线路数,从总量上控制枢纽地区各种类型换乘交通流的数量等。此外,在规划设计的各相关环节,通过引入运营管理模拟仿真分析、征求运营管理人员及公众意见等方法,对规划设计方案进行评估与及时修正,可使枢纽规划设计与管理更好协调。

6) 要从能源、环境、生态平衡的角度关注枢纽的规划设计问题

现代交通规划理论更加重视交通与能源、环境的关系。以城市交通规划为例,英国的

"布凯南报告"中就把道路交通与城市环境相互协调问题作为城市规划的一个基本观点提出来。它指出必须设法使交通可达性与居住环境充分协调统一,为保护居住地区的环境,把由一类干线道路和二类地区道路围成的区域指定为居住环境区,禁止与该地区无关的通过交通从这里经过,仅允许与该地区相关交通经由曲折形式的局部道路及衔接道路低速行驶至目的地,并将其纳入地区交通规划。特别是随着机动车交通的迅猛发展,在给全社会带来广泛经济效益的同时,也带来了噪声、振动、大气污染,进而导致动植物生态环境破坏等一系列严重危害。为防止环境污染,需制订关于大气污染、噪声、振动的相关标准,并应严格执行;交通方面也要推行改进载运工具发动机、促进交通线路的绿化、加强交通法规等一系列措施。以生态系统理念审视交通规划,更加注重健康、绿色、高效和便捷,追求人与自然的良性循环。为协调环境与交通的关系,不但要从交通线路角度出发采取措施,而且要与沿线建筑物、基础设施结构等建设规划密切配合,以取得更好的效果。

交通枢纽是城市居民出行或者货物交流使用频率最高的区域,但是密集的各种交通方式的运转,必将带来噪声、振动、汽车尾气及景观混乱等环境污染问题。随着环保要求的提高,在交通枢纽规划建设上,环境影响越来越引起人们的重视,成为着重考虑的问题之一。通过合理的规划设计,使枢纽成为展示城市或区域形象以及服务社会的窗口。

7)枢纽的规划设计要考虑综合交通与经济增长转变、社会公平与效率的关系

现代交通规划理论对未来经济增长方式转变带来的客、货运结构的变化,以及对交通方式未来发展给予很大的关注,这要求枢纽的规划设计必须注意运输市场结构的变化。由于未来的交通需求结构变化也会对提供服务的各种交通方式市场份额产生影响,因此枢纽的规划设计必须为未来交通服务市场及方式的变化做好必要的预留。此外,枢纽的规划设计也必须考虑老弱病残孕等的出行需要,考虑到提供枢纽服务对于不同收入阶层人员的需求,在保障社会公平的前提下,提高服务的效率。

包括可达性、可支付性等维度的移动性公平是当前交通规划最重要的目标之一,而公共系统规划是实现交通移动性公平的重要载体。公交可达性公平测度涉及平等视角、优先视角、充足视角等。平等视角视所有社会成员为同等单位,认为彼此之间分配差异越小越公平,综合运用多种度量方法和评价指标得出具有一般性与一致性的结论;充足视角的关键在于能否找到一个具有普适性的临界点,当可达性低于该点时,大多数人都会由于可达性的限制而无法正常地参与社会活动。交通枢纽是保障和实现公交移动性公平的重要环节。

当前,公交枢纽正处于从对社会技术创新支持到对创新生态支持的转变时期,过去交通枢纽主要服务于居民的交通出行需求,随着枢纽综合土地利用拓展与商业价值开发,枢纽的功能开始向商业、休闲、餐饮服务、娱乐等功能拓展,并开始由交通集散向就业聚集区域演变,以日本大阪 Grand Front 为代表的交通枢纽更是发展了"知识之都"的枢纽营运新模式,为技术创新提供空间服务,从而推动了城市创新创业布局由分散的创业小镇、工业园区向城市中心区回流。近些年,小微创业公司的兴起,对融资便捷化的渴望,进一步推动了以枢纽为核心的创新生态的形成。如美国硅谷六个科创区的人口在下降,相反硅巷的人口则在同步增加。人们搬到硅巷去的原因非常简单——他们的投资需求在逐渐增加,而硅巷更加靠近华尔街,高科技企业非常重要的正是能够融到资。我国北京等大城市如 Soho 大厦等也成为小众创业团队和风投企业聚集的场所。由此可见,从硅谷到硅巷,创新生态在不断进化与

演化,创新动力正在从社会精英转变为青年大众,创新动力下产生的规模效应也成为未来交通规划和枢纽设计需要考虑的新变化。

2.3 综合运输系统理论对枢纽规划的影响

综合交通系统以五种主要的交通运输方式(铁路、公路、水路、航空、管道)为基本要素,通过协调各交通方式的竞争和协作关系,以更好地满足全球经济和社会可持续发展条件下人的出行和货物运输的多元化需求。国内外一般倾向于将综合交通定义为:多式、全程、无缝、连续的运输过程。实现这种过程的经济、技术和组织系统,即所谓的综合交通系统。所谓"多式"是指一般需要涉及两种以上的运输方式;而"全程"是指一次托运或一次售票的"门到门"直达运输;"无缝"是指运输的硬件和软件等实现无缝隙连接或对接等,包括技术装备、网络设施、运营方式、信息通信、组织管理和制度规范等;"连续"是指运输生产作业和其他相关作业,实现不间断或不停顿运转或操作等。

在国外,综合交通系统理论包括以苏联为代表的计划经济体制下的综合交通系统规划理论,以及以欧美等西方国家为代表的市场经济体制下的综合交通系统规划理论两种。不同的综合交通规划理论对我国的枢纽规划理论产生重要的影响,并且以20世纪80年代前后为标志,大体可以分为两个阶段:

20世纪80年代以前,以苏联为代表的计划经济体制下的综合交通系统运行理论研究与实践,是在运网不发达、运能相对短缺、追求运输数量和运能充分利用的前提下展开的,是以计划作为配置运输资源的机制,旨在实现系统的设计、建设、运营和发展整体优化。其代表作为《各种运输方式的协作和综合发展》(B.B.波沃洛任科,苏联国家计划委员会综合运输问题研究所,1982),在交通枢纽的规划设计理论研究方面,先后出版了《运输枢纽建设的依据》(C.B.泽勃林诺夫,苏联国家铁路运输出版社,1959)、《运输枢纽》(K.O.斯卡洛夫等,苏联莫斯科交通出版社,1966)、《运输枢纽发展的技术经济计算方法》(K.O.斯卡洛夫等,苏联莫斯科交通出版社,1972)、《城市交通枢纽的发展》(K.O.斯卡洛夫,中国建筑工业出版社,1982)等论著。这些论著中的数学模型具有鲜明的技术经济比较和数量经济特征,主要根据运输方式的合理运距确定方式间的合理分工、方式间的分流运输以及运输过程的相互衔接与配合。而对运输需求的多样化、个性化特点,以及对于运输产品与服务的质量要求,则比较忽视并缺乏研究。由于对运输需求及其各种影响因素的简化理解和处理,造成运输系统缺乏内在的发展要求,特别是排斥竞争、片面强调"协作",导致理想化的系统最优缺乏可操作性和可实现性。而其系统运行管理也带有重数量、轻质量、粗放管理的色彩。

20世纪80年代以后,以欧美等西方国家为代表的市场经济体制下的综合交通系统运行的理论研究与实践,是在运网比较发达、运能相对富余、重视运输质量和服务水平、追求运输成本最小化、运输效用最大化和市场占有率的保持和扩展,是以市场作为配置运输资源的手段,旨在实现用户效用的最优化,是在运输方式的竞争和协作的相互作用下,强调需求的多样化、个性化特点,运输质量和服务水平和用户效用最大化的方式选择、衔接与配合,同样隐含系统资源配置和利用的优化思想,且具有可操作性和可实现性的特点。其系统运行管理带有更加重视质量和集约化管理的色彩。

应当承认,上述两种不同经济体制的综合交通系统运行的理论研究与实践,其运输技术和过程管理的理论和原理有其共同性,这是由运输产品共同的位移特征和运输活动的经济本质所决定的。然而,其社会实践效果却大不相同,后者对运输活动的经济本质的认识更为深刻,这是由于两者在经济环境、实现手段、运营机制、管理体制和各种支撑、保障条件的差别所致。集装箱运输的出现和迅速发展,刺激了各国对综合交通系统运行理论的研究和实践。集装箱运输体系在大多数国家都得到较快的发展,甚至得到普及,包括一些发展中国家。但是,集装箱运输所体现的综合运输形式,主要是在技术和标准方面,从根本上来说,还不是综合运输的真谛。综合交通系统的实质主要体现在组织和协调方面。综合交通系统的运行组织在各国的推广和应用,由于体制上的障碍和发展水平等原因,则相对要缓慢得多。此时,各国在综合交通系统方面的研究和实践,主要限于概念的探索和相关宏观政策层面的发布上,包括承认和保护各运输方式的地位和权益、促进各运输方式的平等竞争等。

20世纪80年代后,苏联的综合交通系统研究和实践基本处于停滞状态,而随着世界经济一体化进程的加速,西方国家综合交通系统的研究与实践,则成为综合交通系统研究与实践的主流。美国国家综合运输中心提出:综合运输是一种对运输系统进行规划、建设和运营的方法,它强调运输资源的有效利用和方式之间的衔接。欧盟对综合交通系统给出的定义是:各种运输方式能够整合到门到门的运输链中,并显示出各自合理的内在经济特性和运营特性,以提高系统整体的效率。运输方式间的整合需要出现在以下几个层面上:基础设施和其他硬件(如载货装置、运输工具和通信设备等)、运营和服务、法规条件等。同一时期,随着计算机、信息和通信技术的迅猛发展,发达国家的经济社会由工业化经济时代进入了知识经济时代。与此相应,交通运输则由快速、大容量交通时代,走向智能个性化交通时代。经济全球化、需求分散化和可持续发展,带动信息和通信技术迅速发展,突破了制约综合交通系统发展的瓶颈问题,各国实施放宽运输市场管制的政策等,促进了各国对综合交通系统的进一步深入研究,并全面进入应用实施阶段(包括重点研究国家综合交通系统有效运行的功能要素、体系架构等)。此外,应用相关理论作指导,改革完善管理体制,落实具体政策措施,制订和实施全面的综合交通系统建设规划等。1991年《美国陆上综合运输效率法案》,将传统上重视具体运输方式的政策,转变到全面推进国家综合交通系统的规划、政策和分步实施上。它规定:国家综合交通系统(NITS)应由统一标准和相互连接的各种运输方式组成,包括未来的各种运输方式。国家综合交通系统的建设重点是交通方式间的联络设备、综合枢纽和公共运输通道等。欧盟于1997年制订了欧洲统一的综合交通基础设施发展战略,加快推进全欧综合交通系统有效运行相关规划和建设等。

20世纪80年代以后,综合交通系统规划管理的理论及实践发展对综合交通枢纽规划建设产生了重要影响,主要体现在以下方面:

(1)运输市场管制政策的放宽,加快了经营多方式的综合交通企业的形成和发展,创造了促进综合交通系统形成、发展和运行得更为平等的运输市场竞争环境,对交通枢纽的投融资政策的变化产生了很大影响,如美国的孟菲斯机场,由于联邦快递 Fedex 将其作为主要的枢纽机场进行设施设备的投资和改造,成为全世界货运量最大的机场。

(2)运输可持续发展的需要。各国不得不改变传统的运输发展思路。其中,包括管理观念和手段的创新及采用新技术,充分利用、挖掘和提高现有运输基础设施的潜力,使现有各种运输资源得到协调发展和综合利用,而枢纽作为多种交通方式发生联系的节点,其规划与建设得到更多的重视。

(3) 需求结构的变化。发达国家普遍由工业经济社会进入服务或信息经济社会。与此相应,在流通领域,卖方市场物流转向买方市场物流。买方市场物流的主要特点是消费者拉动、低库存、准时性、高频次和小批量生产等。用户对门到门联合运输的要求比较迫切。随着经济全球化的发展,各国的进出口贸易及其运输需求呈现急剧扩张的趋势,相应要求加强过境运输通道、综合枢纽和联络通道的建设以及大陆桥运输通道的建设等,改善综合枢纽的货物换装与人员换乘条件及升级设备。

(4) 信息、通信技术的进步和企业信息管理系统的创新,使各种交通方式间和方式内的协调和整合变得相对容易,从而促进了保障综合交通枢纽系统运行相关软硬设施的迅速发展。

(5) 运输设备(包括固定和移动设备)技术参数的统一化、标准化有了一定程度的发展。集装箱及托盘尺寸和质量国际系列标准的建立和发展,装卸和搬运技术水平的提高,专用运输车辆和船舶的发展,大型集装箱专用码头和泊位及集装箱站场等的发展,集装箱运输、滚装运输和驮背运输等在国际和国内贸易中的地位和作用大大提高,促进了交通枢纽建设的标准化。

(6) 管理体制的改革。改革分运输方式管理的旧体制,实现了各种运输方式的统一管理的体制。统一制订和实施相应的规划、法规、政策和规程等。如美国早在1967年就建立了运输部,对各种运输方式实施统一管理。20世纪90年代,美国在运输部内设立综合交通管理局;在各方式专业运输局内设综合交通协调处等,为解决传统综合交通枢纽内部各种交通方式间的协调配合创造了制度条件。

我国交通运输长期以来滞后于经济的发展,为挖掘运输潜力,缓解运力的紧张状况,自20世纪60年代以来,不断对各种运输方式协作运行的一些理论和政策问题进行了研究和探索。总的来讲,我国综合运输发展经历了以下四个阶段:

第一阶段(20世纪80年代以前)。这一阶段我国的综合运输理论受苏联的影响很大,提出了"各种运输方式在社会化的运输范围内和统一的运输过程中,按其技术经济特点组成分工协作、有机结合、连接贯通、布局合理的交通运输综合体"以及运输过程协作、管理协调和发展协同的思想,非常强调各种交通方式的技术经济性、计划性和统一性,即通过技术经济性分析,实现综合运输系统中各种交通方式的分工;通过计划安排,实现各种交通方式的按比例发展;通过强调统一性,实现各种交通方式的相互衔接,主要表现是各种方式按运距分类,强化铁路的建设,发展铁水联运,限制不合理运输(对流、迂回)等。

第二阶段(20世纪80年代至21世纪初)。这一阶段我国的综合运输理论开始突破苏联理论的束缚,更加注重各种交通方式的综合发展。我国交通运输的发展政策指出,要"加快综合运输体系的建设,形成若干条通过能力强的东西向、南北向大通道",明确将发展综合运输体系作为指导我国交通运输建设的战略方针,将综合运输通道及其主枢纽站场和联运系统等作为我国综合交通系统发展的重点,强调从系统性、功能性、市场化和产业关系角度研究和发展综合运输系统。从系统性角度,关注各种交通方式的比较优势;从功能性角度,强调各种交通方式的集合与互补;从市场化角度,强调各种交通方式具有竞争性,不再受传统运距和计划经济下不合理运输的限制等;从产业关系角度,强调促进综合运输系统产业发展。具体表现是加快公路,特别是高速公路的建设,重视利用水运;大规模建设大能力综合运输通道,突出运输市场的份额竞争等。

第三阶段(21 世纪初至 2018 年)。这一阶段我国综合运输系统理论注重完善体系,提高整体效率。强调从提升运输组织与效能、改善政府与市场关系、实现可持续发展和改进运输服务方面发展综合运输系统。其中,通过一体化建设,提高运输组织与效能;通过改善政府与市场的关系,实现运输资源的有效配置;通过交通结构的优化,实现综合运输系统的可持续发展;通过运输方式的有效衔接,改进运输服务。具体表现是强化新的一体化规划、发展城市轨道交通、重视枢纽规划与建设、建立一体化管理体制(如交通运输部、城市交通委员会等);货运综合枢纽突出无缝连接,客运综合枢纽突出零距离换乘等。

第四阶段(2018 年至今)。这一阶段先后出台《交通强国建设纲要》《国家综合立体交通网规划纲要》《中华人民共和国国民经济和社会发展第十四个五年规划和 2035 年远景目标纲要》等重要文件。随着规划的实施,未来我国综合交通系统的基础设施将发生巨大的变化,运输供给能力将大大增强,而全面提升综合交通枢纽的规划、建设与管理水平,以更好发挥综合交通系统的作用,也成为综合交通系统未来建设发展的重点之一。围绕目前交通枢纽功能系统性有待增强、设施建设一体化水平不高、网络化服务能力有待提升、创新驱动与融合发展不足等方面问题,国家相关部门对建设多层级、一体化的综合交通枢纽体系进行了部署,并将综合交通和物流枢纽列入《中华人民共和国国民经济和社会发展第十四个五年规划和 2035 年远景目标纲要》确定的 102 项重大工程项目予以推进,为综合交通枢纽体系建设指明了方向,也提出了新的更高要求。

"十三五"以来,我国综合运输系统建设规划和实施,所取得的巨大成就举世瞩目,并已在和正在满足和促进我国经济社会需求和发展中发挥着巨大的作用;新的综合交通发展理念和规划,进一步推动了综合交通枢纽体系化的发展;交通枢纽规划与设计在统筹推进轨道交通领域的干线铁路、城际铁路、市域(郊)铁路和城市轨道交通在多网融合、资源共享、支付兼容、实现多模式交通方式间快速换装、高效中转方面发挥了重要作用,推动了网络整体效率效益和服务水平进一步提升。特别是 2022 年出台《现代综合交通枢纽体系"十四五"发展规划》中,提出了着力推进综合交通枢纽多层级一体化发展、加强综合交通枢纽服务网络化发展、强化综合交通枢纽智慧安全绿色发展、加快综合交通枢纽创新驱动发展、大力发展综合交通枢纽经济等 5 方面 13 项具体任务,明确提出加速综合交通枢纽转型发展,打造城市综合体,推动综合货运枢纽向物流集聚区转型;推动"枢纽+"产业深度融合,开拓临空经济发展新空间,发展邮轮经济与临港经济培育临站经济新业态,不断扩功能、增动能、提效能,努力形成新的经济增长点;明确了"十四五"时期优化提升 20 个左右国际性综合交通枢纽城市功能和加快推进 80 个左右全国性综合交通枢纽城市建设,提出了综合交通枢纽规划布局要求和枢纽港站建设重点,将推动我国综合交通枢纽体系发展迈上新台阶。

随着我国对综合交通系统理论研究的不断深化,我国综合交通系统的研究已经从方式间分流运量和方式协作的个别依据和措施研究,走向全面系统研究和综合交通系统建设规划的制订和实施阶段。我国学者不断总结我国在综合交通系统理论和应用研究方面取得的成果,如交通运输部科学技术情报研究所撰写的《综合运输规划理论方法的研究与应用》,高家驹主编的《综合运输概论》,交通运输部组织编写了《综合交通运输导论》《综合交通运输学》《综合交通运输干部读本》等相关的论著和教材等。这些理论方法中涉及或涵盖了综合交通枢纽的内容,对推动我国综合交通枢纽的发展起到了积极的作用。

2.4 枢纽规划的意义

交通枢纽是构建现代综合交通运输体系的关键节点,是体现高质量综合运输服务水平的重要窗口,是集聚综合交通发展势能、加快建设交通强国的重要载体。制订合理可行的枢纽规划,可为枢纽近期和远期发展建设提供决策依据。其意义主要体现在以下几个方面。

(1) 支持经济社会可持续发展

交通枢纽是国家交通运输网络的重要构成部分,是保证路网畅通、实施运输宏观调控的关注焦点。合理的枢纽规划有助于实现路网点线能力协调,提高路网运输能力和效率。同时,交通枢纽也是支持所在地区经济和社会发展的重要基础设施、产运销联系纽带,对保障国家和地区经济可持续发展有重要作用。

(2) 降低运输成本,提高运输效益

合理的枢纽规划,可以降低枢纽内载运工具运行路径长度,或者减少其运行时间,使各作业环节配合更加协调,降低作业等待时间,从而降低运输成本,提高运输企业的经济效益。

(3) 服务公众便捷安全出行

合理的枢纽规划,可为公众提供便捷、安全、可靠的出行条件,通过加强源头安全管理,提升运输服务水平。

(4) 促进综合运输系统的发展

交通枢纽是交通运输网络中各种交通方式相互联系、相互配合的重要环节,也是综合运输系统的重要组成部分,合理的枢纽规划能有效促进综合运输系统的发展。

(5) 保障国家安全

合理的枢纽规划,对于提升运输组织与管理效能、协调运力有重要作用。其通过保障国家重点物资和紧急物资运输,保障重要节假日旅客运输,确保社会稳定,维护经济安全。

(6) 服务可持续发展

合理的枢纽规划,可以有效提高运输装备的利用效率,发挥交通运输设施设备优势,强化运输过程的无缝衔接,使客、货运输更加顺畅,运输信息更加及时有效,有利于开展内陆口岸服务、货运枢纽物流等服务,实现服务的可持续发展。

(7) 实现土地资源综合利用、降低投资、保护自然环境

合理的枢纽规划便于集约利用土地,降低能源消耗,促进交通与环境的和谐发展。

(8) 引导枢纽地区的交通治理工作,改进枢纽地区的交通规划

目前,国内大型交通枢纽有不少是在既有枢纽基础上进行改造建设的。对既有枢纽进行交通整治有助于提升运输效率,改变城市面貌。从未来规划看,枢纽地区集中体现了城市核心区的特点,土地高密度使用,功能齐全而集中,设施条件千差万别,对城市规划工作提出了很高的要求。以交通规划引导城市土地规划,已成为当今城市规划行业的设计趋势。从交通入手,可以科学解释枢纽地区各种性质用地的配置关系和合理分布,因此枢纽规划的意义已经超越普通交通规划的范畴。

随着交通强国建设加速、国家综合立体交通网布局不断完善,综合交通枢纽在提高综合运输组合效益、优化运输结构、完善城市功能、促进交通与其他产业融合发展、支撑现代物流

体系建设等方面的地位和作用愈发突出。准确理解新时代综合交通枢纽发展的新定位,深刻认识枢纽在支撑国家综合立体交通网建设中的关键地位,有利于增强枢纽在国民经济发展中的战略牵引和要素集聚能力,加强枢纽与国土空间、城镇、产业发展的融合联动,开创枢纽高质量发展的新局面。

复习思考题

1. 什么是交通枢纽规划?
2. 哪些理论和方法对现代交通枢纽规划理论的形成和发展产生了重要的影响?

本篇参考文献

[1] 徐吉谦.交通工程总论[M].3版.北京:人民交通出版社,2008.
[2] 周宪华.公路网规划与设计[M].北京:人民交通出版社,1991.
[3] 陆化普.交通规划理论与方法[M].北京:清华大学出版社,2006.
[4] 邵春福.交通规划原理[M].北京:中国铁道出版社,2008.
[5] 文国玮.城市交通与道路系统规划[M].北京:清华大学出版社,2001.
[6] 综合交通运输理论系列教材编委会.综合交通运输导论[M].北京:人民交通出版社股份有限公司,2021.
[7] 综合交通运输理论系列教材编委会.综合交通运输学[M].北京:人民交通出版社股份有限公司,2021.

第二篇

交通枢纽规划的基本原理

第1章 枢纽规划的原则、程序、内容、形式及要求

交通枢纽是区域或城市交通网络的重要节点,是各种运输方式交通网络的交会和运输转换衔接处,是实现客运"零距离换乘"、货运"无缝化衔接"的现代交通运输的核心,也是构建综合交通运输体系的关键。交通枢纽是由多种设备构成的综合体,枢纽规划时需要考虑社会、经济等因素,通过设施、设备的合理布局,以更好发挥其交通功能,实现其服务社会经济生活的目标。

1.1 枢纽规划的原则

(1)充分考虑规划枢纽在全国综合交通运输网中的地位

从规划区域社会经济发展和交通运输需求出发,满足全国经济发展、产业布局的需要。此外,枢纽规划还要充分体现规划区域的经济特点,符合向规模化、集约化和高附加值化发展的要求。

(2)满足规划区域或城市总体规划原则

枢纽规划要与区域总体规划相适应,符合规划区域所在城市的总体发展规划,在土地利用方面与城市用地功能保持一致,并留有适当的发展余地,做到"新旧兼容,节省投资",并注意减少污染,保护环境。

(3)适度超前于经济发展

从交通运输的观点看,交通基础设施投资可分为追随型投资和开发型投资。若枢纽基础设施建设滞后于经济发展,则会阻碍经济的持续稳定发展;反之,若枢纽建设过分超前,则会降低投资效益,造成投资的浪费。因此,综合枢纽的优化布局既不能滞后于交通需求,也不能过度超前。

(4)引导需求

交通枢纽规划应根据限制与引导相结合原则,通过不同类型枢纽合理组配,引导需求选择合理交通方式枢纽,形成合理的交通运输出行结构。

(5)强调多种交通方式的综合协调

充分考虑交通枢纽在整个交通运输网络中的地位以及各种交通方式的相互协调、相互依托,从而保证整个运输过程的连续性,提高运输效率。结合各种交通方式在运输体系中的分担率,通过交通枢纽的合理规划布局使各种交通方式有机衔接,从而实现各种交通方式的协调发展。

(6)规划建设和管理运用并重

枢纽布局既要重视发展"硬件"(建设必要的运输服务设施),又要认真研究"软件"的开发设计,建立科学合理的组织管理系统。因此,枢纽的规划要使枢纽的软、硬件系统结合为一个有机整体,真正实现融管理于服务中的这一有效的运行机制。

1.2 枢纽规划的程序

1.2.1 背景研究

这部分工作是决定规划成果科学性的前提。背景研究分为现状背景和规划背景两个方面。现状背景着眼于对现状问题的分析和寻找出现问题的根源；规划背景着眼于领会高层次规划的意图，保证规划的延续性。

1.2.2 方法确定

传统的规划基本是围绕建筑、线路、设施进行的方案性规划，计划色彩较浓。枢纽规划是交通规划和方案规划的结合，因此，如何从枢纽交通工程入手，用交通来引导土地利用和枢纽布局方案，是枢纽规划的主导思路。此外，有效的规划方法是保证规划成果科学性的又一个前提。

1.2.3 交通需求预测

交通需求预测是交通枢纽进行枢纽选址、布局以及方案设计的基础，在交通枢纽规划中占有重要的地位。目前，国内外在交通需求预测方面，形成了许多新的理论和方法，其中四阶段法是用于交通需求分析的一种较为成熟的传统方法。它包括交通生成、交通分布、交通方式划分以及交通分配四个阶段，在实际中应用较多。通过交通需求预测，可以得到枢纽所承担的集散量和中转量，为合理确定枢纽规模以及枢纽布局提供依据。

1.2.4 方案规划

在参考交通需求预测结果后，方案规划内容包括设施方案、交通组织和实施计划等，立体枢纽方案中有时还会涉及地上和地下两个方面。这部分工作主要采用多方案比选的方法进行，且要详略有别。对影响大的近期项目（如地铁车站、站前广场），其方案深度接近设计，使之相对稳定；对于影响稍次的远期项目，则只规划要点，为下阶段设计提供明确的指导和灵活变化的空间。方案规划的结果还要经过方案评估检验，而且方案规划和方案评估是一个循环过程。

1.2.5 规划要点

规划的最终目的，就是要对与此相关的下一阶段规划设计工作提出明确的规划指导性意见，即规划要点。这部分实际就是规划工作的汇总、提炼过程。

1.2.6 方案评估

方案评估实际上是一个定性分析和定量分析相结合的过程，由于方案规划阶段已经融会大量的定性分析，因此在方案评估阶段主要进行定量分析。方案评估最主要的手段是交通评估，其次是社会经济分析。其中，交通评估的基本手段是模型测试，可采用一些比较成熟的交通模型。

1.3 枢纽规划报告的主要内容及报告图表

交通枢纽的总体布局规划:属于中长期发展规划,对交通枢纽的建设、运营和管理起宏观指导作用。

交通枢纽的规划设计:对布局已确定的交通枢纽场站的具体功能、运作流程、相关的硬件设施和配套设施、组织管理系统等进行详细设计的过程。一般来说,交通枢纽规划报告主要由以下两个部分组成。

(1)枢纽规划报告的主要内容。枢纽规划报告的内容应根据枢纽及其影响范围内经济社会、交通运输发展的趋势及特点,对枢纽的布局、规模作出规划分析,并实施枢纽规划的对策及措施分析。枢纽规划报告的主要内容见表2-1-1。

枢纽规划报告的主要内容　　　　　　　　　　　　　　　　表2-1-1

章分布	节分布	节内容概述	章内容概述
第一章 概述	第一节　任务依据	其中要包含主要参考文件、资料	对枢纽规划的任务依据、规划目标、原则、方法、期限及结论进行概述
	第二节　规划目标、原则、方法		
	第三节　规划期限		
	第四节　主要结论		
第二章 枢纽现状 及综合评价	第一节　地理位置及自然条件	概述规划区的地理位置、自然条件、行政区划及交通概况	主要对规划区域内的地理位置、自然条件、经济状况、交通现状等进行分析及评价
	第二节　社会经济状况	全面概述规划区内(包括有关邻近区域)的社会经济特点、状况、资源及其开发状况和有关的环境特点	
	第三节　交通运输现状	概述当前各种运输方式在区域内的布局、线路长度、技术标准、运输能力等基本情况及近期变化特点,对外运输通道、运输站场设施发展特点,追溯的时间应从上个五年计划至规划前一年	
	第四节　现状综合评价	通过对地理位置、社会经济和交通运输现状的分析,综合评价枢纽在国民经济和所在区域经济发展中的地位、作用及发展条件,在各种运输方式中的作用,指出发展优势、存在的问题和应注意的重大变化	
第三章 社会经济 发展趋势	第一节　社会经济发展特点分析	重点对资源与生产力布局、城镇和人口分布、经济结构、产品结构、消费水平等进行相关分析,并将与运输有关的特点抽象出来	分析社会、经济发展的特点和趋势,预测规划期内社会、经济发展水平,研究国家现有或未来可能采取的对策、对未来交通建设的影响,阐明对交通运输方式需求的特点
	第二节　发展预测及运输形势分析	要采用多种方法预测社会经济发展的大趋势和规划区域内可能发生的新变化和新特点及其对交通的影响	

续上表

章分布	节分布	节内容概述	章内容概述
第三章 社会经济发展趋势	第三节 对运输方式需求特点的分析	根据社会经济发展的特点,分析规划期内的运输形势及客、货流可能的变化	
第四章 枢纽交通量预测	第一节 综合运输量预测	依据社会经济发展进行综合运输量预测,主要包括:全社会客、货运量和周转量,旅客流量流向、大宗运输货物的流量、流向及其货类构成,各种运输方式的经济运距。详细论证报告作为附件	通过建立运输方式分配模型预测运输量,作出不同交通方式的交通量预测,确定不同交通方式间或同一方式不同线路间交换量,提高规划期内综合运输量的预测水平
	第二节 不同交通方式交通量预测	根据客、货流特点进行科学分析,结合运输工具构成情况,作出不同交通方式的交通量预测,在此基础上,确定不同交通方式间或同一方式不同线路间交换量	
第五章 枢纽路网规划	第一节 枢纽路网布局规划的原则	根据发展预测和当前交通基本状况,概述枢纽路网规划方案所遵循的原则和主要的发展方向	规划枢纽路网在各个布局方案基础上优选确定。路网布局方案根据基本路网的状况和战略目标要求,确定规划期末建设应达到的布局、密度、路线等级、配套设施,提出路线具体走向和重要控制点。路网发展布局及多方案比较的详细论证作为附件,主要中转或换乘站点应提供详细设计作为附件
	第二节 路网及站场布局的论证	概括叙述规划期路网布局、密度、线路及场站等级确定的主要论点和依据,阐明确定设施性质、功能的依据	
	第三节 主要线路、控制点及港站规划与设计	重点反映规划中主要设施走向、控制点及其技术标准、吸引范围、作用等	
第六章 枢纽规划的分期实施	第一节 建设序列的定量分析	重点反映不同线路、港站、路段交通量的发展态势及其适应状况,以以客观需求为依据,做出各规划设施建设顺序的编号,借以指导未来发展并为前期工作提供依据	规划的分期实施,要在多方案比选基础上优选确定。建设实施方案要将已确定的路网布局规划中的各条路线、港站、路段按其重要程度安排实施顺序,以达到总体最大效益。路网实施方案的拟定及多方案比选的详细论证报告作为附件
	第二节 近期发展重点分析	根据建设序列,研究提出近期(5~10年)不同技术等级、不同线路的发展重点和分期实施的措施	
第七章 枢纽规划的综合评价	—	—	对枢纽规划进行综合评价的内容包括技术评价、经济评价以及对规划实施后可能产生的社会效果、国防安全效果和环境影响的说明。提出综合评价中存在的问题和建议
第八章 实施枢纽规划的对策及措施	—	—	主要反映规划中有关建设资金、主要材料和设备等政策问题,以及有待进一步研究、论证的重大技术问题、管理体制问题和需要上级主管部门解决的重大问题,并针对问题提出对策与措施

(2)规划报告所需图表及主要附件,见表2-1-2。

规划报告图表及附件　　　　　　　　　表 2-1-2

规划报告图表	现状图表	(1)规划区域地理位置图
		(2)规划区域经济状况表
		(3)规划区域交通运输状况表
		(4)规划区域交通基础设施状况图,包括:公路网、铁路网、航道网、机场、管道、邮电通信
		(5)各种运输方式客流量流向图表及交流图表
		(6)各种运输方式货流量流向图表及交流图表
	预测图表	(1)社会经济指标表
		(2)交通运输量预测表
		(3)枢纽交通量分布图表
		(4)枢纽规划方案图表
		(5)实施方案项目表
		(6)其他图表
规划报告主要附件		(1)社会经济交通运输调查报告
		(2)社会经济发展预测报告
		(3)交通运输发展预测报告
		(4)枢纽交通量预测报告
		(5)枢纽规划报告(含主要中转或换乘站设计方案)
		(6)枢纽规划分期实施报告
		(7)其他专题报告

❓ 复习思考题

1. 交通枢纽规划主要有哪些原则?
2. 交通枢纽规划主要包括哪些内容?
3. 枢纽规划报告图表及其附件主要包括哪些内容?

第2章　交通枢纽规划的前期准备和综合调查

2.1　基础资料的收集整理与分析

2.1.1　交通调查内容

1）概述

基础资料的收集与整理分析是开展交通需求分析的重要基础,基础资料的全面性、准确性以及真实性,将直接影响现状交通评价与未来交通需求预测,进而影响预测分析的科学性、可信性。

对于综合交通枢纽地区而言,基础资料的收集整理与分析应主要围绕分析的目的、目标进行。对于解决实际交通的问题,则需要调查实际的交通情况,从而发现存在的问题。对于规划方面的研究,则需要更深入地了解经济社会、土地利用等方面的基本情况,从而为建立预测模型提供良好的支持。

2）社会经济基础资料调查

交通是社会经济发展的基石,其根本目的是实现并保障客货的运输需要,促进经济社会的发展。经济社会是交通的深层本质,经济社会的活动是交通源流产生的直接原因。其中,交通枢纽正是实现经济社会与交通共同构成一个互相依存的大系统的关键,是使各种活动得以成为系统的重要连接点。

交通枢纽地区由于其依附于交通枢纽存在,产生大量的需求,使得这一地区往往也具有极为重要的社会经济地位。因此,分析地区经济社会发展的情况,对于明确地区交通发展的深层本质十分重要。相应的社会经济调查主要包括以下方面:

（1）国民经济指标。国民收入、各行业产值、人均收入、产业结构、布局等。

（2）人口资料。区域内人口总量及各交通区分布、人口年龄结构、性别结构、职业结构、出生率、死亡率。

（3）运输量。重要交通设施客货运历年运输量、各运输方式的分担率等。

（4）交通工具。各方式、各车种的交通工具拥有量。

3）土地使用调查

土地使用与交通有着非常密切的关系,交通设施的建设拉动沿线的土地利用,相反土地利用的变化也会带动人们的出行,从而促使交通的产生。建立两者的联系是进行交通需求预测的基础。相应的土地调查主要包括以下方面。

（1）土地使用性质、规模、强度等

各交通区主要土地使用类别的土地面积,如工业、商业、居住、科教文卫等土地使用类型的面积,对于重要设施还需要调查其建筑面积或营业面积。

(2) 就业、就学岗位数

全部交通区或典型交通区的就业、就学岗位数,重要设施的就业、就学岗位情况。

(3) 商品销售情况

全部交通区或典型交通区的商品销售额,重要商业影响设施的商品销售情况等。

4) 相关政策以及既有规划方案调查

(1) 区域或者城市的总体规划、区域经济发展规划、国土开发利用规划。

(2) 区域内人口、环境保护方面的规划以及政策。

(3) 该枢纽既有的一些规划。考察既有规划对于掌握地区现有的发展规律以及未来的相关发展意向,从而正确地开展交通需求分析。

5) 综合交通调查

(1) 重要交通设施的专项综合交通调查

对重要交通设施进行交通调查是把握主要交通影响因素的必要调查。交通枢纽地区的主要交通影响因素一般是重要的铁路、公路、港口等重大设施。调查的内容包括以下几项。

① 基本情况:设施的现有能力、设计能力、使用管理特征等,如公路客运站的发车情况、铁路运输特征等。

② 历年客货运量的情况:客、货运量年变、月变、日变乃至时变的基本情况。

③ 客货流的 OD 调查:即掌握客货运量集聚与放射的方向性分布、换乘、中转特征等。

(2) 居民出行 OD 调查

规划区内的居民是客运枢纽地区重要的交通影响因素,因此开展居民 OD 调查十分必要。居民出行 OD 调查,即居民出行起讫点调查。通过 OD 调查能较全面地了解居民出行的内在规律,并获得一系列的重要参数。居民出行 OD 调查的内容包括居民的职业、年龄、性别、收入等基础情况,以及各次出行的起点、讫点、时间、距离、出行目的、所采用的交通工具等出行情况。抽样率一般取地区人口总数的 1%～5%。如以前没有进行过居民出行调查,建议取较高的抽样率。有历史 OD 资料时,可采用小抽样率,并结合历史数据进行扩充。

(3) 流动人口出行 OD 调查

流动人口出行 OD 调查是城市交通枢纽规划开展需求调查的重要内容,城市交通枢纽地区的一大特点就是聚集着大量的流动人口,流动人口的交通需求是枢纽地区主要的交通需求之一。流动人口的出行规律(如出行次数、出行方式等)与城市居民出行规律有较大的差异,因此,需要对流动人口的出行开展调查,从而详细了解流动人口出行的内在规律。

流动人口的组成十分复杂,按其出行目的可分为出差、旅游、探亲、看病、经商、中转等,按其在城市中停留的时间可分常住、暂住、当日进出城三种情况。因此,流动人口出行 OD 调查难度较大,对不同类别的流动人口应采取相应的调查方法。对常住、暂住流动人口,一般可采用与居民出行 OD 调查类似的旅馆访问、电话询问等方法;对当日进出城的流动人口,则可采用在城市的出入口,如车站、码头、高速公路出入口等直接询问的方法进行。

(4) 机动车出行 OD 调查

机动车出行 OD 调查包括公交车出行 OD 调查及非公交车出行 OD 调查两类。

① 区内公交车出行 OD 调查包括:行车路线、发车频率、停车时间、客运量、车辆运行时间等,可直接由公交公司的行车记录查得。

② 区内其他机动车辆出行 OD 调查包括:车辆的种类,起讫地点,行车时间,距离,载客、

载货情况等。调查一般可以选在位于划定的枢纽地区范围边界处的道路进出口上,直接进行问讯调查。

(5)道路流量调查

道路流量资料是进行现状道路交通网络评价、交通阻抗函数标定及未来道路路网方案确定的重要依据。道路流量调查包括以下内容:

①道路机动车流量。主要道路分车型、分时段交通量。重要路段连续调查24h,一般路段调查16h或12h。

②交叉口机动车流量。主要交叉口分车型、分时段、分流向交通量,流量调查16h或12h,流向调查两个高峰小时。

③道路自行车流量。主要道路分时段交通量,重要路段调查24h,一般路段调查16h或12h。

④交叉口自行车流量。主要交叉口分时段、分流向流量。流量调查16h或12h,流向调查两个高峰小时。

⑤人流量调查。主要道路、交叉口行人流量、流向,流量调查16h或12h,流向调查两个高峰小时。

⑥核查线流量。核查线流量用于校核交通预测模型。每条核查线把分析区域分成两部分。核查线应尽可能利用天然障碍线(如河流、铁路、城墙等),核查线与道路相交处需进行流量调查。

(6)基本交通设施调查

针对枢纽相应交通方式基本交通设施展开调查,如道路交通设施调查包括:

①道路。各道路的等级、机动车道及非机动车道路面宽度、机非分隔方式、长度、坡度、交通管理方式(如单行线、公交专用线等)等。

②交叉口。各交叉口类型、坐标、交通组织、控制方式等。

③停车场。停车场位置、形式、进出口布置、容量等。

(7)其他调查

根据不同分析的目的,还需要进行其他有针对性的调查,如货物源流调查、设施利用调查等。

上述调查内容主要是针对枢纽地区的综合性交通分析提出的一般调查提纲,在实际工作中,开展怎样的调查应结合实际工作的需要,不必拘泥于上述内容。

2.1.2 交通调查方法

对于社会经济、人口、土地使用、铁路、航空等方面的资料,可以直接从相关的部门得到。对于OD调查和道路交通流量调查则是一项费时、费力的工作,主要采用的调查方法如下。

1)OD交通调查方法

(1)家访调查

家访调查是对居住在调查区内的住户,进行抽样家访。由调查员当面了解该户中包括学龄前儿童在内的6岁以上全体成员的详细出行情况,包括出发地、出发时间、目的地、到达目的地的时间、交通工具、出行目的、换乘情况、上车前后的步行时间等。这种调查方法数据可靠,还可同时得到出行者的个人属性及社会经济特征资料。

(2) 发收表调查

发收表调查是将调查表格发到驾驶员处,由驾驶员逐项填写。主要包括发时、到时、货种、载运量、起止点路段名和单位名,经过主要路口、里程等。事实证明,这种调查方法和家访调查的调查效果都很好。

(3) 路边询问法

路边询问法是在主要道路或者城市出入口处设置调查站让车辆停止,询问该车的起讫点和其他的出行资料。调查过程中应注意不能造成因车辆过多而引发的延误甚至是堵塞,因此一般需要交通警察的协助。这种方法是目前国内公路网规划和城市交通规划中最常用的 OD 调查方法。

(4) 车牌照调查法

由调查站分时段记录下通过观测站的全部车辆的牌照数字,然后对各调查站进行汇总校对。凡是第一次记录牌照的地点为该车的起点,最后一次记录牌照的地点是该车的讫点。该方法得到的信息比较粗略,且需要投入较大的人力。

2) 机动车流量调查方法

机动车流量的常规调查方法主要有人工计数法、机械计数法以及浮动车法等。

(1) 人工计数法

人工计数法我国应用比较广泛的一种原始性调查法,组织调查人员在路段或者交叉口进行交通流量的观测与记录,使用的工具主要包括计时器、计数器、纸和笔。人工计数法可以得到分车型的交通数据、某一方向或者某一车道的交通流量、交叉口的流量和流向数据、非机动车和行人的交通量等。

人工计数法的优点是简单、使用范围广泛,适用于任何情况的交通量调查,机动灵活;该方法的缺点是需要投入大量的人力,劳动强度大,天气恶劣时无法进行调查,调查的精度取决于调查人员的态度。一般来说,人工计数法只适用于短期的交通调查。

(2) 机械计数法

目前,在交通流量统计方面,各种自动机械计数装置在许多国家得到了广泛的应用。根据调查的要求选择自动机械计数装置,进行连续的计数,可以进行一天 24h、一月累计交通量、一年累计交通量等连续调查。

一般来说机械计数装置,由车辆检测器和计数器两部分组成。当进行超过 12h 的长期交通调查时,机械计数法的优势将非常大,大多数的机械计数装置可以用于确定交通流量的时空分布、确定交通流量逐月或者逐日的变化趋势。

机械计数法的优点是进行交通调查可以节约大量的人力和物力,调查范围广,受天气影响小,调查精度高,特别适合长期连续的交通调查;该方法的缺点是一次性投资大,如采用地下线圈方式的计数装置,一旦计数装置发生故障,则维修困难。

(3) 浮动车法(Floating Car Method)

这种方法是英国道路研究实验所的 Wardrop 和 Charlesworth 于 1954 年提出的。该方法可以同时获得某一条路段的交通流量、行驶速度和行驶时间,是一种较好的综合调查方法。调查时需要一辆测试车,并且让其中的一名调查员记录对向开来的车辆数,另一名调查员记录与测试车同方向的车辆中,被测试车超越的车辆数和超越测试车的数量,还有一人记录时间和停驶时间。行驶距离可以从里程表中获得。根据调查得到的数据,按照式(2-2-1)和式(2-2-2)计算交通流量。

$$Q_{a-b} = \frac{X_b + N_{a-b} - M_{a-b}}{T_{a-b} + T_{b-a}} \times 60 \qquad (2\text{-}2\text{-}1)$$

$$Q_{b-a} = \frac{X_a + N_{b-a} - M_{b-a}}{T_{a-b} + T_{b-a}} \times 60 \qquad (2\text{-}2\text{-}2)$$

式中:Q_{a-b}、Q_{b-a}——分别为由 a 向 b 方向或 b 向 a 方向的机动车交通量;

X_b、X_a——分别为由 b 向 a 方向或由 a 向 b 方向逆向交会车辆数;

N_{a-b}、N_{b-a}——分别为由 a 向 b 方向或由 b 向 a 方向的同向超越测试车的车辆数;

M_{a-b}、M_{b-a}——分别为由 a 向 b 方向或由 b 向 a 方向的同向被测试车超越的车辆数;

T_{a-b}、T_{b-a}——分别为由 a 向 b 方向或由 b 向 a 方向的路段行驶时间。

3)交通调查的新技术

目前,国内外已经广泛地采用各种新技术来进行道路交通流量调查,主要的新技术如下。

(1)感应线圈检测器

这种装置是依靠埋在路面下的一个或一组线圈产生的电流感应变化来检测通过的车辆,适用于交通流量较大的路段。目前,这种检测器应用广泛,我国也大量采用这种检测器,但是对于感应线圈的埋藏深度、线圈的寿命还需要进一步改进。

(2)超声波检测器

超声波检测器主要分为脉冲、谐振波和连续波三种。其主要原理是在车道上安装超声波检测器,向车道下方发射超声波,并接收回波。当车辆从车道上通过时,车辆反射回波,从而检测到车辆的通过。

(3)数字微波车辆检测器

目前,数字微波车辆检测器已经应用到实际的交通调查中。这种装置可以提供每一辆车的交通数据,检测车流量、速度、占有率等数据。数字微波车辆检测器的原理是检测器内设两个发射雷达和一个接收雷达,在检测路面上投射两个检测区域。这就相当于两个线圈放在检测路面上,经过检测区域内的车辆都会给数字微波车辆检测器发射一个微波信号,然后经过相应的数据处理就可以得到交通数据。

(4)雷达检测器

雷达检测器一般分为连续雷达检测器和导向雷达检测器两种。前者的原理是利用悬挂在车道上方的检测器,向下方车辆发射已知频率的无线电波并接收反射波,通过反射波与接收波频率差异来检测车辆的通过。后者的原理是把无线电波以一定的频率输送到埋在地下的传送线里,由于车辆的通过,而使检测区测出其数据的变化并计数。这两种检测器都很精确,但是初始安装费用较高,并需要专门人员的维修保养。

(5)视频式检测器

该种检测器可以输出视频信号,并可以采用相应的设施对视频进行分析处理,得到需要的交通调查的数据。

2.2 交通模型的选择、建立与校核

1)模型的选择

随着交通工程学的发展,交通预测技术日趋成熟,交通预测模型技术也随着计算机技术

的应用发展和人们对交通规律认识的加深而得到逐步完善,其分析交通、社会、经济政策的功能也得到进一步加强。就交通枢纽地区的需求分析而言,关键在于建立可以进行区域性甚至更微观分析需要的交通模型。这就要求在模型的成熟度、适应性及可扩展性方面具备一定的条件,这也是模型选择的主要标准。

一般而言,预测结果的可信性取决于数据的全面性、时间规模与用户的要求,也就是模型的成熟度,主要体现在以下几个方面。

(1) 模型结构与交通规律的吻合程度

这要求在长期的实际工作中,通过对枢纽规划区域交通规律的不断统计,对交通模型进行不断地调整和完善,尽可能模拟各种因素对交通的影响。

(2) 基础资料的完整程度与可靠性

交通预测的基本原理是依靠现在的交通情况、相对确定的未来经济社会、土地使用发展的可能推算未来交通情况,因此,交通模型基础资料的完整程度与可靠程度决定了模型预测结果的可信性。这就要求调查的准确、详细与长期不断地积累。

(3) 模型操作者的成熟程度

在模型参数标定过程中,不可避免地会加入操作者的主观判断,这就要求模型操作者对所分析地区交通发展规律具备科学、准确的理解。

此外,模型的适应性与可扩展性也是选择模型的重要标准。通常的交通模型一般都有其适应的范围,比如宏观的交通研究或是微观的交通分析。因此,对于交通枢纽地区这种局部性的交通分析,特别是其中涉及微观的部分时,并非所有的计算机模型都能胜任。根据实际经验,出行模型即具有这种特性,出行模型在微观研究中得到了充分扩展,初步实现了微观建模。

2) 模型的基本原理

交通模型主要用于开展交通需求的分析与预测。交通模型的基本原理即是根据交通规划的一般过程,即交通产生、交通分布、交通方式划分、交通分配所建立的各阶段相关模型。具体过程可以分为以下几个方面:

(1) 交通小区的划分;
(2) 基本年路网和矩阵的建立;
(3) 交通模型的校核;
(4) 交通需求的现状分析;
(5) 人口、就业等经济社会发展预测;
(6) 交通产生预测;
(7) 交通分布预测;
(8) 交通方式划分;
(9) 规划年路网和矩阵的建立;
(10) 交通分配预测。

3) 模型的建立、校核与现状分析

(1) 交通小区的划分

枢纽地区的交通研究同样需要了解交通源流分布情况,对于极为复杂的交通源流,无论是实际分析的需要,还是从建立交通模型的角度,都需要建立抽象简化的模型,即合并成所谓的交通小区,将位置接近、性质相似的交通源流归并成交通小区的源流。

交通小区划分的依据是基于枢纽区域及外部的现有状况及规划数据,如土地使用性质、人口、就业及道路网络情况做出划分。这种小区划分可以帮助研究和反映地区内不同的出行特征及交通吸引力,从而在交通规划中通过各小区的规划数据来测试和分析整体交通运输的要求。对于枢纽地区而言,重点是枢纽地区的交通小区及外围小区的划分配合。

在划分交通小区时,为突出重点、便于分析,可分两个层次进行划分:第一个层次是研究范围内的交通区划分,为了方便交通分析预测,尽可能将用地性质、交通特点相似的区域划为同一个小区,对于重要交通设施可以单独划分成一个区,如铁路车站枢纽交通分析中将火车站、汽车站均分别划分成一个小区;第二个层次是外部交通区划分,对于外部地区可以根据枢纽地区的进出口分布及联系情况适当划分成几个外部交通区,适当地简化问题。

(2)基础资料的准备

将所调查的资料作为建立模型的一个输入条件。

(3)基年路网与矩阵的建立

基年路网即现有路网是模型建立的基本依据,其输入数据应能准确反映现有道路网的基本特征,如道路等级、路段长度、车道数量、通行能力、车辆行驶车速、交叉口类型、能力等。

为确定路网的交通量,需要建立小区的基年出行矩阵。一般而言,建立基年的出行矩阵是件耗资、耗时、费力的巨大工作,需要大量的调查。然而,对于大多数城市而言,如我国自20世纪70年代正式开展居民出行调查以来,基本上都建立了各自出行矩阵,以后大部分城市每隔一定年限均进行有规律的大规模更新。在枢纽规划中,有时需要对规划地区进行补充调查,进一步更新出行矩阵,达到精度要求。

(4)交通出行分配

为获得模型精度的具体指标,需要对建立的模型进行交通分配。交通分配是将基年出行矩阵在道路上通过容量限制等分配方法进行分配,从而获得模型关于道路、交叉口、关键设施等的模拟交通量指标,比较该指标与实际调查结果即可找到模型的精确度。

(5)交通模型的校核

为确保所建立的模型的整体可靠度,需要进行模型精度的校核,具体是根据交通出行分配所得到的结果与实际调查值之比进行评判分析,通过调整基年矩阵,使比值尽可能接近1。

4)模型预测

(1)交通生成预测

交通生成预测即建立交通小区内出行产生量与吸引量与小区土地利用、社会经济等特征变量之间的关系,预测未来小区的交通产生量、吸引量。常用的方法包括时间序列法、聚类分析法、回归分析法,见表2-2-1。

交通生成预测方法 表2-2-1

方法		定义	特点	预测模型	优点	缺点
时间序列法	时间序列法	根据客、货流集散量的历史资料,建立以时序 T 为自变量的多项式回归模型,对未来客、货运输量进行预测	利用预测对象过去发展变化的特征来描述和预测未来的变化特征	移动平均法;指数平滑法	省去了变量的筛选、自变量预测、参数检验等一系列工作,方法较为简单、直观	计算复杂,通常需借助计算机实现

续上表

方法		定义	特点	预测模型	优点	缺点
时间序列法	移动平均法	用一组最近的实际数据值来预测未来近期需求量等的一种常用方法	通过引进新数据,不断修改平均值,以作为预测值,通过移动平均,消除时间序列中的不规则变动和其他变动	简单移动平均;加权移动平均	移动平均对原序列有修匀或平滑的作用,计算简单、容易理解	不能总是很好地反映出趋势;需要大量的过去数据的记录
	指数平滑法	通过计算指数平滑值,配合一定的时间序列预测模型对现象的未来进行预测	指数平滑法则兼容了全期平均和移动平均所长,不舍弃过去的数据,但是仅给予逐渐减弱的影响程度	一次指数平滑法;二次指数平滑法等	把时间序列顺势推延;对最近的事物发展变化有较多的考虑;适用于中短期交通趋势预测	指数平滑系数的确定比较困难
聚类分析法		找出一些能够度量指标之间相似程度的统计量,以这些统计量为划分类型的依据。把一些相似程度较大的指标聚合为一类,直到把所有指标聚合完毕	以估计给定出行目的每户家庭的出行产生量为基础,建立以家庭属性为变量的函数;突出家庭规模、收入等得出相应的出行产生率,由现状产生率得到现状出行量	分层聚类法;迭代聚类法	直观、容易了解;资料的有效利用;容易检验与更新;可以适用于各种研究范围	住户彼此间的差异性被忽略,资料预测比较复杂;同一类类别等级的确定缺乏客观性
回归分析法		从自变量和因变量的一组或多组观测数据出发,寻找一个函数式即回归方程,将变量之间的统计相关关系近似地表达出来	分析交通生成的影响因素,将它们组合成不同的类别,对各种类别分别建立生成量与其影响因素间的回归方程,研究影响因素间的联系以及各影响因素与交通生成的关联度	一元回归法;多元回归法	简化了各影响因素之间的联系,并且保持了一定的精度	忽略了一些影响因素,建立的方程要想应用在规划年的出行情况上,则有较大的困难

(2)交通分布预测

交通分布预测是指计算未来各交通小区间的交通量。其预测方法通常是根据现有的OD分布资料,综合考虑各种经济、社会发展因素,推算未来各交通小区间的交通流量。交通分布预测的方法很多,其中最常用的是重力模型法,其次是增长系数法,还有介入机会模型等方法。各种交通分布预测方法见表2-2-2。

交通分布预测方法 表2-2-2

方法	特点	预测模型	优点	缺点
重力模型法	考虑了两交通小区之间的吸引强度与吸引阻力,认为两交通小区之间的出行吸引与出行发生量、吸引量成正比,与交通小区之间的交通阻抗成反比	无约束重力模型;单约束重力模型;双约束重力模型	直观上容易理解;能考虑路网的变化和土地利用对出行产生的影响;能比较敏感地反映交通小区之间行驶时间变化的情况;交通小区之间现状OD交通量为零时,也能预测	缺乏对出行行为的分析,与实际存在一定偏差;模型将出行距离分布在全区域内视为定值;小区内部交通量的行驶时间难以给出;计算出的分布交通量必须借助于其他方法进行收敛计算

续上表

方法	特点	预测模型	优点	缺点
增长系数法	增长系数法假设将来的交通小区与交通小区之间出行分布模式与现状的分布模式基本一致,其分布量按某一系数增加或减少	常增长系数模型;平均增长系数模型;Detroit 模型;Fratar 模型;Furness 模型	增长系数法分布预测模型思路明确,计算简单,可预测全部、全方式 OD 矩阵,且稳定性较好,对于分布均匀,增长率变化不大的地区,这类模型比较合理	这类模型必须建立在完整的现状 OD 矩阵之上,对于未来出行分布与现状出行分布变化较大的地区(如新开发的区域)不适用
介入机会模型	其思路是从某交通小区发生的出行机会数与到达机会数成正比,按距离从近到远的顺序到达目的地	—	与重力模型相比,该模型更加现实地表现了出行者的交通行为	吸引概率的值只能取一个定值,而没有考虑区域的个性特征及差异等因素

(3) 交通方式划分预测

由于交通预测的最终目的是考察未来交通设施上实际可能具有的交通量,因此对于在交通产生与分布预测中的出行量,必须进行方式划分,可采用线性模型、Logit 模型或者 Probit 模型等方法,见表 2-2-3。

交通方式划分预测方法 表 2-2-3

方法	优点	缺点
线性模型法	是函数模型法中最早开发的方法,它把影响交通方式划分的各种要素用线性函数的形式表现,从而求得交通方式分担率	用这种方式求得的分担率 P 不一定满足 $0 \leq P_i \leq 1$ 这一条件
Logit 模型法	在此模型中,分担率 P_i 满足 $0 \leq P_i \leq 1$ 和 $\sum P_i = 1$ 的关系,可以容易用计算机计算出分担率。预测精度较高,形式简单,较为实用	径路重合部分较多时,用 Logit 模型求解会产生较大误差。效用函数是单独假设,与实际不相符
Probit 模型法	一般适用于只有两种交通方式的模型。两种方式特性即使不独立也可以使用	对于多种方式之间的选择计算非常复杂

(4) 交通分配预测

交通分配预测就是把各小区间预测得到的分布交通量分配到具体路线上,从而量化考察未来交通供给与交通需求之间的相互关系。分配过程通常涉及三个方面:

①将现状 OD 交通量分配到现状交通路网上,以分析当前交通网络的运行状况;

②将规划年 OD 交通量预测值分配到现状交通网络上,以发现对规划年的交通需求来讲,现状交通网络的缺陷为规划的交通网络设计提供依据;

③将规划年 OD 交通量预测值分配到规划交通网络上,以评价交通网络规划方案的合理性。

常用的启发性方法包括最短路交通分配法、容量限制分配法、多路径概率分配法等。此外还有很多基于用户平衡最优等原则的数学规划类方法等,将在本书后面的章节中详细介绍。

复习思考题

1. 简述在综合交通枢纽地区交通需求分析中进行调查研究的内容。
2. 简述交通分布预测方法中重力模型法和增长系数法的区别。
3. 简述交通分配方法中平衡分配方法的特点。
4. 简要分析运输枢纽发展的影响因素。

第3章　社会经济与土地利用分析预测

3.1　社会经济分析预测

分析社会、经济发展的特点和趋势,预测规划期内社会、经济发展水平,研究国家现有或未来可能采取的对策、对未来交通建设的影响,阐明对交通运输方式需求的特点。主要内容为:

(1)社会经济发展特点分析

重点对资源与生产力布局、城镇和人口分布、经济结构、产品结构、消费水平等进行相关分析,并将与运输有关的特点抽象出来。

(2)发展预测及运输形式分析

要采用多种方法预测社会经济发展的大趋势和规划区域内可能发生的新变化和新特点及其对运输形势的影响。

(3)对运输方式需求特点的分析

根据社会经济发展的特点,分析规划期内的运输形势及客流、货流可能产生的变化。

3.1.1　交通运输与社会经济关系分析

(1)交通运输与社会经济增长有着不可分割的联系

交通运输量是交通运输业产品的产量,它与国民经济主要指标存在着一定比例关系,正是这种关系反映出了国民经济发展对运输的需求以及运输业适应这种需求的程度。这种比例关系同时也为运输业的发展提供了重要的依据。不论是在国内,还是在国外的研究中,大多数学者普遍都认为运输量的增长受各种因素影响,但归根结底还是受国民经济增长速度的影响。国民经济发展,运输需求增大,运输量也就会随之增加。运输量增长速度与国民经济增长速度的这种关系叫作运输弹性系数,它在一定程度上反映了运输业的发展是否适应国民经济的发展以及适应的程度。因此,要想保持国民经济快速、持续、协调地发展,就必须使国民经济的发展与交通运输的增长保持恰当的比例关系。

(2)交通运输与区域经济的相互作用

区域经济是一个巨大的系统,交通运输是这个系统的重要组成部分。交通运输与区域经济的关系复杂而密切,两者在多方位、多层次上相互作用。区域经济是在一定地域范围内具有特定结构和功能的经济系统。区域经济系统是一个开放的动态整体,与一定的空间范围相关,并由经济单元相互联系而构成,是一个具有结构特性和空间特性双重属性的有机整体。交通运输对区域经济的发展起着重要的基础作用,对于大规模的区域开发,区域经济交通条件的好坏往往是重要因素之一。没有良好的交通运输系统作保证,再好的资源、再多的劳动力也无法转化为现实的经济效益,很难推动区域经济的发展。

区域经济是交通运输子系统赖以存在的基础和服务对象,区域内的各经济部门原材料及产品的运输人员的流动等都是由区域交通运输子系统来完成的,区域经济水平决定了区域交通运输的发展水平。区域经济的发达程度与区域交通运输的现代化水平是相适应的。区域经济实际上是建立在区域分工和协作基础上的,通过区域内部生产资料和人力资源的流动,促进区域的经济协调发展。社会发展中,由于地区间的自然资源、地理环境造成了各地的需求的不同,地区间的差异使运输交换不同的资源成为可能。随着交流的进行,长期交易带来的好处,如信息费用的节省、交易费用的降低等,使得这种运输交流固定下来,成为地区间固定的运输需求。同时,这种运输需求的存在,促进了相关支撑系统的建设、发展,如基础设施的建设、配载中心的修建等。

(3) 社会经济发展对交通运输业的影响

随着交通运输能力的不断扩大,运输生产效率和运输服务质量的不断提高,运输费用水平的相对降低,交通运输业在促进和保障经济和社会发展中的作用越来越突出。同时,交通运输业在发展过程中无论是运输规模的扩大、运输方式的改变,还是运输技术的进步等方面始终要受到社会经济发展的影响和制约。从交通运输业的巨大作用来看,称其为社会经济发展的"先行官",但从运输业对社会经济发展的依赖性方面看,也可将其看作一个依附性很强的部门。因此,在重视运输业的发展的同时,还需要考虑运输业发展与社会经济发展之间的协调,研究运输业发展与社会经济发展之间的联系和数量比例关系,遵循运输业自身发展的规律。交通运输业作为一个产业部门,为需求的满足而存在,在运输需求规模不断扩大中而发展。

任何时期,社会经济的发展所产生的对人、物空间位移的需求,正是运输业存在和发展的市场基础。没有运输需求或者说缺乏运输劳动对象的运输业是难以想象的。

从历史发展的角度来看,西方发达国家在经济发展加速时期才相伴而产生了交通运输业发展的高潮阶段。因此,社会经济发展对运输业的需求规模要求是运输业发展的一个最基本的界限。众所周知,运输业的发展有赖于社会经济发展的实力,发达国家先进的运输系统使得发展中国家的运输系统相形见绌。人们往往通过对比,把发达国家的人均道路长度等指标作为追求的目标。但先进的运输系统不是凭空而来的,它需要一定的技术、资金和雄厚的资源来支持,而这都需要经济的发展为其提供条件。

3.1.2 社会经济预测方法

社会经济预测方法大体分为三类:线性预测方法、非线性预测方法以及智能模型预测方法。

(1) 线性预测方法

这类方法主要包括历史平均预测方法、指数平滑预测方法、时间序列预测方法等。

① 历史平均预测方法。早期直接用历史平均数据进行社会经济预测,是用预测时段前几个时段的数据对历史平均数据进行了修正,也可采用预测时段前几个时段数据来进行预测。历史平均法算法简单,参数可用最小二乘法估计,可以在一定程度上解决社会经济量变化问题。

② 指数平滑预测方法。指数平滑预测方法是一种快捷的预测方法,在实际应用中是一种使用较为普遍的方法。其基本思想是对最近观测数据和过去平滑数据的加权平均,以此

作为未来预测的数据。

③时间序列预测方法。时间序列模型是描述时间序列统计特性的一种常用方法,它是参数化模型处理动态随机数据的一种实用方法。通过对实测数据序列的统计处理,将它拟合成一个参数模型,再利用这个模型来分析研究实测数据序列内在的各种统计特性,从而按照它的统计规律,利用现在和过去的观测值来预测其未来值。时间序列方法分为传统时间序列预测方法和现在时间序列预测方法。传统方法是采用时间序列模型进行预测,主要有线性平稳模型和非线性平稳模型。线性平稳模型主要有自回归模型(AR 模型)、滑动平均模型(MA 模型)、自回归滑动平均混合模型(ARMA 模型);非线性平稳模型主要有自回归求和滑动平均模型(ARIMA 模型)和 IMA 模型。

(2)非线性预测方法

①基于小波分析的预测方法。基于小波分析的预测方法利用小波分析理论将社会经济序列数据进行分解,得到不同分辨率的分解信号,分别对各分解信号采用预测算法进行预测,得到各个分解信号的预测结果,最后将各个分解信号合成就可得到最终预测结果。

②基于突变理论的预测方法。基于突变理论的预测方法应用突变理论来解释经济发展特性,把社会经济系统看作一个具有突变特性的系统,由实测的观测数据来标定突变理论模型,通过已标定的突变理论模型分析和预测经济量。

③基于混沌理论的预测方法。基于混沌理论的预测方法将混沌理论应用于社会经济分析,利用混沌理论判别社会经济系统是否为混沌系统。如果判别为混沌系统,则它具有混沌特性,不能对其进行长期预测,但是可以对其进行短期预测。

(3)智能模型预测方法

①非参数回归预测方法。非参数回归预测方法根据历史数据中因变量和自变量的关系建立案例数据库,预测时把当前要预测的社会经济状态看作过去状态的近邻状态,根据模式识别的原理,寻找出案例数据库中与当前的输入状态相类似的近邻状态,并且根据这些近邻状态来预测。

②神经网络预测方法。近年来,神经网络模型作为一种非线性模型被用来研究预测问题,由于其自身的特性,神经网络模型属于数据驱动的方法,成功地应用于许多领域。

③支持向量机回归预测方法。支持向量机回归预测方法是支持向量机理论在社会经济预测中的应用。相比神经网络,支持向量机是以研究小样本数据的机器学习规律的统计学理论为理论基础的,通过结构风险最小化较好地解决了"小样本""非线性和维数灾难""局部极小点"等问题。

3.2 交通枢纽与土地利用的关系分析

3.2.1 交通与土地利用互动关系的分析

土地利用是区域的各种联系、交通建设、经济活动和人口在空间上集聚的表现。在西方,城市土地利用一般划分为商业用地、工业用地、政府机关用地、住宅用地、休憩用地及绿化地带、交通用地和其他公用事业用地、农业用地和水面七大类。按照《城市用地分类与规划建设用地标准》(GB 50137—2011)规定,城市土地利用分为居住用地、公共管理与公共服务用地、商业服务业设施用地、工业用地、物流仓储用地、道路与交通设施用地、公用设施用地、绿化与广场用地。各种用地的划分强调了区位因素的差别而引起的地租差异,区位因素差异愈大,各种用地类型的分化趋向愈强,其分布在城市内,形成了一个城市土地利用的结构。本节主要简要分析城市交通和土地利用之间的相互关系。

1) 交通与土地利用的互动关系

城市土地利用是城市交通的根源,而城市交通又是土地利用的一个重要影响因素。城市交通与土地利用之间存在着极其复杂的相互影响、相互制约的关系。这种关系构成了土地利用、土地价值、可达性、交通设施、交通需求及出行产生之间的互动关系。这种互动关系中任何一个环节的改变都将给其他环节产生影响。在一个城市中,人们总是希望开发城市中交通最便利、区位最好的地带,但是这种地带地价高、拆迁成本大。从土地利用的角度出发,开发商必然要求增大土地的开发强度,以获得较大的开发利润。这样的开发必然吸引大量的人流,导致出行生成的增加,从而对交通设施提出更高的要求,促使交通设施的改善。但是,这样的循环不可能无限地进行下去。因为城市的某些交通设施发展到一定程度后,难以改建以增加通行能力,也就是说它的交通容量是有一定限度的。当土地的开发超过一定强度以后,其所吸引的大量交通量导致某些路段出现拥挤现象,带来开发区域由于可达性下降,随之土地利用的边际效益以及整个城市运转效率的下降。例如,日本东京拥有发达的轨道交通、完善的巴士系统、较好的市内高速道路和一般的道路网系统,但城市交通问题依然极其严重,其根本原因就在于东京都土地开发强度过高,该市的各种城市机能、业务机能高度集中于市中心区,市中心人口流动强度过大,超过了路网可承受的强度。

不同的城市土地利用模式和布局,所产生的交通需求强度是不同的。反之,不同的城市交通布局和结构,也会影响城市的土地利用模式。城市土地利用模式决定着城市的结构形态,可归纳为以下三种:

(1) 城市边缘呈现低密度蔓延发展的放任模式;

(2) 限制城市分散发展的趋势,保持城市中心区域吸引力的计划模式;

(3) 保持集中的高密度和中心区域的吸引力,同时又有利于兼顾环境、社会、安全及能源等综合效益和投资原则的干涉模式。

每一种模式所依赖的交通体系是不同的。交通的发展战略又影响城市结构的确定,道路向外延伸,交通条件便利使放任模式的城市向外扩张,最终陷入道路占地越来越多、交通却越来越拥挤、环境越来越差的恶性循环。计划模式也面临着城市中心区过于拥挤、交通难以组织的问题。干涉模式则以适度的道路发展为约束,确立城市发展的可持续性。从城市模式上看,单中心模式城市一般呈现圈层式的土地利用模式,城市的核心只有一个,交通线路由市中心向外呈现放射状分布,市中心交通需求量大,远离市中心的交通需求量小;而多中心模式城市一般有一个主中心和多个次中心,为整个城市服务的各项设施围绕城市核心区分布,而为各个分区服务的设施围绕城市次中心布置,整个城市的交通需求呈现网络状布置。这样城市的交通就不会全部集中到城市主中心,整个城市的交通需求分布比较均匀,也容易解决城市中心区的交通拥挤问题。另外,城市交通对土地利用模式的影响还在于城市经济、文化、商业等活动对方便的交通条件的依存性。城市土地利用的模式以及城市的生活方式都需要城市交通的支撑。洛杉矶的分散布局离不开其密集的高速公路网;伦敦的生活方式决定于其19世纪的铁路;纽约曼哈顿的繁华则依赖于其发达的地铁和公交系统;我国大部分的城市形态呈同心圆式的发展模式,这也与普遍采用自行车和公共汽车作为交通工具的生活方式密切相关。

2)交通与土地利用互动关系的"整体优化"策略

由于交通与土地利用有着密切的双向互动关系,它们的优化也应该是相辅相成的"整体优化"。就总体效益而言,区域的交通效率高,表现为土地利用价值大。因为土地的效益与该区域的便捷性直接相关。交通与土地利用的共同优化由土地利用的选择过程和交通项目的选择过程反复交替和反馈,直到新选择的土地利用和交通网络相对于给定的目标达到最优。优化目标的选定应立足于使社会的整体效益最优,并能使各目标的长期发展策略相互协调。总之,应从布局方面来解决交通的可持续问题,寻求高可达性、低交通需求的土地利用与交通系统发展模式;土地利用也必须从注重发展速度、用地规模和人均用地指标转向注重合理的区域空间形态和用地形态,如在城市交通中创造以公共交通为导向的土地开发模式,谨慎对待传统的功能分区观念,创造均衡、配套的社区发展模式,以保持中心区和各个地区的功能多样化。

交通规划和土地利用规划应从各种不同层次上密切配合和协调,主要表现在以下几个方面:

(1)从枢纽所在的区域城市本身可持续发展的战略层次上,使两者规划紧密结合,避免路网构架、主次干道、用地功能布局等相互脱节;

(2)从区域可持续发展的层次上密切协调,这对保证区域及城市对外交通系统的合理布局和相邻城市土地利用相互衔接是至关重要的;

(3)分区规划和详细规划与区域及城市交通运输、建设层次上的相互反馈、互动调整;

(4)实施和管理上的及时相互沟通,发现矛盾及时解决。

交通与土地利用两者之间是相互联系、相互影响、相互促进的。从交通规划的角度来说,不同的土地利用形态决定了交通发生量、交通吸引量和交通分布形态,在一定程度上决定了交通结构的组成。如果土地利用不合理或者开发强度过高,都会导致交通容量和交通需求的不匹配,从而产生不同程度的交通问题。从土地利用的角度来说,交通的发达改变了区域及城市的结构和土地利用的形态,使中心区的过密人口向周围疏散,而商业中心更加集中、规模变大,土地利用的功能更加清晰。同时,交通的规划和建设对土地利用和周边发展具有导向作用,交通设施沿线的土地利用相当活跃,各种社会基础设施大都集中在交通方便的线路周围。从实际规划的角度看,交通与土地利用的整合规划是交通规划未来的发展方向。这是因为区域及城市功能的实现需要交通系统的支撑,而交通系统的发展对土地利用又有很强的引导和影响作用。

鉴于交通与土地利用的上述关系,交通规划领域的专家在交通规划过程中越来越重视交通与土地利用的相互反馈作用,注意协调交通与土地利用的关系,注重土地利用规划和交通规划的综合化。

3.2.2 交通枢纽对土地价值作用机制分析

城市往往是交通枢纽的重要载体,现以城市交通枢纽为例,对交通枢纽对土地价值的作用机制作一简要分析。

(1)土地利用与城市交通枢纽建设的关系

国外针对高速铁路车站地区与空港周边地区的发展问题已有较多的研究。总体来说,对于这样的交通枢纽地区,强调把交通枢纽与城市规划结合起来进行考虑,重点关注节点交通价值(Transport Value)和城市功能价值(Functional Value)两个方面。所谓节点交通价值是指交通枢纽本身作为重要的交通设施所反映的交通功能与设施属性,日交通量是反映这个价值的重要指标;而城市功能价值是指枢纽地区对城市功能发展的影响和催化所产生的价值,比如交通枢纽所在区域承担了城市多少商务功能等。一个场所有很好的可达性,将吸引商业、住宅和其他设施的集聚,而功能集聚的同时也会相应带来交通量的增长。如果场所具备了商业、办公等设施,而交通的可达性不好,该区域内的城市功能将不能继续增长。因此,城市功能价值的增长和节点交通价值的增长都存在着边际效益递减的关系,两者之间平衡发展是目前交通枢纽地区发展的主流思路,见图2-3-1。

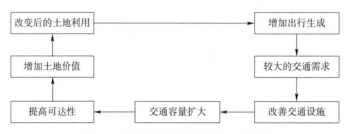

图 2-3-1　城市交通与土地利用的互动过程

(2)城市交通枢纽影响周边土地价值增长的动力机制

城市交通与土地利用之间的互动关系,如图2-3-1所示。在图2-3-1中的关系链中,任一环节的改变都将给其他环节带来影响。城市中的土地开发中,无论是商业用地、工业用地,还是居住用地,都会使交通需求增加,从而对交通设施提出更高的要求。通过交通设施的改善,使交通容量扩大,该地区的交通可达性提高,造成地价上升,这样又会吸引开发商进一步开发,土地利用与城市交通互动机理进入新的循环。该循环过程是一个正反馈的过程,但该过程不可能无限地进行下去。这是因为当城市交通设施发展到一定程度后是难以通过改建来增加其容量的,从而当土地开发超过一定强度时,所引发的交通流将使得某些路段出现拥挤现象,导致已开发区域可达性下降,土地利用边际效益也随之下降,该地区的土地开发将会受到抑制。由此可见,土地利用与城市交通之间是一种相互依存、相互促进的互动关系,二者通过一系列的循环反馈过程,将有可能达到一种"互补共生"的稳定平衡状态。

(3)城市交通枢纽周边土地价值增长过程分析

交通系统与土地利用的循环反馈关系是客观存在。土地利用产生交通需要,可达性的增强和改善又影响社会空间活动的选址,再次刺激新的土地开发,从而导致该地区的土地价值增长。土地价值增长后,社会经济活动将会更加活跃,从而再次开始土地利用和交通系统互相影响的循环,直至趋于平衡,或某个外部因素介入为止。衡量这种相互关系的一个重要尺度,是完成整个循环所需的时间。从短期看,主要的影响是土地利用对于交通运输的影响;而从长远观点看,提供交通基础设施和应用新技术,由于改变了各地区的可达性,将会影响城市的结构。例如,当今许多大城市由于边缘区交通条件的改善,更多人愿意转向郊区居住,使城市中心人口逐渐疏散。由于边缘区人口增多,其逐步发展成为设施配套完善的住宅小区,导致土地升值。

3.3 土地利用模型

土地利用模型是描述地域内部经济活动的选址行为以及描述作为其结果的实际土地利用的空间分布模型。土地利用模型根据构造模型的目的和出发点的不同,可分为预测模型和优化模型。预测模型是指在一定的制约条件下,分析处于该地域内部的各种经济主体的选址行为的方案将产生何种土地利用形态的跟踪模型。优化模型是指在一定的约束条件下,寻求关乎地域全体的社会福利的目标函数最大化所对应的土地利用状况的模型。优化模型是制订规划方案的重要手段。

3.3.1 汉森模型

此模型的目的是预测城市地域内各交通小区的住宅选址户数。模型中有两个变量:可达性和开发可能的土地面积。

可达性表示该小区所具有的与其他小区相互作用机会可能性,用公式表示为:

$$A_{rs} = \frac{S_s}{T_{rs}^{\gamma}} \tag{2-3-1}$$

式中:A_{rs}——小区 r 对小区 s 的某个活动主体的可达性值;

S_s——小区 s 内某个活动主体的规模,如就业人口数等;

T_{rs}^{γ}——小区 r 与小区 s 之间的时间距离;

γ——参数。

因此,小区 r 的总的可达性 A_r 可以表示为:

$$A_r = \sum_{s,s \neq r} A_{rs} = \sum_{s,s \neq r} \frac{S_s}{T_{rs}^{\gamma}} \tag{2-3-2}$$

城市地域内的某个小区作为住宅地进行开发时,它将任意两个小区之间的开发可能比定义为利用可能的土地面积比,并且将未来城市总人口增加所需的住宅数用该比进行分配。而实际各小区间的住宅开发现状比与这一比值的差值,反映了各小区可达性的差别。将这种差别定义为:

$$住宅开发率 D_r = \frac{住宅开发现状比}{住宅开发可能比} \tag{2-3-3}$$

例如,可达性与 D_r 的关系:

$$D_r = K \cdot A_r^{2.7} \tag{2-3-4}$$

式中:K——系数。

此时,若将每户居住面积设为定值,则可通过式(2-3-5)进行预测:

$$\frac{P_r}{P_t} = \frac{D_r O_r}{\sum_s D_s O_s} = \frac{A_{rs}^{2.7} O_r}{\sum_s A_{rs}^{2.7} O_s} \tag{2-3-5}$$

式中:P_r——小区 r 的新增住户数;

P_t——全市在 t 时段中产生的新增户数;

O_r——小区 r 的新增住户可能比;

O_s——小区 s 的新增住户可能比。

此模型的特点有：
(1) 小区的可达性不考虑小区本身；
(2) 时间、距离不确定；
(3) 适用于短期预测。

3.3.2 劳瑞模型

劳瑞模型在假定封闭城市区域的前提下，定量描述各土地利用之间的相互作用，是决定住户数和就业人数的分布模型。

在对象区域内，该模型将具有一定目的的土地利用者称为土地利用的活动主体，分为非基础产业部门、基础产业部门和住户部门三种。非基础产业部门包括商业、服务业、地方政府机关、中小学等与居民生活密切相关的部分。基础产业部门包括工业、大型商贸公司、中央政府机关、大学等。住户部门指就业于基础和非基础产业部门的住户和人口。

这里采用"单方向作用"的假设，即基础产业部门的就业人数及其配置对非基础产业部门和住户的就业人数及配置产生影响；相反，非基础产业部门和住户对基础产业部门则不产生影响。于是，城市区域内的交通系统、土地利用等作为已知条件给出。用该模型进行将来预测时，假设没有大的政策和技术变革。

劳瑞模型由以下14个联立方程构成：

面积：
$$A_s = A_s^U + A_s^B + A_s^R + A_s^H \quad (2\text{-}3\text{-}6)$$

非基础产业部门：
$$E^k = \alpha^k N \quad (2\text{-}3\text{-}7)$$

$$\varphi_s^k = b^k \left[\sum_{r=1}^{n} \left(x^k \frac{N_r}{D_{rs}^{ak}} \right) + y^k E_s \right] \quad (2\text{-}3\text{-}8)$$

$$\sum_{s=1}^{n} \varphi_s^k = 1 \quad (2\text{-}3\text{-}9)$$

$$E_s^k = \varphi_s^k E^k \quad (2\text{-}3\text{-}10)$$

$$E_s = E_s^B + \sum_{k=1}^{m} E_s^k \quad (2\text{-}3\text{-}11)$$

$$A_s^R = \sum_{k=1}^{m} e^k E_s^k \quad (2\text{-}3\text{-}12)$$

住户部门：
$$N = f \sum_{s=1}^{n} E_s \quad (2\text{-}3\text{-}13)$$

$$\psi = g \sum_{r=1}^{n} E_r / D_{rs}^{\beta} \quad (2\text{-}3\text{-}14)$$

$$\sum_{s=1}^{n} \psi_s = 1 \quad (2\text{-}3\text{-}15)$$

$$N_s = \psi_s N \quad (2\text{-}3\text{-}16)$$

约束条件：
$$E_s^k \geqslant Z_s^k \quad \text{or} \quad E_s^k = 0 \quad (2\text{-}3\text{-}17)$$

$$N_s \leqslant Z_s^H A_s^H \quad (2\text{-}3\text{-}18)$$

$$A_s^R \leqslant A_s - A_s^U - A_s^B \quad (2\text{-}3\text{-}19)$$

式中：A_s——面积；

B——基础产业部门；

D_{rs}——时间距离；

E_s——就业人口；

H——住户部门；

N——住户数；

R——非基础产业部门；

U——非土地利用对象；

α——住户平均人口；

k——组；

b——修正系数；

e——人均土地面积；

φ_s——市场潜能；

ψ——住户潜能；

m——非基础产业分组总数$(k=1,2,\cdots,m)$；

n——交通小区总数$(r、s=1,2,\cdots,n)$；

x——住户数权值；

y——就业人口权值。

式(2-3-6)表示交通小区 s 的面积 A_s，它由不可使用面积 A_s^U、基础产业部门利用面积 A_s^B、非基础产业部门利用面积 A_s^R 和住户利用面积 A_s^H 组成。

式(2-3-7)表示非基础产业部门第 k 组的就业人数 E^k，可以表示为维持一个家庭的必要人数 α^k（人/户）与总户数 N 的乘积。

式(2-3-8)表示小区 s 的非基础产业部门中 k 组的市场潜能，是表示"市场的可能性强弱"的指标。

式(2-3-8)中的 b^k 是为使潜能满足式(2-3-9)而引入的修正系数。小区 r 对小区 s 市场潜能的影响由小区 r 的住户数 N_r、在小区 r 工作的就业人数 E_r、小区 r 和小区 s 之间的时间距离 E_{rs} 决定。x^k 和 y^k 分别为与住户数和总就业人数的相对权值，对所有小区为一定值。

式(2-3-10)表示小区 s 的非基础产业部门中 k 的就业人数 E_s^k 按与此市场潜能成正比的比例分配。

式(2-3-11)表示小区 s 的总就业人数可以表示为基础产业部门和非基础产业部门之和。

式(2-3-12)表示假设非基础产业部门中的 k 的人均土地面积为 e^k 时，小区 s 中非基础产业部门的面积 A_s^R 为各组面积的总和。

式(2-3-13)表示总住户数 N 可表示为总就业人数的 f 倍。

式(2-3-14)和式(2-3-15)表示为将总住户数 N 分配到各小区时的潜能户数。小区 s 的潜能住户数随小区 s 中可供住宅开发用面积的增多而增高，小区 r 对小区 s 的潜在住户的影响取决于小区 r 的总就业人数 E_s 以及小区 r 和小区 s 间的时间距离。式(2-3-14)中的 g 是为使潜能满足式(2-3-15)引入的修正系数。式(2-3-14)成立的前提是住户选址由户主的工作地点决定。

式(2-3-16)表示住户依据此潜能大小向各小区分配。

根据式(2-3-6)~式(2-3-16)，可将非基础产业部门的就业人数和住户数分配到各小区，分配时设定如下约束条件。

首先，当分配给某小区 s 的非基础产业部门 k 的就业人数比事先确定的人数 Z_s^k 还少时，则不必给该小区分配 k 组的就业人数。式(2-3-17)表达出这一约束条件,这里的 Z_s^k 表示最小可能经营规模或土地利用制度等。

对于住户部门的配置,为防止在企事业单位较多的小区内发生住宅过密的问题,将允许住户密度 Z_s^H 作为居住密度的上限,式(2-3-18)表示这一约束。

式(2-3-19)为小区 s 的面积约束条件,控制计算值不超过实际面积。该约束式中不存在住宅面积 A_s^H 的原因是:其一,面积 A_s^H 的非负约束;其二,非基础产业部门的选址优于住户部门。另外,由于非基础产业部门就业人数的约束条件[式(2-3-17)]中不存在最多就业人数的限制约束,所以即使对于受面积条件约束的小区而言,就业人数采用与潜能市场相应的人数值。这种情况下,在该小区中就业者人均用地面积变小。这种现象可以解释为该分区内有高层建筑。

? 复习思考题

1. 社会经济预测方法主要包括哪些方法?
2. 交通规划和土地利用规划的配合和协调主要表现在哪些方面?
3. 简述你对交通运输与社会经济相互关系的理解。
4. 简述你对交通与土地利用相互关系的理解。

第4章　枢纽交通需求预测

4.1　交通需求分析概述

4.1.1　交通需求分析的目的及意义

交通需求是指人们由于各种经济、社会活动对交通设施及其服务水平的需要程度,具体是指人们对出行活动的安全、方便、舒适、经济等各项指标的要求。交通供给一般是指基本确定的相关交通发展决策,包括设施提供能力、数量、服务水平、空间布局、交通政策以及现状存在的交通设施等。

交通需求分析是一项复杂、综合性的系统工程,一般是在现状分析的基础上,根据城市有关发展战略、决策、城市规划、土地利用布局等,着眼于规划区域未来的发展,建立一种未来的、基于发展的交通供给与交通需求的动态平衡关系,即根据可能的交通供给水平预测交通需求的发展特征,并根据预测的交通需求发展水平反馈指导交通供给的改善(规划方案的制订),以期达到两者的动态平衡与和谐。交通供给与交通需求是一对矛盾的两个方面。交通供给一般不容易满足交通需求的发展,只有当两者达到动态平衡时,交通问题才能得到缓解。

无论是对于一般的交通规划,还是交通枢纽规划,交通需求分析始终都是一项极为重要的基础性工作,是解决现实交通问题及开展规划的基础。它不仅技术性很强,同时还受政策性、社会性和经济性等因素的制约。进行交通需求分析,考察在一定交通供给水平下的交通情况,如交通产生特征、流量、流向、交通结构、转换关系,服务水平、交通敏感程度等,可为具体方案规划提供大量的参考依据,从而确保规划方案的合理性、科学性,避免出现交通设施规模失控或者不足等问题。

尽管交通供给与需求的动态平衡关系是一种期望目标,但在供给大致稳定的前提下进行交通需求分析,可以有效地指导土地利用规划和区域交通发展政策的制订,同时对设施供给的规模与能力的决策都具有十分重要的反馈指导意义。这也正是进行交通需求分析与预测的根本意义所在。

4.1.2　预测的思路与方法

交通需求分析的思路与方法是关系到工作能否顺利、高效开展的重要前提,清晰的思路与科学可行的技术方法对于提高分析水平、效率,特别是避免在工作中出现较大偏差格外重要。当然,形成正确完善的分析方法与思路不是一蹴而就的事情,需要结合实际具体的工作,在实际工作中反复检讨与调整。但是,对于类似的问题仍可以基于以往的分析经验归纳出大体可行的思路与方法。

1）分析思路

（1）必须清楚地了解分析的目的,即基于什么目的开展的什么分析,是解决什么问题的,是综合交通规划,还是近期交通改善实施方案等,根据不同的目的确定目标、内容以及方法。

（2）必须清楚、准确掌握各种影响枢纽地区现实与未来交通需求发展变化的主要因素特征。无论是制订现状交通改善方案,还是进行未来发展规划,都必须了解产生问题或变化的根源、主要矛盾或矛盾产生的主要原因。这就需要考察各种影响因素,并明确其中的主要影响因素,结合目的开展相应的交通调查,掌握基础资料。

（3）选择科学可行的方法,开展交通需求预测。实践表明,传统的"四阶段"交通预测方法仍是目前最切实可行的方法。枢纽地区分析虽然属于城市中观、微观地区的交通研究,交通源流因素相对复杂,但是在进行宏观、中观分析时,仍可以将分析大体纳入四阶段模式中进行。同时,为便于进一步考察枢纽地区微观层面问题,如内部设施联系通道、换乘关系等,还需在宏观的四阶段分析的基础上,进一步运用交通影响分析的理论与方法进行具体分析。此外,在具体分析时,为便于处理大量的数据,仍需选择成熟度较高的交通模型软件进行计算机辅助分析。

（4）进行弹性需求分析,提供合理的分析结果。现状交通改善与未来发展规划虽然分别强调现实与未来,但是两者都有一个共同的地方,那就是都强调在一定时期内的适应性。但是,未来的发展毕竟不仅只有一个方案、一种可能,未来从根本上讲是无法准确预计的,唯一的办法是必须提供弹性的需求分析,提供基于不同发展的可能所出现的需求情况,为规划提供参考。

2）规划方法与技术路线

城市综合交通枢纽地区的交通需求确定总体上仍可遵循"四阶段"的规划方法,即交通生成、交通分布、交通方式划分与交通分配。此外,在进行微观交通需求分析时,需运用交通影响分析与评价的有关理论与方法。

城市交通枢纽地区的交通需求分析,也是建立在大量的调查和资料收集整理的基础上,并通过建立能够模拟现实与未来的分析模型进行量化分析的。分析的技术路线应具体根据不同的对象、目的、目标以及可以运用的软件系统作出恰当的选择。一般情况下,都应该包含图2-4-1所示的几个步骤。

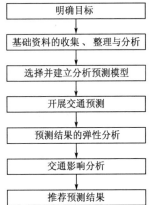

图 2-4-1　交通需求预测的步骤

4.2　交通生成

4.2.1　概述

交通生成即出行生成,包括出行产生和出行吸引,主要基于社会经济发展、人口、土地利用等因素对未来规划年的各交通小区的出行及到达总量进行预测。以城市客运枢纽交通生成预测为例,预测方法包括以下几种。

4.2.2 交通生成的预测方法

交通生成量的预测方法主要有原单位法、增长率法、聚类分析法和函数法。除此之外,还有利用研究区域过去的交通量或经济指标的趋势法等。

1) 原单位法

原单位法是将每人或每户平均产生的交通量作为原单位,或以不同用途的土地面积平均发生的交通量来预测交通生成。不同方法选取的原单位的指标也不同,主要有:

(1) 根据人口属性以不同出行目的的单位出行次数为原单位进行预测。

(2) 以单位用地面积或单位经济指标为基准对原单位进行预测。

在居民出行预测中经常采用单位出行次数作为原单位预测未来的居民出行量的方法。单位出行次数为人均或家庭平均每天的出行次数,它由居民出行调查结果统计得出。

预测不同出行目的的交通生成量可以采用以下方法:

$$Q = \sum_k Q^k \tag{2-4-1a}$$

$$Q^k = \sum_l a_l^k N_E \tag{2-4-1b}$$

式中:a_l^k——某出行目的和人口属性的平均出行生成量;

N_E——某属性的人口;

l——人口属性;

k——出行目的;

Q^k——出行目的为 k 时的生成交通量;

Q——研究对象地区总的生成交通量。

原单位法预测的出行生成量除由人口属性按出行目的不同预测外,还可以用土地利用或经济指标来预测。

对于预测交通生成量来说,决定生成原单位将来值的方法通常有以下几种:

(1) 直接使用现状调查中得到的原单位数据。

(2) 将现状调查得到的原单位值乘以其他指标的增长率来推算。

(3) 最常用的方法为函数法,通常按照不同的出行目的预测不同的原单位。其中,函数的影响因素多采用性别、年龄等指标。

2) 增长率法

增长率法是根据预测对象(如人口、客货运量、经济指标等)的预计增长速度进行预测的方法。其步骤如下:

(1) 分析历史年度预测对象增长率的变化规律。

(2) 根据对相关因素发展变化的分析,确定预测期增长率。

(3) 进行未来值的预测。其一般式为:

$$Q_t = Q_0(1+\alpha)^t \tag{2-4-2}$$

式中:Q_t——预测值;

Q_0——基年值;

α——确定的增长率;

t——预测年限。

增长率法的关键在于确定增长率,但增长率随着选择年限的不同及计算方法的不同而存在较大的差异。所以,增长率法一般仅适用于增长趋势稳定的情况。其特点是计算简单,但预测结果粗略,较适用于近期预测。在交通产生预测中,由于人口发展受政策性影响较强,常常应用增长率法进行人口预测。

增长率法的最大优点是可以处理用原单位法和函数法都难以解决的问题。这是因为当进行区域的发生、吸引交通量预测时,研究对象地区外的预测也是必要的。对于对象地区,可以知道各个区域的总交通量,而对于对象地区外的区域,只需要处理此区域与对象地区之间的交通。

3) 聚类分析法

聚类分析法是建立在各类型家庭的出行率在将来某一时刻也保持不变的假定的基础上的。所以,只需知道各类型家庭的出行率和将来时刻的相应的家庭数,就可以求得预测值。该研究的基本假定为:

(1) 家庭规模的变化很小;

(2) 一定时期内的出行率是稳定的;

(3) 收入与车辆拥有量总是增长的;

(4) 每种类型的家庭数量可用相应于该家庭收入、车辆拥有量和家庭结构等资料来估计。

构造聚类分析模型的步骤为:

(1) 家庭的横向分类;

(2) 把每个家庭定位到横向类别;

(3) 对其所分的每一类,计算其平均出行率;

(4) 计算各分区的出行发生。

聚类分析法以估计给定出行目的每户家庭的出行产生量为基础,建立以家庭属性为变量的函数,并且突出家庭规模、收入、拥有车辆数,通过分类调查统计得出相应的出行产生率,由现状产生率得到现状出行量,由未来产生率得到未来出行量。

4) 函数法

这种方法是预测分区的发生、吸引交通量最常用的方法。有时,也称为多元回归分析法。

函数法多采用以下模型作为模型公式:

$$Q_r = a_0 + \sum_k a_k X_{rk} \tag{2-4-3}$$

$$Q_r = a_0 \prod_k a_k X_{rk} \tag{2-4-4}$$

$$Q_r = a_0 \exp \sum_k a_k X_{rk} \tag{2-4-5}$$

式中:X_{rk}——小区 r 的活动人口指标;

Q_r——小区 r 发生或吸引的交通量;

a_0、a_k——待定系数。

5) 回归分析法

回归分析是为了求得对象区域的独立变量与相关的说明变量 X_{rk} 之间的关系。表示这

一关系的关系式中的回归系数 $a_0, a_1, \cdots, a_k$ 通常用最小二乘法算出。假设已得到关系式为:

$$Q'_r = -0.48X_{r1} + 0.65X_{r2} + 0.89X_{r3} - 0.37X_{r4} + 110 \qquad (2\text{-}4\text{-}6)$$

式中:Q'_r——交通小区 r 的上下班的出行次数;

X_{r1}——交通小区 r 的家庭数;

X_{r2}——交通小区 r 的就业人口数;

X_{r3}——交通小区 r 的汽车保有量;

X_{r4}——交通小区 r 与市中心的距离。

可以根据 X_{r1}、X_{r2}、X_{r3}、X_{r4} 目标年度的预测值求得目标年度的 Q'_r。

回归分析法的缺点有:

(1)不能保证使用了真正有效的说明变量;

(2)假如得到了公式,也不能一定保证合理地描述交通现象。

4.3 交通分布

4.3.1 概述

交通分布中最常用的一个基本概念是 OD 表,O 表示出发地,D 表示目的地。交通分布通常用一个二维矩阵表示。

分布交通量预测要解决的问题是在目标年各交通小区的发生与吸引交通量一定的条件下,求出各交通小区之间将来的 OD 交通量。

分布交通量的预测方法,可以分为以下两大类。

(1)增长率法。此法假定要预测的 OD 交通量的分布形式和现有的 OD 表的分布形式相同,在此假定的基础上预测对象区域目标年的 OD 表。

(2)构造模型法。此方法从分布交通量的实态分析中,得出 OD 交通量的分布规律,并用数学模型进行表现。然后用实测数据标定模型中的各系数,并根据所标定的模型预测分布交通量。

构造模型法的模型,广泛使用的有重力模型和机会模型。除此之外,还有熵最大化模型、概率模型等其他模型。

4.3.2 交通分布的预测方法

1)增长系数法

增长系数法假设将来的交通小区与交通小区之间出行分布模式与现状的分布模式基本一致,其分布量按某一系数增加或减少。增长系数法主要有以下几种模型。

(1)平均增长系数模型

平均增长系数模型假设将来的 OD 量按起讫点小区增长系数的平均值增长,其分布模型为:

$$Q_{rs} = q_{rs}(E_r + F_s)/2 \quad (r,s = 1,2,\cdots,n) \qquad (2\text{-}4\text{-}7)$$

式中:Q_{rs}——小区 r 至小区 s 的预测 OD 量;

q_{rs}——小区 r 至小区 s 的现状 OD 量;

E_r——小区 r 的出行发生增长系数；

F_s——小区 s 的出行吸引增长系数；

n——规划区域的交通小区的个数。

按式(2-4-7)计算的 OD 矩阵,往往各交通小区的吸引总量、发生总量不能满足增长要求,即小区 r 的预测发生总量 $\sum_{r=1}^{n} Q_{rs}$ 不等于小区 r 现状 $\sum_{r=1}^{n} q_{rs}$ 乘以小区 r 的发生增长系数 $E_r(r=1,2,\cdots,n)$；小区 s 的预测吸引总量 $\sum_{s=1}^{n} Q_{rs}$ 不等于 s 交通区的现状吸引总量 $\sum_{s=1}^{n} q_{rs}$ 乘以 s 区的吸引增长率 $F_s(s=1,2,\cdots,n)$。

为了使观测的 OD 矩阵满足增长要求,应重新确定修正增长系数。用式(2-4-8)和式(2-4-9)进行迭代计算,修正增长系数为:

$$E_r = \frac{\sum_{r=1}^{n} Q_{rs}}{\sum_{r=1}^{n} (q_{rs} E_r)} \quad (2-4-8)$$

$$F_s = \frac{\sum_{s=1}^{n} Q_{rs}}{\sum_{s=1}^{n} (q_{rs} F_s)} \quad (2-4-9)$$

利用上述公式不断进行迭代计算,直到修正增长系数接近于1(允许误差3%)为止。

(2) Fratar 模型

Fratar 模型考虑了 OD 量起点与终点区之间的吸引强度,预测结果优于平均增长系数模型,Fratar 模型的具体形式为:

$$Q_{rs} = \frac{Q_{1rs} + Q_{2rs}}{2} \quad (2-4-10)$$

$$Q_{1rs} = \frac{q_{rs} E_r F_s \sum_{s=1}^{n} q_{rs}}{\sum_{s=1}^{n} (q_{rs} F_s)} \quad (2-4-11)$$

$$Q_{2rs} = \frac{q_{rs} E_r F_s \sum_{r=1}^{n} q_{rs}}{\sum_{r=1}^{n} (q_{rs} E_r)} \quad (2-4-12)$$

式中符号意义同前。

与平均增长系数模型一样,Fratar 模型也需用前述方法进行迭代运算,直到修正增长系数收敛于1为止。

(3) Furness 模型

Furness 模型是由起点区所产生的出行量首先取得平衡,随之吸引到终点区的出行量再取得平衡。Furness 模型的具体形式为:

$$Q_{rs}^{0} = q_{rs} E_r \quad (2-4-13)$$

$$Q_{rs}^{k} = \frac{Q_{rs}^{k-1} \sum_{r=1}^{n} q_{rs} E_r}{\sum_{r=1}^{n} Q_{rs}^{k-1}} \quad (2-4-14)$$

$$Q_{rs}^{k+1} = \frac{Q_{rs}^k \sum_{s=1}^{n} q_{rs} F_s}{\sum_{s=1}^{n} Q_{rs}^k} \quad (2\text{-}4\text{-}15)$$

式中：Q_{rs}^0——初始迭代预测 OD 量；

Q_{rs}^{k-1}——第 $k-1$ 次迭代时的预测 OD 量；

Q_{rs}^k——第 k 次迭代时的预测 OD 量；

其余符号意义同前。

Furness 模型通过上述公式的反复迭代，直到 Q_{rs}^{k+1} 接近于 Q_{rs}^k 为止（允许相对误差为 3%）。

增长系数法分布预测模型思路明确，计算简单，不需要交通小区之间的距离和时间等数据，且稳定性较好。对于分布均匀、增长率变化不大的地区，这类模型比较合理。但是这类模型必须建立在完整的现状 OD 矩阵之上，对于未来出行分布与现状出行分布变化较大的地区（如新开发的区域）并不适用。

2）重力模型法

重力模型法出行分布预测考虑了两交通小区的吸引强度与它们间的阻抗，认为两个交通小区间的出行吸引与两个交通小区的出行发生量、吸引量成正比，与交通小区之间的交通阻抗成反比。用重力模型法进行出行分布预测时，可采用下列几种模型。

(1) 无约束重力模型

无约束重力模型的形式为：

$$Q_{rs} = K \frac{Q_{pr}^{\alpha} Q_{as}^{\beta}}{t_{rs}^{\gamma}} \quad (2\text{-}4\text{-}16)$$

式中：Q_{rs}——交通小区 r 到交通小区 s 的交通分布量；

Q_{pr}——交通小区 r 的交通产生量；

Q_{as}——交通小区 s 的交通吸引量；

t_{rs}^{γ}——交通小区 r 与交通小区 s 之间的阻抗参数（时间、距离费用或其组合）；

K、α、β、γ——待定参数。

此模型是早期的重力模型，模型本身不满足于约束条件 $\sum_r Q_{rs} = Q_{as}$，$\sum_s Q_{rs} = Q_{pr}$ 中的任何一个，因此称为无约束重力模型。待定系数 K、α、β、γ 根据现状 OD 调查资料，用最小二乘法确定。

无约束重力模型预测未来 OD 交通量的步骤是：首先将预测未来交通产生量 Q_{pr} 和交通吸引量 Q_{as} 代入模型计算 Q_{rs}，然后用增长率法进行迭代计算，使 Q_{rs} 满足约束条件。用平均增长率法进行迭代计算其公式为：

$$Q_{rs}' = Q_{rs} \left[\frac{Q_{pr}}{\sum_s Q_{rs}} + \frac{Q_{as}}{\sum_r Q_{rs}} \right] / 2 \quad (2\text{-}4\text{-}17)$$

前一轮计算的 Q_{rs}' 代替 Q_{rs}，用式（2-4-17）进行反复计算，直到 $\frac{Q_{pr}}{\sum_s Q_{rs}}$ 和 $\frac{Q_{as}}{\sum_r Q_{rs}}$ 接近于 1 为止，此时的 Q_{rs}' 即为预测交通分布量。

(2) 单约束重力模型

①乌尔希斯重力模型，即出行产生约束重力模型其表达式为：

$$Q'_{rs} = \frac{Q_{pr} Q_{as} f(t_{rs})}{\sum_s [Q_{as} f(t_{rs})]} \quad (2\text{-}4\text{-}18)$$

式中:$f(t_{rs})$——交通阻抗函数,包括 $f(t_{rs}) = t_{rs}^{-\alpha}$、$f(t_{rs}) = e^{-\beta t_{rs}}$、$f(t_{rs}) = t_{rs}^{\alpha} e^{-\beta t_{rs}}$ 等形式,其中最常用的是 $f(t_{rs}) = t_{rs}^{-\alpha}$ 的形式,α 为待定常数;

其余符号意义同前。

待定系数 α 根据现状 OD 调查资料拟合确定,一般可采用试算法等数值解法。以 t_{rs} 采用交通时间为例,其计算过程是:先假定一个 α 值,利用现状 OD 统计资料所得的 Q_{rs}、Q_{pr} 及 t_{rs} 代入式(2-4-18)中计算交通分布,称为 GM 分布。当交通按 GM 分布与按 OD 分布(实际分布)的每次运行的平均时间相对误差不超过 3% 时,计算即可结束;当超过 3% 时,需改动待定系数 α 值,进行下一轮计算,每次运行的平均时间可采用式(2-4-19)计算:

$$\bar{t}' = \frac{\sum_r \sum_s (Q'_{rs} t_{rs})}{\sum_r \sum_s Q'_{rs}} \quad (2\text{-}4\text{-}19)$$

GM 分布与 OD 分布的每次运行的平均时间之间的相对误差为 $\frac{|\bar{t}' - \bar{t}|}{\bar{t}}$,相对误差超过 0.03,应调整待定系数 α。调整方法为:如果 GM 分布的 $\bar{t}'$ 大于 OD 分布的 $\bar{t}$,可增大 α 值;反之,则减少 α 值。

②美国公路局(出行产生受约束)重力模型。该模型的形式为:

$$Q'_{rs} = \frac{Q_{pr} Q_{as} f(t_{rs}) k_{rs}}{\sum_s [Q_{as} f(t_{rs}) k_{rs}]} \quad (2\text{-}4\text{-}20)$$

式中:k_{rs}——交通调整系数;

其余符号意义同前。

与乌尔希斯重力模型相比,该模型引进了交通调整系 k_{rs}。计算时,用与乌尔希斯模型相同的方法试算得出待定系数 α 计算 Q'_{rs},再将计算所得的 Q'_{rs} 和调查所得的 Q_{rs} 代入式(2-4-21)计算 k_{rs}:

$$k_{rs} = \frac{1 - Y_{rs}}{1 - Y_{rs} \gamma_{rs}} \gamma_{rs} \quad (2\text{-}4\text{-}21)$$

式中:$\gamma_{rs} = Q_{rs}/Q'_{rs}$;

Y_{rs}——小区 r 到小区 s 出行数占小区 r 出行产生总数的比例,即 $Y_{rs} = Q_{rs}/Q_{pr}$。

显然,美国公路局重力模型能满足计算 Q'_{rs} 与调查 Q_{rs} 相一致。由于上述两种重力模型均能满足出行产生受约束条件 $\sum_s Q'_{rs} = Q_{pr}$,故称为单约束重力模型。

用上述两种重力模型进行交通分布预测,首先是将预测的交通产生量和吸引量以及未来的交通阻抗函数代入模型进行计算。通常计算出的交通吸引量 Q'_{rs} 与给定的交通吸引量并不相同,因此需要进行进一步迭代计算。迭代公式为:

$$Q'_{rs} = Q_{rs} \frac{Q_{as}}{\sum_r Q'_{rs}} \quad (2\text{-}4\text{-}22)$$

将前一轮计算所得的 Q'_{rs} 代替 Q_{rs} 用式(2-4-22)反复计算,直到 $Q_{as}/\sum_r Q'_{rs}$ 接近于 1 为止,此时 Q'_{rs} 满足条件 $\sum_r Q'_{rs} = Q_{as}$。但同时经过迭代后,Q'_{rs} 又不能满足另一约束条件 $\sum_s Q'_{rs} = Q_{pr}$,故又需将 Q_{pr} 进行迭代计算,用式(2-4-23)将前一轮的计算值 Q'_{rs} 代替 Q_{rs} 反复计算,直到

$Q_{pr}/\sum\limits_{s} Q'_{rs}$ 接近于 1 为止。

$$Q'_{rs} = Q_{rs}\frac{Q_{pr}}{\sum\limits_{s} Q_{rs}} \qquad (2\text{-}4\text{-}23)$$

此时,Q'_{rs} 为预测交通分布量。

(3) 双约束重力模型

其模型的形式为：

$$Q'_{rs} = A_r B_s Q_{pr} Q_{as}/f(t_{rs}) \qquad (2\text{-}4\text{-}24)$$

$$A_r = \left\{\sum_{s}[B_s Q_{as} f(t_{rs})]\right\}^{-1} \qquad (2\text{-}4\text{-}25)$$

$$B_s = \left\{\sum_{r}[A_r Q_{pr} f(t_{rs})]\right\}^{-1} \qquad (2\text{-}4\text{-}26)$$

由于该模型满足 $\sum\limits_{r} Q'_{rs} = Q_{as}$、$\sum\limits_{s} Q'_{rs} = Q_{pr}$ 两个约束条件,故称双约束重力模型。

模型中待定系数的确定可采用同乌尔希斯模型相类似的试算法。以 $f(t_{rs}) = t_{rs}^{-\alpha}$ 的形式为例,t_{rs} 表示运行时间,α 为待定系数。试算过程如下：

①利用现状 OD 资料得 Q_{as}、Q_{pr},确定现状 t_{rs}。

②假设一 α 的值,并设所有 β 的初始值为 1,计算 A_r。

③将求出的 A_r 值代入式(2-4-26)求 B_s,再将求得的 B_s 代回式(2-4-25)中求 A_r。经过多次迭代,直至前两次迭代计算结果大致相同为止。

④将所求得的 A_r、B_s 代入式(2-4-24),求出 Q_{rs} 的重力模型分布,并按同乌尔希斯模型试算相同的方法计算加权平均运行时间与实际加权平均运行时间之间的误差,看是否满足要求。如误差小于限定值,则假设的 α 值即为所求;否则,修正 α 值,回到步骤②继续进行,直至满足要求为止。

用双约束重力模型进行交通分布预测可按以下步骤进行：

①将预测的交通产生量 Q_{pr}、吸引量 Q_{as} 及未来的交通阻抗参数 $t_{rs}^{-\alpha}$ 代入模型。

②假定所有 B_s 的初始值为 1,利用式(2-4-25)计算 A_r。

③将计算出的 A_r 值代入式(2-4-26)求 B_s,再将求得的 B_s 代回式(2-4-25)求 A_r。如此反复,直到第 $N+1$ 次计算结果 A_r、B_s 与第 N 次计算大致相同为止。

④将所求得的 A_r、B_s 以及 $t_{rs}^{-\alpha}$、Q_{pr}、Q_{as} 代入 Q_{rs},即求得交通分布预测量。

3) 插入机会模型法

插入机会模型假定：阻抗参数相同的每一个交通吸引点均按指数分布等概率成为交通的终点。而当阻抗参数不同时,交通总是选择阻抗参数最小的交通吸引点作为终点,插入机会模型主要考虑的是交通阻抗参数。

根据上述假设插入机会模型的形式为：

$$Q'_{rs} = Q_{pr}[e^{lu} - e^{-l(u+Q_{ps})}] \qquad (2\text{-}4\text{-}27)$$

式中：u——从交通小区 r 出发,交通阻抗参数(如交通时间或距离)小于到交通小区 s 的交通阻抗函数的所有交通区的交通吸引量之和；

l——交通吸引率,为待定系数；

其余符号意义同前。

用插入机会模型预测未来交通分布时,同样可能会出现根据模型计算出的交通分布量不满足 $\sum\limits_{s} Q'_{rs} = Q_{pr}$、$\sum\limits_{r} Q'_{rs} = Q_{as}$ 两个约束条件的情况。此时,需用增长率法进行迭代计算,使

Q'_{rs} 满足约束条件。

4）最大熵法

熵是一个具有广泛意义的概念。一般来说,热力熵是系统无规律的量度,系统可达状态数目越多,热力学熵值就越高。在孤立的热力学系统中,一切实际过程均使熵不断增大而趋于某个极大值,这就是熵极大原理。

威尔逊在《空间分布模型统计理论》中首次提出了基于热力熵极大原理的交通分布设想,导出了第一个熵模型。威尔逊的交通分布熵模型表示为:

$$\text{s.t.} \begin{cases} \min \sum_{r=1}^{n} \sum_{s=1}^{n} t_{rs} \ln t_{rs} & (2\text{-}4\text{-}28) \\ \sum_{r=1}^{n} \sum_{s=1}^{n} t_{rs} = Q \\ \sum_{s=1}^{n} t_{rs} = Q_{pr} \quad t_{rs} \geq 0 \quad (r, s = 1, 2, \cdots, n) & (2\text{-}4\text{-}29) \\ \sum_{r=1}^{n} t_{rs} = Q_{as} \end{cases}$$

熵模型的假设前提比较符合客观现象,但使用过程非常复杂,实用性较差。

4.4 交通方式划分

4.4.1 概述

交通方式划分就是出行者选择交通工具的比例,交通方式的选择模型是交通规划中最重要的经典模型之一。其建模思路可分为:在假设历史的变化情况将来会延续的前提下,研究交通需求的变化,或者是从城市规划的角度,为实现所期望的交通方式划分,引导人们的出行以及制订各种交通管理措施等。

4.4.2 影响交通方式选择的因素

影响交通方式选择的因素,可以划分为出行主体的特性、出行特性和交通设施的特点三个方面。

以城市交通出行方式的选择为例,上述三个方面的情况如下。

1）出行主体的特性

一般考虑以下几点:

(1)是否拥有小汽车。这一点与社会经济发展有着密切的关系。

(2)家庭结构。如年轻人喜欢使用小汽车,而老年人倾向于选择公共交通工具。

(3)收入。收入在很大程度上影响着人们对交通方式的选择,如收入少的人更倾向于使用公共交通工具。

(4)其他方面的因素。

2）出行特性

交通方式选择在很大程度上受到以下几个方面的影响:

(1)出行目的。如上、下班大多选择公共交通方式,而家庭外出旅行则更多选择小汽车。

(2)出行时间。如白天选择公共交通,而晚上则更多选择小汽车。

3)交通设施特点

(1)出行时间。包括各种交通方式的等车时间、旅行时间和步行时间等。

(2)出行费用。包括票价、燃料及直接费用。

(3)停车及其费用。包括是否有停车场及停车收费的高低。

(4)舒适度和方便性。如公共交通高峰时段舒适度较低等。

(5)可靠性和准时性。如地铁可靠性和准时性较好,而公交车可靠性较差。

(6)安全性。如摩托车、电瓶车受气候影响大,安全性较差。

4.4.3 交通方式划分模型

除前面介绍的线性模型、Logit 模型、Probit 模型外,交通方式划分模型根据对象地区或交通还可分为出行端点模型、全域模型、TI 模型和径路模型几类。

1)出行端点模型

出行端点模型利用对象区域内交通小区的固有性质说明其划分率,便于从交通的角度研究各交通小区的土地使用。此时,划分率可以从发生端或吸引端考虑。此外,模型的划分率不唯一给定,而是按出行端点、交通目的、交通方向、土地开发强度等进行分类,或者使用衡量出行方便性的可达性指标的模型。小区 r 的可达性指标用式(2-4-30)表示:

$$A_r = \sum_{s=1}^{n} D_s / t_{rs}^{\gamma} \tag{2-4-30}$$

式中:A_r——小区 r 的可达性;

D_s——小区 s 的出行吸引量;

t_{rs}——小区 r、小区 s 之间的出行时间;

n——小区数;

γ——系数。

2)全域模型

全域模型考虑规划对象区域整体的交通方式划分情况,常用于宏观交通规划。由于涉及全地区的划分率预测,所以其影响因素与全地区的城市规模、人口、土地使用状况、汽车拥有量、公共交通及道路建设水平等指标有关。

3)TI 模型

TI 意味着 OD 交通量的相互转化,可给出 OD 表的交通方式划分率。通常,模型将各交通方式的利用时间、费用等的比率作为自变量。

4)径路模型

径路模型为在考虑各种交通方式的径路的同时进行交通流分配的模型。因此,该模型的结构与交通流分配模型无本质区别。由于该模型利用同一水准处理处于相互竞争的各种交通方式的径路交通量,所以适用于研究各种交通方式的合理划分交通量。尤其是由于交通量的增加带来的交通拥挤与径路划分率之间的关系为平衡问题时,可以通过改变时间、费用和通行能力等求出所希望的各种交通方式的划分量。但是,在实际应用中还要考虑其他影响因素。

4.5 交通分配

4.5.1 概述

国内外已有的交通分配模型通常可以分为平衡模型和非平衡模型两大类。平衡分配模型是建立在 Wardrop 两个著名原理基础上的。Wardrop 第一原理也称用户最优平衡原理(User Optimized Equilibrium),可以表述为:在考虑拥挤对行驶时间影响的网络中,当网络达到平衡状态时,每个 OD 对的各条被使用的径路具有相等且最小的行驶时间;没有被使用的径路的行驶时间大于或等于最小行驶时间。Wardrop 第二原理也称系统最优平衡原理(System Optimized Equilibrium)可以表述为:车辆在网络上的分配使得网络上所有车辆的总出行时间最少。交通网络平衡意味着交通网络上的交通需求和交通条件(供应)达到某种稳定状态。

平衡分配模型可参见本篇参考文献[4]、[5],对于使用启发式解法的分配模型被称为非平衡分配模型。目前,在实际交通规划中使用的交通分配模型一般均属于此类模型,下面对其作一简要介绍。

4.5.2 交通分配方法

1)最短路交通分配法

最短路交通分配是一种静态的交通分配方法。用该分配方法时路权(两节点间的行驶时间)为常数,每个 OD 点对的 OD 量被全部分配在连接该 OD 点对的最短路径上,其余路径不分配交通量。在所有 OD 点对的 OD 量全部按上述原则分配到路网上后,可累计得出各路段、各交叉口的交通量。该方法在进行交通分配时,不考虑路段通行能力的限制,也不考虑过多的交通量将影响行车速度,从而使车辆有可能选择其他路径的交通重分配现象,因此被称为容量非限制分配法或全有全无分配法。

最短路分配法的特点是计算简单,概念清晰;但是分配结果不尽合理,交通流在路网上分配不均匀,与实际情形误差较大。当路段和交叉口交通饱和度较大时,因为车辆行驶车速不可能保持自由流时的速度,将行驶时间作为常数处理明显不符合实际。最短路分配法作为其他分配法的基础,其分配步骤是:

(1)确定路段行驶时间。对现状网络,可用实测的路段长度除以实测的行驶车速来确定;对规划路网,可用规划路段长度除以该路段的设计车速来确定。

(2)确定各 OD 点之间的最短路径。目前,用于网络最短路计算的方法已有几十种,较典型和常用的方法包括矩阵迭代法、Dijkstra 算法、Floyd 算法、函数迭代法、策略迭代法等。

(3)按各交通区之间 OD 量全部分配在路权最小的路径上,其余为零的原则,将各 OD 对间的 OD 量分配到交通网络上。

(4)累计出各路段(交叉口)的交通量。

2)容量限制分配法

容量限制分配法也是把交通区之间的交通量分配到交通区之间的最小路权的线路上。不过,容量限制分配法的路权考虑了行驶速度与交通量之间的关系,从而确定了行驶费用与交通量之间的关系。当交通量大到一定量时,车辆的行驶速度将会随交通量的增加而减少,路权则会变大。因此,先将交通量分配到路权最小的线路,当交通量分配到一定量时,该路线路权则不再是最小。此时,交通量会被分配到其他路权最小的线路上。

容量限制分配法的主要步骤是:
(1)将路网简化为网络,以"零流量"路段行程时间开始;
(2)依次对每个起点分区计算通过路网的最短行程时间的路径;
(3)按全有全无分配模型,将起讫点的交通量加到路网上;
(4)计算分配到各条路线上的交通量;
(5)在流量与行程时间的关系中,用分配给路段的交通量计算路段行程时间,重新计算新的时间最短路径;
(6)按全有全无分配法将原来起讫点的交通量加到由步骤(5)得出的路网的新的时间最短路径上;
(7)返回到步骤(4),继续分配,直到分配的交通量和行程时间稳定为止。

采用容量限制-增量加载分配模型时,需先将 OD 表中的每一 OD 量分解成几部分,即将原 OD 表($n \times n$ 阶,n 为出行发生、吸引点个数)分解成 k 个 OD 分表($n \times n$ 阶);然后,分 k 次用最短路分配模型分配 OD 量,每次分配一个 OD 分表,并且每分配一次,路权修正一次,路权采用路阻函数修正,直到把 k 个 OD 分表全部分配在网络上为止。

3)多路径概率分配法

由出行者的路径选择特性可知,出行者总是希望选择最合适(最短、最快、最方便等)的路径出行,称之最短路因素。但由于交通网络的复杂性及交通状况的随机性,出行者在选择出行路线时由于判断误差而选择的路线不一定是最短路,往往带有不确定性,称之为随机因素。这两种因素存在于出行者的整个出行过程中,两因素所处的主次地位取决于可供选择的出行路线的路权差(行驶时间差或费用差等)。因此,各出行路线选用的概率可采用 Logit 模型的路径选择模型计算。

$$P(r,s,k) = e^{\left[\frac{-\theta t(k)}{t}\right]} / \sum_{i=1}^{m} e^{\left[\frac{-\theta t(i)}{t}\right]} \quad (2\text{-}4\text{-}31)$$

式中:$P(r,s,k)$——OD 量 $Q(r,s)$ 在第 k 条出行路线上的分配率;

$t(k)$——第 k 条出行路线的路权(行驶时间);

t——各出行路线的平均路权(行驶时间);

θ——分配参数;

m——有效出行路线条数。

一般来说,交通网络都比较复杂,往往含有百余个交通节点,每一 OD 点对之间具有很多不同的出行路线,尤其是长距离出行。因此,用本模型分配时,首先必须确定每个 OD 点对 (r,s) 的有效路段及有效出行路线。本分配方法中,定义有效路段 $[r,u]$ 为路段终点 u 比路段起点 r 更靠近出行终点 s 的路段,即沿该路段前进更能接近出行终点 s。有效出行路线必须由有效路段所组成,每个 OD 对所对的出行量只在相应的有效出行路线上进行分配。

出行者从其出行起点 r 到达出行终点 s,需经过一系列的交通节点(交叉口)。每到一个交通节点,都必须作出选择,在该节点所邻接的有效路段中选择一条路段作为其出行的一部分。因此,在某交通节点,可供出行者选择的有效出行路线条数等于该节点所邻接的有效路段个数。在通常的交通网络中,交通节点邻接边数为 3~5,而其邻接的有效路段绝大部分为 2,少数为 3 或 1(只有一条有效路段时,不存在选择问题)。

分配模型中,θ 为无量纲参数,与可供选择的有效出行路线条数有关。根据出行者路径选择模拟分析发现,两路选择时,$\theta=3.00~3.50$;三路选择时,$\theta=3.00~3.75$,其取值比较稳定。因此,在实际应用时,可取 $\theta=3.00~3.50$。

多概率分配模型能较好地反映路径选择过程中的最短路因素及随机因素。实际上,若各出行路线路权相同,则本模型为随机分配模型,各路线被选用的概率相同。若某一路线的路权远远小于其他各线路,则模型成为最短路分配模型。

4.6 组合优化模型

针对不同研究项目的不同需要,实际中已经开发出各种不同形式的组合模型,包括四阶段法中交通产生、交通分布、交通方式划分以及交通分配中任意两个或多个阶段的组合。除了交通方式划分和交通分配组合模型外,还有交通分布与交通分配的组合模型,交通产生与交通分布的组合模型以及四阶段组合模型,见表 2-4-1。本节将对这些模型作简要介绍。

组合优化模型　　　　　　　　　　　　　　　　表 2-4-1

组合方式	特点	可采用解法
交通分布—交通分配	此类问题中,各 OD 对间的出行量为变量,但各区产生的交通量总和为一已知值;同时考虑了出行者在出行前对于出行终点及出行线路的综合选择	凸组合法; 熵模型
交通方式划分—交通分布—交通分配	在此类模型中,所有出行方式的总 OD 量不为常数;此模型没有直接等价的数学规划式,必须通过对角化的多次迭代求解	对角化多次迭代求解
交通产生—交通分布—交通方式划分—交通分配	将四个规划阶段集合考虑;各阶段采用适合的模型	采用等效数学规划的方式对模型进行计算

4.6.1 交通分布—交通分配组合模型

在交通分布—交通分配组合模型中,各个 OD 对之间的出行量为变量,而各交通小区产生的交通量总和是一定且已知的。用公式表示为:

$$\sum_s q_{rs} = O_r, \forall r \tag{2-4-32}$$

式中:q_{rs}——OD 对 (r,s) 间的出行量。

在某些情况下,各交通小区的出行吸引量也是一个确定的常数。用公式表示为:

$$\sum_r q_{rs} = D_s, \forall s \tag{2-4-33}$$

用户对出行终点的选择决定了各 OD 对之间的出行量。而这种选择一般来说有两个影响因素:一个是最短的走行时间,另一个是到达具有最大吸引力的终点。在此,引入吸引度 (A_s) 的概念,用来表示每一个 OD 分区 s 被选择为出行终点的可能性,建立以 $u_{rs} - A_s$ 为目标函数的数学规划模型,求其最小值可实现上述的选择原则。在平衡时,应满足路网上的流量符合用户最优的原则的条件。根据确定需求模型,可得到此问题的数学表达式为:

$$\min Z(x,q) = \sum_a \int_0^{x_a} t_a(\omega) \mathrm{d}\omega - \sum_{rs} A_s q_{rs} \quad (2\text{-}4\text{-}34)$$

s.t.

$$\sum_k f_k^{rs} = q_{rs}, \forall r,s$$

$$\sum_s q_{rs} = O_r, \forall r$$

$$f_k^{rs}, q_{rs} \geq 0, \forall k,r,s$$

式中:f_k^{rs}——连接 OD 对(r,s)的路径 k 上的流量;

A_s——用来表示每一个 OD 分区 s 被选择为出行终点的可能性。

可以证明,上述规划问题的一阶条件既包含了在路网上以通常意义的走行时间为基础的用户均衡,也包含了以 $u_{rs} - A_s$ 为基础的用户均衡。也就是说,它是一个出行分布与交通分配的均衡模型。

此模型可以通过先改变网络的表示方法,然后在增加了虚设路段的路网上进行较为简单的求解运算的方法来求解。也可以使用凸组合法求解,使用凸组合法时,需要注意此时的全有全无分配中最短路计算的原则是使 $u_{rs} - A_s$ 最小。

使用改变网络表示法时,需要对每一出行起点 r 虚设一个对应的终点 r',增加网络上的每一个出行终点与每一虚设的终点间的虚设路段 sr',在此路段上的出行函数为 A_s,如图 2-4-2 所示。

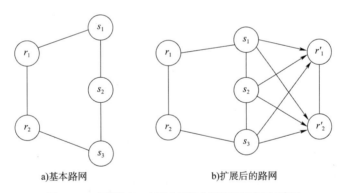

a)基本路网　　　　　　　　b)扩展后的路网

图 2-4-2　交通分布—交通分配组合模型扩展路网示意图

可见,增加的虚设路段的数目为实际出行起点数与实际出行终点数的乘积。在实际的较大规模路网中,这个数目是很大的。

某一分区 s 对于不同目的出行者的吸引度是不同的。因此,吸引度概念应该表达为一个函数,而由此产生的各 OD 间的出行量 q_{rs} 也必然是一个变量,这个变量应满足式(2-4-32)提出的条件。对每一个起点来说,为使方程式与变量的数目相等,只需使需求函数的形式能自动满足式(2-4-32)的约束即可。因此,常用的需求函数的形式为:

$$q_{rs} = O_r P_{rs}(u_r) \quad (2\text{-}4\text{-}35)$$

其中,$\sum_s P_{rs}(u_r) = 1$。

与 Logit 模型相结合,需求函数可表示为:

$$q_{rs} = O_r \frac{e^{-\gamma(u_{rs}-A_s)}}{\sum_i e^{-\gamma(u_{ri}-A_i)}}, \forall r,s \qquad (2-4-36)$$

式中：γ、A_s——可通过实际观测的数值得到。

考虑变需求后的数学规划表达式为：

$$\min Z(x,q) = \sum_a \int_0^{x_a} t_a(\omega)d\omega + \frac{1}{\gamma}\sum_{rs}(q_{rs}\ln q_{rs} - q_{rs}) - \sum_{rs} A_s q_{rs} \qquad (2-4-37)$$

s.t.

$$\sum_k f_k^{rs} = q_{rs}, \forall r,s$$

$$\sum_s q_{rs} = O_r, \forall r$$

$$f_k^{rs} \geq 0$$

同样，此优化模型也可通过凸组合法和扩展原路网法两种方法求解。在凸组合法中，最短路线中时间的表达式为 $u_{rs} + \frac{1}{\gamma}\ln(q_{rs}) - A_s$；而在扩展路网法中，只需将虚设路段上的行为函数改变为 $\frac{1}{\gamma}\ln(q_{rs}) - A_s$ 即可。

在讨论上述模型时，假定了各小区的发生交通量为已知，只需确定发生交通量如何在各小区间分布。可以利用重力模型来确定这种分布，假设需求函数表达式为：

$$q_{rs} = K O_r D_s f(u_{rs}) \qquad (2-4-38)$$

为使上述重力模型满足相关的约束条件，可引入系数 A_r 和 B_s，将式(2-4-38)改写为：

$$q_{rs} = A_r B_s O_r D_s f(u_{rs}), \forall r,s \qquad (2-4-39)$$

$$A_r = \frac{1}{\sum_s B_s D_s f(u_{rs})}, \forall r \qquad (2-4-40)$$

$$B_s = \frac{1}{\sum_r A_r O_r f(u_{rs})}, \forall s \qquad (2-4-41)$$

如果在出行分布中使用熵最大的概念，则交通分布—交通分配组合模型的问题可表示为：

$$\min Z(x,q) = \sum_a \int_0^{x_a} t_a(\omega)d\omega + \frac{1}{\varepsilon}\sum_{rs}(q_{rs}\ln q_{rs} - q_{rs}) \qquad (2-4-42)$$

s.t.

$$\sum_k f_k^{rs} = q_{rs}, \forall r,s$$

$$\sum_s q_{rs} = O_r, \forall r$$

$$\sum_r q_{rs} = D_s, \forall s$$

$$f_k^{rs} \geq 0$$

在式(2-4-42)中，右边第二项为符合熵最大原则的分布函数，ε 为一个根据实际观测数据标定的参数。

利用式(2-4-42)计算得到的均衡流在路网上满足用户均衡条件，OD对间的流量也满足各约束条件及分布模型的要求。

4.6.2 方式划分—交通分布—交通分配组合模型

在方式划分—交通分布—交通分配组合模型中,所有出行方式的总 OD 量不是常数,可按式(2-4-43)进行计算:

$$\bar{q}_{rs} = O_r \frac{e^{-\gamma(u_{rs} - A'_{rs})}}{\sum_i e^{-\gamma(u_{ri} - A'_{ri})}} \qquad (2\text{-}4\text{-}43)$$

式中:$\bar{q}_{rs}$——连接 OD 对(r,s)间的总交通量;

A'_{rs}——某一 OD 对终点 s 对起点 r 的吸引度。

当假设路网上各 OD 对(r,s)间的出行时间固定,可将式(2-4-43)变为:

$$\bar{q}_{rs} = O_r \frac{e^{-\gamma(u_{rs} + \hat{u}_{rs} - A'_{rs})}}{\sum_i e^{-\gamma(u_{ri} + \hat{u}_{ri} - A'_{ri})}} \qquad (2\text{-}4\text{-}44)$$

式中:$\hat{u}_{rs}$——OD 对(r,s)间交通出行的时间。

起点 r 处的出行量 O_r 也可以是一个变量,以函数形式表示为:

$$O_r = D_r(\lambda_r) \qquad (2\text{-}4\text{-}45)$$

式中:λ_r——出行起点 r 与其相对应的虚设终点 r' 之间的最短走行时间。

对于交通方式划分—交通分布—交通分配组合模型,在通过对角化的多次迭代求解时,第 n 次迭代时要求解的问题为:

$$\begin{aligned}\min Z(x, \hat{q}, \bar{q}) = &\sum_a \int_0^{x_a} t_a(\omega) \mathrm{d}\omega + \sum_{rs} \int_0^{\hat{q}_{rs}} \left(\frac{1}{\theta} \ln \frac{\omega}{\bar{q}_{rs} - \omega} + \psi_{rs} + \hat{u}_{rs}\right) \mathrm{d}\omega + \\ &\sum_{rs} \int_0^{\hat{q}_{rs}} \left(\frac{1}{\gamma} \ln \omega - A_{rs}\right) \mathrm{d}\omega - \sum_r \int_0^{O_r} D_r^{-1}(\omega) \mathrm{d}\omega\end{aligned} \qquad (2\text{-}4\text{-}46)$$

s. t.

$$\sum_k f_k^{rs} = \bar{q}_{rs} - \hat{q}_{rs}, \forall r, s$$

$$\sum_s \bar{q}_{rs} = O_r, \forall r$$

$$f_k^{rs} \geq 0$$

$$0 < \hat{q}_{rs} < \bar{q}_{rs}$$

$$O_r \leq \bar{O}_r$$

式中:$\hat{q}_{rs}$——连接 OD 对(r,s)间的采用某方式出行的交通量;

$\bar{q}_{rs}$——连接 OD 对(r,s)间的总交通量;

$\hat{u}_{rs}$——OD 对(r,s)间采用某方式出行的时间;

A_{rs}——将 OD 对(r,s)间的吸引度扩展到包含 OD 对(r,s)间某方式交通出行的时间。

与此问题相应的扩展后的路网见图 2-4-3。由前述可知,包括三类虚设路段:代表各对间等效的线路;连接各出行终点与各虚设终点的路段;连接出行起点与其相应的虚设终点的路段。在这三类虚设路段上的等价旅行时间分别为:

$$\frac{1}{\theta} \ln \frac{\hat{q}_{rs}}{\bar{q}_{rs} - \hat{q}_{rs}} + \psi_{rs} + \hat{u}_{rs}, \frac{1}{\gamma} \ln \bar{q}_{rs} - A_{rs}, D_r^{-1}(\bar{O}_r - e_r)$$

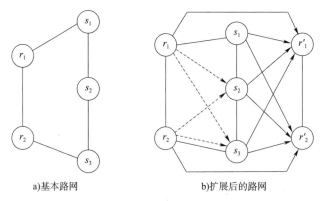

图 2-4-3 方式划分—交通分布—交通分配组合模型扩展路网示意图

4.6.3 交通产生—交通分布—交通方式划分—交通分配组合模型

在将四个阶段集合考虑的模型中,也可采用等效数学规划的方式对模型进行计算。其中各阶段的分模型如下。

1) 交通产生

记小区 r 产生的交通量为 G_r,则:

$$G_r = \alpha S_r + \sum_l \alpha_l f_l(E_{lr}) = \alpha S_r + E_r \tag{2-4-47}$$

式中:E_{lr}——影响小区 r 出行量的第 l 个社会经济因素;

$f_l(E_{lr})$——确定 l 因素对 G_r 影响的函数;

E_r——l 个影响因素对 G_r 的综合作用;

S_r——小区 r 的可达性,它是对交通系统的服务水平及社会经济系统吸引力的一个综合评判指标,可由式(2-4-48)计算:

$$S_r = \ln \sum_s e^{V_{rs}} \tag{2-4-48}$$

$$V_{rs} = -\theta u_{rs} + A_s \tag{2-4-49}$$

式中:s——由 r 可达的终点;

θ——常数;

A_s——某些社会经济因素对终点 s 吸引力的影响。

根据式(2-4-48)、式(2-4-49)和式(2-4-47)可得:

$$S_r = \max\left(0, \ln \sum_s e^{-\theta u_{rs} + A_s}\right) \tag{2-4-50}$$

2) 交通分布—交通方式划分—交通分配

交通分布量的计算可以采用 Logit 模型:

$$q_{rs} = O_r \frac{e^{-\theta(u_{rs} + A_s)}}{\sum_k e^{-\theta(u_{rk} + A_k)}} \tag{2-4-51}$$

在交通方式划分和交通分配阶段,均假设出行者出行时选择费用最低的方式和线路,以及最终的路段交通量及相应的路段行驶时间符合 Wardrop 平衡原理。

3) 组合模型的等效规划问题

引入符号 D_r 表示由 r 可达的终点 s 的集合。

由上述讨论，最终可以得到：
$$\min Z(S,X) = J(S) + \Psi(Q) + \Phi(X) \tag{2-4-52}$$

s.t.
$$\sum_s q_{rs} = \alpha S_r + E_r, \forall r$$
$$\sum_k f_k^{rs} = q_{rs}, \forall r, s$$
$$S_r \geq 0$$
$$q_{rs} \geq 0$$
$$x_a = \sum_k \sum_r \sum_s f_k^{rs} \delta_{a,k}^{rs}$$

其中：
$$J(S) = \frac{1}{\theta} \sum_r \left[\frac{\alpha}{2} S_r^2 + \alpha S_r - (\alpha S_r + E_r) \cdot \ln(\alpha S_r + E_r) \right]$$

$$\Psi(Q) = \frac{1}{\theta} \sum_r \sum_{s \in D_r} [q_{rs} \cdot \ln q_{rs} - A_s q_{rs} - q_{rs}]$$

$$\Phi(X) = \sum_a \int_0^{x_a} t_a(\omega) d\omega$$

解决此规划问题包括方向搜索、更新流量等步骤。其中主要的工作是最短路搜索，具体步骤为：

①初始化流量 x_a^0，设 $r = 1$。

②寻找路网中由 r 至各 $s \in D_r$ 间的最短路 u_{rs}。

③计算 $\omega_{rs} = \frac{1}{\theta}(\ln q_{rs} - A_s) + u_{rs}$，并确定 m 使 $\omega_{rm} = \min_{s \in D_r}(\omega_{rs})$。

④计算 $C_r = \frac{1}{\theta}[S_r^n - \ln(\alpha S_r + E_r)]$。

⑤当 $r < I$ 时，令 $r = r + 1$，返回②；当 $r = I$ 时，解式(2-4-52)的规划问题，找到可行方向，并按前述章节所述进行迭代。

上述四阶段组合模型在实际应用中结果较为理想。

总之，在应用以上模型时，一方面要保证计算的可行性，另一方面则要尽可能把实际情况反映在模型中，以便能够更准确地描述实际的交通现象。

❓ 复习思考题

1. 交通需求和交通供给的定义是什么？
2. 影响交通方式选择的因素主要有哪些？
3. 简述 Wardrop 两个原理的定义。
4. 简述容量限制分配法的主要步骤有哪些。
5. 在有三个交通小区的对象区域，其现状的出行分布矩阵和将来发生和吸引交通量见表1，试用平均增长系数法、Fratar 法求解表2-4-2目标年的出行分布矩阵(设定收敛标准为 $\varepsilon = 3\%$)。

交通小区现状出行分布矩阵　　　　　　　　　表 2-4-2

小区	1	2	3	现状值	合计
1	17.0	7.0	4.0	28.0	38.6
2	7.0	38.0	6.0	51.0	91.9
3	4.0	5.0	17.0	26.0	36.0
现状值	28.0	50.0	27.0	105.0	
目标年	39.3	90.3	36.9		166.5

第5章 交通枢纽规划方法

5.1 交通枢纽选址

交通枢纽选址,是根据对社会经济发展和交通需求的预测结果,利用交通规划和网络优化理论,对所规划的交通枢纽的场站数量、大小和位置进行优化,同时通过调整枢纽内部及相互间的关系,以实现整个交通枢纽系统的运输效率最大化。由于客运与货运在运输特征上的差别,因此交通枢纽的场站选址应分为客运场站选址和货运站选址两部分。

交通枢纽场站的选址,通常采用定量计算与定性分析相结合的方法。在规划中,人们最早采用了单纯的数学物理模型,如解析重心法、微分法以及交通运输的效益成本分析法等。随着运筹学、物流学的完善和发展,出现了线性规划、整数规划、混合整数规划等枢纽布局优化的方法。这些方法虽然比数学物理模型更好地反映了交通枢纽的运转机理,更接近于实际情况,但它们仍然把综合交通枢纽的布局从交通网络的规划中独立出来,从静态、抽象的角度去计算枢纽场站的布局和各种参数,而且计算参数大多为固定值和经验值,缺乏有效的反馈机制。同时,这些方法没有考虑枢纽所处交通网络的动态变化对枢纽站场布局带来的影响,也无法反映综合运输网络的节点层(枢纽)与其他层面(路网和路段)的互动关系,因此计算结果可靠性差,通常只能为定性分析提供参考。

20世纪90年代以来,交通领域的学者们开始注意到枢纽规划中的这些问题,逐渐尝试把交通规划、交通流理论应用到枢纽的数量与布局计算中,力图反映交通枢纽所在区域交通状态的变化特性。但这些方法仍处于探索阶段,还有待进一步的研究。

5.1.1 传统经典的选址方法

枢纽的选址是运输枢纽总体规划布局的关键环节,对协调地区间运输、调节各运输方式的运输、提高运输效率都起着重要的作用。枢纽的选址与总体布局,是根据社会经济发展和交通需求预测的结果,利用交通规划和网络优化理论,对所规划的运输枢纽的数量、大小和位置进行优化,以实现运输枢纽系统的运输效率最大化。

枢纽选址的方法有很多,本章首先从传统经典模型方面对枢纽选址方法进行介绍,如表2-5-1所示。

枢纽选址方法对比 表2-5-1

选址方法		
方法类型	方法名称	方法特点(描述)
传统方法	一元交通枢纽场站布局的重心法	将运输系统中的交通发生点和吸引点看作分布在某平面范围内的物体系统,各点的交通发生、吸引看成该点的重力,物体系统的重心就是枢纽站设置的最佳点,用几何重心法确定

续上表

方法类型	方法名称	方法特点(描述)
传统方法	一元交通枢纽场站布局的微分法	微分法也叫修正重心法,它的基本思路是:选择一个到各点的发生量、吸引量运费最小的点作为枢纽的最佳位置
	成本分析法	在已有枢纽场站位置的选址集的前提下,以枢纽系统的总成本最小为目标,通过简单财务计算,比较选择最佳位置
经典的枢纽选址模型	覆盖(Covering)模型	最小覆盖问题的目标函数使选择的枢纽的数量最小。约束条件保证每个需求点选择至少被一个枢纽站点覆盖。如果设定目标函数中决策变量的费用系数,目标函数将更一般化,问题将为找到能覆盖所有需求点的枢纽站集的费用最小值。覆盖问题还包括最大覆盖问题、P中心问题等
	平面中位距离模型	目标函数使需求加权的全部距离减到最小,对一个固定总需求,这等价于使要求加权的平均距离减到最小
	特定枢纽选址模型	对于特定的需要(如危险品或固体废物仓库),至少一个目标包含选址需要考虑远离需求节点

(1)一元交通枢纽场站布局的重心法

一元交通枢纽场站布局的重心法是一种静态的模拟选址方法,它将运输成本作为唯一的决策因素,把运输系统中的运输发生点和吸引点看成分布在某一平面范围内的物体系统,各点的交通发生、吸引量分别看成该点的重力,物体系统的重心就是枢纽设置的最佳点,用求各点重心的方法来确定枢纽的最佳位置。其数学模型如下:

设规划区域内有 n 个运输发生点和吸引点,各点的发生量和吸引量分别为 $W_j(j=1,2,\cdots,n)$,坐标为 (x_j,y_j)。规划设置的枢纽坐标为 (x,y),枢纽系统的运输费率为 C_j。根据平面物体求重心的方法,枢纽最佳位置的计算公式为:

$$\begin{cases} x = \sum_{j=1}^{n} C_j W_j x_j \Big/ \sum_{j=1}^{n} C_j W_j \\ y = \sum_{j=1}^{n} C_j W_j y_j \Big/ \sum_{j=1}^{n} C_j W_j \end{cases} \quad (2\text{-}5\text{-}1)$$

重心法的特点是简单、实现容易,但是它将纵向和横向坐标分别视为独立的变量,与实际交通系统存在较大差别,求出的解一般不够精确,只能作为枢纽布局选址的初步参考。

(2)一元交通枢纽场站布局的微分法

一元交通枢纽场站布局的微分法是为了克服重心法的缺点而提出的。它的前提条件、模型中符号的含义与重心法相同。微分法的基本思路是:选择一个到各点的发生量、吸引量综合运费最小的点作为枢纽的最佳位置。

运输系统的总费用 T 设为:

$$T = \sum_{j=1}^{n} C_j W_j [(x-x_j)^2 + (y-y_j)^2]^{1/2} \quad (2\text{-}5\text{-}2)$$

要求得一点坐标 (x,y),使得该点到各发生点、吸引点的总费用最低,就应分别令 T 对 x 和 y 的偏微分为零,得到新的极值点,求解公式为:

$$\begin{cases} x = \dfrac{\sum_{j=1}^{n} C_j W_j x_j [(x-x_j)^2 + (y-y_j)^2]^{1/2}}{\sum_{j=1}^{n} C_j W_j [(x-x_j)^2 + (y-y_j)^2]^{1/2}} \\ y = \dfrac{\sum_{j=1}^{n} C_j W_j y_j [(x-x_j)^2 + (y-y_j)^2]^{1/2}}{\sum_{j=1}^{n} C_j W_j [(x-x_j)^2 + (y-y_j)^2]^{1/2}} \end{cases} \quad (2\text{-}5\text{-}3)$$

求解步骤如下：

①采用重心法求得初始坐标(x_0, y_0)。

$$\begin{cases} x_0 = \sum_{j=1}^{n} C_j W_j x_j \Big/ \sum_{j=1}^{n} C_j W_j \\ y_0 = \sum_{j=1}^{n} C_j W_j y_j \Big/ \sum_{j=1}^{n} C_j W_j \end{cases} \quad (2\text{-}5\text{-}4)$$

②根据步骤①求得的(x_0, y_0)，代入式(2-5-3)求出修正的$(\bar{x}, \bar{y})$。

③重复步骤②，直到计算出的$(\bar{x}, \bar{y})$小于理想的精确度为止。

④根据最后修正得到的$(\bar{x}, \bar{y})$计算枢纽系统的运输总费用。

微分法要以重心法计算得到的结果为初始解，不断迭代，直到前后两次的误差不超过设定的范围，从而得到最佳结果。这种方法虽然可以从数学上给出枢纽的具体位置，但是这个结果仅为数学解，还需要将其放到实际运输系统中，进行定性的分析和调整。

(3)成本分析法

使用成本分析法的前提是：采用一定的枢纽选址模型，为一个枢纽的位置提供了选择集，以枢纽系统的总成本最小化为目标，通过简单的财务计算，经过比较选择出最佳的位置。

成本法假设有n个运输发生源，其发生量分别为$(W_1, W_2, \cdots, W_n)$，而且用一定的选址模型已经得到m个待选枢纽位置$(P_1, P_2, \cdots, P_m)$，每个枢纽的建设、运营成本分别为$(R_1, R_2, \cdots, R_m)$。假设单位运费相同且为F，其余运输条件相同。各交通发生点到枢纽的距离用矩阵$D\{d_{ij}\}$ $(i=1,2,\cdots,m; j=1,2,\cdots,n)$表示。

每个待选站点的总费用为：

$$C_i = R_i + \sum_{j=1}^{n} d_{ij} W_j F \quad (2\text{-}5\text{-}5)$$

由此计算出每个枢纽选址的总费用，从中选择出总运输成本最小的点作为最佳的枢纽选址。

(4)覆盖模型

枢纽选址问题的最简单的一类起源于覆盖的概念。当有临界的服务距离(或时间或费用)时，覆盖模型是适当的。在这距离以内需求能提供，否则不行。典型的覆盖问题如下：

①覆盖集问题。覆盖所有需求点的最少枢纽的数量，它是覆盖(Covering)问题中最简单的覆盖选址问题。该问题的目标是找到最小的选址数，以使所有的需求在可接受的距离内被覆盖。

覆盖集问题的模型表述如下：

$$\min \sum_{j \in J} X_j \quad (2\text{-}5\text{-}6)$$

s. t.

$$\sum_{j \in N_i} X_j \geq 1, \forall i \in I \tag{2-5-7}$$

$$X_j \in \{0,1\}, \forall j \in J \tag{2-5-8}$$

式中：I——需求点集合，通过 i 索引；

J——候选选址地点集合，通过 j 索引；

d_{ij}——需求点 i 和候选点 j 的距离；

$N_i = \{j | d_{ij} \leq D_c\}$——能覆盖需求点 i 的所有候选点集合，D_c 为覆盖距离；

X_j——决策变量，如果在候选点 j 选址，$X_j = 1$，如果不选，$X_j = 0$。

目标函数[式(2-5-6)]使选择的枢纽数量最小；约束条件[式(2-5-7)]保证每个需求点选择至少被一个枢纽站点覆盖；约束条件[式(2-5-8)]是整数约束。如果设定目标函数中决策变量的费用系数，目标函数能更一般化，问题将是找到覆盖所有需求点的枢纽站集的费用最小。

覆盖集问题是 NP-hard 问题，最近十几年来许多基于启发式的算法被用于解决覆盖集问题，主要方法有基于对偶的启发算法、贪婪算法等。其中，随机贪婪算法（R-Gr）、简单贪婪算法（S-Gr）和转换贪婪算法（Alt-Gr）具有较好的求解效率。

②最大覆盖问题。最大覆盖问题是在给定的枢纽数量前提下确定覆盖需求点的最大化。覆盖集问题和最大覆盖问题既有紧密的联系，又存在着重要的区别。覆盖集问题要求覆盖所有的需求，而最大覆盖问题则是覆盖需求数量最大化。最大覆盖问题的模型如下所示：

$$\max \sum_{i \in I} h_i Z_i, \forall i \in I \tag{2-5-9}$$

s.t.

$$\sum_{j \in N_i} X_j - Z_i \geq 0, \forall j \in J \tag{2-5-10}$$

$$\sum_{j \in J} X_j = P \tag{2-5-11}$$

$$X_j \in \{0,1\}, \forall j \in J \tag{2-5-12}$$

$$Z_i \in \{0,1\} \tag{2-5-13}$$

式中：h_i——节点 i 的需求；

P——选址的数量；

X_j——决策变量，如果节点 j 为枢纽点，$X_j = 1$，如果没有被选中，$X_j = 0$；

Z_i——决策变量，如果需求点 i 被某个枢纽服务所覆盖，$Z_i = 1$；否则 $Z_i = 0$。

函数[式(2-5-9)]的目标是最大化覆盖需求数量；约束条件[式(2-5-10)]表明若节点 i 的需求被覆盖，则枢纽候选点 j 与覆盖节点 i 的距离必须在可接受的最大距离范围内；约束条件[式(2-5-11)]表明枢纽选址个数固定为 P；其他定义同前。约束条件[式(2-5-12)]和[式(2-5-13)]是标准的整数约束。我们注意到约束条件[式(2-5-13)]能松弛为上限约束。另外，为找到 P 的值，从 1 找到全部覆盖需要的最大数，通过求最大覆盖问题，我们能建立覆盖需求数和枢纽选址数之间的关系曲线。

最大覆盖问题也是 NP-hard 问题，但是它通常能得到有效解决，一般是通过启发式算法，或使用在一个分支定界（Branch and Bound）的算法内嵌入 Lagrangian 松弛变量进行求解。

③P 中心问题。枢纽到需求点的最大距离最小化问题。在给定选址数量前提下，使需

求节点和枢纽选址之间的最大距离最小化。

P 中心问题可以分为多种,如果候选地点限制在节点集,则为顶点 P 中心问题;如果候选地点可以为网络中任意点,则问题就是绝对的 P 中心问题。这两种问题或者是加权的(如果需求节点有不同的权重并且目标函数以最大的需求加权距离定义),或是不加权的(如果所有需求节点有相同的权重)。

加权的顶点 P 中心问题模型如下:

$$\min W \tag{2-5-14}$$

s.t.

$$\sum_{j \in J} X_j = P \tag{2-5-15}$$

$$\sum_{j \in J} Y_{ij} = 1, \forall i \in I \tag{2-5-16}$$

$$Y_{ij} - X_j \leq 0, \forall i \in I, j \in J \tag{2-5-17}$$

$$W - \sum_{j \in J} h_i d_{ij} Y_{ij} \geq 0, \forall i \in I \tag{2-5-18}$$

$$X_j \in \{0, 1\}, \forall j \in J \tag{2-5-19}$$

$$Y_{ij} \in \{0, 1\}, \forall i \in I, \forall j \in J \tag{2-5-20}$$

式中:W——需求节点与所分配的枢纽之间的最大需求加权距离;

Y_{ij}——如果需求节点 i 是指派到枢纽节点 j,$Y_{ij} = 1$,如果不是,$Y_{ij} = 0$。

目标函数[式(2-5-14)]使最大需求加权的距离最小化;约束条件[式(2-5-15)]为规定的枢纽选址数量为 P;约束条件[式(2-5-16)]要求每一个需求节点只能且必须被分配到一个枢纽;约束条件[式(2-5-17)]是一个逻辑约束,它表示若有一个需求点被分配到一个枢纽点,则该枢纽点必然被选中;约束条件[式(2-5-18)]定义最大的需求加权距离;最后,式(2-5-19)和式(2-5-20)是整数约束,约束条件[式(2-5-20)]能松弛为简单的上限的约束。

在覆盖模型中,大多数模型对网络节点很敏感。例如,在一个覆盖集问题中,增加需求节点(或许这个节点具有很小的需求)可能导致选址方案的变化,并且也可能导致需要再增加一个枢纽。围绕这类问题,研究学者阐述了两个新的覆盖模型:

a. 部分覆盖问题:寻找最小的选址数量,这些选址点需要覆盖规定部分的需求点或者规定的总需求。

b. 部分覆盖的 P 中心问题:寻找指定数量的枢纽选址,使得在需求集中的需求点和最近的选址点间的最大距离最小化,在需求集中的总节点数量或者总需求一定要大于或者等于使用者指定的值。

(5)平均中位距离 P-median 模型

在许多情况中,枢纽点到所有节点的总(或平均)距离是更重要的。例如,在从工厂装运商品到分发中心,经常使用载货汽车装运,相比最大的距离,工厂和分发中心间的总距离可能引起更大的关注。在需求点和选址点之间,P-median 的模型找到 P 个选址点,使需求加权的总距离最小化。模型如下:

$$\min \sum_{i \in I} \sum_{j \in J} h_i d_{ij} Y_{ij} \tag{2-5-21}$$

s.t.

$$\sum_{j \in J} X_j = P \tag{2-5-22}$$

$$\sum_{j \in J} Y_{ij} = 1, \forall i \in I \tag{2-5-23}$$

$$Y_{ij} - X_j \leq 0, \forall i \in I, j \in J \tag{2-5-24}$$

$$X_j \in \{0,1\}, \forall j \in J \tag{2-5-25}$$

$$Y_{ij} \in \{0,1\}, \forall i \in I, j \in J \tag{2-5-26}$$

目标函数[式(2-5-21)]使需求加权的总距离最小化,不难注意到,若各点的需求 h_i 相同,这等价于使要求加权的平均距离最小化;约束条件[式(2-5-22)~式(2-5-24)],与 P 中心问题中的约束条件[式(2-5-15)~式(2-5-17)]是相同的;约束条件[式(2-5-25)和式(2-5-26)]是整数约束。

(6)特定枢纽选址模型

对于特定的需要(例如,危险品或固体废物仓库枢纽),至少一个目标包含选址需要考虑远离需求节点。下面分析两个该类型模型。

①最大选址问题。最大选址问题(Maximum Location Problem)是寻求 P 个的选址,以使需求节点和枢纽之间的总需求加权的距离最大。该模型如下:

$$\max \sum_{i \in I} \sum_{j \in J} h_i d_{ij} Y_{ij} \tag{2-5-27}$$

s.t.

$$\sum_{j \in J} X_j = P \tag{2-5-28}$$

$$\sum_{j \in J} Y_{ij} = 1, \forall i \in I \tag{2-5-29}$$

$$Y_{ij} - X_j \leq 0, \forall i \in I, j \in J \tag{2-5-30}$$

$$\sum_{k=1}^{m} Y_{i[k]_i} - X_{[m]_i} \geq 0, \forall i \in I, m = 1, \cdots, N-1 \tag{2-5-31}$$

$$X_j \in \{0,1\}, \forall j \in J \tag{2-5-32}$$

$$Y_{ij} \in \{0,1\}, \forall i \in I, j \in J \tag{2-5-33}$$

这个公式与 P-median 问题类似,但有两个显著的不同。首先,该模型的目标是最大化需求权重总距离,而不是使它最小化。其次,增加了约束。约束[式(2-5-31)]中,$[k]_i$ 是从需求点 i 起第 k 个最远候选地点的索引,对约束[式(2-5-31)]来说,如果与需求点 i 距离为第 m 近的枢纽被选中,那么需求点 i 必须被分到这个枢纽或分到一个更靠近的枢纽。

②P 离散模型。以前的所有模型处理的是需求节点和候选点之间的距离,P 离散模型(P-dispersion)仅仅关心枢纽之间的距离。P 离散模型的目标是在任何两个选中枢纽之间的最小距离最大化,这个模型可以用于选择一个军事枢纽(例如,武器的地下库)。P 离散模型可以描述为:

$$\max D \tag{2-5-34}$$

s.t.

$$\sum_{j \in J} X_j = P \tag{2-5-35}$$

$$D + (M - d_{ij})X_i + (M - d_{ij})X_j \leq 2M - d_{ij}, \forall i,j \in J, i < j \tag{2-5-36}$$

$$X_j \in \{0,1\} \tag{2-5-37}$$

式中:M——一个无穷大常量,例如,$\max_{i \in I, j \in J} \{d_{ij}\}$;

D——任两个枢纽之间的最小距离。

目标函数[式(2-5-34)]使任两个枢纽之间的最小距离最大化,约束[式(2-5-35)]为枢纽个数约束,约束[式(2-5-36)]用枢纽选址决策变量来定义任何两个枢纽之间的最小距离。如果 X_i 或 X_j 是零,约束将不起作用;如果两个都等于1,约束等价于 $D \leq d_{ij}$。约束[式(2-5-37)]是一个标准的0,1整数约束。

5.1.2 基于交通需求的枢纽选址模型

交通运输领域的枢纽选址与传统的枢纽选址模型的最大区别是需要考虑货运或乘客的运输分布需求(与仅考虑需求点的需求总量不同),即往往需要考虑将货物或旅客从出发点通过枢纽运送到目的点的运输过程,用得较多的就是基于交通需求的枢纽选址模型。这类模型主要有多元枢纽场站布局的混合整数规划模型、不考虑枢纽场站的基建投资的模型、枢纽场站规模受限的布局模型、两阶段综合交通枢纽布局模型。下面针对每种模型分别进行介绍。

(1)多元枢纽场站布局的混合整数规划模型

设在一个供需平衡的系统中有 m 个发生点 $A_i(i=1,2,\cdots,m)$,各点的发生量为 α_i;有 n 个吸引点 $\beta_j(j=1,2,\cdots,n)$,各点的需求量为 b_j;有 q 个可以选择的备选场站 $D_K(K=1,2,\cdots,q)$,如图2-5-1所示。发生点发生的交通量可以经过备选场站中转到达吸引点,也可以直接到达吸引点。假定各备选枢纽场站的基建投资、中转费用和运输费率均为已知,以总成本最低为目标确定枢纽场站布局的最佳方案。

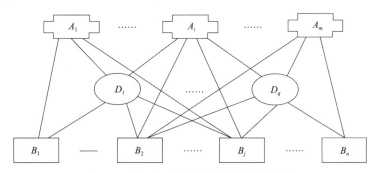

图2-5-1 多元枢纽场站布局的网络结构示意图

多元枢纽场站布局的数学模型为:

$$\min F = \sum_{i=1}^{m}\sum_{K=1}^{q}C_{iK}X_{iK} + \sum_{K=1}^{q}\sum_{j=1}^{n}C_{Kj}Y_{Kj} + \sum_{i=1}^{m}\sum_{j=1}^{n}C_{ij}Z_{ij} + \sum_{K=1}^{q}(F_K W_K + C_K \sum_{i=1}^{m}X_{iK}) \quad (2\text{-}5\text{-}38)$$

s.t.

$$\sum_{K=1}^{q}X_{iK} + \sum_{i=1}^{m}Z_{ij} \leq a_i, i=1,2,\cdots,m \quad (2\text{-}5\text{-}39)$$

$$\sum_{K=1}^{q}Y_{Kj} + \sum_{i=1}^{m}Z_{ij} \geq b_j, j=1,2,\cdots,n \quad (2\text{-}5\text{-}40)$$

$$\sum_{i=1}^{m}X_{iK} = \sum_{j=1}^{n}Y_{Kj}, K=1,2,\cdots,q \quad (2\text{-}5\text{-}41)$$

$$\sum_{i=1}^{m}X_{iK} - MW_K \leq 0 \quad (2\text{-}5\text{-}42)$$

$$X_{iK}, Y_{Kj}, Z_{ij} \geq 0 \quad (2\text{-}5\text{-}43)$$

式中：X_{iK}——从发生点 i 到备选枢纽场站 K 的交通量；

Y_{Kj}——从备选枢纽场站 K 到吸引点 j 的交通量；

Z_{ij}——直接从发生点 i 到达吸引点 j 的交通量；

W_K——备选枢纽场站 K 是否被选中的决策变量，$W_K=1$ 表示 K 被选中，0 表示 K 被淘汰；

C_{iK}——从发生点 i 到备选枢纽场站 K 的单位费用；

C_{Kj}——从备选枢纽场站 K 到吸引点 j 的单位费用；

C_{ij}——从发生点 i 到备选枢纽场站 j 的单位费用；

F_K——备选枢纽场站 K 选中后的基建投资；

C_K——备选枢纽场站 K 中单位交通量的中转费用；

M——一个相当大的正数。

目标函数[式(2-5-38)]使得枢纽场站布局方案的总成本最小，包含了枢纽基建投资的费用；约束[式(2-5-39)]表示从发生点 i 到备选枢纽场站 K 的交通量与从发生点 i 直接到达吸引点 j 的交通量之和小于发生点 i 的发生交通量；约束[式(2-5-40)]是从备选枢纽场站 K 到吸引点 j 的交通量与从发生点 i 直接到达吸引点 j 的交通量之和大于需求点 j 的需求量；约束[式(2-5-41)]是从发生点 i 到备选枢纽场站 K 的交通量与从备选枢纽场站 K 到吸引点 j 的需求量相等；约束[式(2-5-42)]表示枢纽与流量的对应关系，若发生点到枢纽 K 的流量不为 0，则 $W_K=1$，表示枢纽 K 被选中；约束[式(2-5-43)]是交通量的非负约束。

(2)不考虑枢纽场站的基建投资的模型

$$\min F = \sum_{i=1}^{m}\sum_{K=1}^{q}(C_{iK}+C_K)X_{iK} + \sum_{K=1}^{q}\sum_{j=1}^{n}C_{Kj}Y_{Kj} + \sum_{i=1}^{m}\sum_{j=1}^{n}C_{ij}Z_{ij} \quad (2\text{-}5\text{-}44)$$

s.t.

$$\sum_{K=1}^{q}X_{iK} + \sum_{j=1}^{n}Z_{ij} = \alpha_i, i=1,2,\cdots,m \quad (2\text{-}5\text{-}45)$$

$$\sum_{K=1}^{q}Y_{Kj} + \sum_{j=1}^{n}Z_{ij} = b_j, j=1,2,\cdots,n \quad (2\text{-}5\text{-}46)$$

$$\sum_{i=1}^{m}X_{iK} + X_K = d_K, K=1,2,\cdots,q \quad (2\text{-}5\text{-}47)$$

$$\sum_{j=1}^{n}Y_{Kj} + X_K = d_K, K=1,2,\cdots,q \quad (2\text{-}5\text{-}48)$$

$$X_{iK}, Y_{Kj}, Z_{ij} \geq 0 \quad (2\text{-}5\text{-}49)$$

式中：d_K——备选枢纽场站 K 最大可能设置的规模；

X_K——备选枢纽场站 K 的闲置能力；

其余符号意义同前。

目标函数[式(2-5-44)]使得枢纽场站布局方案的总成本最小，该总成本中不包含基建费用；约束[式(2-5-45)]保证从发生点 i 到备选枢纽场站 K 的交通量与从发生点 i 直接到吸引点 j 的交通量之和等于发生点 i 的生成交通量；约束[式(2-5-46)]是备选枢纽场站 K 到吸引点 j 的交通量与从发生点 i 直接到吸引点 j 的交通量之和等于吸引点 j 的需求量；约束[式(2-5-47)]是从发生点 i 到备选枢纽场站 K 的交通量与备选枢纽场站 K 的闲置能力之和等于备选枢纽场站 K 的最大可能规模；约束[式(2-5-48)]是备选枢纽场站 K 到吸引点 j 的交通量与备选枢纽场站 K 的闲置能力之和等于备选枢纽场站 K 的最大可能规模;约束[式(2-5-49)]为变量的非负约束。

(3)两阶段综合交通枢纽布局模型

两阶段综合交通枢纽布局模型,主要分为下面两个阶段:

第一阶段包括七个步骤:

①确定综合交通枢纽的服务范围;

②以交通枢纽为基准,根据土地使用特性划分综合交通枢纽内部的客货运交通小区;

③确定交通路网;

④小区发生、吸引交通量预测;

⑤交通分布预测;

⑥客、货运交通量分配;

⑦初步确定客货运枢纽场站的备选位置。

在完成第一个阶段的计算后,进行第二阶段。第二个阶段包括五个步骤:

①枢纽交通小区运输量的发生、吸引预测;

②确定运输网络(转运点、发生点、吸引点);

③确定广义费用矩阵;

④客、货运枢纽场站位置和规模计算;

⑤反馈调整。

两阶段综合交通枢纽布局模型用流程图来描述,如图2-5-2所示。

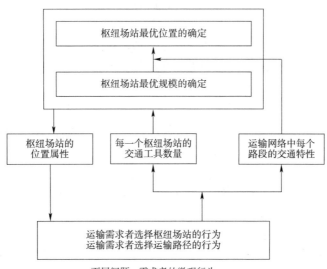

图 2-5-2 两阶段综合交通枢纽布局模型

5.1.3 枢纽选址研究的新方向和模型

1)传统型模型的局限

前面论述中提到的传统经典模型是实践中使用的选址模型的基础,但实际问题往往比上面提出的模型要复杂得多。本节总结出一些针对传统模型的不足和局限而进行改进的相关研究。

(1) 多目标

枢纽选址决策有着长期的战略影响。它可能影响工作组织的许多方面,同时也将影响许多的参与者和感兴趣的团体,因此必须考虑多目标。

例如,在对废物处理地点、危险品以及对环境有不良影响物资的配送中心等这些令居民反感的设施进行选址时,明显需要考虑多目标因素。在这些情况中,效益目标将使选择的地点趋向于服务区域中心。然而,这些设施不受欢迎的特性将使其选择趋于更加遥远和分散的地点。

(2) 随机输入

传统的模型假设输入参数大多数是确定的,但是实际上这些输入参数应当是随机的。例如,未来年的需求只有利用需求预测方法才可以得到,因此应该认为是随机的。相似地,枢纽的建设和运营的费用将以无法预知的方式变化。同样,运输费用也有不确定性。随着未来拥挤水平的变化和距离的改变,旅行时间也将变化。

(3) 动态的决策

正如选址问题输入应该当作随机的或不确定的一样,选址决策应该当作动态的。在实际中,当前作出的决策可能会随环境的演变而改变。在一个计划期开始选定的枢纽,可以随着运输需求或运输和运营成本的变化而被调整,从而可能选择新的枢纽。相似地,开始时将需求节点分配给一个枢纽,但未来随着能力和运输费用的变化,可能将该需求节点分配给另一个枢纽。

(4) 车流径路考虑

在上文提到的经典选址问题中,服务是通过车辆从枢纽送给顾客并返回,或者顾客自己到枢纽接受服务的。例如,在 P-median 和固定费用选址模型中,需求加权的距离是通过枢纽到需求节点间的几何空间直线距离乘以节点需求计算的,没有考虑访问多个顾客的线路。然而,事实上,这样的线路在配送运输中是经常被采用的。服务多顾客路径的存在能显著改变选址模型的运输成本,因此,它们也能影响枢纽的数量和位址。

(5) 枢纽选址与网络的相互作用

上文列举的所有的枢纽选址模型,都是尝试在给定网络配置中发现最佳的枢纽位址。在许多情况中,同时决定网络配置和枢纽选址是非常重要的。

2) 新的模型研究

下面简要介绍一些模型,这些模型往往用于上面的一些复杂问题的选址。

(1) 多目标模型

如上所示,大多数实际枢纽选址问题需要考虑多个可能相互冲突的目标,这样枢纽选址分析的目标就不是决定一个简单的"最佳"选址计划。相反,目标应该是决定一系列非劣质或者非支配的选址方案。一个方案 k 将由一系列枢纽选址、需求点与枢纽的分配办法组成。如果没有方案比方案 k 在多目标上一样好或至少有一个目标值更好,那么方案 k 是非劣质的。在多目标分析中,为了说明问题,需要考虑权衡覆盖范围和需求加权距离。如果使提供服务的总费用最小(由需求加权距离确定)与最大化覆盖需求数(由覆盖需求数确定)这两个目标都很重要,那么增加覆盖需求数可能要以增加平均支出或平均距离为代价。

对于总需求固定且独立于服务水平的这些问题,最大化覆盖需求数等价于未被覆盖的需求数的最小化。这样使用上面定义的概念,多目标问题可定义如下:

$$\min(V_1, V_2) = (\sum_{i \in I} \sum_{j \in J} h_i d_{ij} Y_{ij}, \sum_{i \in I} \sum_{j \notin N_i} h_i Y_{ij}) \quad (2\text{-}5\text{-}50)$$

s. t.

$$\sum_{j \in J} X_j = P \quad (2\text{-}5\text{-}51)$$

$$\sum_{j \in J} Y_{ij} = 1, \forall i \in I \quad (2\text{-}5\text{-}52)$$

$$Y_{ij} - X_j \leq 0, \forall i \in I, j \in J \quad (2\text{-}5\text{-}53)$$

$$X_j \in \{0, 1\}, \forall j \in J \quad (2\text{-}5\text{-}54)$$

$$Y_{ij} \in \{0, 1\}, \forall i \in I, j \in J \quad (2\text{-}5\text{-}55)$$

注意到，目标函数[式(2-5-50)]不再是标量的函数，而是被矢量代替了。第一目标 V_1 是使需求加权总距离最小化，或者是 P-median 问题的目标。第二目标 V_2 是使全部未被覆盖的需求最小化。模型约束与 P-median 问题的约束相同。

目标函数的第二项也可以写作为 $\sum_{i \in I} \sum_{j \in J} h_i \hat{a}_{ij} Y_{ij}$。如果枢纽在候选地点 j 不能覆盖节点 i 的需求时，$\hat{a}_{ij} = 1$；否则，$\hat{a}_{ij} = 0$。采用这种形式两个目标在数学上是等价的，唯一的差别在目标函数中是 $\hat{a}_{ij}$ 代替 d_{ij}。通过观察可以发现，通过两个函数的加权这个问题能得到解决（近似）。单个目标的是 $\sum_{i \in I} \sum_{j \in J} h_i [\beta d_{ij} + (1 - \beta) \hat{a}_{ij}] Y_{ij}$，这里 β 是 P-median 目标的相对权重，并且 $0 \leq \beta \leq 1$。通过变化的 β，能在需求加权的平均距离和未被覆盖的需求之间描绘出近似的权衡曲线。

（2）随机输入

传统模型中对待问题输入是作为确定性常量处理的，事实上几乎所有实际选址模型的输入都是不确定的。因此，考虑这些输入参数固有的随机性是非常重要的。

关于随机选址模型的研究主要有三个方面：其一，以不确定的输入构造随机模型，或基于那些确定的输入改变模型的约束。其二，把排队论模型嵌入选址模型，以说明顾客到达时间和枢纽服务时间的不确定性，当选择紧急服务基地时，如救护车、基站和消防站，这些模型是最适当的。其三，为采用情景规划的方法作为说明未来不确定事件的方式。

（3）概率的选址模型

在选址研究中，研究人员对考虑随机需求的 P-median 模型展开研究，通过公式 $P[\sum_i \sum_j h_i d_{ij} Y_{ij} \leq K] = \alpha$，试图找到 K 的最小值。还有学者提出覆盖集模型的一个类似的扩展，要求以概率 β 保证所有需求被覆盖的枢纽数减到最少。

此外还有学者使用一个 M/G/s-loss 排队模型来计算枢纽的最少个数，这些枢纽要保证以至少概率 α 覆盖需求节点。

（4）基于排队的选址模型

该类方法采用概率分析来决定枢纽个数，这些枢纽以一个规定的概率覆盖需求：通过额外增加一个枢纽覆盖一个需求节点，决定能够提供的预期增大的覆盖范围。在第一种情况中，目标一般是使覆盖所有需求的枢纽数减到最少或最大化覆盖需求。在第二种情况中，目标是最大化全部期望的覆盖范围。这两个方法都没有明确地解释在一个空间分布排队系统发生排队的相互作用。

（5）基于情景(Scenario-based)的选址模型

第三种处理问题不确定输入的途径是使用情景。概率的和基于排队论的方法主要用于处理短期的随机性，基于场景的方法能处理问题的长期随机性。

一种情景代表未来状态的一个可能集合。在选址环境中,这些状态将包括需求量、固定成本、运营费用、旅行时间和能力。有研究学者提供了一个 12-point 方法来产生交替情景,并且他们推荐使用 3~6 种情景。其中一种情景应该相信是最可能的,另外的情景应该根据他们提供规划过程的最大值来选择。

遗憾的观点在分析情景起着关键的作用。一个情景 k 的遗憾是与折中解的目标函数值和关于情景 k 最优解的值不同。在情景方案中经常使用的两个目标是期望的遗憾最小化和所有情景上最大的遗憾最小化。此外,我们有时优化系统的期望行为,或使系统的最坏情景的表现减到最小。

为了说明遗憾的观点,在情形 k 下用 $\hat{V}_k$ 表示 P-median 问题的最优解。通过情景 k 索引分配变量(Y_{ij})、需求(h_i)和距离(d_{ij}),这些变量是依赖于情景的。令 K 是所有的情景集合,为了使最大的遗憾最小化,需要解决下列优化问题。

$$\min U \tag{2-5-56}$$

s. t.

$$\sum_{j \in J} X_j = P \tag{2-5-57}$$

$$\sum_{j \in J} Y_{ijk} = 1, \forall i \in I, k \in K \tag{2-5-58}$$

$$Y_{ijk} - X_j \leq 0, \forall i \in I, j \in J, k \in K \tag{2-5-59}$$

$$U - (\sum_{i \in I}\sum_{j \in J} h_{ik} d_{ijk} Y_{ijk} - \hat{V}_k) \geq 0, \forall k \in K \tag{2-5-60}$$

$$X_j \in \{0,1\}, \forall j \in J \tag{2-5-61}$$

$$Y_{ijk} \in \{0,1\}, \forall i \in I, j \in J, k \in K \tag{2-5-62}$$

目标函数式[式(2-5-56)]在所有的情景上使最大的遗憾最小化。约束[式(2-5-57)和式(2-5-61)]与约束[式(2-5-15)和式(2-5-18)]分别相同。约束[式(2-5-58)、式(2-5-59)和式(2-5-62)]与约束[式(2-5-16)、式(2-5-17)和式(2-5-18)]类似。约束[式(2-5-60)]定义最大的遗憾(U),最大遗憾为所有情景集下的差异,这种差异为在情景 k 下使用折中方案选址的目标函数($\sum_{i \in I}\sum_{j \in J} h_{ik} d_{ijk} Y_{ijk}$)与情景 k 下最好解 $\hat{V}_k$ 的差异。

(6)动态决策

在动态规划的早期研究中,有学者指出在选址分析中,不能忽视未来时间维度的影响。其设计了一个算法,用以解决需求随着时间变化的单枢纽选址问题。还有学者使用动态规划来为多枢纽选址和随着时间推移的重新选址决策建模。但是他们的方法将因为新选择枢纽的数量或者枢纽重新选址的数量太大而失去作用。同样,还有学者使用了动态规划来解决多阶段问题。通过假设最后一个时期的最佳静态选址规划也是动态实例的最佳结果来简化问题。

大部分动态模型只是通过给选址添加临时时间进行变量赋值,将一个时期的选址决策与之前和之后时期的决策联系起来等方式简单扩展了动态模型。因此,有学者使用加了时间下标的选址和分配变量的整数线性规划,以考虑出现需求下降时关闭枢纽的最优顺序,并使用分支定界法求解问题。

(7)整合的径路选址模型

对于该方面的研究,研究学者提出了一个整合的整数线性规划问题,以解决枢纽的径路选址问题。这个问题包含三个相互关联的基本决策:在哪儿选址,怎么给枢纽分配服务顾客,以及枢纽与乘客之间怎么选择车辆路径。他们通过一系列包含三个启发式算法的迭代解决了这个问题。还有学者为易腐商品提出一个径路选址问题,该问题作为固定费用的枢纽选址地点问题的一个变形。在该模型中线路被限制成为短的(由于商品是易腐的),并且车辆不需要在时间窗以内回到原来的起点仓库。正是如此,其没有构建费用或时间的模型,在该模型中它没有考虑在线路上从最后服务的顾客点回到仓库的车辆有关的费用或者时间。为了构建这个问题,定义下列符号:

$a_{ik} = \begin{cases} 1, & \text{如果顾客 } i \text{ 在路径 } k \text{ 上} \\ 0, & \text{否则} \end{cases}$

c_{jk} = 从候选点 j 开始的路径 k 的枢纽服务成本;

α = 比较选址路径的相对成本;

f_j = 在候选点 j 选址的固定成本;

P_j = 所有路径的集合,以便在时间约束内,指派路径 k 到候选点 j;

$Y_{jk} = \begin{cases} 1, & \text{如果从节点 } j \text{ 的服务径路 } k \text{ 是可行的} \\ 0, & \text{如果不可行} \end{cases}$

$$\min : \sum_{j \in J} f_j X_j + \alpha \sum_{j \in J} \sum_{k \in P_j} c_{jk} Y_{jk} \qquad (2\text{-}5\text{-}63)$$

$$\sum_{j \in J} \sum_{k \in P_j} a_{ij} Y_{jk} = 1, \forall i \in I \qquad (2\text{-}5\text{-}64)$$

$$X_j - Y_{jk} \geq 0, \forall k \in P_j, j \in J \qquad (2\text{-}5\text{-}65)$$

$$X_j \in \{0,1\}, \forall j \in J \qquad (2\text{-}5\text{-}66)$$

$$Y_{jk} \in \{0,1\}, \forall j \in J, \forall k \in P_j \qquad (2\text{-}5\text{-}67)$$

目标函数[式(2-5-63)]使联合的枢纽选址和径路费用最小化。约束[式(2-5-64)]规定了每个顾客 i 必须确切被分到一条路径。约束[式(2-5-65)]表明路径能仅仅分配到选中的枢纽。最后,约束[式(2-5-66)、式(2-5-67)]是标准的整数限制。

(8) Hub 选址模型

这类模型在机场枢纽的选址中经常用到,考虑航班从支线到达枢纽进行中转,其目标通常是使需求加权的总运输成本减到最小。此外,还提出过以其他目标函数建立的模型,如覆盖模型和平均中位模型。

(9) 整合的网络设计和枢纽选址模型

最早的这类论文研究了当枢纽选址位置确定的情况下,路网中弧段的减少和增加对 P-median 目标函数的影响。当弧段增加时,实际上改变了网络的拓扑。然后学者们为验证不同的网络拓扑和目标函数值对于 P-median 问题的影响做了很多实验。他们得出的结论是:网络拓扑结构对枢纽选址优化有影响。

传统选址模型的这些新变化,与交通枢纽选址中考虑运输需求问题的结合,使交通枢纽选址问题的研究及实际应用得到了进一步的发展。

(10) 考虑与运输需求反馈的交通枢纽选址双层优化模型

可以把枢纽的选址问题看作一个领导者和跟随者(Leader-Follower)问题,其中决策部门是指导者(Leader),客户对枢纽的选择行为或者客户需求在各枢纽点的分配为跟随者(Follower)。决策部门可以通过政策和管理来改变某个枢纽中心的位置和配送成本,从而影响客户对枢纽中心的选择,但不能控制他们的选择。客户则对现有的枢纽中心进行比较,根据自己的需求特点和行为习惯来选择枢纽中心。这种关系可以用双层规划模型(Bi-level programming)来描述。

模型的上层规划为传统的离散选址模型:

$$(U1) \quad \min F = \sum_{i=1}^{m}\sum_{j=1}^{n} C_{ij}(x_{ij})x_{ij} + \sum_{j=1}^{n} f_j Y_j \qquad (2\text{-}5\text{-}68)$$

s.t.
$$\sum_{j=1}^{n} Y_j \geq p \qquad (2\text{-}5\text{-}69)$$

$$Y_j \in \{0,1\} \qquad (2\text{-}5\text{-}70)$$

下层规划表示客户对枢纽中心的选择行为:

$$(L1) \quad \min T = \sum_{i=1}^{m}\sum_{j=1}^{n} \int_{0}^{x_{ij}} C_{ij}(w)\,\mathrm{d}w \qquad (2\text{-}5\text{-}71)$$

$$\sum_{j=1}^{n} x_{ij} = W_i, \forall i=1,\cdots,m \qquad (2\text{-}5\text{-}72)$$

$$x_{ij} \leq MY_j, \forall i=1,\cdots,m, \forall j=1,\cdots,n \qquad (2\text{-}5\text{-}73)$$

$$x_{ij} \geq 0, \forall i=1,\cdots,m, \forall j=1,\cdots,n \qquad (2\text{-}5\text{-}74)$$

式中,W_i 表示节点 i 的总交通量;$C_{ij}(.)$ 为与交通量有关的费用函数;f_j 为枢纽 j 的建设或运营费用;p 为给定的最小枢纽选址数;x_{ij} 为整数变量,表示节点 i 到枢纽 j 的交通量;Y_j 为布尔逻辑变量,若选择节点 j 为枢纽中心,则 $Y_j=1$,否则,$Y_j=0$。

上层目标函数[式2-5-68]是从决策者的角度出发使总的变动费用和固定投资费用最小。约束[式(2-5-69)]保证至少建 p 个新的枢纽中心;约束[式(2-5-70)]为0-1变量约束。

下层规划表示客户对枢纽中心的选择行为,目标函数[式(2-5-71)]表示各个用户在各枢纽中心间分配需求量,以使其总费用最小,其模型遵循用户最优原则。从宏观上讲,下层规划主要是得到客户需求量的分布情况,从而为确定枢纽中心建设规模提供科学依据。约束[式(2-5-72)]保证每个用户的需求都能得到满足;约束[式(2-5-73)]保证需求量总是在已建的枢纽中心处分配;最后约束[式(2-5-74)]为变量的非负约束。

到目前为止,对于双层规划的求解大约有十几种求解算法。归纳起来,可以分为以下几大类,即极点搜索法(Extreme Point Search Method)、库恩-塔克法(Kuhn-Tucker Method,简称K-T法)、下降法(Descent Method)、直接搜索法(Direct Search Method)、非数值优化方法(主要包括模拟退火和遗传算法)和模糊数学方法。

对模型(L1)进行分析可以看出,约束[式(2-5-73)]已经表示出了平衡状态下,客户在各个枢纽分配的需求量与物流中心选址方案之间的关系,即对下层问题,已知 Y_j,如果 $Y_j=0$,则 $x_{ij}=0$,可以将此约束去掉;如果 $Y_j=1$,那么 $x_{ij} \leq M$,为一任意大的数,此约束自然满足,可以去掉。也就是说,对于一固定的 Y_j,下层问题中的约束可以省去。但为了得到反应函数的具体形式,可以将此约束化为如下形式(但不加入模型中):

$$x_{ij} = MY_j - z_{ij}, \forall i=1,\cdots,m, \forall j=1,\cdots,n \qquad (2\text{-}5\text{-}75)$$

具体计算步骤如下:

第一步:设定一个初始解 Y_j^0,令迭代次数 $k=0$。

第二步:对于给定的 Y_j^k,求解下层问题,得到 x_{ij}^k。

第三步:根据上式,计算 z_{ij}^k,将关系式 $x_{ij}=MY_j-z_{ij}$ 代入上层目标函数,求解上层问题,得

到一组新的 Y_j^{k+1} 值。

第四步：如果 $|F^{k+1} - F^k| \leq \varepsilon$，停止；否则，令 $k = k+1$，转第二步。其中 ε 为迭代精度。

5.2　线 网 规 划

5.2.1　线网规划与枢纽规划的关系

1) 交通枢纽的层次

交通枢纽是包括站点、线路、辅助设施、管理系统等构成的设备综合体，要充分了解交通枢纽规划与线网规划的关系，应明确交通枢纽的层次划分。交通枢纽具有明显的层次性，不同层次的交通枢纽具有不同的表现形式。按照宏观、中观、微观三个层次，对交通枢纽进行以下划分。以城市交通枢纽为例，其层次划分如表 2-5-2 所示。

交通枢纽的层次划分　　　　　　　表 2-5-2

层次	物理属性	与线网关系
宏观层次	交通枢纽城市系统	在综合交通网中的城市节点
中观层次	城市中的交通枢纽系统	城市内部交通网中的节点
微观层次	交通枢纽自身系统	节点内部的架构

2) 不同类型枢纽相关线网规划的重点

不同类型的交通枢纽由于其所属层次及运输特性等不同，所以与其相关的线网规划重点就不尽相同。以城市交通枢纽为例，表 2-5-3 将按交通方式划分的 6 种主要交通枢纽的线网规划重点分析如下。

不同交通方式的交通枢纽相关的线网规划　　　　　　　表 2-5-3

枢纽类型	所属层次	关联的线网规划重点
城市道路交通枢纽	中观	城市道路网规划
城市轨道交通枢纽	中观	城市轨道网规划
公路主枢纽	宏观	国家级或区域级的道路网规划；枢纽内部的道路网规划
铁路枢纽	宏观	国家级或区域级的铁路网规划；枢纽内部的线路布置规划
港口	宏观	港口外部的航道网规划和陆路集疏运系统线路规划
机场	宏观	航线的设计

线网和枢纽的规划关系主要存在于两个方面：一方面是交通枢纽在线网上布设；另一方面是枢纽内部的线路设计。

交通枢纽的优化布局必须以交通网络的合理规划为前提，同时交通枢纽反过来又影响交通网络的运转，两者相互依托，具有密切的互动关系。即使是一个已经优化的交通网络，在布设了交通枢纽后，也可能导致其上的交通流分布发生改变，从而需要重新分析评价其优化结果。因此，交通枢纽的规划过程中应该反映出两者之间的这一互动关系，在交通网络规划与枢纽规划之间建立一定的反馈机制。

下面对各种交通方式网络规划的基本情况作一介绍。

5.2.2 城市道路网线网规划

城市道路交通规划的内容主要包括城市交通系统现状特征调查、城市交通需求的发展势态预测、制订规划期的城市交通发展模式、制订规划期交通设施(道路网络、公交网络、停车系统、交通管理设施等)的建设规模、制订建设实施计划、城市交通系统规划方案供需平衡的评估。

城市道路交通规划的原则主要有：与道路交通需求发展基本适应，与城市空间形态和用地布局相互协调，保证路网整体功能匹配和系统协调以及城市内、外路网有机衔接，有利于道路交通系统组织和交通控制与管理，保护城市特色、文化遗产和生态环境。

在进行城市道路网络规划时，要确定道路等级与功能，城市道路主要分为快速路、主干路、次干路、支路四个等级。快速路的主要功能是快速疏解跨区间长距离大运量机动车流，提高路网的总体容量和快速疏解能力；主干路主要承担跨区间长距离或较长距离机动车交通流的输送任务；快速路和主干路共同构成城市的主骨架，是城市机动车交通的主通道；次干路是为主干路和快速路承担交通分流；支路是为主、次干路承担交通集散，以及为地区或地块的出入交通或通达交通服务。

城市道路网络规划内容主要有快速路系统、公交优先系统(包括公交专用道)、单向交通系统、自行车交通系统、步行交通系统(包括无障碍交通系统)、货运道路系统及静态交通系统。

1）交通网络结构与布局

城市交通网络的基本形式大致可以分为方格网式、带状、放射状、环形放射状和自由式等。

（1）方格网式路网

方格网式交通网是一种常见的交通网络形式，如图2-5-3所示。其优点是各部分的可达性均等，秩序性和方向感较好，易于辨别，网络可靠性较高。城市的城区道路网属于这种形式布置。其缺点是网络空间形式简单、对角线方向交通的直线系数较小。我国的北京、西安等城市的城区道路网属于这种形式。

（2）带状路网

带状交通网是由一条或几条主要的交通线路沿带状轴向延伸，并且与一些相垂直的次级交通线路组成类似方格状的交通网，如图2-5-4所示。这种交通网络形式可使城市的土地利用布局沿着交通轴线方向延伸并接近自然，对地形、水系等条件适应性较好。我国的兰州市的交通网络由于受黄河和南北山脉的影响，其结构属于典型的带状结构。

（3）放射状路网

放射状交通网络常被用于连接主城和卫星城之间，如图2-5-5所示。

（4）环形放射状路网

城市骨架交通网络由环形和放射交通线路组合而成，如图2-5-6所示。以放射状交通线路承担内外出行，并连接主城与卫星城。环形交通网承担区与区之间或过境出行，连接卫星城之间，减少卫星城之间的出行穿越主城中心。

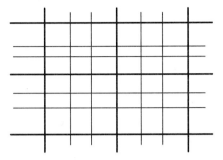
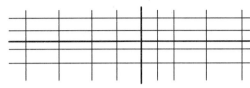

图 2-5-3　方格网式交通网　　　　　　　图 2-5-4　带状交通网

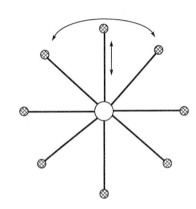
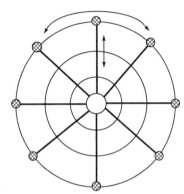

图 2-5-5　放射状路网　　　　　　　　　图 2-5-6　环形放射状路网

(5) 自由式路网

路网自由式结构如图 2-5-7 所示。该形式的路网结构多为因地形、水系或其他条件限制而使道路自由布置,因此其优点是较好地满足地形、水系及其他限制条件。缺点是无秩序、区别性差,同时道路交叉口易形成畸形交叉。该种形式的路网适合于地形条件较复杂及其他限制条件较苛刻的城市。在风景旅游城市或风景旅游区可以采用自由式路网,以便与自然景观较好地协调。上海、天津的道路网属于该种形式。

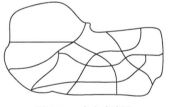

图 2-5-7　自由式路网

实际上,在特大城市中,道路网并非严格按照上述形式布置,常常是由两种或两种以上简单路网形式的组合。

2) 城市道路交通网络形式与城市类型

(1) 城市规模与路网形式

城市的规模通常用城市人口规模表示,我国按人口的城市规模划分见表 2-5-4。

城市规模与人口规模关系　　　　　　　　　　　表 2-5-4

城市规模	非农业人口数量(万人)	城市规模	非农业人口数量(万人)
特大城市	>100	中等城市	20~50
大城市	50~100	小城市	<20

特大城市、大城市的道路网一般比较复杂,多为集中典型路网形式综合的混合路网,原

因有:其一,特大城市和大城市历史发展过程较长,用地规模大,地形、自然条件比较复杂,很难以单一的路网形式适应;其二,我国古代的城市是以礼制建城,"匠人营国,方九里,旁三门。国中九经九纬,经涂九轨,左祖右社,面朝后市,市朝一夫。"(《周礼·考工记·匠人》)。在该思想的支配下,我国的古城,如西安、开封、北京等城市形成了方正的路网布局。中等城市的路网布局相对比较简单,多以一种典型形式为主。在平原地区和限制条件比较少的地区,多以方格网式为主。小城市一般以几条主干街道为主。

(2) 城市性质与路网形式

城市按照其主要的土地利用、经济位置等可分为:工业城市、中心城市、交通枢纽城市及特殊功能城市(如旅游城市等)。交通枢纽城市又可分为铁路枢纽城市、海港城市、河埠城市和水上交通枢纽城市等。例如,郑州市具有我国最大的编组站郑州北站,加上郑州东站(货运)和郑州火车站(客运),形成了具有铁路特色的城市,因此在该种意义上可以说郑州为铁路枢纽城市。但是,该种分类方式与城市道路网的关系不明确。

(3) 城市在区域交通网中的位置与路网形式

按照城市在区域交通网络中的位置和对外交通的组织形式,又可以把城市分为:交通枢纽式城市、尽头式城市和穿越式城市。该种分类与城市交通网布局中外围环线的建设密切关联。对于交通枢纽式城市,外围环线的规划、建设比较重要,以避免不必要的过境交通通过市中心,造成城市中心区的交通拥挤、阻塞。相反,对于尽头式城市,环线的规划、建设则应该慎重。穿越式城市通常为小城市,交通网络规划应考虑城市的发展,引导过境交通偏离中心区。

(4) 城市发展形态结构与路网形式

城市的基本布局形态一般分为:中央组团式、分散组团式、带状、棋盘式和自由式。

① 中央组团式结构。中央组团式城市的特点是有一个强大的城市中心,因此与此对应的交通网络应该是放射形或环形放射状,以处理城市的内外交通和过境交通。它适应于平原城市,如北京、成都等城市。J. M. Tomson 研究城市交通与城市布局的关系时,将如图 2-5-8 所示的方格加环形放射交通网络布局称为限制交通战略模式,并指出其适用于具有强大的市中心、周边设置卫星城、采用分级规划建设且具有较好的公共交通系统的城市。我国北京的城市道路网规划建设接近于该种模式,如图 2-5-9 所示。

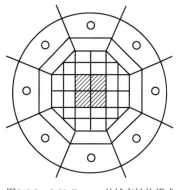

图 2-5-8　J. M. Tomson 的城市结构模式

② 分散组团式结构。分散组团式城市的特点是城市由几个中心组成,与此对应的交通网络应该是环形放射状或带状形式。前者对应于一般的分散组团式城市;后者对应于带状分散组团式城市。它适用于地形比较复杂的城市,如重庆、包头等城市。

③ 带状结构。带状城市的特点是城市由几个分布于同一带上的组团组成,因此与此对应的交通网为带状形式。它适用于受地形限制的城市,如兰州、桂林、深圳等城市。

④ 棋盘式结构。棋盘式城市的特点是城市均匀分布,与此对应的交通网络为方格式交通网。它适用于地形限制较少的平原地区,如北京、西安、开封等城市。

⑤ 自由式结构。自由式城市的特点是城市受特定的地形、水系等约束而自由发展,与此

对应的交通网络为自由式交通网。它适用于海岸城市或水系比较发达的地区,如天津(图 2-5-10)、大连、青岛等城市。

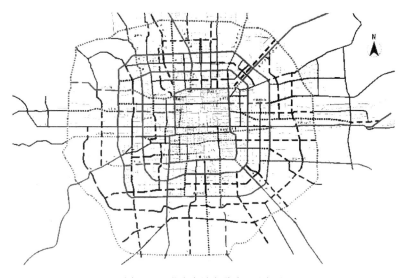

图 2-5-9　北京市城市道路网示意图

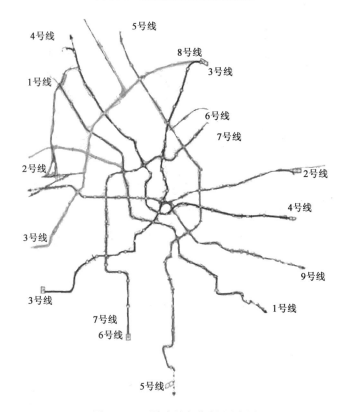

图 2-5-10　天津市城市道路网示意图

由于我国现状城市化水平和基础设施水平相对较低,城市用地较少,所以绝大部分城市为中央组团式城市。

5.2.3 公路交通线网规划

公路是城市道路的延续,是布置在城市郊区、联系其他城市和市域内乡镇的道路,公路与城市道路在本质上属于同一类型的交通基础设施。

公路按性质可分为国道、省道、县道、乡道。

(1) 国道,即国家干线公路,是国家公路网中具有全国性的政治、经济、国防意义,并经确定为国家级干线的公路;

(2) 省道,即省干线公路,在省公路网中具有全省性的政治、经济、国防意义,并经确定为省级干线的公路;

(3) 县道,即县公路,具有全县性的政治、经济意义,并经确定为县级的公路;

(4) 乡道,即乡公路,主要为乡、村农民生产、生活服务的公路。

公路按功能和在网络中的作用可分为:

(1) 干线公路,在公路网中起骨架作用的公路;

(2) 支线公路,在公路中起连接作用的一般公路;

(3) 专用公路,由工矿、农林部自投资修建,主要供该部门使用的公路。

公路按照技术标准分为高速公路、一级公路、二级公路、三级公路和四级公路五个等级。高速公路一般选用120km/h的计算行车速度;当受条件限制时,可选用100km/h或80km/h的计算行车速度。个别特殊困难地段允许采用60km/h的计算行车速度,但应经过技术经济论证。在平原微丘地区的一级、二级、三级、四级公路的计算行车速度应采用规定的上限值,山岭地区采用规定的下限值。

1) 城市对外公路布局形式

城市对外公路布局与城市相关的公路运输有两种类型:一种是以城市为起点或终点的运输,另一种是穿越城市的运输。对应于这两种运输类型,城市对外公路在形态上分为放射性公路及过境性公路。

公路在市域内的线路布局主要取决于国道和省道公路网的规划,并需要满足以下要求:

(1) 有利于城市与市域内各个居民点的联系,促进城乡统筹发展;

(2) 与城市对外公路客、货运输流量,流向的需求相适应;

(3) 干线公路要与城市道路网合理衔接;

(4) 过境公路应避免穿越城市。

城市对外公路布局的基本图式如图2-5-11所示。

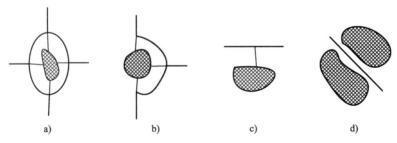

图2-5-11 城市对外公路布局的基本图式

图2-5-11a)为环形放射布局,过境交通由环路绕城而过,入城或出城交通通过与环路相

接的城市快速路或主干路实现。此布局形式一般适合过境交通量和出入城交通量均比较大且各方向都有放射公路的枢纽型特大城市。

图 2-5-11b)为过境交通设置绕行线路,适合过境交通量和出入城交通量均比较大、公路辐射方向有所偏重或受地形限制的特大城市和大城市。

图 2-5-11c)为公路沿城市一侧布置,城市与公路通过设置联络线进行衔接,一般适合于过境交通为主的中小城市。

图 2-5-11d)为公路穿过城市,该模式在现有的小城镇比较常见,利用公路承担一部分镇区交通的功能。各类城市在规划中均应避免采用该种模式。

高速公路通过城市时,应根据城市的性质和规模、行驶中车流与城市的关系,采用图 2-5-11a)、b)、c)的模式。

城镇道路与城市内部道路在连接时,应考虑与城市道路连接的通畅性、可达性等,应该把握好原则。高速公路在与城市道路连接时,应做到"近城不进城,近城不扰民"。与城市的联系采用专用联结线(集散道)和互通式立体交叉(城乡接合部)。

2) 规划的方法及流程

公路网规划包含两层涵义:一是对某个国家或地区公路建设发展所做出的全面、长远的安排,即公路网规划方案或文件,如我国的《国家高速公路网规划》;二是指设计产生公路网规划方案或文件的过程,包括其步骤、方法、模型等。

公路网规划流程如图 2-5-12 所示。

(1) 公路网及公路运输现状分析是区域公路网规划的前提。

(2) 交通量预测为公路网规划与设计提供基本依据,它主要以现有的数据为依据,科学预测远景交通量。

(3) 根据该区域的远景规划及公路网的预测交通量可以确定公路网规划的重点,并对公路网进行功能层次划分。

(4) 公路网的设计方法可采用经验调查法、数理解析法、系统分析法等,由此得到路网初步设计方案,并从社会、经济、技术等方面对其进行评价,从而选取最优方案实施。

2004 年 12 月,国务院常务会议审议通过了《国家高速公路网规划》,标志着我国高速公路进入了系统化、网络化发展的新阶段。《国家高速公路网规划》简称为"7918 网",由 7 条首都放射线、9 条纵线、18 条横线共 34 条主线以及 5 条地区环线、2 条并行线、37 条联络线组成。

2013 年 5 月,国务院批准了《国家公路网规划》(2013 年—

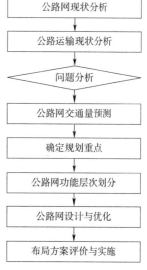

图 2-5-12 公路网规划流程

2030 年),国家公路网规划总规模 40.1 万 km,由普通国道网和国家高速公路网两个路网层次构成。其中,普通国道网按照"主体保留、局部优化、扩大覆盖、完善网络"的思路,由 12 条首都放射线、47 条北南纵线、60 条东西横线和 81 条联络线组成,总规模约 26.5 万 km,全面连接县级及以上行政区、交通枢纽、边境口岸和国防设施。国家高速公路网由 7 条首都放射线、11 条南北纵线、18 条东西横线以及地区环线、并行线、联络线等组成,总里程约 11.8 万 km,另规划远期展望线约 1.8 万 km,按照"实现有效连接、提升通道能力、强化区际联系、优化路网衔接"的思路,全面连接地区级行政中心、城镇人口超过 20 万人的中等及以上城市、重要交通枢纽和重要边境口岸。

5.2.4 城市轨道线网规划

1）轨道交通网络的布局形式

世界上大城市的轨道交通线网布局形式多种多样，每个城市都根据自身的地形特点和发展方向规划线网形态。这些线网形态的拓扑关系大致可以归纳为三种最基本的类型：方格网状形态、射线结构形态、放射—环形结构形态。

（1）方格网状形态

网络线路主体上呈两组平行线近似正交状，构成四边形的栅格结构，形同棋盘，所以也叫"棋盘式"结构形态，如图 2-5-13 所示。典型代表城市是墨西哥城。

（2）射线结构形态

线路（至少 3 条）多为径向线且线路交叉所成的网格多为三角形的路网，如图 2-5-14 所示。典型代表城市是慕尼黑。

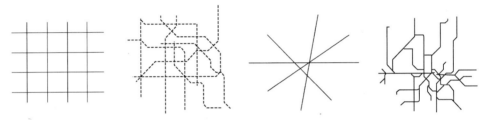

图 2-5-13　方格网状形态　　　　　图 2-5-14　射线结构形态

（3）放射—环形结构形态

在放射状线网的基础上增加环线，通过环线将各条放射线有机地联系起来的一种路网结构形式。典型代表城市是莫斯科，如图 2-5-15b）所示。

2）轨道交通线路的类型及特点

轨道交通线路的几何形状和布局决定了其运营、功能特征。轨道交通线路的设计必须凭借对线路几何要素很好的理解，吸取不同城市的经验，确保线路能有效地运营、吸引客流，尽量避免发生严重的运营问题。轨道交通线路的形式不全是规则的，大致可以分成如图 2-5-16 所示的几种基本类型。

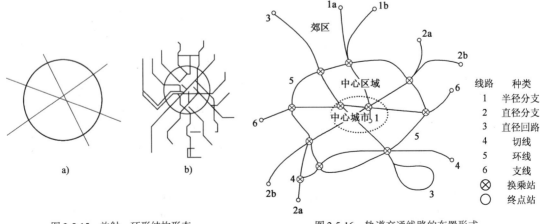

图 2-5-15　放射—环形结构形态　　　　　图 2-5-16　轨道交通线路的布置形式

如图 2-5-16 所示,轨道交通线路可以大致归为以下几类:放射式线路;直径式线路;切线式线路;环线;支线 1a、1b、2a、2b;迂回线、绕行线路。下面分别归类介绍这几种线路方式。

(1) 放射式和直径式线路

城市中出行密度最高的地区一般集中分布在由城市中心向郊区发出的放射线沿线。换句话说,客流量最大的线路大多位于城市中心和市郊中心区或居民区间。

放射式线路,沿主要客流方向设置,在城市中心有一个终点站,其余的终点站都设在郊区。沿着出城方向,客流量逐渐减少。为充分利用系统能力,可以设置短途运营的车辆,即车辆运行到某个中间站,随即折返回出发地;也可以将某条放射式线路分成几条分支线路,增大郊区的公交网络覆盖率。放射式线路主要为通勤者出行服务,存在着明显的客流高峰。

直径式线路(也称为横向或穿越式线路),穿越城市中心连接城市边缘。在设计时,必须注意线路两端的客流量应相差不大,以保证运载系数足够大。因为直径式线路的服务范围广、通过城市中心、换乘其他线路方便、市中心没有终点站,所以比放射式线路优越。但当进城方向的乘客换乘反方向线路时,会产生很大的延误;而在放射式线路中,进城方向线路所产生的延误能在终点站得到调整。准快速和快速公交线路的运行不受道路拥挤的影响,因此不存在这个问题。

(2) 切线式、绕行式、环形线路

为非中心地区服务的线路有很多种形式。切线式或横穿城镇状线路,沿城市中心的切线方向延伸,在道路网为网格状的城市中比较常见,如芝加哥、费城、多伦多。这种线路通常为居民购物、上下学等活动服务,线路之间可能相隔多个街区。与放射式线路相比,切线式线路的客流需求少,也没有明显的高峰。

环形线路,与切线式、绕行式线路一样,应用较为广泛,能为不同的活动区域(如商业区、居住区、学校)提供直达服务。这些线路的乘客一般是短途出行,乘客变动率大。由于沿线的客流量、一天中不同时间的客流量都是均匀分布的,平均载运系数较高,因此与乘客多为通勤者的放射式线路相比,人均费用较低。

(3) 有支线和联络线的干线

放射式线路在城市中心的客流量很大,郊区客流量很小,所以随着线路逐渐深入市郊,干线需要分成多条运载能力较小的分线。根据设计、运营方式的不同,分线大致可以分成两类:由干线直接延伸出来的称为支线;独立于干线运营的称为联络式线路。支线的交通方式及单位车体与干线相同;而联络式线路的交通方式往往与干线不一样,即使交通方式相同,所使用的车辆(小型公共汽车/铰接车)或单位车体(电力牵引/柴油动力)也有可能不同,联络式线路所用的交通方式称为接运交通。

3) 轨道交通线网规划的方法及流程

(1) 轨道交通线网规划的指导思想

轨道交通具有客运量大、速度快以及在运行中受干扰小的特点,决定了它比其他公共交通方式具有无法比拟的优越性。目前普遍存在的轨道交通线网规划思想共有两类,分别是:

①公共交通系统以轨道交通为主体,地面公交作为接驳(送达)的交通工具,为轨道交通集散客流;

②公共交通系统以轨道交通为骨干,地面公交与轨道交通紧密结合,优势互补,协调发展。

第一类规划思想被纽约、伦敦、巴黎等城市采用。第二类规划思想被新加坡、香港等城市采用。结合到我国的具体经济情况及轨道交通建设的发展情况，目前我国应采用第二类规划思想，即以轨道交通为骨干、地面公交与轨道交通紧密结合的交通运输系统。

（2）轨道交通线网规划的流程

轨道交通线网的规划是在对城市结构与土地利用、城市客流需求的空间分布特点以及线路工程实施可行性进行定性与定量分析的基础上，形成多个备选方案，并在此基础上，对备选方案进行必要的规划。

一般说来，规划步骤如下：

①估算各条线路的客流量，进行初步的客流分析；
②确定各条线路的大致走向和主要经由；
③线网形态分析和规划方案的评价；
④主要换乘站（内部）和与其他交通方式的换乘（内部）的布局安排；
⑤车辆检修整备基地（车辆段）的设置方案；
⑥发展序列和建设轨道交通线的必要性论证；
⑦规划线网对城市各种发展可能情况的适应性分析；
⑧投资估算和宏观效益分析。

推荐的线网确定以后，可重新进行推荐方案的客流预测，进一步对轨道交通线网进行综合评价。在规划范围内必须保持与城市的总体规划相协调，以城市的总体规划为依据。由于规划是随着人们的认识和经济水平等因素在变化的，因此在线网规划编制完成以后，应根据具体的实施情况进行不断的修正。

5.2.5 铁路线网规划

1）宏观层次规划

（1）规划原则

①统筹考虑与其他运输方式及能源等相关行业的发展，通道布局、运力分配与公路、民航、水运、管道等规划有机衔接。
②能力紧张的繁忙干线实现客、货分线，经济发达的人口稠密地区发展城际快速客运系统。
③加强各大经济区之间的连接，协调点线能力，使客、货流主要通道畅通无阻。
④增加路网密度，扩大路网覆盖面，为经济持续发展、国土开发和国防建设创造有利的条件。
⑤提高铁路装备国产化水平，大力推进装备国产化工作。

（2）我国中长期铁路网规划

2004年首次出台《中长期铁路网规划》，规划铁路网规模10万km，为实现2020年铁路网发展目标，要在路网总规模扩大的同时，突出繁忙干线实现客、货分线，人口稠密地区发展城际客运系统，提高路网质量，扩大运输能力，形成功能完善、点线协调的客货运输网络。2004年《中长期铁路网规划》于2008年进行了调整，调整后的铁路网规模增加到12万km以上其中：

①客运专线。建立省会城市及大中城市间的快速客运通道，规划"四纵四横"铁路快速

客运通道以及城际客运系统,见表 2-5-5。建设客运专线 1.2 万 km 以上,客车速度目标值达到 200km/h 及以上。

我国 2020 年客运专线规划　　　　　　　　表 2-5-5

四纵	北京—上海
	北京—武汉—广州—深圳
	北京—沈阳—哈尔滨(大连)
	上海—杭州—宁波—福州—深圳
四横	徐州—郑州—兰州
	杭州—南昌—长沙—贵阳—昆明
	青岛—石家庄—太原
	南京—武汉—重庆—成都
城际客运系统	环渤海、长江三角洲、珠江三角洲、长株潭、成渝以及中原城市群、武汉城市圈、关中城镇群、海峡两岸城镇群

②完善路网布局和西部开发性新线。以扩大西部路网规模为主,形成西部铁路网骨架,完善中东部铁路网结构,提高对地区经济发展的适应能力。规划建设新线约 4.1 万 km。

③路网既有线。加强既有路网技术改造和枢纽建设,提高路网既有通道能力。规划既有线增建二线 1.9 万 km,既有线电气化 2.5 万 km。

《中长期铁路网规划》于 2015 年已基本全面完成。2016 年出台新的国家《中长期铁路网规划》,构筑"八纵八横"高速铁路主通道。"八纵"通道:沿海通道、京沪通道、京港(台)通道、京哈~京港澳通道、呼南通道、京昆通道、包(银)海通道、兰(西)广通道。"八横"通道:绥满通道、京兰通道、青银通道、陆桥通道、沿江通道、沪昆通道、厦渝通道、广昆通道。到 2025 年,铁路网规模达到 17.5 万 km 左右。其中高速铁路 3.8 万 km 左右。到 2030 年,基本实现内外互联互通、区际多路畅通、省会高铁连通、地市快速通达、县域基本覆盖;铁路连接 20 万人口以上城市、资源富集区、货物主要集散地、主要港口及口岸,高铁基本连接省会城市和其他 50 万人口以上大中城市。

2) 中、微观层次规划

(1) 城市群城际铁路网规划

①规划原则。

a. 与区域发展战略目标相一致,适度超前经济发展;

b. 与区域内总体规划衔接,尤其应与其他交通方式衔接并合理分工;

c. 与区域可持续发展相协调,远近结合;

d. 以客流预测为依据,因地制宜选择合理线网。

②规划方法及流程。

第一,分析区域的城市化进程、城镇体系规划以及区域的社会经济发展现状及其特点。其目的一是为了更加准确地分析和预测城市群的现状和未来交通需求;二是为了使城际铁路网能更加紧密地配合城市群的城市化、经济一体化的发展,利用其强大的引导作用使该区域按照城市群区域总体战略规划的目标方向发展。

第二，对城市群进行客运需求分析和预测。这一部分包括对客运需求特点的定性分析和运用交通需求预测模型进行初步的客运需求预测。客运需求预测的目的一是为了寻求现状与未来客流分布特点、客流主方向和客运主通道，二是为了对线网进行客流预测，进而确定线网主骨架。

第三，线网备选方案的形成。线网备选方案的形成有多种方法。其一是通过客运需求分析与预测来把握区域的客流主方向和客运主通道，按照满足现状交通需求或未来交通需求的原则，确定部分备选方案。其二是运用层次综合分析法，在对城市结构与土地利用、城市客流需求的空间分布特点以及线路工程实施可行性进行定性与定量分析的基础上，提出线网构架备选方案。此外，还可以逐条进行线路走向研究，综合各方面专家意见形成不同的线网备选方案。

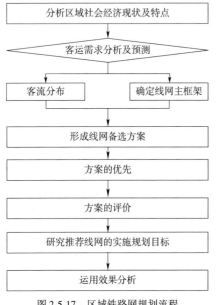

图 2-5-17 区域铁路网规划流程

第四，在若干备选的线网方案形成后，进行线网方案的优选和评价。这部分工作同样采取定性分析和定量计算相结合的方法。定性分析主要是分析线网各线路走向的可行性，分析线网对重要城镇的连通情况，分析线网和中心城市交通系统（客运专线、既有铁路、城市轨道交通等）的衔接情况，分析线网和区域发展规划以及中心城市总体规划的协调情况，分析线路建设和运营的实施情况等。定量计算主要是在线网客流预测的基础上，运用多目标综合评价法，进行线网综合比选评价。

第五，研究推荐线网的实施规划目标和运用效果分析。区域铁路网规划流程如图 2-5-17 所示。

(2) 铁路枢纽内主要线路配置的规划

主要包括枢纽引入线、联络线、环线、直径线和进出站线路疏解布置。

5.2.6 内河航道线网布局规划

内河水运是国家综合运输体系和水资源综合利用的重要组成部分，具有运能大、占地少、能耗低、污染小、安全可靠等特点，是我国实现经济社会可持续发展的重要战略资源。目前，我国初步形成了以长江、珠江、京杭运河、淮河、黑龙江和松辽水系为主体的内河水运体系，使内河水运的服务腹地有了较大的延伸和扩展，服务质量明显提高，长江已成为世界上完成货运量最大、运输最繁忙的通航河流，为流域经济社会的持续、快速发展发挥了重要作用。

航道网规划的目的是通过提高航道等级、整治航道工程、改进航道通达度、解决航道拥堵等措施来有效地改善区域航道运输条件，减少交通运输费用，保护航道运输环境，同时促进区域交通运输能力的升级、交通方式的多样性和区域交通区位优势的提升。

1）规划的原则

对内河航道与港口的规划发展必须统筹考虑、协调发展。在制订航道规划时，应遵循以下原则：

①适应国家战略和流域经济可持续发展要求,促进区域经济协调发展和对外交流;

②结合水资源条件,加强协调,贯彻水资源综合利用方针,统筹兼顾航运与防洪、排涝、发电、灌溉、供水等的关系,与相关规划衔接,提高内河水运与其他行业协调发展水平;

③充分发挥内河水运的优势,通过加强与其他运输方式的有效衔接来完善综合运输体系;

④注重航道与港口、船舶以及干线与支线的协调发展;

⑤因地制宜、突出重点、注重效益,妥善处理需要与可能的关系;

⑥合理和节约使用港口岸线资源,提高资源利用效率。

2) 我国内河航道规划

根据交通部2007年发布的《全国内河航道与港口布局规划》,2005年我国内河航道通航里程达12.3万km,占河流总长的29%,主要分布在长江、珠江和淮河水系。可通航500吨级船舶的四级及以上航道15 328km,占12%,其中可通航千吨级船舶的三级及以上航道8 631km,约占7.0%。

全国内河高等级航道规划布局方案是:在水运资源较为丰富的长江水系、珠江水系、京杭运河与淮河水系、黑龙江和松辽水系及其他水系,形成长江干线、西江航运干线、京杭运河、长江三角洲高等级航道网、珠江三角洲高等级航道网和18条主要干支流高等级航道(简称两横一纵两网十八线)的布局,构成我国各主要水系以通航千吨级及以上船舶的航道为骨干的航道网络,规划内河高等级航道约1.9万km(占全国内河航道里程的15%),其中三级及以上航道14 300km,四级航道4 800km,分别占75%和25%。高等级航道有长江干线、西江航运干线、京杭运河、长江三角洲高等级航道网、珠江三角洲高等级航道网、岷江、嘉陵江、乌江、湘江、沅水、汉江、江汉运河、赣江、信江、合裕线、淮河、沙颍河、右江、北盘江—红水河、柳江—黔江、黑龙江、松花江和闽江。

3) 规划方法及流程

在全国航道网规划的基础上,以省或地区为规划范围的规划流程及方法如下。

(1) 区域社会经济发展和综合运输网状况研究

对区域内主要矿产资源的分布、生产力布局、综合运输网布局作全面的调查,为研究航道网布局提供重要的基础资料。

(2) 水运业务量OD分布现状分析及预测

搜集区域内所有港签证点的船舶进出港签证簿,获取现状OD;再对各市的边际量(进出量及出发量)进行预测;最后通过网络动态配流将预测的市—市和县—县的OD量转化为航道网络流,得到各条航道上在各规划年的货运流量、流向、货流密度、周转量。

(3) 区域内河水运通道研究

区域内河水运通道研究指对规划区域内的内河水运通道现状的研究分析。

(4) 航道重要度评价

根据货运量、航道建设条件、航道网中的地位、经济、社会指标等对各条航道进行等级划分。

(5) 拟定航道网布局方案

在水运通道研究基础上,结合重要度分析,依据航道网规划原则,拟定若干备选布局方案。

(6)布局方案综合评价决策

建立全面、合理的评价指标体系,对备选方案进行评价,得出最佳方案。

5.3 交通组织设计

5.3.1 枢纽交通组织设计的主要内容

交通枢纽是运输生产的基地,是运输网中人员、货物集散、中转及货物换装的专门地点,也是联系运输部门与用户、服务于社会及国民经济的纽带。

交通枢纽按照主要服务对象可分为客运枢纽和货运枢纽。在对枢纽进行组织设计时,按照枢纽的服务对象,交通枢纽组织设计的主要内容包括客运枢纽组织和货运枢纽组织两个方面。

以客运枢纽为例,枢纽相关的交通组织设计概述如下:

大型综合客运枢纽交通组织设计是整个枢纽设计的重要组成部分,交通组织的合理与否将直接影响到枢纽整体功能的发挥,甚至与枢纽周边交通网络的畅通运行密切相关。枢纽合理的交通组织是实现旅客快速换乘、枢纽高效运行的重要保障,同时也是促进区域土地开发和经济发展的有效动力。枢纽交通组织设计根据空间位置的不同,可划分为内部交通组织、外部交通组织和内外交通组织三个部分。其中,内部交通组织是指枢纽边界以内人流、车流的组织,外部交通组织是指枢纽边界以外周边路网上的交通组织,内外交通组织则主要指出入口的设置和内外交通流的衔接。

(1)内部交通组织。内部交通组织主要是针对枢纽内部的人流和车流进行组织,以实现枢纽内旅客的快速换乘。具体要求包括:明确枢纽内各类换乘客流的重要度;枢纽内标志指示清晰,易懂;专用通道设置合理;车流简洁、顺畅;人车分流,减少冲突。

(2)外部交通组织。外部交通组织就是将枢纽这个点,通过合理的方式与城市综合交通网络这个面联系起来,以实现枢纽内车流快速有效的集散。具体要求包括:车流快速集散;枢纽周边路网负荷均衡;枢纽周边交叉口负荷均衡;具有一定的容错功能;车流集散可靠。

(3)内外交通组织。内外交通组织主要是分析枢纽出入口的设置问题,使得内部交通流与外部路网服务能力匹配,能够在干扰最小、绕行最短的前提下,最快地融入交通网络中。具体要求包括:快速便捷;绕行距离短;压力分散;对主干道干扰小,相互干扰小;能力匹配;灵活替代,可靠性强。

5.3.2 交通枢纽组织设计的基本原则

在进行交通组织设计时,根据不同的枢纽,有不同的原则。但总体来说,首先应遵循普遍原则。以城市客运交通枢纽为例,基本原则主要有以下几个。

(1)"以人为本"的原则

即最大限度地满足行人对换乘便捷、快速、安全、舒适的要求,缩短行人在枢纽内的转乘时间,提高设施服务水平。

(2)"公交优先"的原则

"优先发展公共交通"是现代城市解决城市交通问题的基本战略,在进行交通换乘枢纽的交通组织设计时,这一点应得到充分的体现。

(3) 集中和疏散相结合的原则

即枢纽交通组织设计应使枢纽内的人流既便于集中换乘,又便于疏散,做到张弛有度。

(4) 以量化计算为基础的原则

枢纽的换乘规模、交通流线的组合等指标和组织方案,应以量化计算的交通特性指标为依据。

(5) 可操作性原则

即枢纽的交通组织方案应符合各有关的规范标准及其具体规定,具有切实可行性。

(6) 可持续性发展原则

即枢纽的交通组织设计具有足够的前瞻性和弹性适应性,为未来的发展留下接口和余地。

5.3.3 交通枢纽组织的规划程序

交通枢纽的组织设计,以枢纽的基础设施布局方案为基础,通过不断优化调整得到。与此同时,交通组织设计又对设施布局产生反作用,两者相辅相成,最终使得枢纽设计总体最优。枢纽交通组织设计思路如图 2-5-18 所示。

下面主要针对不同的运输方式,对枢纽的组织管理进行论述,主要分为铁路枢纽、公路枢纽、港口枢纽等。

1) 铁路枢纽组织

(1) 客运站场作业流程及组织

铁路客运站、货运站是铁路与旅客、货主之间联系的纽带,是铁路对外的"窗口",双方当事人之间的权利义务关系在此产生或消失。客运站或客、货运站的客运车间是铁路旅客运输的基层生产单位,具体办理各种客运业务及旅客列车的到发作业等。客运站又是城市的大门,是城市建设的有机组成部分。因此,客运站的工作水平将会影响到旅客、铁路、城市三方面。

铁路客运站运输组织是整个铁路运输工作的重要组成部分,它的基本任务是:满足广大人民的旅行需要;安全、迅速、准确、便利地运送旅客和行李、包裹、邮件;保证旅客在旅行途中舒适愉快,并获得文化生活上的良好服务。其主要工作内容如下:

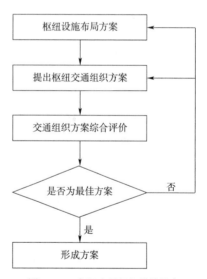

图 2-5-18 枢纽交通组织设计程序

①旅客及行包运输工作。旅客及行包运输工作主要包括售票处工作组织、旅客乘降工作组织、客运服务工作和行包运输工作组织等。

②铁路客运站的流线管理。在客运站内,由于旅客、行包、车辆的集散活动,产生一定的流动过程和流动路线,称为流线。根据客运站流线规律,加强流线管理,对客运站旅客和行包工作组织有重要的意义。

③客运站的技术管理。客运站的技术作业内容包括以下几个方面:

a. 车站的技术生产特征。车站位置、工作性质、用途,所有技术设备和建筑物数量、使用情况,各种直通、管内、市郊旅客列车到发、通过数量、办理邮政和行包运输数量等。

b. 车场、线路和站台的专门化。

c. 车底及车辆的技术作业,调车工作组织。

d. 客运站行车工作计划。

e. 客运站行车工作指标。

在编制客运站技术作业过程中,应将直通、管内与市郊列车分开,充分考虑各自的路径,应注意所采用的技术作业时间标准,既先进,又切实可行,最大限度地进行平行作业及消除各项作业的中断时间,广泛采用各种先进工作方法及机械化、自动化设备。技术作业过程应充分保证行车、调车和旅客的安全。

为保证客运站的作业安全和有效地使用车站技术设备,必须对车场及线路进行专门化。由于旅客列车运行的经常性及到发时刻比较固定,所以可将一定种类和一定方向的列车到发作业固定于某一车场或某一线路,便于车站员工熟悉各次列车的到发线路,以提高工作效率。

车场及线路的专门化,应先确定车场的用途,而后根据工作性质(接、发车)、列车种类及运行方向分配车场内的线路和固定线路的使用。在确定车场及线路的专门化时,应尽量减少冲突的路径,保证流水作业。在按车次固定线路时,应考虑旅客进出站路径的便捷及安全。

客运站的行车工作日常变动较少,因此,可以在运行图实行期间,根据各次旅客列车的到发时刻、车底和车辆技术作业过程、车站的技术设备等资料,编制行车工作日计划,作为组织完成日、班作业的依据。

④客车整备所技术作业。凡以办理始发、终到旅客列车为主的客运站,一般设有客车整备所。客车整备所是客车进行技术检查、修理整备和停留的场所。

客车整备所对客车车底的主要整备作业为:清除泥垢及技术检查;车底改编;车底外部及内部清扫、洗刷、修理、上燃料、上水等;有关乘务组接收车列,车底等待送往客运站。

车底在客车整备所的各项作业采用定位作业和流水作业两种方式。定位作业方式的技术作业是旅客列车车底由旅客站送至客车整备所后,除改编作业外,一直停在同一条整备线上进行检修整备,并且在该线等待送往客运站。流水作业方式的技术作业是客车车底由客运站送到客车整备所后,按作业顺序分别在到发场进行客车整备,在整备场进行车底整备。

(2)铁路货运站运输作业流程及组织

铁路货运站办理的货运作业包括整车、零担和集装箱三种。以整车运输为例,其在车站办理货运作业的全过程包括:发送作业(托运、受理、收费、进货检查、货物保管、装车、制票、递送票据)、途中车站作业(货运检查交接及货物的整理与换装等)以及货物在货运站的到达作业(包括接收重车和票据、卸车、货物保管和发出到货通知、交付、搬出货物等)。铁路货运站生产流程如图 2-5-19 所示。

货运站货场工作内容如下:

①货场管理。铁路货场是车站办理货运作业的基本场所,也是车站的一个生产车间。货场管理是铁路货物运输生产管理的一部分,是车站货运工作的重要内容。货场管理的目的是经济合理地利用铁路货场设备,科学地组织货运作业,提高货场作业能力和运输效率,按时、保质、保量地完成国家规定的货物运输任务。货场管理的内容包括以下几个方面:

a. 货场计划管理,包括车站货源、货流的调查与组织方法,月、旬货物运输计划的执行,到货调查和卸车工作组织。

b. 货场作业方案,包括进、出货作业程序和组织方法,装卸车作业程序和组织方法,零担车作业组织、货场取送车制度。

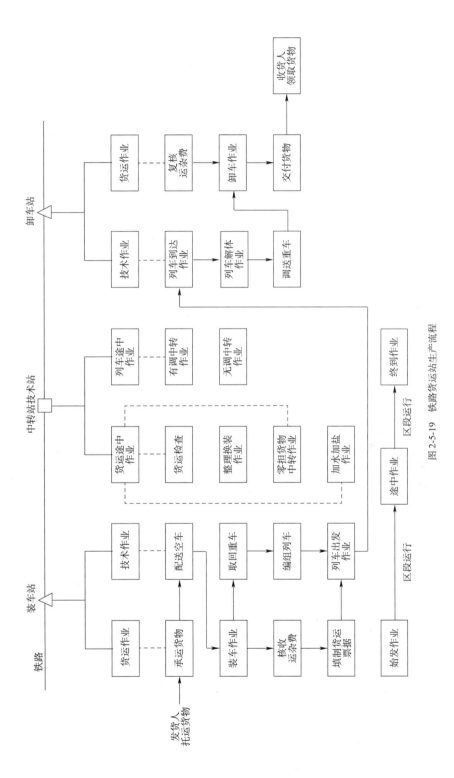

图 2-5-19 铁路货运站生产流程

c. 货场设备管理,包括货区、货位划分和使用办法,装卸设备和其他货运设备的运用管理办法。

d. 货场安全管理,包括对职工的安全教育和技术业务教育,建立必要的安全管理制度以及货运事故的防止和处理等。

②货场作业。货场作业按工作流程可以分为发送作业流程、到达作业流程和中转作业流程。发送作业流程是指办理承运手续—进货—装车—取车挂运的流程;到达作业流程是指办理到达送车—卸车—办理交付手续—搬出的流程。

货场作业按工作性质可以分为承运交付作业、进出货作业、装卸车作业、取送车作业等。

③货场作业方案。货场作业方案主要包括货场出车安排、卸车和出货组织、进货和装车组织、零担车作业组织和取送车安排。其中,货场出车安排是指按照每一条列车运行线规定编挂的车流确定出车的时间、内容和数量;进货和装车组织是指按列车编组计划组织货流,安排货位,按方案列出的出车时间组织装车。

(3)铁路客运站的流线组织

旅客、行包、车辆流线是客运站站房总体布局、旅客和行包运输工作组织的主要依据。客运站的流线从流动方向上分为进站和出站两大流线,而从流线性质上又可分为旅客流线、行包流线和车辆流线。

①人流线。

a. 进站旅客流线。旅客进站流线的特点是:旅客在不同时间进站,办理不同手续,然后去指定地点候车,所以旅客进站流线在检票前比较分散和缓慢。

a) 普通旅客流线。这是进站旅客流中主要的流线,人数最多,候车时间也长。多数旅客的进站流程是到站→问讯→购票→行李托运→候车→检票→上车。

b) 中转旅客流线。根据换乘时间长短,有的旅客办理签票后进入候车室,随普通旅客一起检票进站;也有的旅客不出站在站台上换乘列车。

c) 市郊旅客流线。人流密集到达,候车时间短,不必购票和托运行李,多数随普通客流一起检票进站,大多可单独设市郊候车室的进站口。

d) 特殊旅客流线。

e) 贵宾流线。除了要求能从贵宾室单独进站外,还需设置汽车直驶基本站台的基本通道,其路线要求与普通旅客分开。

b. 出站旅客流线。出站旅客的特点是人流集中,密度大,走行速度快,使用站房时间短。

②行包流线。

a. 发送行包流线,即托运→过磅→保管→搬运→装车。

b. 到达行包流线,即卸车→搬运→保管→提取。

2) 公路枢纽组织

(1)客运站运输作业流程及组织

①公路客运站的功能。公路客运站集客货运输组织与管理、多式联运、装卸仓储、信息网络、综合服务与公路运输市场管理于一体,把无形的旅客运输市场变为有形的市场,把车主、旅客运输管理部门的利益有效地结合起来,促使公路旅客运输健康有序地发展。汽车客运站最主要功能是运输组织管理,其内涵包括:

a. 客运生产组织管理。客运生产组织管理包括发售客票、办理行包托取、候车服务、问讯、小件寄存、广播通信、车票等为组织旅客上、下车而提供的各种服务与管理工作;为运营车辆安排运营班次、制订发车时刻、提供维修服务与管理;为驾乘人员提供食宿服务等。

b.客流组织与管理。客运站通过生产组织与管理,收集客流信息和客流变化规律资料,根据旅客流量、流向、类别等来合理安排运营线路,开辟新的班线与班次,以良好的服务和公关活动吸引新客源。

c.运行组织与管理。运行组织与管理包括办理客车到发手续,组织客车按班次时刻表准点正班发车,利用通信手段掌握营运线路的通阻情况,向驾乘人员提供线路通阻信息,发现问题及时与有关方面联系,并采取必要的措施,会同有关部门处理行车事故,组织救援,疏散旅客等。

d.参与管理客运市场。有形客运市场的建立,使客运站在认真贯彻执行公路汽车旅客运输规则、建立健全岗位责任制、实行营运工作标准化、提高旅客运输质量的基础上,可以自觉维护客运秩序,并协助运行管理部门加强客运市场的统一管理工作。

②汽车客运站的生产流程。汽车客运站的生产流程包括旅客及其托运行包的发送、到达,客车的接送、到达和停靠等工作。其生产流程如图 2-5-20 所示。

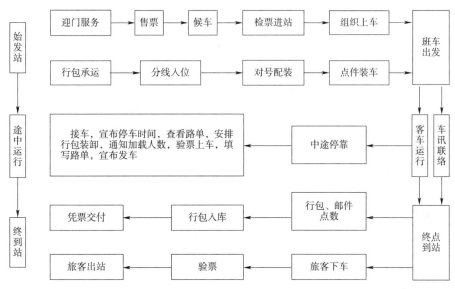

图 2-5-20　汽车旅客运输生产流程示意图

客运站的生产流程可划分为若干相互联系的作业单元,如售票、行包托运和交付、候车室服务、组织旅客乘车和发车、客车到达等。各作业单元有各自的工作内容、范围和职责,分工较为明确,因此,组织其生产流程时,要在时间上和空间上达到最佳的组合,使站内生产秩序井然、有条不紊、忙而不乱。

③生产流线组织。合理地组织与设计汽车客运站流线,是客运站适应多元多变的客运要求和生产设计以及建筑设计的关键,也是评价客运站总平面设计和站房生产设计优劣的重要因素。

a.流线分析。

a)旅客流线。汽车客运站内旅客构成比较复杂,按其流动方向可分进站旅客和出站旅客。进站旅客的特点是由分散到集中,这一过程要经过问询、小件寄存、购票、行包托运、候车等环节,一般持续时间较长。出站旅客的特点是由集中到分散,持续时间短,密度大,速度快。

b)行包流线。行包流线分为发送行包流线、到达行包流线和中转行包流线三种。

发送行包一般经过受理处送到行包库房,再通过提升机,由手推车或传送带经过行包平台送到相应的发车位上方临时堆放。客车开到相应的发车位后,下面上客,上面装行包。

到达行包流线是客车进入到达车位后,由装卸员卸行包于行包平台上,然后用手推车或传送带经提升机送至到达行包库房待旅客提取。

c) 车辆流线。车辆流线分为站内流线和站外流线。站内流线又分为到达车辆流线、发送车辆流线和过站车辆流线。站外车辆流线指旅客乘坐公共汽车、出租车或其他车辆进入或离开车站在站前广场形成的车辆流线。其车流混杂,设计时必须很好地组织与合理设置停放区域,以保证正常的客运秩序。

b. 流线组织。客运站生产流线组织时,应满足下列原则与技术要求:

a) 流线的组织,要力求简捷、明确、通畅、不迂回,尽量缩短流线的距离,并使各种流线自成体系又有机地联系在一起。

b) 正确处理人流、车流、行包流三者的关系,避免互相交叉和干扰,保证分区明确。

c) 旅客流线的组织既要考虑正常情况下的人流组织,又要考虑节假日人流的组织,要具有适应性强、灵活便捷的特点。

d) 站前广场内各种流线较为复杂,应采用适当的分流方式,如采用前后分流或左右分流。前后分流是把人流、车流分别组织在站前广场前后两个部分;前部行驶、停靠车辆,上下旅客;后部为旅客活动区域。左右分流是车流、人流沿站前广场横向分布,人流右边进站,左边出站,车流按流量、流向分别组织,达到人车分流、互不干扰的目的。

e) 发送行包流线与到达行包流线应分开设置,并尽量避免行包流线与旅客流线的交叉。

f) 车辆进出站口应沿站外主干线的顺行方向分开设置,入口位于出口之前,从而减少车辆流线的交叉干扰。

g) 根据站前广场的地形特点与站内流线的情况,处理好各种流线与城市交通流线的衔接问题,避免相互交叉干扰。

一般情况下,公路客运站的生产流线如图 2-5-21 所示。

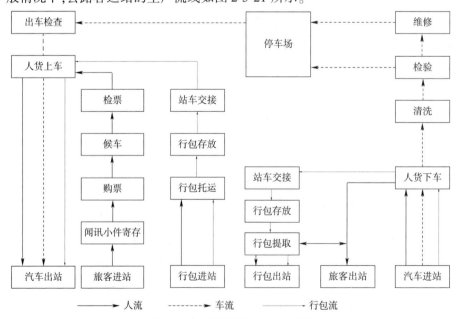

图 2-5-21　公路客运站的生产流线图

(2)汽车零担货运站运输作业流程及组织

零担货物运输是一种集零为整的运输形式,它通过零担站将货物集零为整,按流向分拣后配送或将货物卸车进库,分拣整理,送达货主或等候提取。

①运输组织原则与要求。

组织零担站生产流线时,应遵循下列原则与要求:

a.正确处理货流、车流和人流三者之间的关系,避免相互交叉和相互干扰,确保分区明确;

b.各流线的组织,力求简捷、通畅、不迂回,尽量缩短有相互联系的生产环节作业线路间的距离,并使各流线自成体系且有机地联系在一起;

c.组织货物时,要充分考虑零担站站务作业和生产流程的特点,以满足零担站的功能要求;

d.组织车流时,应在保证营运货车流线短捷、明确、通畅的基础上,尽可能使装卸机械流线短捷、畅通、不迂回,与营运货车流线交叉干扰少。

②零担站的生产组织。零担站具有规模大、设施齐全、设备配套、服务功能齐全等特点,其货流、车流及人流等生产过程复杂。因此,必须合理组织其生产过程。零担站内,以货流为主导流线,车流和人流为辅助流线。其生产流线如图2-5-22所示。

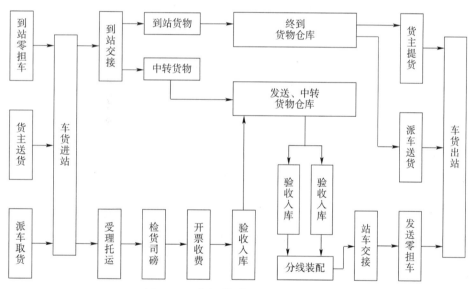

图2-5-22 汽车零担货运站生产流程框图

3)港口枢纽组织

(1)船舶在港作业组织

①船舶在港作业过程。船舶在港作业的全过程包括联检(对外轮)、引船入港、靠泊、卸货、移泊、装货、各种辅助作业及各种技术作业、燃料供应、办理货运文件、办理离港手续、引船出港等。

②组织船舶在港作业应注意的问题。

a.组织船舶在港的各项作业按顺序连续进行,并尽可能地缩短这些作业的延续时间;

b.组织船舶在港的各项作业尽可能平行进行,如在装卸作业的同时完成船舶供应工作及船舶修理等;

c. 重点组织好船舶的装卸作业,缩短装卸时间。

总之,组织船舶在港作业的目标,就是最大程度地缩短船舶在港的停泊时间。

(2) 港口枢纽换装作业与联合作业

港口货物既可以在各作业区之间或泊区与后方场库之间进行装载,也可以进行直接的换装作业。货物从进港到出港只经过一个操作过程所完成的换装作业方式称为直接换装作业或直取作业。直接换装作业可以有船—车(货运列车、汽车)、船—船(海船、江船、驳船)两种形式。它可以减少货物换装过程的操作次数,节省需要的库场面积,减少装卸作业量,缓解泊位的压力,从而起到加速货物周转节省成本的作用。

此外,由于港口枢纽往往存在多种不同的运输方式,通过联合作业,往往可以有效地提高换装的质量与效率。这需要解决好港口与其他运输方式间的分工协作,一种有效的办法是在港口建立和健全日常联合办公制度。有关部门间可以互通信息,共同编制和组织实现运输日常计划,共同研究和解决当前运输工作中将产生的和已存在的各种问题。例如,港口外贸部门与铁路可以研究如何搞好车船衔接、扩大车船直接换装的比重和加强货物落地入库的作业组互相创造有利于车船作业的条件,以缩短车船和货物的在港停留时间,共同采取有效的措施,及时疏运港口积压的货物,以防堵塞等。此外,还可以编制与贯彻执行港口枢纽多种交通方式的统一技术作业过程。

统一技术作业过程是港口地区船—船与船—车作业组织的一种合理的制度。它把船、车港口区域的到发、取送、装卸等技术作业联成一个统一的整体,以保证交通方式间的工作能统一的节奏,并保证港口枢纽的运输技术设备能够得到最有效的利用。

以铁路与港口船舶统一技术作业过程的内容为例,统一技术作业过程主要包括以下内容:

①铁路车辆的交接作业办法,如交接地点、交接组织方法和要求、车辆技术状态、交接的内容和负责人员、交接时间标准以及交接车辆的取送方法等。

②港区专用线的调车工作组织方法,如专用线内作业区域的划分和调车机车分工、调车工作的领导与指挥、作业计划的编制与执行、调车机车整备地点及各项调车作业时间标准等。

③铁路车辆在港区专用线内进行装卸作业的组织方法,如直达、成组装车组织方法、车辆取送方法(分整列、成组、分批及双重作业等)、装车前的技术检查及整修、装卸质量的确定、装卸机械劳力的配备、车辆清扫工作的分工、夜间作业的比重、各种货物的装卸作业时间、货运票据的填制及运费核算手续,以及冬季冻结货物的防冻与解冻措施等。

④编制和执行统一日班工作计划的方法,如计划资料的收集、整理,互相交换资料的时间和内容,日班工作计划的内容及编制方法,作业指挥系统及路企互助办法,预确报的内容及传达方法、阶段工作进度的互相通报以及工作分析制度等。

⑤规定各项工作指标,如直达和成组装车的比重、车船直接换装的比重、铁路车辆在企业专用线内的停留时间标准和运用车保有量等。

⑥保证货物、机车、车辆的完整和确保行车安全、人身安全的措施等。

5.3.4 交通枢纽中多种交通方式的衔接

以客运交通枢纽为例,交通枢纽中多种交通方式的衔接组织方法如下:

(1)铁路客运站与市内交通的换乘组织

铁路客运站和站前广场汇集了从城市外部进入城市的客流及城市内部通过各种交通方式到达铁路客运站的客流。铁路客运站一般位于城市中心区,是城市大型客运交通枢纽,因此要提高换乘效率,不仅要处理好市内交通与对外交通的衔接,还要处理好市内交通的换乘组织。

①地面公交枢纽站是铁路客运站内外交通衔接的重点。中小城市铁路客运站到发客流大部分是通过地面公共交通来输送的,地面公交线路包括终点站线路和过境站线路。为减少市内交通对对外交通的干扰,不能过多地将城市的公交线路引入铁路客运站并设置公交终点站。在我国许多中小城市,铁路客运站是城市唯一的大型客运枢纽,大部分公交线路以火车站为终点站,给火车站的交通组织带来困难。因此,根据铁路客流的到发量,适当安排以火车站为终点站的公交线路,部分线路设置为过境线路。以火车站为终点站的公交线路的运营组织要结合铁路客流集中到发的特点进行运营调度。公交枢纽的平面布局要方便乘客便捷、安全地从铁路车站到达公交终点站,或从公交终点站到达铁路车站。因此,公交枢纽站一般应位于铁路广场出入口附近,尤其是铁路车站的出口处应布置公交终点站,以便及时疏散集中到达的铁路客流。

②轨道交通是大城市铁路客运站重要的衔接方式。在国外,城市铁路车站往往集多条城市轨道交通于一体,形成大型轨道交通枢纽。城市轨道交通规划设计应与铁路车站设计相结合,缩短换乘步行距离,尽量使轨道交通的站厅或出入口靠近铁路站台及出入口,使乘客不用出站即可实现城市轨道交通与铁路间的换乘。位于铁路车站的地铁车站一般直接有换乘通道与火车站站台相连接,乘客可以通过铁路专用换乘通道进入站台,这在很大程度上方便了铁路旅客的进站、出站。

③出租车是铁路客运站另一种重要的换乘方式。与常规公共交通和轨道交通不同,出租车类似于个体运输工具,集中到达性比前两种方式弱。铁路客运站应设置出租车下客区和候客区,下客区靠近进站口,候客区靠近出站口。由于铁路旅客一般是通过站台地道离站,因此,在设计铁路车站时可将出租车候客区设置在地下出口处,以方便旅客换乘。

④铁路车站应设置社会车辆停车场。进入火车站的社会车辆一般需要在车站滞留,如接送旅客的社会车辆。为减少社会车辆停放占用车站广场,一般设置广场地下停车库。由于进出火车站的社会车辆较多,因此,铁路客站应与城市干道相连接。为减少公交车与社会车辆、出租车的相互干扰,车站广场的平面布局和交通组织应合理可行。

⑤火车站的换乘枢纽要考虑与城市道路的有效衔接,包括铁路客运站与城市干道的接入方式及铁路车站地区的机动车交通组织。铁路客运站与城市干道的衔接包括地面方式衔接和立交方式衔接。地面衔接方式主要通过车站附近的地面交通组织进行,使公交车辆、出租车及其他社会车辆互不干扰,有序进出车站。立交方式一般通过道路立交车辆从车站相邻的干道快速进出车站广场或候车平台,减少地面交通的干扰。

(2)公路客运站与市内交通的换乘衔接

长途客运站是城市对外公路客流与市内交通的衔接点。长途客运站及相关设施的布置,应保证能方便地与市内各种交通方式进行换乘,并在客运站附近设置社会车辆停车场。我国公路长途客运站与市内交通的公共交通衔接方式主要是公共汽车。经过长途客运站的公交线路一般设置过境站,少量设置终点站,以减少公共交通车辆因进出长途汽车站而对长途汽车车辆进出站的干扰。

俄罗斯圣彼得堡市汽车客运站布置于和平广场右上方,有各路公共汽车、无轨电车与市内公共交通相连接,避免了车辆行驶与行人的干扰,并与"和平广场"地铁站相邻(图2-5-23)。

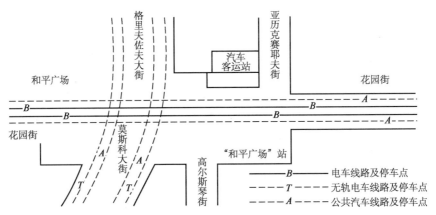

图2-5-23 俄罗斯圣彼得堡客运站换乘枢纽规划设计图

(3)市内交通换乘枢纽规划及设计

市内交通衔接是指市内各种交通方式之间的衔接换乘,它直接影响城市交通的整体运行效率。市内交通换乘有公共客运换乘和停车换乘等。由于我国目前采用"P+R"(停车+换乘)模式较少,故重点对公共客运换乘枢纽的规划设计进行探讨。

客运枢纽站是不同交通方式的衔接点,也是城市大型客流集散点。客运换乘枢纽的规划要"以人为本",推动城市交通健康、有序地发展,促进客运重心向大容量公共交通转移,优化调整公交线网,提高客运枢纽站的调节和衔接能力,实现不同交通方式间的便利换乘。公共客运换乘枢纽涉及公共汽(电)车、出租车、小汽车、自行车、步行和轨道交通等不同交通方式间的衔接换乘,其规划设计的关键是减少换乘步行距离和地面交通的相互干扰,使枢纽站内各种方式的交通顺畅。

客运枢纽站内交通方式之间的衔接换乘方式分为:

①平面换乘。平面换乘是指所有交通方式在同一平面上,乘客通过地面步行道、人行天桥或地道来进行换乘。在平面换乘方式中,由于各种交通方式均布置在同一平面上,占地面积较大,步行换乘的距离较小。常见的平面换乘包括地面常规公共交通线路之间的换乘、轨道交通地面站与其他交通方式间的换乘。

②立体换乘。立体换乘是指不同交通方式布置在不同立体层面上,通过垂直换乘通道来实现换乘。与平面换乘相比,立体换乘占用的土地面积较小,不同层面之间可以通过自动扶梯或垂直电梯来连接,为乘客换乘提供方便。立体换乘将不同的交通方式在不同的层面分开,通过交通分流消除了不同交通方式的相互干扰,尤其是消除了行人与车辆的干扰,提高了安全性和换乘效率,但垂直换乘投资一般较大。

③混合换乘。混合换乘是指平面换乘与立体换乘相结合。

❓ 复习思考题

1. 传统和经典的交通枢纽选址方法有哪些?它们各有什么特点?
2. 城市道路交通网络与布局有哪些形式?它们各自的优点和缺点是什么?

3. 公路有哪些分类方法？分别将公路分为哪些类型？
4. 公路网规划的流程是什么？
5. 城市轨道交通路网有哪些基本类型？它们各有什么特点？
6. 城市轨道交通线路规划有哪些步骤？
7. 航道规划有哪些原则？
8. 交通枢纽组织设计的主要内容有哪三个？
9. 交通枢纽组织设计的基本原则有哪些？

第6章 枢纽交通影响分析

6.1 概　述

6.1.1 交通影响分析的概念

交通影响分析(Traffic Impact Analysis,TIA)，又称为交通影响评价，是在开发项目的立项或审批阶段，定量分析城市土地开发项目或土地利用变更对交通所产生的影响，进而确定相应的交通改善措施，以减少开发方案对周边交通负荷的影响。方案的可行性取决于方案实施后对该地区道路交通可能产生的实际影响效果。因此，交通影响分析实际就是对枢纽规划方案的交通检验。

6.1.2 交通影响分析的目的和意义

交通影响分析已经成为科学规划或方案设计中必不可少的过程，其方法和内容也比较成熟。国内规划领域对这一过程还有认识上的差距，这应引起城市建设决策者的高度重视。在交通影响分析中，依然采用交通预测四阶段法进行预测，但模型的基础数据与交通需求预测是不尽相同，规划方案主要内容已标入模型。

1) 交通影响分析的目的

交通影响分析的目的主要有以下几个方面：

(1) 明确拟建项目在给定建设规模下产生的出行对周边路网带来的影响是否在可接受的范围内。

(2) 明确为了保持周边路网现有的或可接受的交通运行状态，拟建项目的开发者应当对周边交通系统所做的改善措施。

(3) 明确拟建项目产生的出行在与周边路网连接的出入口处是否影响现有交通的顺畅和安全。

(4) 为拟建项目的开发者提供周边交通系统的改进措施，从而使得拟建项目在规模不变的情况下产生的出行对周边路网的影响仍然处于交通管理部门可接受的范围之内。

(5) 评估拟建项目的开发者为改善周边交通系统所采取各种措施的费用，从而为政府管理部门收取一定的交通影响费用提供决策依据，以保证社会公平。

(6) 控制和引导城市土地利用形式和土地开发强度，从根本上解决城市过高的交通需求与交通供给不足之间的矛盾。

2) 交通影响分析的意义

(1) 以进行交通影响评价为杠杆，充分发挥政府和规划部门对城市发展的导向作用，力图使城市土地利用合理化，避免土地开发强度过大，城市功能和交通需求过于集中，从城市规划和发展的角度建立交通负荷与供给协调的城市模式。

(2) 城市交通设施是国家投资建设的。而近年来,开发商在交通设施完备的地区进行开发,获得巨额的开发效益。这些效益中的很大一部分是公共投资产生的,这部分效益理所当然应当还原给社会。从另一个角度来说,开发商的开发,使开发区域的交通需求增加。这些新增的交通需求加重了区域甚至城市的交通负荷,降低了交通设施服务水平。所以,开发商应当负责解决新增的交通负荷。保证交通服务水平不低于规定水平实施交通影响评价,是保证社会资源使用公平性的重要步骤。

(3) 发展中国家由于财力有限,无力量拿出足够的资金进行城市交通设施建设。资金投入不足,是城市交通发展的最大障碍。资金投入不足又与投资体制和资金来源渠道有关。通过征收交通影响费,是筹集交通设施建设资金的方法之一。另外,即使不征收交通影响费,也可通过合理控制交通需求来减轻交通供给的压力,减小交通建设和交通资金的压力,在满足城市规划、建设、发展的同等前提下,使交通建设投入减少。

(4) 土地利用和交通规划存在着深刻的内在联系和互动关系。交通设施的建设和改良将促进该地区的土地开发利用,土地开发利用又创造出新的交通需求。在进行交通系统规划时,必须考虑这种相互影响关系的存在,分析程序应该具有反馈功能。通过交通影响评价将城市规划、土地利用和交通规划联系起来,体现城市管理的系统性、协调性,是保证城市可持续发展的一项重要工作。

例如,上海虹桥枢纽每次交通影响评价结论的提出都促使枢纽及周边地区的各类交通规划与设计更加全面、更加深入地开展。交通影响评价在我国大型综合交通枢纽——上海虹桥枢纽规划设计过程中发挥了重要作用。

因此,通过建立交通影响评价制度,有助于交通枢纽的发展,保证交通需求处于受控状态,保持交通供需基本平衡,最终建起保证枢纽可持续发展的交通环境。

6.1.3 国内外交通影响分析的发展情况

交通影响分析是随着城市化的进程而不断得到重视和强化的。由于发达国家的城市化进程较早,启动交通影响分析工作也较早,在技术体系方面较为成熟,在运作方面也早已制度化,有许多思想和方法值得借鉴。

同时,我国城市有着鲜明的个性,推广交通影响分析时,都应该遵循与当地实际相结合的独特的技术路线和运作模式。对中外城市交通影响分析方法加以对比,对于改善我国交通影响分析方法体系和运作模式具有重要的现实意义。

1) 国内外研究与应用现状

(1) 我国的情况

我国的交通影响分析起步较晚,20 世纪 90 年代初少量大型建设项目曾经进行交通影响分析,分析的重点主要集中在项目的内部交通组织、内部与外部的交通衔接、停车设施的满足程度以及对周边路网,特别是交叉口的影响等方面。当时由于缺乏相关经验并且交通规划软件尚未普及,交通影响分析的过程相对较为简单。

20 世纪 90 年代中后期,一些研究者开始对交通影响分析的目的、意义、评价内容以及交通影响评价过程中的相关技术问题开展研究,较为集中的技术问题主要包括:影响范围的确定方法、建设项目出行生成指标、交通影响评价的判别标准、出行生成预测方法、出行分布确定方法以及交通分配方法等。

进入21世纪后,随着城市交通问题的日益突出,全国许多城市都展开了交通影响分析方面的工作,特别是北京市从2000年开始已经大规模地进行了交通影响分析工作,并且其评价结果在北京的建设项目审批中发挥着辅助决策的关键作用。

(2)国外基本情况

国外发达国家在20世纪70年代就开始开展交通影响分析相关的研究工作。20世纪80年代,美国等发达国家对交通影响分析的内容方法、基础理论、评价阈值以及交通影响费的计算方法等方面进行了较为系统和全面的研究。目前,美国各州甚至各个城市均有一套较为完善的交通影响评价指南。下面主要介绍美国的方法。

美国密歇根州的交通影响评价指南主要包括以下几部分内容。第一部分为概述部分,阐述了交通影响评价存在的问题以及指南的使用方法。第二部分说明了为什么进行交通影响评价,何时需要进行评价,以及交通影响评价的类型、影响范围的确定和评价目标年的选取。第三部分是指南的主体,包括数据的采集、交通事故分析、背景交通量、交通生成率的确定、进出口道路交通以及从事交通影响评价人员资格和评审交通影响评价报告人员资格等。最后是交通影响评价相关的法律法规问题以及相关技术。

美国科罗拉多州要求从事交通影响评价的人员必须在州里注册,并且从事相关交通工作一定年限。要求的报告内容主要包括以下几个部分:第一部分为概述及报告摘要,如项目位置、周边土地利用、研究区域边界、建设位置现状及未来土地利用、现状及规划的道路、交叉口、进出通道、交叉口的信号配时方案。第二部分为项目的出行生成、交通分布和交通分配。第三部分为现状及未来的交通量,要求对项目周边影响范围内的交通量进行早高峰和晚高峰时段的观测,并且需要清楚标明转弯车辆的数量和比例,还要预测未来的背景交通量以及项目的出行产生/吸引情况。第四部分为通行能力、服务水平分析以及信号配时分析。第五部分为交通影响评价结果的总结,并对缓解交通压力提出意见或建议。

从上述美国两个州的交通影响评价指南可以归纳出以下几个基本特点:

①各个地方对起评阈值的规定有着较大差异,这可能与各个城市不同的社会经济发展水平以及不同的交通状况等因素有关。

②各个地方对交通影响评价在内容的要求上是基本一致的。

③国外交通影响评价的内容较国内更加丰富、全面、系统和深入,如交通调查的时段一般国内仅仅为早高峰或晚高峰,但国外则普遍采用早晚高峰;如国内较少对项目影响的交叉口进行调查和研究,而国外则普遍要求对交叉口的通行能力和配时等情况进行详细分析。

2)国外交通影响分析方法

国外交通影响分析的特点既体现在交通预测和分析方法的技术层面上,又体现在报告格式以及运作模式上。

(1)交通影响分析的起评阈值

国外不同地方尽管执行不同的交通影响评价指南或相关规范,但一般都对一个城市中建设项目交通影响评价的起评阈值有所规定。

(2)交通影响评价的研究范围

国外在交通影响评价工作中,研究范围的确定方法是多种多样的。一个确切的研究范围是推动交通影响评价工作的良好基础,但确定它并不一定要采用非常复杂的数学方法。在实际运用中,一些以定性为主的标准更为简捷、明确,更令工程师所乐于接受。当然,一些以定量计算为主的方法也有特定的优势,它所推定的边界与交通需求的分布规律符合程度较高,能更好地体现每个建设项目的特殊状况或背景。

因此,以定性为主或以定量为主的方法并不能够互相替代,目前在国外这两种方法仍然共存。

6.2 枢纽交通影响分析的流程及内容

6.2.1 枢纽交通影响分析的流程

枢纽交通影响分析一般针对道路交通系统展开,对相关区域内道路交通及土地利用现状进行调查和分析,根据枢纽项目的特点,合理预测未来交通需求状况,并在此基础上,对未来该区域主要道路及交叉口的服务水平做出分析评价,找出可能存在的问题,提出有针对性的解决办法、合理的交通组织方案、交叉口改善意见及交通设施改善措施,尽可能使枢纽项目实施后枢纽内部及周边区域交通顺畅,如图 2-6-1 所示。

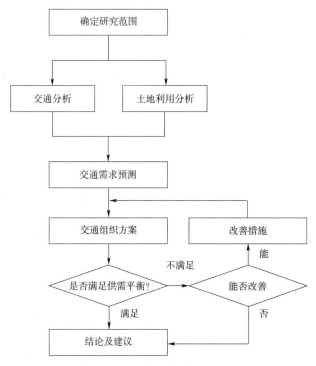

图 2-6-1 交通影响评价研究流程

英国是在 1994 年经过系统的研究之后,由交通运输协会公布了全国统一的交通影响评价指南,其核心内容包括交通生成、交通分布和交通评估等部分。其过程与美国的交通影响评价过程基本相似,但一般采用软件来进行,需要大量的交通基础数据和模型来支撑。其交通影响分析的一般流程如图 2-6-2 所示。

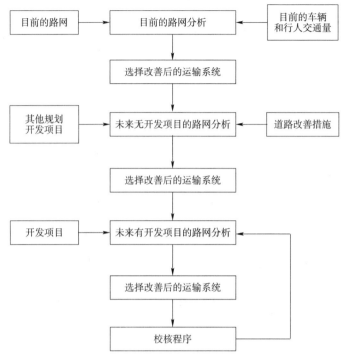

图 2-6-2 英国交通影响分析的一般流程

6.2.2 枢纽交通影响分析的内容

枢纽交通影响分析的主要内容包括以下几个部分：

(1) 研究范围的界定。所谓研究范围是指任何建设项目都会对城市交通产生一定的影响,此影响随路网范围的扩大而逐渐减弱。其中,对路网交通状况产生明显影响的区域即该项目交通影响分析的研究范围。

(2) 现状数据的收集。对研究范围内,尤其是项目周边地区的现状进行调查研究,对于编制该项目的交通影响分析是十分必要的。一方面,能够了解该地区现状的交通及土地使用状况,分析出存在的问题及症结所在,从而作为参考,有利于项目规划研究的进一步完善；另一方面,也为校对模型提供了数据支持。

(3) 道路设施规划。道路设施规划包括：在研究范围内城市路网的规划(包括道路等级、红线宽度、路板形式)、交通组织规划、重要路口的渠化方案和组织形式等。掌握研究范围内的道路设施规划是开展交通影响分析必不可少的工作环节。它为下一步进行背景交通量和项目交通量预测提供了基础的规划平台,为调整方案和改进措施的规划设计提供了有力的技术保障。

(4) 背景交通量预测。背景交通量是指在规划项目投入使用前,研究区域内路网的交通流量和负荷状况。背景交通量不但使我们对项目投入使用前区域的交通环境有一个定量的了解,还能够和项目交通量进行对比,进而评估、分析项目对周围路网的影响程度。

(5) 项目交通量预测。项目交通量预测是指规划项目建成并投入使用后,研究区域内路网的交通流量和负荷状况。项目交通量预测是交通影响分析的核心,上述研究内容都是为顺利开展项目交通量预测进行的技术准备,交通影响分析的结论也主要依据对项目交通量的分析、研究。

(6)改进措施及调整方案。通过对项目交通量预测进行分析、研究,如果其对周围交通环境的影响程度超过了路网交通的容纳能力,那么就应提出相应的改进措施或者路网的调整方案。

(7)建议。通过上述分析、研究,要提出项目的建设对周围交通环境的影响结果,并强调项目建设的交通前提条件。

各个部分的具体内容和深度应根据项目的大小、土地利用类型、综合功能构成、地区路网状况以及主管部门的特定要求等确定。具体研究过程如下:土地利用与交通系统现状调查,交通影响分析阈值、分析区域与设施的确定,交通影响分析远景目标年与高峰时间的确定,区域背景资料,项目交通预测,非项目交通预测,交通分析以及交通设施改善措施设计,敏感性分析以及交通影响费的计算。

(1)土地利用与交通系统现状调查

交通影响分析(TIA)首先应从土地利用调查开始,了解开发区域现有交通状况和土地利用是预测出行需求、进行交通影响分析和确定必要的交通设施改善措施的前提。土地利用调查对象为:开发区域土地特征、开发程度、开发项目所在地区、建筑构成、可开发面积、开发区域地形、现有区划和土地功能;交通现状调查的对象有:现有路网结构、道路等级和车道数、现有交叉口和区域出入口、交通控制设施、关键交叉口的几何线形和物理特性、信号控制交叉口的信号配时、运行方式和管理措施、现有优先通行权以及其他与交通影响分析有关的特性参数和交通状况观察数据。

(2)交通影响分析阈值、分析区域与设施的确定

交通影响分析阈值用于确定开发项目达到何种规模时才需要进行交通影响分析。其主要包括:规划调整项目用地的阈值、建设项目在高峰小时将产生(新增加)出行阈值、建设项目全日产生交通量的阈值、建设项目规模的阈值。

交通影响分析的研究区域包括与项目进出交通直接相交的干道和交叉口。交通影响分析设施包括交通系统、停车设施以及其他有关交通设施。

交通影响分析的范围主要包括开发工程所在地区和交通影响较大的周围地区。但是过大的交通影响分析反而会给研究造成不必要的经济和时间的浪费。在美国,部分区域的交通影响分析的影响范围是由开发导致新增交通量超过高峰时段通行能力的5%以上时的全部道路、交叉口及交通特性有明显改变之处。一般是对于局部的土地利用开发情况,根据分析结果提出交通设施改进建议。同时,《美国地方政府工作指南》指出,如果一个项目在高峰小时可能会产生或吸引超过100个交通出行时,就应该进行全面的交通影响分析。

此外,当项目在开发面积、密度不足上述标准,但当有下述情形之一时,也应进行交通影响分析。最小情况,区域应包括与拟建项目直接相邻的道路和交叉口。另外,它还应包括项目交通直接相邻的干道和交叉口。

①邻近道路的交通流量很大,将对该建筑的进出交通产生影响;
②邻近道路在规划中的入口处无左转车道;
③进入口处平、纵视距不满足规定的要求;
④拟建中的入口道距其他入口道或交叉口太近;

⑤该项目为特种用途,或者在详细规划分类中为有条件的,或者该处会有通过性交通。

(3) 交通影响分析远景目标年与高峰时间的确定

交通影响分析属于近期区域交通规划,它的远景规划年的规定通常都是短期的,其选定与区域规划目标年限、开发工程的建设阶段及交通系统的变化情况有关。其取决于项目实施的年限和道路交通系统改善的期限,同时考虑与城市交通规划战略模型预测年限的一致性。一般而言,研究目标年应为项目全部建成或使用的年份,或者城市总体规划的目标年。规模较大或分期实施的项目,应考虑各阶段完成时期及全部建成后一定时期(如5年、10年)的情况。

一般来说,开发工程高峰出行时间与工程类型及所处区域路网特性有密切联系。道路系统的高峰出行时间可通过交通量调查资料分析得出。另外,一些土地利用类型的高峰出行时间可能出现在晚间或周末。在分析时,对这种特殊情况的高峰时间在分析处理时要给予适当考虑。

(4) 区域背景资料

交通影响分析研究需要的背景资料一般应包括:

①社会经济数据。用于研究区域内现状及未来人口、就业数据。

②交通量。主要包括历史和现状交通量、季节变化系数、其他已有的研究或规划所预测的交通量、行人流量。

③土地利用。主要包括现状用地情况:性质、密度(规模)、已审批项目情况、计划完成日期、密度、类型,其他预计的开发项目,临区建筑容积率。

④交通系统。主要包括现状道路系统情况、道路功能层次、道路规划情况、公共交通、行人和自行车设施、港湾及停车设施、交通设施实施计划。

⑤其他交通数据。主要是指 OD 调查和出行分布数据等。

这些资料可根据项目情况有所取舍或补充。所引用资料不能太旧,交通变化较快地区,应采用当前或上一年的数据。

(5) 项目交通预测

交通影响分析预测开发产生的诱增交通量是极为重要的一部分。进行项目交通预测时一般采用出行率法,预测不同方向分布交通量可用势力圈法、类推法、OD 法和重力模型法。考虑实际使用该方法的容易程度、数据利用的可能性、费用等因素,应用出行率法或类推法的例子较多。

①交通生成。所谓交通生成是指项目产生和吸引的出行量。

国外通常采用出行率的方法,即选取与项目位置、规模和性质相似的土地利用的出行率,类比推算拟建项目的出行量。国内进行交通影响分析(TIA)时,一方面要进行实地调查,另一方面要充分利用已有数据。开发设施是未来建成使用的,而已有数据和调查点的条件与开发设施的未来条件有很大不同,确定开发设施出行生成率时,一般要考虑以下几方面因素:

a. 在利用出行率调查数据时,必须清楚它们的适用范围,尽量选取与项目特征类似的用地数据。这些特征包括区位条件、性质、规模等。其中,规模大小与出行生成率存在相关性。国外研究表明,规模越小,单位面积的出行生成率越高。另外,选取好参照用地的出行率数据后,一般不要取它们的平均值,取85%位置的数据才是合适的。当数据量比较大时,还可以采用回归的方法。

b. 如果研究范围较大或开发信息不够明确时,应采用专门的城市交通规划模型进行估算。

c. 已有设施所在分区的经济水平与开发设施所在分区的差异。

d. 开发设施本身的土地利用类型是否是多种类型混合的。对于混合类型,开发设施内部的出行应予以扣减。具体的扣减比例,运输工程师学会(Institute of Transportation Engineers,ITE)的《Tripeeneration》规定为25%,国内则需要进一步调查研究。

②交通方式划分。交通方式划分的目的是确定项目交通量的交通方式构成。这些交通方式通常包括小汽车、公交、自行车和步行等。在传统的四阶段交通规划过程中,方式划分可在交通产生之前、之后或交通分布之后进行。在交通影响评价中方式划分工作一般应尽可能提前。国内大城市的各种出行方式中,以步行、公交和自行车方式为主。

目前应用较多的方法有两种:一种方法是选用与项目类似、公交服务水平相近的现状建筑的出行结构数据进行类推,这种方法假定交通结构不变;另一种方法是采用区域交通模型的方法。当项目规模较大、交通设施变化较大或设计年限较长时,交通结构会因土地利用布局和交通设施的显著变化而发生较大变化,这时就需要借助交通规划模型估计新的交通结构。

③交通分布与交通分配。交通生成量确定后,应根据出行分布方向,将其分配到交通网络上。预测交通分布的方法有类推法、势力圈法以及模型法等。常用的方法是根据现有的出行分布规律进行预测。根据路网交通流量的流向比例,将项目交通量分配到路网上。在分析期内土地利用、交通设施变化很大时,利用区域交通模型进行交通分布和交通分配更为合适。

(6)非项目交通预测

除项目自身和研究区域内计划审批的其他项目生成的交通量会影响目标年的交通系统状况外,研究区域外的变化同样也会产生影响。非项目交通预测需全面考虑目标年的条件,称为基本情形(Base Case),即项目建成前的背景条件。非项目交通包含两部分:

①过境交通,即所有通过研究区域且起止点均在区域外的交通出行;

②其他项目交通,即研究区域内其他项目产生的交通,起点或终点在研究区域内。

未来交通需求包括项目交通、区域内其他已审批同意建设项目的交通以及区域现状交通加上自然增长量的总和。

预测非项目交通的主要方法有三种:

①累加法。最常用的方法就是用前述方法估计已审批和所有可能的项目产生的交通量,再加上背景交通量,从而估计项目交通和区域交通增长的叠加效果。

这种方法最适用于交通增长适中、预测年限不长(小于10年)、区域内的开发建设项目比较确定的情况。

②交通模型法。在某些条件下,项目所在地区进行过系统的交通分析,已经建立了交通规划模型,可以较准确地反映研究区域的土地利用和交通网络的变化情况,用来预测未来交通状况。如果项目规模较大,或者时限较长(超过10年),应考虑时使用这种方法。在使用已有模型时,应注意以下几点:

a. 预测模型是否过时,能否反映地区土地利用和交通设施的最新变化;

b.区域交通模型通常反映的是全天的平均情况,可能不含高峰小时交通量,能否直接用于交通影响评价;

c.交通模型对交通网络和土地利用的描述不够细,可否满足交通影响评价的深度。

在无现成的交通模型可用时,应视情况,考虑建立区域交通模型。

③平均增长率法。平均增长率适用于预测非项目交通,可以根据近几年项目附近地区的交通历史数据确定平均增长率,也可以使用地区交通规划模型预测增长率。如果使用地区模型,要注意从中去除所有与项目有关的交通量。

这种方法适用于增长变化不大、增长趋势稳定的情形,预测时间不能过长。如果项目时限超过10年,或者增长率可能发生较大变化时,应考虑选用其他方法。

(7)交通分析

交通分析的内容是对研究区域内所有主要道路、交叉口和开发区域出入口等的通行能力进行分析,将项目交通量和非项目交通量进行叠加,得出总交通量。再分析交通系统能否满足增长的交通需求,以此为基础探讨高峰时间开发项目对周围交通设施的影响,分析交通系统能否满足增长的交通需求,即是否造成通行能力的不足,进而评价为保持一定的服务水平是否需要改善设施。

从交通规划的角度考虑TIA实际上是基于项目本身产生的交通总量分配到路网上,致使预测的未来总流量重新分配,即将现状交通出行矩阵分配到目前的路网上,模拟出所产生的效果,计算出相应的服务水平。这一工作通常要依靠规划软件进行,再将预测的项目交通、非项目交通进行流量合计,将预测出的交通出行矩阵再分配到目前的道路网上,同样模拟出所产生的效果,并计算出相应的服务水平,与前面计算得到的服务水平进行比较。通过交通分析与评价是否需要改善措施,将改善后的交通出行矩阵再次分配到路网上,模拟所得结果后,再进行交通分析。如此迭代下去,直至满足所要求的服务水平,可以采用网络分析软件。

(8)交通设施改善措施设计

交通设施改善措施是为消化建设项目产生与吸引的交通量,保持原有的交通服务水平,而采取的各种交通设施改善方案,应从不同的角度优选交通设施改善方案。具体包括:

①开发设施以外道路系统的改善。主要包括道路设计,新的道路数量、长度、车道数,交叉口改善,附加的过境车道,转弯车道(包括应容纳的排队长度),加、减速车道和支路车道,信号设置。

②行人交通设施的改善。

③公交设施的改善。

④内部道路系统的改善。主要包括道路设计、交通组织设计的改善以及专用进出口车道设计等。

⑤交通管理措施。

⑥交通系统改善评估。主要包括对运行特征的影响,改进所需的费用等。

⑦交通改善措施的实施计划。

(9)敏感性分析

建设项目的交通影响是在不同的假设前提下进行预测和分析,所以,有时周围的道路交通条件能够满足需要,但有时并不是如此,因此有必要进行敏感性分析。敏感性分析一般应包括在以下两种情况下,特别是在开发强度过大,周围道路及交叉口服务水平的变化范围超出了周围道路和交叉口可以承受的能力时,通过敏感性分析可以得到允许的开发强度指标:

①开发强度的变化(如增加或减少10%、20%等);

②交通方式选择的变化(突出小汽车出行比例的增加或减少)。

(10)交通影响费的计算

将交通影响分析预测结果与应该确保的服务水平相对照,不满足时,或者让大城市交通影响分析体系研究开发商负担与开发影响相当的交通设施建设费,或者让开发商修改原规划,以避免其对周围交通设施造成影响。运用经济学的有关理论,评价交通设施投资的经济效果,进行投资项目的国民经济评价和财务评价,最终确定交通影响费的计算方法与征收标准。

在基于消耗的交通影响费模型中,为了反映新开发项目对原来道路所产生的新的交通需求以及确定由新开发项目所消耗的公路系统通行能力的大小,通过采用增加一个车道×公里的通行能力的费用来解决。基于消耗的交通影响费计算模型如下:

$$交通影响费 = 由新开发项目而消耗的道路系统费用 - 投资增加额 \quad (2\text{-}6\text{-}1)$$

对于任意单个土地开发项目:

$$由新开发项目而消耗的道路系统费用 = (总的新出行数 \times 出行距离 \times 单位费用)/(2 \times 每车道通行能力) \quad (2\text{-}6\text{-}2)$$

$$单位费用 = 建造每一车道公里的费用 \quad (2\text{-}6\text{-}3)$$

$$投资增加额 = 汽车燃料费 + 其他基础设施税 \quad (2\text{-}6\text{-}4)$$

为了正确计算影响费,模型中的变量需要大量精确的数据,因此,对于每种土地利用,如果要计算出较为理想的影响费,必须合理地评价出行率、出行距离和邻近道路的出行吸引率(新出行的百分率)。对于模型中的投资增加额,通常由下述模型计算:

$$投资增加额 = (出行率 \times 出行距离 \times 出行吸引 \times 每年等效天数 \times 每升汽油费 \times PWF)/MPG \quad (2\text{-}6\text{-}5)$$

式中:PWF——目前的价值因素;

MPG——每升公里数。

虽然基于消耗的交通影响费模型相当简单,但由于不合理的输入数据将导致错误的出行率,因此,合理选择与评定输入数据是复杂的。

❓ 复习思考题

1. 交通影响分析的概念是什么?
2. 交通影响分析的目的有哪些?
3. 枢纽交通影响评价的一般流程是什么?
4. 枢纽交通影响分析的主要内容有哪几个部分?

第7章 枢纽规划方案的综合评价

7.1 枢纽规划方案评价概述

评价是在一定的运输需求和运输环境的条件下,按照一定的评判准则与方法,对被评判对象从某一方面或各方面的综合状况作出优劣评定。枢纽规划方案评价依据所给的约束条件和环境背景中的驱动因素,通过分析规划方案的优劣、得失,为决策方案的选择提供依据。前述的枢纽交通影响分析是枢纽评价的重要组成部分,但对于不同的枢纽规划方案,还需要建立更完善的评价指标体系和采用合适的评价方法。

枢纽规划方案的评价与选优,是对规划方案进行多目标评价和选择的重要手段。由于枢纽规划方案对整个社会经济系统和交通运输系统的发展和运转都有重要的影响,涉及城市规划、城市交通系统与城市的相互关系、土地利用模式等复杂因素,因此通常采用定性分析的方法,辅以一定的量化评价模型。综合交通系统是一个复杂开放的大系统,其交通枢纽的布局受到很多不可量化的因素影响,采用数学模型计算得到的结果的同时,还需要与实际情况结合,进行比较和分析,方能确定正确的综合交通枢纽规划方案。同时,交通系统的复杂性也导致在采用数学模型计算时,不一定能得到唯一的最优解,此时就需要对量化计算得到的多个方案进行比较和评价,以保证得到最优的枢纽规划方案。

最早且最常用的定量评价法是财务和技术经济有关的成本效益分析法,但由于交通运输系统中的很多定性因素无法量化,成本效益法只能从一个角度反映方案的优劣,并不全面。随着运筹学应用领域的不断扩展,出现了定性与定量相结合的层次分析法(AHP法)、模糊综合评价法等,并在此基础上综合几种方法得到了组合评价方法,这些方法在枢纽规划中得到了广泛的应用。

7.1.1 评价目的

枢纽规划方案的评价是交通枢纽规划工作程序中的一个关键环节,规划工作所利用的信息、所输出的结果都汇集于此,以便制订出最终准备付诸实施的运输枢纽发展建设方案。交通枢纽规划方案评价的目的侧重于规划的科学性、准确性、连接程度,判断规划能否实现各种运输方式的衔接、优化和协调,能否使交通运输系统成为具有综合性、系统性和整体性的一体化运输网络。评价分析研究的主要任务有两个:一是建立合理、科学的评价指标体系;二是研究评价的手段和方法。

7.1.2 评价内容

交通枢纽规划方案综合评价的内容,包括定量评价和定性评价两个方面。其中,定量评价主要对一些可以通过量化计算得到的指标(如枢纽的发生吸引范围、枢纽的负荷度等),评价方法和评价结果都比较直观;而定性评价则针对那些无法定量化的指标,如枢纽布局方案与城市总体规划的协调程度、枢纽布局与交通网络布局的相互关系等,其评价方法和评价准则相对模糊。

7.1.3 评价步骤

在实际工作中,交通枢纽规划方案的制订与评价选优是两个相互反馈的过程,从指标体系的建立、指标的定量化标准,到规划方案的调整,都不是一次能完成的,需要进行反复的优化和调整。如何把枢纽规划方案的形成阶段与评价选优阶段有机结合,是当前交通枢纽规划需要解决的一个重要课题。虽然不同的系统,在系统评价的对象、标准、影响因素、评价方法等方面互不相同,但基本评价步骤如图 2-7-1 所示。

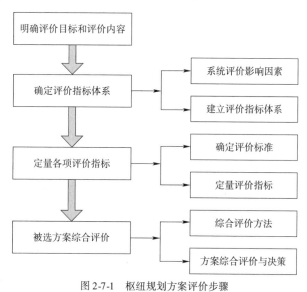

图 2-7-1 枢纽规划方案评价步骤

7.2 评价系统的组成

7.2.1 建立评价系统的一般原则

系统评价首先要建立一套衡量标准,即评价指标体系。系统评价指标体系是在对系统评价的影响因素进行分析和研究的基础上,按照影响因素的重要程度,对各因素具体化后的结果。由于评价对象的复杂性,导致了系统评价指标的多样性,同时各指标之间还互相制约、互相影响,因此建立一套层次清晰、关系合理的评价指标体系是保证系统评价成功的前提。一般来说,枢纽规划方案综合评价指标的建立应遵循以下几个原则。

(1) 综合性原则

单项指标只能从某一侧面反映评价对象的性质,而不能反映个体或系统的整体特性。相比之下,一个评价指标体系应该力求全面地反映评价对象的特性性能,否则就可能使该评价失效,给决策者决策带来失误。因此,交通枢纽的评价体系应该全面、可靠地反映交通枢纽的功能、效益和影响。当然,由于交通枢纽是一个涉及许多复杂因素的大系统,做到这一点是相当困难的。

(2) 科学性原则

建立的评价指标体系必须科学、合理、客观地反映交通枢纽的能力、经济、社会和环境效益状况。

(3) 可比性原则

评价必须以价值为依据来考察不同个体之间、个体与标准之间的相对优劣,因此,必须在平等的可比价值体系下才能进行,否则就无法判断不同枢纽的相对优劣。同时,可比性必然要求具有可测性,没有可测性的指标是难以比较的。因此,评价指标要尽量建立在定量分析基础之上。

(4) 可测性原则

可测性包括两方面的含义:一是评价指标可以根据一定的方法和手段求得;二是所用的资料比较可靠,并容易取得。

(5) 协调性原则

综合评价的指标较多,指标与指标之间应该是相容的或者相互协调的,而不是相互矛盾、冲突的。

(6) 层次性原则

建立指标时要注意各指标之间的层次性,这样才能为衡量方案的效果和确定指标的权重提供方便。

7.2.2 选择指标的方法

指标选择是进行多指标综合评价的首要工作,它的主要任务是构建能完整反映研究对象总体属性的指标体系。

现有的指标选择方法主要有三种:

(1) 因果法。因果法多用于环境、社会方面指标选取。它是根据社会、环境与规划项目之间的因果关系及影响程度进行评价指标选取。

(2) 目标层次分类展开法。把规划拟定的抽象的目标按逻辑分类向下展开为若干目标,再把各个目标分别向下展开为分目标或准则,以此类推,直到可定量或可进行定性分析(指标层)为止。

(3) 复合法。把两种或两种以上的单个评价指标按一定的数学规则组合在一起,使原来指标各自的优点得到加强,同时克服了原有的部分缺点。有时,为了方便人们对某个问题的理解和量化,也把独立完备的单个指标组合在一起,组成复合指标。

7.2.3 枢纽评价的影响因素分析

要建立枢纽规划的综合评价指标体系,就必须了解枢纽评价受哪些因素的影响。评价交通枢纽的规划方案的优劣,主要应该考虑以下几个方面。

(1) 枢纽能力因素

枢纽的场站能否满足交通运输需求,枢纽的能力负荷是否合理,枢纽内部效益是否会受规划方案的限制,是枢纽能力评价的重要方面。

(2) 经济因素

该枢纽的规划是否与所在城市或地区的经济特性相符,投资和效益情况如何。我国的交通枢纽一般都依托于全国或者省区的政治、经济、文化中心或工业基地和水陆联运中心等,交通枢纽的规划方案将很大程度地影响该地区的经济发展,对该地区的经济带动的积极作用应该是规划方案需要考虑的关键问题。此外,规划方案还涉及枢纽建设的投资、日常的运营费用等,这些都是需要考虑的因素。

(3)社会、环境因素

考虑乘客、货主的方便性,枢纽的规划应与城市规划的相协调,交通枢纽的规划应具有前瞻性。考虑到交通枢纽的长远发展,规划出枢纽在城市建设中的用地,避免废弃工程,使交通枢纽的规划与城市规划和谐统一。另外,枢纽的规划方案还应考虑到各种运输方式的配合与协调,各种运输方式如何有效地衔接和协调工作。这是各运输通道间高效畅通运输的有力保障,也是实现一体化交通的重要组成部分。所以,交通枢纽各运输方式协调程度也是衡量交通枢纽规划方案优劣的重要因素。

7.2.4 枢纽规划评价指标体系

影响枢纽规划方案评价的因素众多,建立的指标应全面地反映枢纽的情况。所以,根据枢纽的组成,首先利用目标层次分类展开法对枢纽的功能、经济效益、环境效益和社会效益分别建立指标,组成比较完备的指标体系,再利用复合法,把独立完备的单个指标按一定的数学关系组合成组合指标,从而建立起枢纽规划方案的综合评价指标体系。

(1)功能性指标

枢纽的功能性指标主要包括枢纽的运输总能力、客流疏解能力、货物中转能力、枢纽能力利用均衡性、旅客换乘方便性、各种运输方式的协调性、运营安全性、时间效率性、枢纽发展余地、枢纽服务范围等。

枢纽能力利用均衡性反映了综合交通枢纽客货运量与其运能的适应程度。枢纽服务范围的指标用枢纽服务范围的当量半径衡量。

旅客换乘方便性主要从客、货运的换乘所需时间、环节的多少来衡量。

(2)经济与社会效益指标

经济与社会效益指标包括对经济与社会方面的影响,包括总投资额、换算运营费用、对城市发展的促进作用、货主方便性和旅客方便性。

①工程投资。指枢纽建设的投资,是衡量枢纽规划的重要经济指标。

②运营费用。指各种方案条件下,枢纽系统内部运营的总费用,包括车小时费用、车公里费用、线路维修费用、员工工资支出等项目。在枢纽的综合评价中,它们也具有宏观的相对比较价值。

③对区域经济促进作用。这一指标用以衡量枢纽的规划对带动所在地区经济的发展的影响作用大小。

④土地增值潜力。指枢纽的建立对周边土地价值的增加而产生的影响。

⑤促进就业。该指标可以用枢纽建后产生的新增就业岗位来衡量。

(3)环境效益指标

枢纽的规划对周围环境的影响以及和环境的协调也是枢纽规划方案需要考虑的重要因素,因此,评价指标需要考虑环境效益方面。但是,有关环境效益的指标通常难以量化,所以采用专家打分法。

①对居民生活的影响。主要是评价枢纽的规划对城市居民的干扰。对于那些有铁路线穿越城市的枢纽,比如有的方案按最短径路应是穿越城市的城区铁路线,但是考虑到对城市居民的干扰,应另选径路。

②与城市规划的协调性。枢纽的规划方案不仅要和目前城市布局相适应,同时还要与城市远期的规划进行协调。

③与城市交通的协调性。枢纽规划的方案还应考虑与城市交通相配合,注重与城市交通的协调,保证旅客出行与中转的快速与方便。

④与其他运输方式的协调。无论是旅客的换乘,还是货物运输的联运,都需要交通枢纽在规划的时候考虑到各种运输方式的协调。

⑤对生态环境的影响。枢纽建设对生态环境的影响主要包括地形地貌、动物群、植物群等方面。

(4) 综合评价指标

根据上面对指标的介绍,交通枢纽规划方案的综合评价指标体系如图 2-7-2 所示。

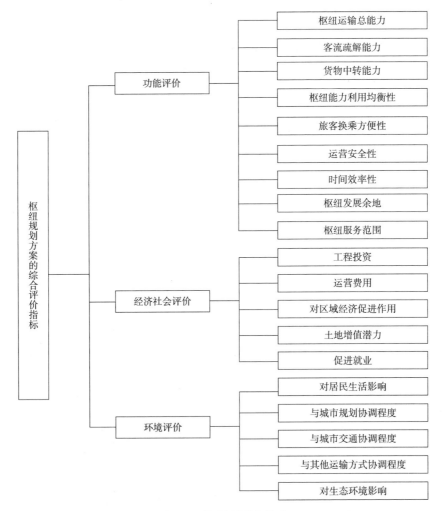

图 2-7-2 综合评价指标体系

7.3 综合评价方法

枢纽规划方案的评价比选问题的实质是多属性决策问题。在定性与定量相结合的系统评价方法中,国内外对复杂对象的多指标综合评价方法有很多种,目前常用的主要有层次分析法、模糊综合评价法、TOPSIS 评价法、灰色关联度法等十多种方法。在此基础上,还有综合这几种方法得到的组合评价方法。各评价方法的特点见表 2-7-1。这里主要介绍较为常见的层次分析法、模糊综合评判法和 TOPSIS 法。

几种多指标评价方法简介 表 2-7-1

类别		方法名称	基本思想	主要特点
确定型	基本方法	功效函数法	通过功效函数将不同量纲的各指标实际值转化为无量纲的功效系数,再根据各指标的权重关系得到综合评价值,以综合评价值作为综合评价的依据	该方法直观明了,可使不可比的、相互补的指标,按照某种规则成为相互可比的量化指标,同时又兼顾了各指标在评价中的重要程度
		TOPSIS (Technique for Order Preference by Similarity to Ideal Solution)法	基于归一化后的原始数据矩阵,找出有限方案中的最优方案和最劣方案,然后分别计算每一方案与最优方案和最劣方案间的距离(用差的平方和的平方根值表示),从而得出该方案与最优方案的接近程度,并以此作为评价各方案优劣的依据	该方法从原始数据本身出发进行计算,与其他方法相比具有客观实际、主观因素小、区分明显等特点。但该法的权重受迭代法的影响,同时由于其对中性指标的转化尚无确定的方法,致使综合评价的最终结果不是很准确
		综合指数 (Synthetical Index)法	把不同性质、不同类别、不同计量单位的工作指标经过指数化变成指数,按照同类指标相乘、异类指标相加的方法进行指标综合,然后比较。具体方法有加权线性和法、乘法合成法、混合法等	该方法原理简单,无需复杂的运算,易于操作;对数据的分布、指标的多少无严格要求,适用范围广;对原始数据进行相对化处理,消除了不同指标量纲的影响。但是由于权重作用较明显,易夸大权重大的因素和掩盖权重小的因素的作用
	综合方法	层次分析 (AHP)法	将评价目标分为若干层次和指标,依照不同权重进行综合评价的方法。根据系统中各因素间的关系,确定层次结构,建立目标树图→建立两两比较的判断矩阵→确定相对权重→计算子目标权重→检验权重的一致性→计算各指标的组合权重→计算综合指数和排序	通过两两比较标度值的方法,把人们依靠主观经验来判断的定性问题定量化,把定性分析与定量分析有机结合; 但仍然存在评价过程的随机性和评价专家的主观不确定性,判断矩阵易出现严重的不一致现象
		蒙特卡洛模拟综合评价法	利用蒙特卡洛模拟技术将原序数关系的目标属性转化为一系列的目标属性向量。对于每一权重向量,利用加权法对方案(评价对象)进行排序,得到一系列排序向量,再统计每个方案排在各个排序位次上的次数,进而求出相应比例。 一般步骤如下:根据各指标属性,进行数据生成(生成的数据应满足无量纲化、标准化和测度统一化)→产生随机权重向量→计算加权值→排序向量	对于那些由于计算过于复杂而难以得到解析解或者根本没有解析解的问题,蒙特卡洛方法是一种有效的求出数值解的方法。在多属性决策中,蒙特卡洛法可以用于属性权重或属性值为序数型的决策问题

续上表

类别		方法名称	基本思想	主要特点
确定型	综合方法	数据包络分析（Data Envelopment Analysis，DEA）法	根据多项投入指标和多项产出指标，利用线性规划的方法，对具有可比性的同类型单位进行相对有效性评价的一种数量分析方法	在处理多指标投入和多指标产出方面体现出优势
确定型	综合方法	主成分分析（Principal Component Analysis，PCA）法	将多个指标化为少数几个综合指标，而保持原指标大量信息的一种统计方法。 基本计算步骤：对原始数据进行标准化变换并求相关系数矩阵 $R_{m\times n}$→求出 R 的特征根 λ_i 及相应的标准正交化特征向量 a_i→计算特征根 λ_i 的信息贡献率，确定主成分的个数→将经过标准化后的样本指标值代入主成分，计算每个样本的主成分得分	该方法解决了指标间的信息重叠问题；以综合因子的贡献率确定各因子权重，克服了某些方法中人为确定权重的缺陷。 当指标数越多，各指标间相关程度越密切，即相应的主成分个数越少，该方法越优越；对于定性指标，应先进行定量化；当指标数较少时，可适当增加主成分个数，以提高分析精度。采用主成分分析法进行综合评价有全面性、可比性、合理性、可行性等优点。但是也存在一些问题：如果对多个主成分进行加权综合会降低评价函数区分的有效度，且该方法易受指标间的信息重叠的影响
不确定型		灰色关联度法	将灰色系统理论中的关联分析法用于多层次的综合评价中，即通过层次分析法或专家打分法等主客观赋权方法确定各层次各指标的权重系数。考虑到各因素的重要性的不同，把按乘法法则并获得的各指标权重系数加入关联度的计算，即由各元素的关联系数取平均值改为加权平均	较好地克服了关联分析法对各评价元素主次不分的不足。可用原始数据直接计算，无需大量样本，计算简便
不确定型		模糊综合评判法	应用模糊关系合成的特性，从多个指标对被评价事物隶属等级状况进行综合性评判的一种方法，它把被评价事物的变化区间作出划分，又对事物属于各个等级的程度作出分析，使得描述更加深入和客观。 一般步骤如下：确定评价事物的因素论域→选定评语等级论域→建立模糊关系矩阵→确定评价因素权向量→选择合成算子→得到模糊评判结果向量→进一步分析处理	该方法数学模型简单，容易掌握，对多因素多层次的复杂问题评判效果比较好。在实际应用中，采用模糊综合评判法能够得到全面和合理的评判结果
不确定型		粗糙集的综合评价法	主要思想：在保持分类能力不变的前提下，通过约简导出问题的决策或分类规则。 评价步骤：评价信息表的设定→指标集的约简→指标权重的计算→综合评价值的计算	适用条件：指标数量较多，需要进行约简时显现优点

7.3.1 层次分析法

层次分析(the Analytic Hierarchy Process, AHP)法是由美国运筹学家、匹兹堡大学教授 Saaty 于 20 世纪 70 年代创立的一种系统分析与决策的综合评价方法,是在充分研究人们的思维过程的基础上提出来的。这种方法将决策者的经验给予量化,特别适用于目标结构复杂且缺乏数据的情况。它是一种简便、灵活又实用的多准则决策方法。

1)层次分析法的基本思路

层次分析法的基本思路是把一个复杂问题中的各个指标通过划分相互之间的关系使其分解为若干个有序层次。每一层次中的元素具有大致相等的地位,并且每一层与上一层次和下一层有着一定的联系,层次之间按隶属关系建立起一个有序的递阶层次模型。层次结构模型一般包括目标层、准则层和方案层等几个基本层次。在递阶层次模型中,按照对一定客观事实的判断,对每层的重要性以定量的形式加以反映,即通过两两比较判断的方式确定每个层次中元素的相对重要性,进而建立判断矩阵。然后,利用数学方法计算每个层次的判断矩阵中各指标的相对重要性权数。最后,通过在递阶层次结构内各层次相对重要性权数的组合,得到全部指标相对于目标的重要程度权数。

2)层次分析法的工作步骤

层次分析法的工作步骤如下:

(1)递阶层次结构的建立

将复杂问题涉及的因素条理化、层次化,构造出一个有层次的结构模型。在这个模型下,复杂问题的组成因素被分成若干组成部分,称为元素。这些元素按其属性及关系形成若干层次,上一层次的元素对下一层次的元素起支配作用。层次之间的支配关系不一定是完全的,可以存在这样的元素,它并不支配下一层所有的元素,而仅支配其中的一部分元素。这种自上而下的支配关系所形成的层次结构称为递阶层次结构。

(2)构造两两比较判断矩阵

假定上一层元素 C 为准则或子准则,支配下一层的元素为 $u_1, u_2, \cdots, u_n$。针对准则或子准则 C,元素 u_i 与 u_j 两两比较,按(1/9,9)EM 法或(−2,2)EM 法(期望修正法)对重要性程度赋值,构造判断矩阵。(−2,2)EM 法构造的判断矩阵 $C = (c_{ij})_{n \times n}$,要转换成矩阵 $B = (b_{ij})_{n \times n}$,再用 EM 法求解最大特征值和排序向量。求解转换矩阵 B 的方法如下:

①已知判断矩阵 C,计算各元素的重要性排序指数 r_i。

$$r_i = \sum_{j=1}^{n} c_{ij} \quad i = 1, 2, \cdots, n \tag{2-7-1}$$

式中:c_{ij}——判断矩阵 C 中第 i 行 j 列元素。

②求解转换矩阵 B 的元素。

$$b_{ij} = \begin{cases} r_i - r_j + 1 & r_i \geq r_j \\ (r_i - r_j + 1)^{-1} & r_i < r_j \end{cases} \tag{2-7-2}$$

若判断矩阵具有性质:在原始判断矩阵元素 a_{ij} 中,对任意的 $i、j、k$ 有 $a_{ij} = a_{ik} \cdot a_{kj}$,则称矩阵 A 为一致性矩阵。并不是所有的矩阵都具有一致性。事实上,AHP 中多数判断矩阵都不满足一致性。一致性及其检验是 AHP 的重要内容。

(3)单一准则下元素相对权重计算及一致性检验

①单一准则下元素相对权重计算。这一步在第二步的基础上,根据给出的判断矩阵中

求出被比较元素的排序权重向量。主要可以采用特征向量法和最小二乘法来计算,并且根据一致性比率 C.R.(Consistency Ratio)是否大于 0.1 来检验判断矩阵的一致性。

②判断矩阵一致性修改。首先对原始判断矩阵 $\boldsymbol{A} = (a_{ij})_{n \times n}$ 按行求积,得 $b_i = \prod_{k=1}^{n} a_{ik}$,然后通过数学变换 $aa_{ij} = \sqrt[n]{b_i/b_j}(i,j=1,2,\cdots,n)$ 形成一致性判断矩阵 $\boldsymbol{AA} = (aa_{ij})_{n \times n}$。

将构造的一致性判断矩阵作为参照矩阵,为专家重新判断并调整提供方便。专家修改最简单的途径是从一致性判断矩阵与原始判断矩阵两者之差形成的矩阵中绝对值最大的元素着手。

(4)计算各层元素对目标层的总排序向量

上面得到的是一组元素对其上一层次中某元素的权重向量。最重要的是得到准则层各元素对目标层的排序权重,即总排序权重,从而为运用综合评价方法奠定基础。总排序权重要自上而下地将单准则下的权重合成。

假定已经计算出了递阶层次结构的第 $k-1$ 层上 n_{k-1} 个元素相对于总目标的排序权重 $\boldsymbol{W}^{(k-1)} = (w_1^{(k-1)}, w_2^{(k-1)}, \cdots, w_{n_{k-1}}^{(k-1)})^{\mathrm{T}}$,以及第 k 层 n_k 个元素上以第 j 个元素为准则的单排序向量 $\boldsymbol{P}_j^{(k)} = (p_{1j}^{(k)}, p_{2j}^{(k)}, \cdots, p_{n_k j}^{(k)})^{\mathrm{T}}$,其中不受 j 元素支配的元素权重取为 0。矩阵 $\boldsymbol{P}^{(k)} = (p_1^{(k)}, p_2^{(k)}, \cdots, p_{n_{k-1}}^{(k)})^{\mathrm{T}}$ 是 $n_k \times n_{k-1}$ 阶矩阵,表示了第 k 层上元素对第 $k-1$ 层上元素的排序,那么第 k 层上元素对目标的总排序向量 $\boldsymbol{W}^{(k)}$ 为:

$$\boldsymbol{W}^{(k)} = (w_1^{(k)}, w_2^{(k)}, \cdots, w_{n_k}^{(k)})^{\mathrm{T}} = \boldsymbol{P}^{(k)} \cdot \boldsymbol{W}^{(k-1)} \quad (2\text{-}7\text{-}3)$$

并且一般公式为:

$$\boldsymbol{W}^{(k)} = \boldsymbol{P}^{(k)} \boldsymbol{P}^{(k-1)} \cdots \boldsymbol{P}^{(3)} \boldsymbol{W}^{(2)} \quad (2\text{-}7\text{-}4)$$

式中:$\boldsymbol{W}^{(2)}$——第二层上元素的总排序向量,也是单准则下的排队向量。

对于判断矩阵,同样从上到下进行一致性检验。通过层次分析法所获得的权重值体现了评价者对各指标的主观判断,不需要定量的信息,但要求评价者对评价对象有足够的了解和透彻的掌握,对于指标结构复杂并缺乏足够数据的情况下的评价很实用。但也因其主观性,使得不同评价者对于同一评价对象的评价结果有一定程度的差异。

7.3.2 模糊综合评价法

模糊综合评价,是以模糊数学为基础,应用模糊关系合成的原理,将一些边界不清、不易定量的因素定量化,进行综合评价的一种方法。它是模糊数学在自然科学领域和社会科学领域中应用的一个重要方面。

模糊综合评价法的评价步骤如图 2-7-3 所示。

图 2-7-3 方案的模糊综合评价步骤

首先,确定对象集、因素集和评语集,对象集即参与评价的各枢纽规划方案。因此,因素集 $U = \{u_1, u_2, \cdots, u_m\}$ 即为评价指标集 $B = \{B_1, B_2, \cdots, B_{11}\}$。

选取评语等级优、良、中、及格、不及格为评语集 $V = \{v_1, v_2, \cdots, v_5\}$。

(1)指标权重的确定

确定模糊综合评价法中的指标权重。应用模糊综合评价法所使用的权重是通过层次分析法计算所得的权重。

(2) 建立指标隶属度矩阵

为求模糊矩阵 R，要根据每个评价指标分别构造出它隶属于 v_1(优)、v_2(良)、v_3(中)、v_4(及格)、v_5(不及格)的隶属函数，并求出隶属度 r_{ij}。r_{ij} 表示从指标 B_i 着手某方案能被评为 v_j 的隶属程度。

确定隶属函数的方法大致有五分法、三分法、模糊分步法以及模糊统计法。本章仅介绍文中应用的模糊分布法中的半梯形分布。

设 c_i 为指标样本中指标 u_i 的最小值，d_i 为指标 u_i 的最大值。将 n 个评价方案的指标 u_i 值由小到大排序，引入中间变量 δ，令

$$\delta = \frac{d_i - c_i}{4} \tag{2-7-5}$$

$$x_{1i} = c_i, x_{2i} = x_{1i} + \delta, x_{3i} = x_{2i} + \delta, x_{4i} = x_{3i} + \delta, x_{5i} = d_i \tag{2-7-6}$$

把 $[x_{1i}, x_{5i}]$ 区间划分为不及格、及格、中、良、优5个等级，以最能表示某级特性的点的隶属度为1，边界交点概念最模糊，隶属度为0.5，构造以下5个等级的隶属函数：

$$v_{5i} = \begin{cases} 1 & u \leq x_{1i} \\ \dfrac{u - x_{2i}}{x_{1i} - x_{2i}} & u \in [x_{1i}, x_{2i}] \\ 0 & \text{其他} \end{cases} \tag{2-7-7}$$

$$v_{4i} = \begin{cases} \dfrac{u - x_{1i}}{x_{2i} - x_{1i}} & u \in [x_{1i}, x_{2i}] \\ \dfrac{u - x_{3i}}{x_{2i} - x_{3i}} & u \in [x_{2i}, x_{3i}] \\ 0 & \text{其他} \end{cases} \tag{2-7-8}$$

$$v_{3i} = \begin{cases} \dfrac{u - x_{2i}}{x_{3i} - x_{2i}} & u \in [x_{2i}, x_{3i}] \\ \dfrac{u - x_{4i}}{x_{3i} - x_{4i}} & u \in [x_{3i}, x_{4i}] \\ 0 & \text{其他} \end{cases} \tag{2-7-9}$$

$$v_{2i} = \begin{cases} \dfrac{u - x_{3i}}{x_{3i} - x_{2i}} & u \in [x_{3i}, x_{4i}] \\ \dfrac{u - x_{5i}}{x_{4i} - x_{5i}} & u \in [x_{4i}, x_{5i}] \\ 0 & \text{其他} \end{cases} \tag{2-7-10}$$

$$v_{1i} = \begin{cases} 1 & u \geq x_{5i} \\ \dfrac{u - x_{4i}}{x_{5i} - x_{4i}} & u \in [x_{4i}, x_{5i}] \\ 0 & \text{其他} \end{cases} \tag{2-7-11}$$

根据隶属函数的计算，建立第 i 个方案的隶属度矩阵如下：

$$R^i = \begin{bmatrix} r_{11} & r_{12} & \cdots & r_{1n} \\ r_{21} & r_{22} & \cdots & r_{2n} \\ \vdots & \vdots & \ddots & \vdots \\ r_{m1} & r_{m2} & \cdots & r_{mn} \end{bmatrix}$$

(3) 计算综合评价结果

运用公式求出综合评价结果：

$$A = W \cdot R \tag{2-7-12}$$

式中：$A = (a_1, a_2, \cdots, a_5)$，综合评价结果向量。

若将等级 v_1, v_2, v_3, v_4, v_5 的分数分别定义为 $95, 85, 75, 65, 55$，于是方案的综合评价可用式(2-7-13)进行计算，得出第 i 个方案的综合得分。

$$A = 95a_1 + 85a_2 + 75a_3 + 65a_4 + 55a_5 \tag{2-7-13}$$

7.3.3 TOPSIS 法

TOPSIS(Technique for Order Preference by Similarly to Ideal Solution)法，即接近理想方案的序数偏好法，是由 Yoon 和 Hwang 于 1981 年首次提出的，后来由其他学者将 TOPSIS 的观念应用于多目标决策问题上。它是有限方案多目标决策分析中的一种常用科学方法。

1) TOPSIS 法的基本思路

TOPSIS 法的基本思路是：在基于归一化后的原始矩阵中，找出有限方案中的最优方案和最劣方案，然后分别计算出规划方案与最优方案和最劣方案间的距离，获得该规划方案与最优方案的相对接近程度，以此作为评价优劣的依据。

2) TOPSIS 法的工作步骤

TOPSIS 法的工作步骤如下。

(1) 建立决策矩阵

设 $X = \{X_1, X_2, \cdots, X_m\}^T$ 为 m 个方案的集合，其中 $X_i = \{x_{i1}, x_{i2}, \cdots, x_{in}\}$ 为方案 i 的 n 个指标原始数据，即 $x_{ij}(i=1,2,\cdots,m; j=1,2,\cdots,n)$ 表示方案 i 的第 j 个指标值。

据此构造决策矩阵 D 为：

$$D = \begin{bmatrix} x_{11} & x_{12} & \cdots & x_{1n} \\ x_{21} & x_{22} & \cdots & x_{2n} \\ \vdots & \vdots & \ddots & \vdots \\ x_{m1} & x_{m2} & \cdots & x_{mn} \end{bmatrix} \tag{2-7-14}$$

(2) 规范化处理

TOPSIS 法也需要对原始指标值进行规范化处理，使得各指标值转换为无量纲的数值，评价指标间可以进行比较。

这里采用方法是将每个属性的结果按总的属性向量的规范划分，规范化决策矩阵 R 的元素 r_{ij} 计算公式如下：

$$r_{ij} = \frac{x_{ij}}{\sqrt{\sum_{i=1}^{m} x_{ij}^2}} \tag{2-7-15}$$

这样，每个指标都有同样长度的向量。

(3) 建立加权规范化决策矩阵

各指标的权重向量 $W = (w_1, w_2, \cdots, w_n)^T$ 在这一步中被考虑到决策矩阵中,从而构成加权规范化决策矩阵。关于权重的计算,可参照前面方法中的计算方法。

这个矩阵通过矩阵 R 的每列与其相应的权重 w_{ij} 相乘得到。加权规范化决策矩阵 V 如下所示:

$$V = \begin{bmatrix} v_{11} & v_{12} & \cdots & v_{1j} & \cdots & v_{1n} \\ \vdots & \vdots & & \vdots & & \vdots \\ v_{i1} & v_{i2} & \cdots & v_{ij} & \cdots & v_{in} \\ \vdots & \vdots & & \vdots & & \vdots \\ v_{m1} & v_{m2} & \cdots & v_{mj} & \cdots & v_{mn} \end{bmatrix} = \begin{bmatrix} w_1 r_{11} & w_2 r_{12} & \cdots & w_j r_{1j} & \cdots & w_n r_{1n} \\ \vdots & \vdots & & \vdots & & \vdots \\ w_1 r_{i1} & w_2 r_{i2} & \cdots & w_j r_{ij} & \cdots & w_n r_{in} \\ \vdots & \vdots & & \vdots & & \vdots \\ w_1 r_{m1} & w_2 r_{m2} & \cdots & w_j r_{mj} & \cdots & w_n r_{mn} \end{bmatrix}$$

(4) 确定理想方案和负理想方案

将两个假设的方案 A^+ 和方案 A^- 定义为:

$$A^+ = \{(\max_i v_{ij} | j \in J)(\min_i v_{ij} | j \in J') | i \in M\} = \{v_1^+, v_2^+, \cdots, v_j^+, \cdots, v_n^+\} \quad (2\text{-}7\text{-}16)$$

$$A^- = \{(\min_i v_{ij} | j \in J)(\max_i v_{ij} | j \in J') | i \in M\} = \{v_1^-, v_2^-, \cdots, v_j^-, \cdots, v_n^-\} \quad (2\text{-}7\text{-}17)$$

式中: J——效益型指标集合;

J'——成本型指标集合,方案 A^+ 和方案 A^- 分别表示理想方案和负理想方案。

(5) 计算距离

每个方案与理想方案和负理想方案的距离通过 n 维 Euclid 距离来测量。

每个方案与理想方案的距离为:

$$S_{i+} = \sqrt{\sum_{j=1}^n (v_{ij} - v_j^+)^2}, i \in M \quad (2\text{-}7\text{-}18)$$

类似地,每个方案与负理想方案的距离为:

$$S_{i-} = \sqrt{\sum_{j=1}^n (v_{ij} - v_j^-)^2}, i \in M \quad (2\text{-}7\text{-}19)$$

(6) 计算与理想方案相对接近程度并进行排序

第 i 个方案 A_i 与方案 A^+ 的相对接近程度定义为:

$$C_{i+} = S_{i-} / (S_{i+} + S_{i-}), i \in M \quad (2\text{-}7\text{-}20)$$

很明显,如果 $A_i = A^+$,那么 $C_{i+} = 1$;如果 $A_i = A^-$,那么 $C_{i+} = 0$;当 C_{i+} 趋近 1 时,方案 A_i 接近 A^+。根据 C_{i+} 的值由高到低排序,即得到各方案优劣顺序。

7.4 评价案例

以某枢纽某年修正后的总图规划方案为研究对象,分别运用模糊综合评价法、灰色关联度法和 TOPSIS 法进行方案的综合评价。

该枢纽地处中原,JG、LH 两大铁路干线在此交会,素有"铁路心脏"之称,属于路网性铁路枢纽,总图布置呈十字形。枢纽位置适中,地位显要,它的畅通和运输能力的发挥,将直接关系到 JG、LH 两大干线,甚至整个路网运输任务的完成,在铁路网中具有举足轻重的作用。该枢纽不仅承担着我国南北、东西物资交流和繁重的旅客运输任务,而且成为我国通向欧亚各国的重要通道。

枢纽内共有 18 个车站,其中 ZZ 站是唯一的客运站;ZZB 站是双向三级六场的路网性编组站;ZZD 站是全路一等货运站,设有枢纽内唯一的综合性货场。另外,JG 线上有 HHNA、GW、DSQ、NYZ、HTS、ZZN 等站,LH 线上有 ZY、NS、PT、ZZX、TL 等站。

枢纽内既有机务设备有 ZZN 机务段、ZZB 机务段及 ZZB 派驻机车机务折返段,其中 ZZN 机务段为二台位电力中修、八台位电力小辅修、三台位内燃小辅修的机务段。ZZB 机务段为二台位电力中修、三线六台位电力小辅修、三线三台位内燃小辅修的内燃电力混合段。

枢纽规划方案的规划年限分近期和中远期,研究范围北起 JG 线 HHNA 站,南至 JG 线 XZ 站,东起 LH 线 ZY 站,西至 LH 线 XY 站。

按照我国铁路网规划,规划年以前将逐步建成 JG、XN 等客运专线,实现主要干线客、货分线运输,枢纽所在地区又将成为 JG、XN 一纵一横两条客运专线的"十字形"交会点。因此,关于规划年枢纽总图规划重点,就是结合两条客运专线的相继引入,对枢纽客运系统进行统筹研究,同时结合城市工业布局和物流规划,对枢纽货运系统进行调整,以满足地区经济发展的需要。

7.4.1 方案概述

枢纽总图规划涉及客运系统和货运系统两方面内容,由于客货系统相互影响较少,故仅选用客运系统布局方案进行比选,分析其综合评价的方法,但对于枢纽总图方案的整体评价也是适用的。

根据客运专线网构成,在规划年度内枢纽将成为 JG、XN 一纵一横两条客运专线的交会点。根据其发展趋势和各客运专线建设时机各不相同的特点,客运专线引入枢纽方案有以下三种基本类型:第一种是高速站利用既有站改建;第二种是两客运专线高速站分设,即一个设在既有 ZZ 站对侧,另一个建在 ZD 新区;第三种是高速站集中新建,即两客运专线引入同一个新建高速站,与 ZZ 站形成两主客站的格局。但前两种方案不论是从工程量、投资,还是从对城市的影响或旅客的方便角度来讲,都有比较明显的缺陷。所以,本次研究不将其作为比选的对象。

对于集中建立高速站,主要是高速站选址方案的比选。在总图研究中共提出了 5 种方案:

(1) 既有站对侧方案;
(2) ZD 新区方案;
(3) 西南边缘方案;
(4) 北侧边缘方案;
(5) 东南边缘方案。

其中,后 3 个方案特点相似,本教材选取更具代表性的北侧边缘方案参与同(1)、(2)的比选。

既有站对侧方案为方案 1,ZD 新区方案为方案 2,北侧边缘方案为方案 3。图 2-7-4 ~ 图 2-7-6 分别为 3 个备选方案选址和客运专线引入方式示意图。

图 2-7-4　既有站对侧方案示意图

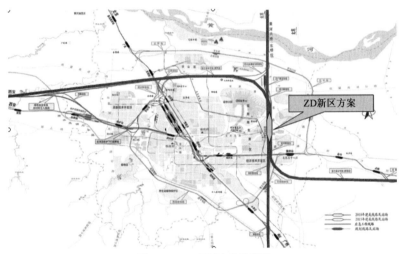

图 2-7-5　ZD 新区方案示意图

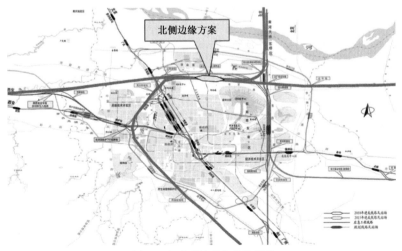

图 2-7-6　北侧边缘方案示意图

7.4.2 评价指标

(1) 指标的修正

由于现有枢纽总图规划的资料和数据所限,前面所列的综合评价指标体系中的一些指标很难定量获得,但是可以通过相关分析对参选的方案指标进行比较,再结合专家打分法进行量化。另外,所介绍的指标体系是针对一般铁路枢纽整体规划的综合评价,对于具体枢纽的不同情况,尤其是本例所选取的比选方案是客运系统的布局,故主要选取了与客运相关的指标,并将部分指标进行适当变通,以适应客运系统评价的需要。但这种处理不影响铁路枢纽评价的一般指标体系。

因为参与比选的方案在运输能力上没有明显的差异,所以评价指标着重从内部效益、经济、环境方面考虑。本节从前面所述的综合评价指标中选取对旅客方便性、对居民生活的影响、与城市规划协调性、与城市交通协调性、拆迁征地规模、工程投资和未来发展空间7个指标,再将"客运与货运系统协调性"变为"与既有系统协调性",将"枢纽内车辆走行消耗"变为"枢纽内列车运营距离",以及新增适用高速客运的指标——吸引客流程度和旅客聚散难易程度,从而构成对高速站选址方案进行评价的指标体系(图2-7-7)。其中,工程投资、拆迁征地和列车运营距离容易量化,其他指标需要进行定性分析之后,采用专家打分的方法进行量化。

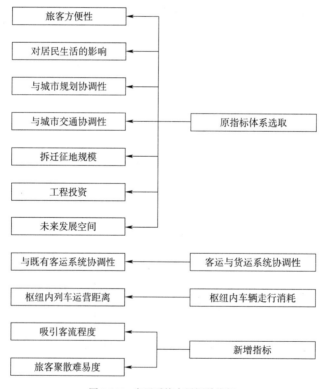

图 2-7-7 客运系统布局评价指标

(2) 方案的分析比较

对方案的分析应该基于枢纽的客流特征,规划年度内近期和中远期的枢纽分方向客车对数见表 2-7-2。

枢纽分方向客流表   表 2-7-2

项目	近期				中远期			
	对数	既有线	高速	中速	对数	既有线	高速	中速
客车总对数	251	31	160	60	315	31	221	63
始发客车	84	14	54	16	107	15	72	20
其中:发 BJ 方向	15	2	13		21	3	18	
其中:发 LY 方向	22	4	14	4	25	4	16	5
其中:发 SQ 方向	27	5	17	5	36	4	26	6
其中:发 WC 方向	20	3	10	7	25	4	12	9
通过客车	167	17	106	44	208	16	149	43
其中:BJ-WC 方向	60	6	40	14	80	5	61	14
其中:BJ-LY 方向	32	5	15	12	38	5	20	13
其中:BJ-SQ 方向	6	4	2		7	4	3	
其中:LY-SQ 方向	43	2	30	11	48	2	37	9
其中:SQ-WC 方向	4		3	1	6		5	1
其中:LY-WC 方向	22		16	6	29		23	6
分方向客车合计								
ZZD 口客车	80	11	52	17	97	10	71	16
ZZN 口客车	106	9	69	28	140	9	101	30
ZZX 口客车	119	11	75	33	140	11	96	33
ZZB 口客车	113	17	70	26	146	17	102	27

据分析,规划年旅客发送量中,管内与直通客流比重相当,直通客流中以到达 GZ、SH、NJ 等地的客流为主。JG 线压力比较大,为枢纽的主要客流方向。所以,方案的规划应该重点考虑 JG 客运专线的引入。

既有站对侧方案(图 2-7-4)位于市中心,交通便利,能够很好地吸引客流,能最大限度地利用既有的客运设施,避免资源的浪费,并且客运系统设在一起,既能适应统一管理,也可适应分开管理;但是需要采用高架,施工必然影响居民生活和既有设施的作业,投资相对较多,且会对市中心区域形成较大的交通压力,发展前景不是很好。

ZD 新区方案(图 2-7-5)位于城市东部规划的新区,能与 ZZ 站形成一东一西两大客流吸引区域,与规划的轨道交通衔接较好,而且 JG 客运专线顺直,走行距离短,符合城市向东发展的战略,发展前景很好;但是对既有设备的利用率比较低。

北侧边缘方案(图 2-7-6)位于城市北部,无需高架,施工也相对容易,也符合城市未来人口发展需要;但是该方案 JG 线引入后走行距离太长(为方便计算,根据图 2-7-6 估计为 160km),而且施工受 JTG 军用机场、DHC 遗址、省体育中心的影响,发展条件一般,与规划的城市交通配合得不是很好。

三个方案的主要优、缺点分析见表 2-7-3。

三个方案优、缺点比较表　　　　　　　　　　　表 2-7-3

比较项目	既有站对侧方案	ZD 新区方案	北侧边缘方案
吸引旅客及客流聚散	车站位于市中心,旅客换乘方便;规划的轨道交通 1 号线途经该站;但是客流过分集中,不利于客流聚散	距 ZD 新区中心 4km;规划轨道交通 1 号线通过本站,1、2、3 号线站前会合,同时车站附近道路网发达,方便通向市外,能进一步扩大吸引范围	离市区较远,位于 ZD 新区西北,与城市规划难以衔接,居民乘车不便
列车径路及走行时分	主要车流方向南北向运营距离 106.6km,运行时分 25.6min	南北向运营距离 97.9km,运行时分 23.5min。两种方案东西向差别不大	根据引入方式,JG 线要绕行很长距离,远大于既有站对侧方案
铁路运输管理	高普速客运系统位置集中,作业分开,无论是由高速铁路公司独立管理,还是路局统一管理,均能适应	高速铁路公司独立管理时,运输组织单一,便于管理	高速铁路公司独立管理时,运输组织单一,便于管理
城市规划及市政配套条件	城市没有预留建设高速车站的条件,现有的市政配套设施容量有限,需进行大规模改造,工程难度较大	位于规划的 ZD 新区的边缘,城市配套建设容易,并可促进规划新区的开发和建设,同时对缓解中心城区交通拥堵有重要作用	对缓解中心城区的交通拥堵有重要作用,但规划受 MTG 机场、DHC 遗址等的限制
客运专线及设站技术条件	车站全部高架,部分客运专线也需高架并跨过既有铁路线及城市道路,跨线设备结构复杂,技术难度大,施工困难	客运专线从城市边缘通过,平面自由度大,走向顺直,设站条件好,工程较易	客运专线从城市边缘通过,走向顺直,设站条件较好,工程相对较易
车站发展条件	基本无发展条件	发展条件好	发展条件较好
对既有车站设备的影响	可利用既有的客运设施,但施工对既有线运营干扰大	不影响既有车站及设备,但既有设施利用差	不影响既有车站及设备,但既有设施利用差
对城市干扰和环境影响	客运专线从城市中心穿过,对城市干扰大	客运专线不会对城市重新分割和阻碍	客运专线不会对城市重新分割和阻碍
拆迁工程	926 000m^2	511 000m^2	最少
工程投资	134.93 亿元	116.23 亿元	居中

表 2-7-3 中,北侧边缘方案没有关于工程投资和拆迁工程的具体数据,但是分析该方案无需高架,东北侧也非人口聚集区,所以认为投资应该和 ZD 新区方案差不多(为计算方便取 120 亿元)。对于拆迁工程,因为该地区不涉及新区的规划,拆迁规模可能比 ZD 新区稍多,文中取 550 000m^2,不影响评价结果。

根据表 2-7-3 的分析,组织专家对表 2-7-4 中 8 个指标打分,评价组织单位可提供定性等级量化表供专家打分参考。

专家打分表 表 2-7-4

项目	既有站对侧方案	ZD新区方案	北侧边缘方案
旅客方便性			
对居民生活影响			
与城市规划协调性			
与城市交通协调性			
未来发展空间			
与既有系统协调性			
吸引客流程度			
旅客聚散难易程度			

根据所得指标值,设定统计信息表,见表 2-7-5。

初始信息统计表 表 2-7-5

项目	1	2	3	4	5	6	7	8	9	10	11
1	9	6	6	7	6	7	9	8	106.6	92.6	135
2	6	8	8	8	9	8	6	9	97.9	51.1	116
3	5	7	5	6	7	7	5	6	160	55	120

表中行 1 表示既有站对侧方案,行 2 表示 ZD 新区方案,行 3 表示北侧边缘方案,列 1 表示旅客的方便性,列 2 表示对居民生活的影响,列 3 表示与城市规划的协调性,列 4 表示与城市交通的协调性,列 5 表示未来发展空间,列 6 表示与既有系统的协调,列 7 表示吸引客流程度,列 8 表示旅客聚散的难易度,列 9 表示列车的走行距离(km),列 10 表示拆迁规模($10^4 m^2$),列 11 表示工程投资(亿元)。

表中方案 3 的指标 9、10 和 11 是根据枢纽规划总图方案分析估计得到的,会有一定误差,但是不影响评价结果。其中,指标 1~8 属于极大型指标,9~11 属于极小型指标,且单位也不相同。对指标进行无量纲化处理,得到表 2-7-6 处理后的信息表。

处理后的信息表 表 2-7-6

项目	1	2	3	4	5	6	7	8	9	10	11
1	1	0.75	0.75	0.88	0.67	0.88	1	0.89	0.34	0	0
2	0.67	1	1	1	1	1	0.67	1	0.39	0.45	0.14
3	0.56	0.88	0.63	0.75	0.78	0.88	0.56	0.67	0	0.4	0.11

7.4.3 方案评价

(1) 模糊综合评价

我国学者在研究综合枢纽和客运枢纽的评价中,多采用模糊综合评价法,所以本教材也运用该方法进行评价,但是一般采用模糊综合评价的论文大多采用 AHP 的方法确定指标权重,专家的主观性很强,本教材在指标权重的确定时采用信息熵的方法。

确定因素集 $U = \{B_1, B_2, \cdots, B_{11}\}$;评语集 $V = \{$优,良,中,及格,不及格$\}$。

①指标权重。本节采用信息熵的方法计算指标的权重,计算数据见表2-7-7。

信息熵计算表　　　　　　　　　　　　　　　　　表2-7-7

项目	1	2	3	4	5	6	7	8	9	10	11
P_{1j}	0.45	0.29	0.32	0.33	0.27	0.32	0.45	0.35	0.29	0.47	0.36
P_{2j}	0.30	0.38	0.42	0.38	0.41	0.36	0.30	0.39	0.27	0.26	0.32
P_{3j}	0.25	0.33	0.26	0.29	0.32	0.32	0.25	0.26	0.44	0.27	0.32
E_j	0.971 1	0.994 2	0.982 0	0.994 2	0.995 2	0.998 3	0.971 1	0.987 2	0.977 1	0.963 2	0.998 3
d_j	0.028 9	0.005 8	0.018 0	0.005 8	0.004 8	0.001 7	0.028 9	0.012 8	0.028 9	0.036 8	0.001 7
w_j	0.166 0	0.033 3	0.103 4	0.033 3	0.027 6	0.009 8	0.166 0	0.073 5	0.166 0	0.211 4	0.009 8

所以权重向量为:

$$W=[w_1,w_2,\cdots,w_{11}]^T=[0.166,0.033\ 3,0.103\ 4,0.033\ 3,0.027\ 6,0.009\ 8,0.166,0.073\ 5,0.166,0.211\ 4,0.009\ 8]^T$$

②隶属度矩阵。计算得方案中δ和$x_{1i},x_{2i},x_{3i},x_{4i},x_{5i}$的值见表2-7-8。表2-7-8为后面隶属度矩阵计算的数据准备表。

隶属度矩阵计算数据准备表　　　　　　　　　　　表2-7-8

项目	1	2	3	4	5	6	7	8	9	10	11
δ	0.11	0.06	0.09	0.06	0.08	0.03	0.11	0.08	0.1	0.11	0.04
x_{1i}	0.56	0.75	0.63	0.75	0.67	0.88	0.56	0.67	0	0	0
x_{2i}	0.67	0.81	0.72	0.81	0.75	0.91	0.67	0.75	0.1	0.11	0.04
x_{3i}	0.78	0.87	0.81	0.87	0.83	0.94	0.78	0.83	0.2	0.22	0.08
x_{4i}	0.89	0.93	0.9	0.93	0.91	0.97	0.89	0.91	0.3	0.33	0.12
x_{5i}	1	1	1	1	1	1	1	1	0.39	0.45	0.14

根据隶属度计算的方法,得到三个方案的隶属度矩阵如下:

$$R^1=\begin{bmatrix}1&0&0&0&0\\0&0&0&0&1\\0&0&0.33&0.67&0\\0&0.17&0.83&0&0\\0&0&0&0&1\\0&0&0&0&1\\1&0&0&0&0\\0&0.75&0.25&0&0\\0.44&0.56&0&0&0\\0&0&0&0&1\\0&0&0&0&1\end{bmatrix} \quad R^2=\begin{bmatrix}0&0&0&0.5&0.5\\1&0&0&0&0\\1&0&0&0&0\\1&0&0&0&0\\1&0&0&0&0\\1&0&0&0&0\\0&0&0&0.5&0.5\\1&0&0&0&0\\1&0&0&0&0\\1&0&0&0&0\\1&0&0&0&0\end{bmatrix} \quad R^3=\begin{bmatrix}0&0&0&0&1\\0&0.17&0.83&0&0\\0&0&0&0&1\\0&0&0&0&1\\0&0&0.38&0.62&0\\0&0&0&0&1\\0&0&0&0&1\\0&0&0&0&1\\0.58&0.42&0&0&0\\0&0.75&0.25&0&0\end{bmatrix}$$

③综合评价值。计算的3个方案的综合评价结果为:

方案1:(0.405 0,0.153 7,0.080 1,0.069 3,0.291 9)。

方案2:(0.668 1,0,0,0.166,0.166)。

方案3：(0.1226,0.1018,0.0406,0.0171,0.718)。

将等级优、良、中、及格、不及格的分数分别定义为95,85,75,65,55,于是计算出方案1、方案2、方案3的综合得分分别为:78.1、83.4、63.9。

(2)灰色关联度法

①最优化集的确定。依据各指标类型及指标值,构造包含理想方案和规划方案的矩阵如下：

$$D = \begin{bmatrix} 9 & 8 & 8 & 8 & 9 & 8 & 9 & 9 & 97.9 & 51.1 & 116 \\ 9 & 6 & 6 & 7 & 6 & 7 & 9 & 8 & 106.6 & 92.6 & 135 \\ 6 & 8 & 8 & 8 & 9 & 8 & 6 & 9 & 97.9 & 51.1 & 116 \\ 5 & 7 & 5 & 6 & 7 & 7 & 5 & 6 & 160 & 55 & 120 \end{bmatrix}$$

②指标值规范化处理。因为各评价指标之间具有不同的量纲和数量级,因此需要对指标进行规范化处理,处理结果如下：

$$C = \begin{bmatrix} 1 & 1 & 1 & 1 & 1 & 1 & 1 & 1 & 1 & 1 & 1 \\ 1 & 0 & 0.3333 & 0.5 & 0 & 0 & 1 & 0.6667 & 0.8599 & 0 & 1 \\ 0.25 & 1 & 1 & 1 & 1 & 1 & 0.25 & 1 & 1 & 1 & 0 \\ 0 & 0.5 & 0 & 0 & 0.3333 & 0 & 0 & 0 & 0 & 0.906 & 0.7895 \end{bmatrix}$$

③计算关联度。将规范化处理后的最优指标集作为参考数据列,将规范化处理后的各方案指标值作为比较数据列,求解方案i的第j个指标与第j个最优指标的关联系数,得到关联度矩阵如下：

$$E = \begin{bmatrix} 1 & 0.3333 & 0.4286 & 0.5 & 0.3333 & 0.3333 & 1 & 0.6000 & 0.7811 & 0.3333 & 1 \\ 0.4 & 1 & 1 & 1 & 1 & 1 & 0.4 & 1 & 1 & 1 & 0.3333 \\ 0.3333 & 0.5 & 0.3333 & 0.3333 & 0.4286 & 0.3333 & 0.3333 & 0.3333 & 0.3333 & 0.8418 & 0.7037 \end{bmatrix}$$

④综合评价。根据公式及前面几步所得数据,进行综合评价,求得各方案加权关联度及排序结果,见表2-7-9。

各方案加权关联度及排序结果 表2-7-9

方案	加权关联度	排序
方案1	0.670565	2
方案2	0.794367	1
方案3	0.452654	3

(3)TOPSIS法

①建立决策矩阵。根据评价指标值,建立决策矩阵如下：

$$D = \begin{bmatrix} 9 & 6 & 6 & 7 & 6 & 7 & 9 & 8 & 106.6 & 92.6 & 135 \\ 6 & 8 & 8 & 8 & 9 & 8 & 6 & 9 & 97.9 & 51.1 & 116 \\ 5 & 7 & 5 & 6 & 7 & 7 & 5 & 6 & 160 & 55 & 120 \end{bmatrix}$$

②规范化处理。对上述矩阵进行规范化处理,使得各量纲不同的指标间可以相互比较。结果如下：

$$R = \begin{bmatrix} 0.755 & 0.492 & 0.537 & 0.573 & 0.466 & 0.550 & 0.755 & 0.595 & 0.494 & 0.777 & 0.629 \\ 0.504 & 0.655 & 0.716 & 0.655 & 0.699 & 0.629 & 0.504 & 0.669 & 0.454 & 0.429 & 0.540 \\ 0.420 & 0.573 & 0.447 & 0.492 & 0.543 & 0.550 & 0.420 & 0.446 & 0.742 & 0.461 & 0.559 \end{bmatrix}$$

③建立加权规范化决策矩阵。根据公式,求得加权规范化决策矩阵,以表格形式列出,见表 2-7-10。

加权规范化决策矩阵　　　　　　　　　　　　　　　　表 2-7-10

j	1	2	3
1	0.125 373 695	0.083 582 463	0.069 652 053
2	0.016 368 254	0.021 824 338	0.019 096 296
3	0.055 490 26	0.073 987 02	0.046 241 89
4	0.019 096 296	0.021 824 338	0.016 368 254
5	0.012 853 053	0.019 279 579	0.014 995 228
6	0.005 389 725	0.006 159 686	0.005 389 725
7	0.125 373 695	0.083 582 463	0.069 652 053
8	0.043 705 696	0.049 168 908	0.032 779 272
9	0.082 019 085	0.075 325 22	0.123 105 568
10	0.164 211 7	0.090 617 91	0.097 533 95
11	0.006 163 095	0.005 295 697	0.005 478 307

④确定理想方案和负理想方案。根据加权规范化决策矩阵,得到理想方案 A^+ 和负理想方案 A^-:

$A^+ = \{0.125\ 373\ 695, 0.021\ 824\ 338, 0.073\ 987\ 02, 0.021\ 824\ 338, 0.019\ 279\ 579,$
$0.006\ 159\ 686, 0.125\ 373\ 695, 0.049\ 168\ 908, 0.075\ 325\ 22, 0.090\ 617\ 91, 0.005\ 295\ 697\}$

$A^- = \{0.069\ 652\ 053, 0.016\ 368\ 254, 0.046\ 241\ 89, 0.016\ 368\ 254, 0.012\ 853\ 053,$
$0.005\ 389\ 725, 0.069\ 652\ 053, 0.032\ 779\ 272, 0.123\ 105\ 568, 0.164\ 211\ 7, 0.006\ 163\ 095\}$

⑤计算距离。计算各方案与正负理想方案的 Euclid 距离,结果见表 2-7-11。

方案与正负理想方案的 Euclid 距离　　　　　　　　　　　表 2-7-11

方案	S_{i+}	S_{i-}
1	0.076 894 006	0.090 057 001
2	0.059 101 727	0.096 061 008
3	0.098 159 063	0.066 771 424

⑥计算各方案与理想方案相对接近程度计算并排序,结果见表 2-7-12。

各方案与理想方案相对接近程度以及排序　　　　　　　　表 2-7-12

方案	C_{i+}	排序
1	0.539 421 73	2
2	0.619 098 45	1
3	0.404 845 85	3

> **复习思考题**

1. 枢纽规划方案评价主要步骤有哪些?
2. 建立交通枢纽布局规划评价体系的基本原则是什么?具体包括哪些方面?每方面又分为哪些具体指标?
3. 常见的交通枢纽布局评价方法有哪些?分析其基本原理、各自特点以及适用范围。
4. 如何运用层次分析法和模糊评价法进行方案的评价?其主要步骤有哪些?

本篇参考文献

[1] 张超,李海鹰.交通港站与枢纽[M].北京:中国铁道出版社,2004.
[2] 张远.运输港站与枢纽[M].南京:东南大学出版社,2008.
[3] 胡列格,刘中,杨明.交通枢纽与港站[M].北京:人民交通出版社,2003.
[4] 邵春福.交通规划原理[M].北京:中国铁道出版社,2008.
[5] 陆化普.交通规划理论与方法[M].北京:清华大学出版社,2006.
[6] 郭亮.城市规划交通学[M].南京:东南大学出版社,2010.
[7] 蒋阳升,陈彦如.交通调查与交通规划需求预测实验教程[M].成都:西南交通大学出版社,2009.
[8] 王英男.大型综合交通枢纽站客流预测及组织优化方法研究[D].北京:北京交通大学,2008.
[9] 姜晴.交通运输枢纽系统分析[J].经济研究导刊,2009(12):139-140.
[10] 景滨杰.回归分析法在经济预测中的应用浅析[J].山西经济管理干部学院学报,2004(3):32-34.
[11] 李泳.城市交通系统与土地利用结构关系研究[J].热带地理,1998,12(18):307-310.
[12] 杨励雅,邵春福,刘智丽,等.城市交通与土地利用互动机理研究[J].城市交通,2006,7(4):21-25.
[13] 郑德高,杜宝东.寻求节点交通价值与城市功能价值的平衡——探讨国内外高铁车站与机场等交通枢纽地区发展的理论与实践[J].国际城市规划,2007,22(1):72-76.
[14] Charles Revelle, Constantine Toregas, Louis Falkson. Applications of the location set-covering problem[J]. Geographical Analysis,1976,8:65-76.
[15] Owen S H, Daskin M S. Strategic facility location: A review[J]. European Journal of Operational Research,1998,111,3:423-447.
[16] 中国城市规划设计院,建设部城乡规划司,建设部城市交通工程技术中心.城市交通与城市道路[M].北京:中国建筑工业出版社,2007.
[17] 陈方红,王清宇,罗霞,等.大型综合客运枢纽交通组织研究[J].铁道运输与经济,2008,30(3):61-64.
[18] 董千里.交通运输组织学[M].北京:人民交通出版社,2008.
[19] 建设项目交通影响评价课题组.建设项目交通影响评价[M].北京:中国建筑工业出版社,2007.

[20] 郑连勇.城市交通影响评价[M].北京:中国建筑工业出版社,2006.
[21] 陈必壮,杨立峰,王忠强,等.虹桥综合交通枢纽的交通影响评价[J].交通运输系统工程与信息,2009,9(6):87-91.
[22] 叶以农.交通影响分析的应用与反思[J].北京规划建设,2004,2:30-32,38.
[23] 陆化普,陈宏峰.综合交通枢纽规划[M].北京:人民交通出版社,2001.
[24] 常湃,罗昊.铁路枢纽评价研究报告[R].2010.
[25] 王晖,陈丽,陈垦,等.多指标综合评价方法及权重系数的选择[J].广东药学院学报,2007,23(5):583-589.
[26] 徐玖平,吴巍.多属性决策的理论与方法[M].北京:清华大学出版社,2006.
[27] 孙一挥.公路工程可行性研究质量评价方法[D].西安:长安大学,2007.
[28] 王建军.公路建设项目后评价主要内容研究[J].西安公路交通大学学报,2001,21(3):25-29.
[29] 代玉斌.国防公路建设项目后评价及应用研究[D].长沙:国防科学技术大学,2008.
[30] 胡伶俐.城市综合交通枢纽评价指标与方法研究[D].武汉:武汉理工大学,2008.
[31] 胡列格.交通枢纽与港站[M].北京:人民交通出版社,2003.
[32] 魏晓明,杨松攀.公路运输枢纽规划布局方法[EB].中国科技论文在线,2008.
[33] 田园.综合交通枢纽客运站布局评价的定量优化方法研究[J].交通标准,2006,13(5):32-36.

第三篇

交通枢纽规划

第1章 铁路枢纽规划

1.1 概况

1.1.1 铁路枢纽定义

铁路枢纽是路网上具有车流、客流、货流相互交流的三个以上方向的交会处或铁路与港口、工矿企业专用铁道的衔接地点,由若干专用车站(编组站、客运站、货运站)和连接这些车站的联络线、迂回线、进出站线路及其他分界点等技术设备所构成的综合体。

铁路枢纽的主要作用是使纵横交错的铁路线相互沟通,形成四通八达的铁路网,并在枢纽内集中配置众多线路、车站、机务段、车辆段、供电段、跨线疏解设施及通信信号设备。其中心任务是合理使用各种技术设备,顺利完成大量客流、货流和车流的集散与中转工作,高效率地办理各种列车的到发和通过、车辆的改编和输送、客车车底的整备以及对旅客的优质服务与对货物的承运、交付、换装等作业,如图 3-1-1 所示。

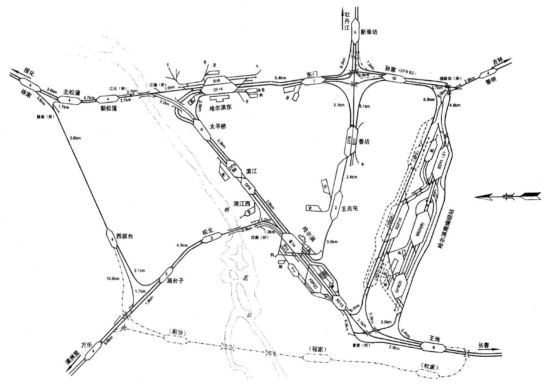

图 3-1-1 某铁路枢纽示意图

枢纽在铁路运输工作中居于十分重要的地位,它所完成的作业量在整个铁路运输工作中占有很大的比重,正确组织铁路枢纽工作对保证铁路的运输的通畅和整个运输工作的均衡性以及加速货车周转、降低运输成本都具有非常重要的作用。

1.1.2 铁路枢纽分类

铁路枢纽工作组织的原则与方法在很大程度上取决于枢纽在路网上的位置、其所完成的工作性质与工作量,以及枢纽中各种技术设备的相互配置等因素。因此,首先应按各种特征对铁路枢纽进行分类。

铁路枢纽按其在铁路网上的地位和作用可分为:

(1)路网性铁路枢纽

凡承担的客、货运量和车流组织任务涉及整个铁路网的枢纽都属路网性铁路枢纽。这种枢纽一般都位于几条铁路干线交叉衔接的大城市,办理大量的跨局通过车流和地方车流,设有较多的专业车站,其设备的规模和能力都很大,如沈阳、北京、郑州、武汉、上海等枢纽。

(2)区域性铁路枢纽

凡其承担的客、货运量和车流组织主要为一定的区域范围服务的枢纽都属区域性铁路枢纽。这种枢纽一般都位于干线和直线的交叉或衔接的大、中型城市,办理管内的通过车流和地方车流,设备规模不大。

(3)地方性铁路枢纽

凡其承担的运量和车流组织主要为某一工业区或港湾等地方作业服务的枢纽都属地方性铁路枢纽。这种枢纽一般位于大工业企业和水陆联运地区,办理大量的货物装卸和小运转作业。

铁路枢纽按工作性质可分为:

(1)通过枢纽,一般位于几条铁路干线交叉会合的地区,以办理通过车流的有调与无调中转作业为主,枢纽内的地方车流解编和货物装卸等管内工作量比重不大,如郑州、徐州、株洲、鹰潭、通辽等枢纽。

(2)地方枢纽,通常位于铁路端点、大城市、工业中心或河海港口所在地区,以办理枢纽内到发的大量车流的解编和疏运、货物的装卸与中转作业为主,如上海、大连、广州、佳木斯、大同等枢纽。

(3)通过兼地方枢纽,一般位于国家政治、经济、交通中心的大城市所在地区,是多条铁路干线的交会点,经常办理大量过境客、货车流中转作业,并有大量枢纽管内客货流到发作业,如北京、天津、沈阳、哈尔滨、武汉等枢纽。路网上大多数铁路枢纽是通过兼地方枢纽。

铁路枢纽按其规模或所承担作业量的大小可分为:

(1)大型枢纽,具有两个及其以上一等编组站(或一个特等编组站)和几个货运站,并具有一个特等客运站、一等客运站,日均办理有调作业车数在10 000车以上,装卸车数在500车以上。

(2)中型枢纽,具有一个一等编组站和一个或几个二等以上货运站、客货运站,日均办理有调作业车数在6 000~10 000车,装卸车在300~500车。

(3)小型枢纽,未达到中等规模的枢纽。

铁路枢纽按其总布置图或各方向线路的引入方式、主要车站和联络线的相互位置、相互联系可以分为：

（1）一站式枢纽，各铁路方向均直接引入一个客、货运共用的联合车站，其特点是设备集中、管理方便、运营效率高，但客、货运作业互有干扰，能力较小，如原四平枢纽。

（2）三角形枢纽，其特点是有较大客、货运量交流的三个铁路方向引入，而在各引入线上布置有不同的专业车站，并在其间铺设联络线，以便于各方向间中转列车的运行。它的通过能力和具有联络线的一站枢纽基本相同，如原鹰潭枢纽。

（3）十字形枢纽，建于具有大量通过车流而相互间交流量很少的两条铁路干线的交叉点，一般采用立体疏解，并在主要车流方向进口处设置必要的客、货运联合车站和联络线，以便无调中转列车能顺直地通过本枢纽而取得缩短运程、减少交叉干扰和节省投资的效果，如原石家庄（图3-1-2）、怀化、齐齐哈尔等枢纽。

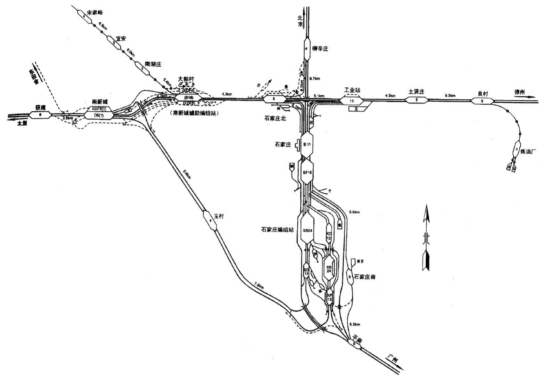

图3-1-2　原石家庄铁路枢纽

（4）顺列式或伸长式枢纽，其特点是各铁路方向由两端引入，并将主要专业车站顺序布置在中轴线上。这种枢纽一般是由于受复杂地形条件（如傍山沿河等狭长地带）的限制而修建的，其优点是进站线路疏解简易，有利于与城市规划相配合；缺点是所有客、货列车都需在中轴线上运行，从而中轴线往往就成了限制枢纽通过能力的咽喉地段，如原兰州（图3-1-3）枢纽。

（5）并列式枢纽，其特点是各铁路方向的旅客列车和货物列车按不同的运行径路分别引入相互平行布置的客运站和编组站。由于在枢纽内实现了客、货分流，避免了客、货列车运行的交叉干扰，提高了通过能力，但其进站线路结构比较复杂，需要修建较多的跨线桥，如原通辽（图3-1-4）铁路枢纽。

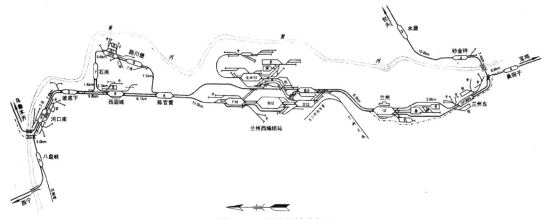

图 3-1-3　原兰州铁路枢纽

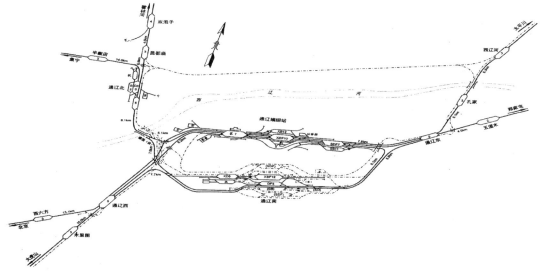

图 3-1-4　原通辽铁路枢纽

(6)环形枢纽,运输量大且作业复杂的大型枢纽,当引入铁路方向很多,需配置较多的专业车站时,为便于各方向客、货运输交流,避免引入线过于集中在某一会合点和为地区客货运服务提供方便,通常应随运量的发展逐步修建一些联络线、迂回线与直径线,将各铁路方向、专业车站连接起来,从而形成枢纽的环形布局。环形枢纽大大地提高了通过能力和运营上的机动灵活性,如北京、哈尔滨铁路枢纽(图 3-1-5)。

(7)终端枢纽,一般位于大港埠、大矿区所在地、铁路干线的终端,根据作业上的需要修建一系列专业车站及相应的联络线和其他铁路设备,并将编组站设在出、入口处,以有效地控制车流。终端枢纽依据所服务的对象又可分为港湾铁路枢纽,如连云港(图 3-1-6)、大连、青岛枢纽,以及工业铁路枢纽,如大同、本溪枢纽。

(8)混合式枢纽,在引入铁路方向较多、工业企业布局分散、客货运量大、地方和中转运输任务繁重,需设置多处客运站、货运站及编组站而又受到某些条件的限制时,根据具体情况综合采用上述一些形式组合而成。以武汉枢纽(图 3-1-7)为例,沿京广线的丹水池(枢纽前方站)、江岸西(编组站)、汉口(客运站)、汉西(客货运站)、汉阳(客货运站)、武昌(客运站)、武昌南(编组站)、大花岭(枢纽前方站)等车站为顺列布置,汉丹线及武大线引入枢纽均为三角形布置,并在武昌南站与武昌东站间修建了南环线,使京广线与武大线连通形成环状结构,即武汉枢纽为由顺列式、三角形、环形布置组合而成的混合式枢纽。

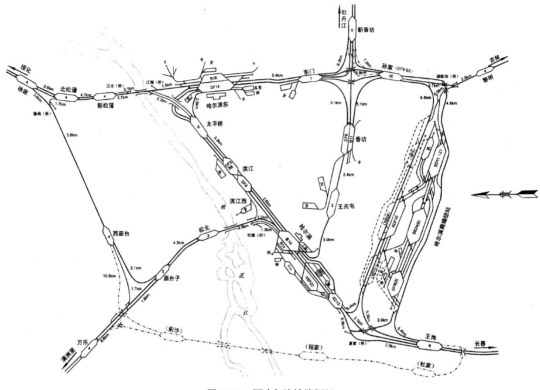

图 3-1-5　原哈尔滨铁路枢纽

图 3-1-6　连云港铁路枢纽

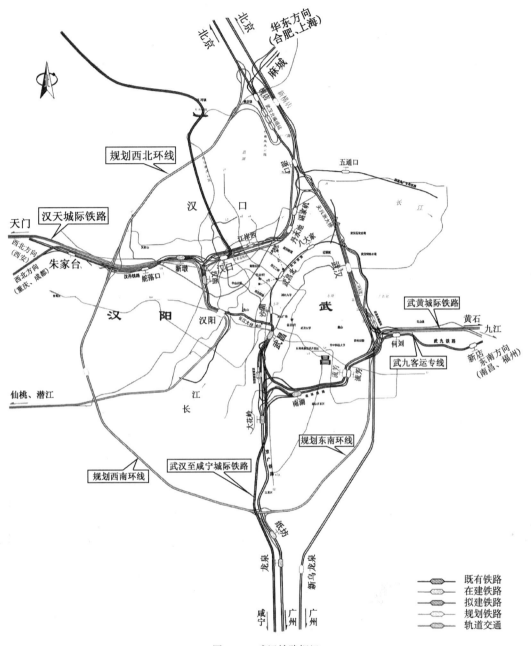

图 3-1-7 武汉铁路枢纽

我国中、小型铁路枢纽的引入铁路方向一般为 3~4 个,多采用一站枢纽或顺列式枢纽;大型枢纽的引入铁路方向一般为 5~8 个,多采用混合式。其他国家的特大型枢纽,引入方向多达十多个,并有穿越或深入市区的直径线和尽头线,则多采用环形或半环形枢纽,如法国的巴黎、德国的柏林、俄国的莫斯科、英国的伦敦、日本的东京、美国的芝加哥枢纽等。

1.2 铁路枢纽规划的原则及方法

1.2.1 铁路枢纽规划原则

(1) 着眼发展,构思框架

铁路枢纽规划要着眼发展。规划要不仅能够满足研究年度远期运量的需要,还必须要展望远景发展、与时俱进,留有足够的发展空间。

着眼发展,大胆构思远景蓝图并不是凭空设想,而要从实际出发,有一定的依据和推理。例如,郑州枢纽规划中,对于规划时车流量仅为日均 1 000 车的郑州北编组站,规划设计了三级八场站型,其主要依据是车站处于京广、陇海两大干线交会处,只要国家经济建设不断发展,其必将成为路网中十分重要的编组站。到 21 世纪初,该站办理车数已达到日均 28 000 车(设计能力为日均 24 000 车)。

(2) 客运分散,货运集中

近年来,我国铁路开始重视客运和为旅客着想。一些特大城市正在设计或建设的客运站达 3~5 个。随着城镇化率的提高和城市的扩大发展,大型铁路枢纽规划中设置适当数量的客运站及其合理分布,避免客运过于集中,可以体现"以人为本"的理念和协调发展的思想。

由于路网中快速等直达列车增多,解编作业相应减少,因此,编组作业集中是未来的趋势。但当前我国铁路处于发展时期,随着路网规模的增大,衔接点和编组去向将增多。因此,目前还不能大量减少编组站。但是,控制增加和重点加强是枢纽规划的方向。

(3) 落实为运输服务的思想

设计为运输服务是各种交通系统的共同宗旨。要主动从有利于运输的角度出发考虑问题,从枢纽总图布局、方案选择、设备能力等及至具体设计细节都要满足运输的需要和衡量对运输的利弊。具体应落实下列内容:

①枢纽内主要客、货运设施应具备所承担运量的能力,配套齐全,能力协调,并留有适度的富裕;

②点线能力协调,做到枢纽内能力与区间能力协调,枢纽能力要满足所有引入线路的总能力;

③保证枢纽内各条干线客、货列车径路畅通和行车安全、径路短捷;

④提供一流的运输设施,技术先进创新设计,作业自动化、信息化,提高运输效率,降低运输成本,确保运输作业安全;

⑤改善站、段、所的生态环境,提高生活服务设施水平,为文明生产和友好环境创造条件。

(4) 以人为本,自主创新

枢纽规划是建设的蓝图,要体现人性化的设计,并敢于自主创新。客运枢纽规划中的人性化设计主要体现在与其他运输方式交会处的换乘设计。如我国《国民经济和社会发展第十一个五年规划纲要》指出:"做好各种运输方式的衔接,建设便捷、顺畅、高效、安全的综合运输体系"。在长途或进出境旅行中,产生的铁路、飞机、汽车几种交通方式的换乘,是综合交通运输链中节点的换乘。节点换乘的条件是方便旅行的一个重要环节。

推广多样式的客运站与城市交通零换乘。铁路客运站是普遍具有较大客流量的节点，以往受条件所限，主要考虑站内旅客流程，有"高进低出、低进低出、低进高出"等模式。这些都只能解决进站上车或下车出站的连接，没有解决从城市公交到进站、出站到城市公交之间的连接。

直接沟通城市交通与铁路客运站旅客上下车的接点，不但车站要有新理念，城市交通也需协调配合。虽然站房不属站场专业设计，但是车站位置、车站总体布置、平剖面条件与城市交通密切相关，故站场专业设计要考虑公交与铁路乘客上下车之间的换乘流程，创造零换乘条件。

1.2.2 铁路枢纽规划方法、流程

铁路枢纽规划的一般流程如图3-1-8所示。
各部分的具体内容如下。
1) 枢纽在路网中的地位和作用
主要包括枢纽所在地理位置和枢纽在路网中发挥的作用。

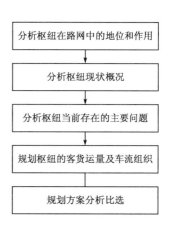

图3-1-8 铁路枢纽规划的一般流程

2) 枢纽现状概况
(1) 既有设备概况
包括枢纽内的铁路线路情况、枢纽范围内的车站数量、主要车站概况以及枢纽内的机务车辆设备情况。
(2) 枢纽衔接线路主要技术标准
包括枢纽衔接线路的等级、正线数目、限制坡度、机车类型、牵引种类、牵引质量、到发线有效长、最小曲线半径、闭塞方式等技术标准。
(3) 枢纽内在建及拟建工程概况
包括枢纽内正在修建和计划修建的线路、车站改扩建等工程的情况。
(4) 规划引入的线路
指在研究年度范围内枢纽内规划引入的线路及线路引入后枢纽内的路网情况。
3) 枢纽当前存在的主要问题
(1) 枢纽能力
包括通道(线路)能力、编组站解编能力、客运站能力、货运站能力、机车与车辆整备检修能力等。
(2) 枢纽内主要设施布局
包括车站选址、货运系统布局、客运系统布局、枢纽其他设施设备布局等方面存在的问题。
4) 规划枢纽的客货运量及车流组织
(1) 规划年度枢纽主要设施布局
指规划年度枢纽内的车流特点、列车运行图、编组计划、车流组织原则等。
(2) 枢纽规划年度作业量
包括枢纽内的客货运作业量、客货运需求量等。

5）规划方案分析比选

包括规划方案的表述、优缺点分析等。规划方案包括枢纽总体规划方案、通道规划方案、车站站址方案、客货运系统规划方案、机车车辆检修设施布局方案、枢纽内部线网规划方案等。针对同一目标的不同规划方案需要进行评价，分析每个方案的优缺点，并给出建议方案。

1.2.3 铁路枢纽规划方法的特殊性

铁路枢纽直接服务于运营，牵涉面广，可变因素多，关系复杂，每个枢纽都各有特征，不能定型。方案多、决策难是铁路枢纽规划的特点。

铁路枢纽设计，为适应其特点，设计人员在掌握本专业技术的基础上，还要具有运输组织、线路、地质、桥隧等专业的基础知识；另外，还需具备城市规划、大型厂矿港口等企业生产与运输的主要流程的一般技术知识。

为了做好枢纽规划方案选择与决策，枢纽设计人员还需了解相关哲学理论，如辩证法、认识论、思维与推理和科学决策的一些知识，这是枢纽设计需要的软技术。

1.3 宏观层次规划

1.3.1 宏观层次规划的指导思想

铁路枢纽宏观布局应遵循以市场为导向，适应客运快速化、货运重载与快捷化的需要，立足于铁路现状，面向市场、面向现代化，按照科学发展的总体思路，重新确定枢纽、技术站、货运站、客运站及配套机车车辆检修设施的分工和布局。本着资源有效重组、流程合理重构、机构精简改革、部门协调配合、追求安全高效、有利长远发展的基本思路，逐步实现铁路主要车站和枢纽在路网中定位清晰、布局合理、分工明确、规模适宜、协调配套的目标。

1.3.2 铁路枢纽宏观布局

（1）枢纽各站段合理分工与布局

按照铁路网中长期规划的总体要求，以市场为导向，把握旅客出行、货物集散规律，优化车站布局，最大限度地满足客货运输在数量和质量上的需要。因此，根据路网发展和枢纽地区特点，强化和完善枢纽结构，在货流大的枢纽，改建一些规模大、功能全、技术先进的编组站，发挥规模效益，满足集中作业、减少重复解编的要求。考虑到高速铁路、客运专线和城际客运铁路引入枢纽，引入客运站的线路应为双线或多线，客运站有足够的到发线、存车线。编组站布局逐步向集中化、大型化、自动化方向发展，新建或改扩建一些能力强大的现代化驼峰编组站，取代枢纽内原有的多处编组站。枢纽内增加必要的联络线、疏解线。主要车站增加咽喉平行径路，适应客货分线和大城市间多线的需要，满足黄金时段列车密集到发、客货列车同时到发的作业要求。

随着国民经济的快速发展和城镇化进程的加快，城际客流比例将进一步加大。客运站布局应与客源的分布紧密结合，与所在城市公交系统形成统一的现代化综合交通体系，并适应城市轨道交通的发展，方便旅客出行换乘。货运站布局要与路网和枢纽相关通道以及技术站布置相协调,有利于直达列车的开行。在提高技术装备和专业化水平、增加集装箱和高附加值货物办理站数量的基础上,与城市物流中心有效结合。客货运站布局还要充分考虑高速铁路、客运专线和城际客运铁路的引入对客运站布局的影响,以及大宗货物、集装箱等品类货物集散中转量大的节点对货运基地站建设的影响。

(2)优化货物列车编组计划

长期以来我国铁路一直沿用计划经济体制下推行的传统车流组织模式,列车编组计划的制订基本上按编组站的设备情况分配解编列车的调车作业,且受点线能力的限制,指定路径多,人为截流多,影响了编组计划的优化,也影响了编组站的合理布局。这样必然导致调车作业分散,改编作业车中转距离短,增加中转作业次数,在编组站的中转时间长,也增加了车辆在编组站的中转成本。因此,必须突破传统观念,对编制计划进行优化。优化技术直达列车组织方案是优化列车编制计划的核心,在按合理径路组织运输的前提下,要最大限度地压缩中转作业时间,加快车辆周转,缩短货物在途时间;最大限度地压缩车辆中转作业次数,降低运营成本。结合既有编组站布局和未来路网发展,合理控制节点作业量,节约投资,提高效益。随着大能力煤运通道的建成以及集装箱等直达班列的开行,受货流变化的影响,车流结构将发生较大的变化,表现在编组站无调比将进一步提高。编组站布局的调整,应使大部分车流在最有利的中转地点进行改编,且改编作业尽可能在效率高的编组站进行。建立多目标优化指标体系,如解编费用最少、集结车小时最省、中转次数最少等,对各编组站进行全面评价。

要制订更为合理的财务清算办法,鼓励多开技术直达和远程直达列车,减少重复作业,加速车辆周转。目前,因编组站收入主要与其出入车办理量、改编作业量挂钩,与其组织技术直达列车的组号、数量关系较小,因而大部分编组站在完成编组计划规定的技术直达列车编组后,即使还有技术直达车流也将其编组成直通或区段列车,导致车流在运输途中总改编次数增加。今后编组站的收入还必须与其组织的技术直达和远程技术直达列车数量相挂钩,以鼓励增开技术直达,减少重复作业,加快车辆周转,提高整体经济效益。

(3)加强专业化运输通道和集装箱办理站建设

在相当一段时间内,我国煤炭、冶炼物资、石油等大宗货物仍将是铁路货运的主体,这些大宗物资多为质重低值的原材料,组织始发直达运输是最经济的,而大力组织适箱货物集装直达化运输和其他高附加值货物的快速化运输是铁路新的运输增长点。这些大宗货物大部分可以组织始发直达,但组织不起来,主要原因一是牵引定数不匹配,二是资源地地形条件差。要提高铁路在运输市场的竞争力,就要求始发直达基地站具备足够的设备和能力,要求铁路在高附加值货物运输中必须改变传统的运输组织方式,最大限度地依托物流中心(如集装箱中心站)组织始发直达,以集装化、直达化、专用化的方式,减少编组站中转作业,压缩货物送达时间,参与市场竞争。今后需统筹规划以集装箱为主的快运基地,集中力量强化物流中心站或快运基地站建设。

随着大能力货运通道和集装箱运输网的建成,煤炭、集装箱等品类货物集散中转量大的枢纽,应弱化编组站的规模,强化大宗货物、集装箱等快运货物始发直达基地站的建设。重点在十大煤炭基地加强始发基地站建设,以基地为中心,通过建设客运专线后客货分线运输和既有线扩能改造,形成大能力煤运通道,满足煤炭外运需要。在北京、上海、广州等省会城市及港口城市建设大型集装箱中心站,结合集装箱快速增长和流向相对集中的特点,调整集装箱场站布局,形成高效、快捷的集装箱运输系统,有条件的通道开展双层集装箱运输。

(4) 搞好点线能力配套

我国铁路建设存在着一定的点线不协调情况,个别线路建成投产后,与之配套的技术作业站点未能及时形成能力,限制了线路能力的发挥。主要编组站、客运站能力紧张,缺乏应有的储备,不适应高密度、不均衡列车到发的需要。枢纽内缺乏必要的联络线,限制了长交路直达车流的通过。编组站衔接干线牵引质量不统一,也影响了直达列车的开行。因此,按照系统论的观点,编组站布局调整要与全路其他生产力布局调整相协调,配套安排枢纽建设,完善枢纽结构,强化主要车站。今后应充分考虑编组站的远期发展,在投资上充分保证,确保编组站布局、设置规模的合理性和点线能力的协调。合理布局和分工枢纽内编组站、客运站、货运站,配套建设相关疏解线、联络线和机务、车辆检修整备设施,同步形成能力,使主要客运站、编组站定位清楚,布局合理,分工明确,规模适宜,协调配套,满足路网总体要求。点线配套建设,应能满足近期20年内可见运输需求。

(5) 均衡路网编组站布局

21世纪初,我国铁路主要有75处重要枢纽和地区,形成49个主要编组站,其中路网性编组站15个,区域性编组站和地方性编组站各17个。49个编组站中,37个分布在我国东中部地区,占75.5%,12个分布在西部地区,占24.5%,有22个已形成双向系统,占45%。全路15个路网性编组站均分布在东中部地区,路网性编组站站间平均距离为500.8km。我国铁路编组站布局区域不均衡,东密西疏,点多分散,未形成枢纽编组站的规模效益,不少枢纽内调车设备分散,存在重复解编现象。

按照铁路未来发展要求,建设与路网规模相适应的编组站规模,保持编组站数量的动态平衡,新规划方案将保持20多个路网和区域性编组站,同时调整其在全国的分布。编组站应设置于主要通道、主要干线的交会处,以便于截流,满足市场经济条件下的车流组织优化的需要,充分发挥线路能力。由于我国目前新建铁路多在西部,所以应该在西部铁路主要干线交会处,根据车流情况,设立路网性或区域性编组站,特别是要增加路网性编组站数量。在东部,逐步改变目前生产站段管辖范围小、站段数量多的弊端。在协调相邻枢纽编组站合理分工的基础上,减少东部编组站的数量和弱化编组站的等级,为开行超远程直达列车创造条件。

编组站布局调整,在最大限度地集中改编作业和减少编组站数量的思想指导下,取消小型编组站,改造大型编组站,提高大型编组站的现代化水平和规模效益。铁路实现货运直达化、集装箱化和集中调车作业,减少编组站数量与作业,实现编组站综合自动化,是铁路货运提高运营效率、降低运营成本、取得最佳经济效益的关键所在。

(6) 繁忙干线枢纽优先调整

按照路网总体规划,繁忙干线可实现客货分线运输,形成四线或多线运输;主要通道实现复线、电气化,形成大能力货运网络;通过新线建设、既有线提速改造和建设客运专线,形成覆盖全国的快速客运网络。从区域上讲,东部地区,以建设客运专线和港口后方通路为重点;中部地区,重在建设煤运通道和区域间大能力通道;西部地区,则以构成未来铁路网骨架的新线和口岸站、能源基地通路为建设重点。生产力布局的调整应以京沪、京广、京哈、陇海、京九等繁忙干线枢纽为优先,使其快速释放运能。新建线路实行新的布局,一次到位,既有线的改造与生产力布局调整同步进行。提高铁路技术装备水平,实现客运高速和货运快捷、重载。

(7) 生产力布局调整与地区经济和社会发展水平相适应

合理的生产力布局可以有效地利用人力、物力、财力,提高劳动生产率和资源的使用效率。铁路生产力布局决定着运力资源配置、运输综合能力和企业劳动组织,是铁路运输质量、效益、效率的基础性、源头性问题。我国地区经济社会发展不平衡,生产力布局调整要与地区经济和社会发展水平相适应,东西部调整在重点、规模及速度等方面应该有所差异,既要注意资源的合理利用,又要兼顾可持续发展。由于东部地区经济和社会发展水平较高,东部地区生产力布局调整的速度要更快一些。东部布局调整中,将既有资源逐步向西部转移,使其合理利用。

1.4 中、微观层次规划

1.4.1 站点设施选址

铁路枢纽是联结铁路干线、支线的中枢,是由各种铁路线路、专业车站以及其他为运输服务的有关设备组成的有机整体。枢纽各站点设施选址必须考虑到枢纽内各项工作的协调配合,充分发挥各项技术设备的能力,安全高效地完成运输工作,加速机车车辆周转,确保枢纽畅通。这不仅要求枢纽内各种设备发挥自身的技术经济优势,而且还应把枢纽作为一个整体,以保证枢纽内各种设备在运输工作上更好地相互联系和相互协调配合。下面结合枢纽车站及线路等对铁路枢纽站点设施的选址加以说明。

1) 一般原则

站点设施选址往往涉及枢纽内车站,如技术站、货运站、客运站等的数量及分工。同时,也包括区间正线、联络线、迂回线、环行线等固定使用办法。枢纽内站点设施选址以及各项设备的固定使用办法应保证改善对社会的客货运输服务质量,减少车辆的重复改编与作业延误,均衡主要技术设备的负荷,减少调车及小运转机车运用台数,合理配备定员,改进劳动组织,节省运营支出和提高枢纽工作的可靠性与机动性。

枢纽内站点设施选址在很大程度上取决于该枢纽的地方特点,机务、车辆及站场设备的配置,客流、货流、车流的方向和流量,城市规划方面的要求,各站线的通过能力、作业能力及其利用程度等因素。因此,一般应根据各种因素对枢纽的选址拟定几个可行方案,通过全面的技术经济比较,从中选择最合理的选址方案。

2) 铁路枢纽内技术站配置

技术站作为铁路枢纽系统不可分割的重要组成部分,是货物列车的生产基地;全路每天装卸的车辆大部分需由技术站进行编解作业,从而组成去往不同方向、不同到站的列车。因此,在铁路枢纽系统内,编组站的布置是否合理、建设是否适时、与其他各子系统是否协调等因素,对枢纽系统整体效能的发挥,具有重要的影响。

铁路枢纽内编组站的数量问题实质上是编组站在枢纽内是集中设置还是分散设置的问题。集中是指在枢纽内只设一个编组站,分散是指在枢纽内设两个及以上的编组站,按照一定的作业分工,协调完成整个枢纽的改编任务。

(1) 枢纽内编组站集中或分散设置的优、缺点。一般情况下,集中设置一个编组站,枢纽

的解编作业由一个编组站集中完成,与分散设置比较,具有以下优点:

①不存在枢纽内编组站间的重复解编、重复集结和分工作业组织的复杂性,可加快车辆周转,降低运输成本,提高运输能力。

②可减少由于编组站分工不合理及机车交路安排不妥所产生的过多的小运转列车和单机往返走行。

③可节省投资。编组站集中设置可避免对某些车流的重复作业,从而避免重复布置一定数量的相应设备(如机务段、车辆段等)。

④设备集中设置,便于集中管理,设备利用率和作业效率高;也便于采用先进设备,实现作业自动化,提高设备能力,减轻劳动强度,改善作业安全条件。

⑤节省车站定员,减少运营费用。

集中设置也具有下列缺点:

①给枢纽内地方车流的作业带来不便,当枢纽范围较大、装卸点分散时,可能增加小运转车流的行程。

②可能延长直通折角车流在枢纽内的走行距离;增加列车公里支出。

③整个枢纽作业的弹性系数小,不够机动灵活。

④改编作业能力较小,不易适应枢纽运量增长和远期发展的需要。

(2)枢纽内编组站集中或分散设置的条件。编组站的集中或分散设置应符合进出枢纽车流的集散规律。分析枢纽的形成和发展规划可以看出,有些枢纽在近期设一个编组站集中作业,远期因运量增加,引入线路增多,枢纽结构变化,增设编组站形成分散作业;也有的近期为利用既有设备,减少新建工程的规模,以分散作业为过渡,而远期采用集中作业。如前所述,编组站集中或分散设置各有利弊,对枢纽系统的运输能力均有影响。应结合各枢纽的具体情况,如车流构成、城市布局、地形特征、枢纽结构等因素进行分析和研究。

对于引入线路不多、车流改编作业量不大的中、小型枢纽,或新形成的枢纽,以及以路网中转为主、地方作业量较小的枢纽,为节省投资和减少运营支出,一般集中设置一个编组站,如昆明、乌鲁木齐、成都、株洲等地枢纽。如有需要,可采取以下措施,以增强集中设置编组站的适应性和作业灵活性。

①结合大工矿区、港湾与枢纽干线的相对位置,增设必要的联络线、迂回线,并注意支线、专用线的接轨地点及接轨方向,以减少折角车流及小运转列车的走行距离。

②在枢纽内某些合适的工业站或货运站办理一定数量的改编作业,以辅助主要编组站的工作。

对于特大和大型铁路枢纽,以及一些中型铁路枢纽,在下列情况下,需设置两个或两个以上的编组站,但原则上仅有一个路网性编组站。

①引入线路多,枢纽范围大,工业企业布局分散,且枢纽内中转车流和地方车流大时。由于引入线路多,中转车流的流向一般都比较复杂,如果集中在一个编组站作业,必然引起较多的作业进路交叉干扰和较复杂的进站线路疏解布置,对运营和工程均不利。同时,由于地方车流大,而工业企业布局又分散,如集中一站作业,势必加大小运转列车走行公里数。因此,这种枢纽应设置两个或两个以上的编组站。例如,沈阳枢纽有哈大、沈山、沈吉、苏抚、沈丹5条干线引入,有140多条专用线和大量地方车流到发,枢纽内设置了沈阳南和沈阳西两个编组站。另外,沈阳、沈阳东、大成、皇姑屯等站曾担当部分编解任务,但目前其编解任

务已逐渐中止。

②有大量的路网中转车流,又有大量的地方车流到发时。由于改编车流大,如集中在一站办理,既易于造成编组站改编能力紧张,影响编组站与区间能力的协调,又会增加编组作业(同时完成两种不同性质的车流改编)的复杂性。设置两个或两个以上的编组站,一方面可以增加枢纽解编子系统的解编能力,使之与区间能力相匹配,另一方面可以针对各个编组站担当不同性质的改编任务,选定其布置图形和设备,并使其充分发挥作用,从而提高作业效率,缩短车辆改编作业时间以及在枢纽内的走行里程。如北京枢纽是我国路网上最大的铁路枢纽之一,衔接京山、京广、京九、京包、丰沙、京原、京承、京通、京秦等干线。丰台西编组站主要担当路网中转车流的改编作业,双桥站则以办理地方车流和一些作业复杂的短途车流为主。枢纽内编组站的作业分工明确,解编能力大,保证了枢纽运输的畅通。

③引入线路较多且会合在两处以上,相距较远,会合处又有一定数量的折角车流和地方车流时。这种情况通常发生在受地形限制的狭长地带的顺列式铁路枢纽,或有江河分割且线路汇合在桥渡两岸的铁路枢纽内。此时,如果在枢纽内只设置一个编组站,必然会使折角车流产生较长的重复走行距离,并引起枢纽内主要通道或桥梁通过能力紧张。当枢纽两端或江河两岸有较多的方向引入时,也可考虑在线路会合处分设编组站。

(3)枢纽内编组站设置的位置。枢纽内编组站设置的基本要求是:

①设在各引入线的汇合处,并位于主要车流的路径上;

②设在城市规划的市区边缘以外;

③注意远近结合,留有发展余地。

设置方案需考虑以下因素:

①主要为中转车流服务的编组站,其位置应设在主要车流顺直通行的路径上以及各引入线的会合处。根据枢纽结构图形的不同,确定编组站的合理位置。

②既为中转车流服务又为地方车流服务的编组站,其位置的选定,既要考虑主要线路车流的顺直折角车流的方便,又要尽量缩短枢纽地区小运转列车的走行距离。

③主要为地方车流服务的编组站,其位置应尽量设在靠近工业区、港埠区。

3)铁路枢纽内客运站配置

(1)枢纽内客运站的数量

一般情况下,在中、小城市的铁路枢纽,设置一个客运站即可满足要求。而对于大城市或特大城市,只设置一个客运站将产生下列问题:

①不便于城市旅客就近乘车,增加了部分旅客的出行时间;

②客运组织工作复杂,人流、车流、行包流交叉干扰严重,秩序不易维持;

③旅客集中在一个车站上、下车,会加重城市交通的负担,引起高峰期城市交通拥堵;

④枢纽引线较多时,进站线路复杂,会引起进路交叉干扰,车站通过能力紧张;

⑤节假日客流波动很大时,机动性差,无调节余地。

设置两个及以上的客运站的条件是:

①有较多铁路线引入的大城市中的枢纽,客流量较大且客流性质复杂;

②城市分散或新开发区兴建,各地区的客流量均很大,且具有单独办理客运作业的条件;

③改建既有枢纽,原有客运站无发展余地,无法承担枢纽内全部客运量而需新建客

运站；

④引入线路类型和服务客流对象有很大区别,如高速铁路车站和普通铁路车站。

(2)枢纽内客运站的位置设置

中、小城市的枢纽设置一个客运站时,车站应尽可能地设在靠近城市居民区,与城市交通有便利的联系且有利于客运站今后发展。

4)铁路枢纽内货运站和货场配置

(1)枢纽内货运站和货场的数量

①位于中、小城市的枢纽,可设置一个货运站或货场,集中办理货物运输。

②位于大型或特大型城市的枢纽,应根据货运量的大小及作业的需要,设置两个以上货运站或货场。

(2)枢纽内货运站和货场的位置设置

货运站和货场引入线路的选择需考虑以下因素：

①在编组站和客运站上,一般应避免设置大型的货场或衔接过多的工业企业专用线。

②在枢纽内引入线路的中间站上,一般可以设置货场,但货场线路必须接近所服务的地区,同时货运量不宜过大,以免干扰正常的列车接发作业。

③位于大、中城市的枢纽,可从编组站、中间站上引出线路,延伸至服务地区,在尽端设置货运站或货场。有条件时,可以在环线或迂回线上设置货运站或货场。

④在港湾枢纽内,铁路货运站可设置在便于水、陆换装的地区。

货运站和货场在城市中位置的选择应考虑以下因素：

①新建的综合性货运站或货场设在市区边缘或市郊,以减少对城市的干扰；

②以办理到发小件包裹、行邮货物为主的货运站或货场,位置以选择在市区范围内交通方便的适当地点为宜；以办理大量中转包裹或小件货物为主的货运站或货场,位置以选择在取送中转车较方便的编组站附近或编组站内为宜。

③以办理大宗货物为主的专业性货运站或货场,选择在城市郊区或市区边缘。

④办理危险品货物的专业性货运站或货场,设在远离居民区和风景点的市郊,且以下风方向或河流下游地区为宜。

5)铁路枢纽内机务和车辆设备配置

(1)机务设备的配置

①对于中、小型枢纽,其客、货运机车的检修设备应设于一处。

②对于大型枢纽,其客、货运机车的检修设备可分别设置。

③编组站和办理旅客列车对数较多的客运站均应设置机务整备设备。如客车对数不多且条件适合,可在编组站与客运站之间设置客、货共用的机务整备设备。

④当枢纽内有两个或两个以上编组站时,机务段应设在主要编组站上,在辅助编组站上只设折返段或整备所。若两个编组站相距较近,也可共用一个机务段。

(2)车辆设备的配置

①枢纽内一般都应设车辆段。

②货车车辆段宜设在产生大量空车并扣修车辆的编组站、工业站和港湾站上。

③客车车辆段应与客车整备所设在一起。配属客车数量较少时,客车可在本枢纽内的货车车辆段进行检修,也可送往邻近客车车辆段检修。

1.4.2 线网布局规划

1)枢纽引入线和联络线

联络线是把枢纽内的车站与车站、车站与线路及线路与线路衔接起来的线路。联络线包括：消除折角运行的联络线、增强枢纽能力的联络线和便于列车顺接的联络线等。

联络线的设计一般需满足以下要求：

(1)平、纵断面设计标准应与连接干线的平、纵断面设计标准一致。

(2)连接正线间的联络线应保证具有列车停车后能启动的条件，其有效长应保证列车在联络线上停车不妨碍相邻线路列车的运行。

(3)设有经由联络线运行的直通列车的机车交路和列车检修所，专门为通过列车服务。

(4)妥善安排相邻枢纽编组站的车流组织，尽可能编组经由联络线分流的直通列车。

2)枢纽环线和直径线

枢纽环线和直径线是连接枢纽各项设施的重要线路，一般枢纽环线的设置需满足以下要求：

(1)在大型或特大型铁路枢纽上，当引入线路较多时，可修建环线或半环线。

(2)修建环线或半环线的主要优点是便于各衔接线路方向间直通客、货列车运行。

(3)对于引入线路较多的铁路枢纽，在条件允许时，可同时设置内环和外环线。内环线主要为客运和地区货运作业服务，外环线主要为分流各引入线路之间的直通中转车流服务。

(4)在大城市或特大城市的环形或半环形铁路枢纽内，可修建连接两个以上客运站，并穿越城市中心的枢纽直径线。

1.4.3 组织设计

当枢纽内有多个编组站、货运站、客运站时，最好使之分别办理一定的作业，称为枢纽内部的组织设计。同时，有关区间正线、联络线、迂回线、环行线等也应按列车种类或运行方向固定使用。

与枢纽内站点设施选址相似，枢纽内各专业站间的作业分工同样受该枢纽的地方特点，机务、车辆设备配置，客、货流方向和流量，城市规划方面的要求，各站线的能力及其利用程度等因素的影响。因此，一般应根据各种因素对枢纽内不同车站的作业分工拟定几个可行方案，通过比较分析，从中选择最合理的方案。

1)车流改编作业的分工

枢纽内各站间的车流改编作业分工，一般可有以下三种方式。

(1)集中作业方案

车流的改编作业集中在枢纽内技术装备最好、能力最大的一个主要编组站上办理，可以充分发挥先进的机械化、自动化设备的优势，加速车流的改编作业进程，扩大统一到站的车流强度而缩短车辆集结停留时间，以及减少站间车流交换和单机走行，从而可以获得降低运营支出和提高劳动生产率的效果。因此，一般情况下，应尽可能地采取编解作业集中的方案。

但是，将车流改编作业集中于一站办理的方案，并不是任何情况下都能实现的，例如，有的枢纽有几个编组站而每个编组站仅适合于对某一方向的车流进行改编作业；有的枢纽其主要编组站作业能力不足,站线数较少,无力承担编组计划规定的全部编组去向的编组任务;有的枢纽主要编组站对某衔接方向没有便捷的发车通路,以及当某些铁路方向并非直接引入枢纽主要编组站时,由于有额外的列车走行公里和折角车流,可能会导致枢纽因某些技术设备或通道负荷过重而丧失机动性等,这时就应考虑采用分散作业的方案。

(2)一主多辅方案

当枢纽既承担大量路网性中转车流,又承担大量地方性车流的改编任务时,为减轻主要编组站的作业负担,可采取将路网性中转车流的改编作业集中在新建的主要编组站上办理,而将摘挂列车和小运转列车的解编作业分散在其他有必要装备的各辅助编组站上办理。这种一主多辅的分工方案,一方面可以提高枢纽工作的机动性,为增开技术直达列车编组去向创造条件;另一方面又可充分发挥现有站场调车设备的作用,有利于地方车流和空车流的输送。

(3)由主要编组站分别把口方案

对于改编作业量很大的枢纽,当集中作业方案及一主多辅方案不能满足运输需要时,一般可以考虑采用由装备大致相同的主要编组站分别把口的方案。不失一般性,以简化的顺列式枢纽为例,图3-1-9中A、C方向线路直接引入位于枢纽一端的主要编组站Ⅰ,B、D方向线路汇合于设在枢纽另一端的编组站Ⅱ,具有大量地方车流到发的客货运站3、货运站4设于Ⅰ—Ⅱ间的中轴线上,则车流改编作业原则性的分工方案可有以下四种形式:

①编组站按运行方向把进口,分别承担所衔接铁路线进入枢纽方向所有改编车流的解体作业,并集中编组该运行方向的大小运转列车,如图3-1-9a)所示。

这一方案的缺点是A、C间及B、D间的折角车流和枢纽内货运站的自装交出车流将产生折返行程和交换车重复改编作业。当枢纽对各衔接方向都是机车折返交路时,还将产生大量单机走行公里,加重枢纽中轴线通过能力负担。因此,只有在顺向改编中转车流和枢纽到卸车流占绝对优势、折角和自装交出车流量不大且枢纽内设有机务本段并采用循环运转制时,才可能是有利的改编作业分工方案。

②编组站按运行方向把出口,分别承担各衔接方向发出车流的改编作业,如图3-1-9b)所示。

这一方案的缺点是A、C间及B、D间的折角车流和枢纽到卸地方车流将产生折返行程和重复改编作业。当枢纽对各衔接方向均为折返交路时,也将产生大量的单机走行公里,并加重中轴线通过能力的负担。因此,只有在顺向改编中转车流和枢纽自装交出车流占绝对优势、折角车流量不大、枢纽内设有机务本段并采用循环运转制时,才可能是有利的车流改编作业分工方案。

③编组站按衔接铁路线分工,分别担任所衔接铁路线上下行方向全部车流的改编作业,如图3-1-9c)所示。

这一方案的缺点是通过枢纽的顺向改编中转车流在入口站解体之后,都必须编入小运转列车送到出口站再次改编,然后发出,增加了一次重复改编作业。因此,这种编组站分工方案只有在枢纽管内到发车流及A、C间与B、D间折角车流占绝对优势,以及各衔接铁路线的机车牵引类型不同、列车质量标准不统一时,才有采用价值。

④各编组站间综合分工,即根据枢纽结构特点、各衔接方向及枢纽内地方车流的性质和集散规律、机车交路配置等因素,综合采用上述各种分工方式。

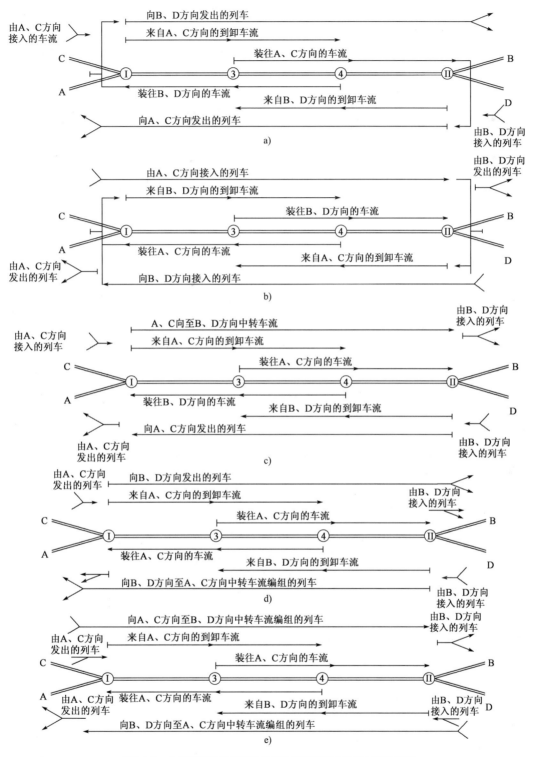

图 3-1-9 由主要编组站分别把口的改编车流作业分工方案示意图

编组站间综合分工方案可有多种方式：

a. 对于把进口方案中可同时规定以 A、C 间及 B、D 间折角车流和枢纽自装交出车流单独编组列车发出,即对同一编组去向的车流采取分散集结、分别编发的办法来解决这部分车流的折角迂回运行和重复改编问题,如图3-1-9d)所示。

b. 对于把出口的方案,为减免折角车流和枢纽到卸车流的折角迂回运行和重复改编作业,可同时规定后方技术站及枢纽周边站按枢纽内编组站分工要求将这部分车流单独编组到达枢纽入口站解体的列车,如图3-1-9e)所示。

多主多辅与综合分工方案的优点是贯彻了集中与分散相结合的作业分工原则,使车流折角迂回运行和重复改编工作量减少到最低限度,机车运用合理、改编作业负担均衡,保证了枢纽工作有较大的机动性,因而得到具有两个以上主要编组站铁路枢纽的广泛采用。如沈阳枢纽,辽南方向到发的车流改编作业指定由沈阳南站集中办理,但辽西、辽北、沈吉线、苏抚线及进关车流的改编作业则规定由沈阳南和沈阳西两编组站分别承担,即采取对枢纽内各编组站分散集结和分别到达列车的办法,同时指定沈阳、大成、皇姑屯、沈阳车站担当枢纽小运转车流及空车流的编组工作等。

应该指出,枢纽内各站间关于车流改编作业分工的最佳方案并不是一成不变的。当枢纽布局、技术装备、车流构成有重大变化时,就应重新审定枢纽内各站的合理分工问题。

当为完成给定的运输任务,枢纽内各编组站间的车流改编作业分工有多个可行方案供选择时,应按下式通过计算各方案一昼夜与车辆运行及改编作业有关的总运营支出 $E_{改}^{日}$ 进行技术经济比较,从中选出最有利方案作为编制枢纽综合技术作业过程的基础:

$$E_{改}^{日} = \left[\left(\sum n_{改} t_{改} + \sum n_{重复} t_{重复}\right) \sum K_{编} cm\right] C_{车时} + \sum Mt_{机时} C_{机时} + \sum NL C_{列里} + \sum MS_{机} C_{机里}$$

(3-1-1)

式中: $\sum n_{改} t_{改}$ ——车流在枢纽内第一次改编的技术作业(不包括集结过程)停留小时总消耗;

$\sum n_{重复} t_{重复}$ ——因站间交换和场间交换的重复改编作业而产生的车辆在各技术站的额外停留车小时总消耗;

$\sum K_{编} cm$ ——枢纽内各技术站编发各种大、小运转列车编组去向产生的集结车小时消耗及各后方站对枢纽实行分站分流和分场分流所增加的集结车小时消耗;

$\sum Mt_{机时}$ ——列车机车和小运转机车在枢纽内各站的停留机车小时总数;

$\sum NL$、$\sum MS_{机}$ ——枢纽内相应的列车走行公里和单机走行公里总数;

$C_{车时}$、$C_{机时}$、$C_{列里}$、$C_{机里}$ ——每一车辆小时、机车小时、列车走行公里、单机走行公里相应的换算运营支出。

如果该方案的实现须要扩建站场或增加技术设备时,则因基建投资和设备日常维护而日均增加的换算运营支出也应考虑在内。

2)中转列车技术作业的分工

在枢纽内选择无改编中转列车及部分改编中转列车技术作业地点,应考虑以下要求:

(1)车辆在枢纽内的停留时间最少,并最好是只办理一次技术作业;

(2)列车在枢纽内的走行公里最小,并最好能消除折角车流和重复走行;

(3)各技术站的通过能力负荷适当,并力求减轻主要编组站的负担;

(4)合理利用枢纽内现有机务段和机车整备设备,机务设备与中转列车作业车场间要有便捷的机车出入段通路;

(5)中转列车技术作业的分工应与改编车流的解编作业分工相配合,力求减少枢纽内的单机走行和增减轴作业困难情况。

枢纽内中转列车技术作业的分工也可有多种方式,即:

(1)规定某些直通中转列车经由联络线、迂回线或外包正线绕过枢纽主要编组站,在枢纽前方站或迂回线上设有直通场的车站办理技术作业。沈阳枢纽指定辽南方向到发的一部分无改编中转列车沿外包线通过苏家屯编组站,在苏家屯南站办理技术作业,这样可以大大减轻主要编组站的作业负担。

(2)变更质量及成组甩挂的部分改编中转列车最好接入担任该方向车流改编任务的编组站进行作业,这样可以保证连挂车组的及时准备和摘下车组能及时编入相应的继送列车,从而减少车辆在枢纽内的停留时间,加速直通车流运行。

(3)当主要编组站设有机务段时,对牵引中转列车的机车最好是采用循环或半循环运转制,并在枢纽担任同方向自编列车编发任务的车站进行机车乘务组换班和中转列车技术作业,以求少放单机并为列车运行调整提供有利条件。

(4)当枢纽对某些方向采用折返交路,由于改编列车和中转列车的机车一般是套跑的,为减少单机走行,应组织中转列车尽可能在机车折返段所在站进行作业。

综合采用上述组织方式可构成多种可行方案,通过比较各种方案下放行一列直通中转列车的平均换算运营支出 $E_{直通}$,即可选定枢纽内直通中转列车技术作业分工的最合理方案。

$$E_{直通} = mt_{直通}C_{车时} + \sum MtC_{机时} + NLC_{列里} + MSC_{机里} + \frac{C_{列检}}{N_{直通}} \quad (3\text{-}1\text{-}2)$$

式中:m——中转列车平均编成车数;

$t_{直通}$——该方案一列直通中转列车在枢纽各站的技术作业停留总时间;

$\sum Mt$——放行一列直通中转列车平均摊到的机车在枢纽的停留时间,机车小时;

NL——一列直通列车平均摊到的在枢纽内的走行公里数;

MS——放行一列直通列车平均摊到的单机公里数;

$C_{列检}$——办理直通中转列车技检作业一昼夜所摊到的列检所维持费;

$N_{直通}$——列检所一昼夜平均办理的直通中转列车数;

其余变量含义同式(3-1-1)。

此外,当采用机车循环运转制而机车乘务组换班地点远离基本段所在站时,还应考虑接送机车乘务员所产生的费用。

3)货运工作的分工

枢纽内货运站和货场的配置与作业分工,应在保证为货主提供快速、方便、优质运输服务的前提下,力求做到:充分发挥装卸机械化设备的能力;减少地方车流在枢纽内的走行距离和重复改编次数,以加速货物送达和车辆周转;有利于扩大同一方向或到站的货流,为组织直达运输创造条件;减少调车机车和小运转机车使用台数和对地方车流作业的运营支出。

提高货运工作效率的重要条件是正确规定货运站的作业分工。枢纽内货运工作的分工可有以下几种主要方式。

(1)按吸引地区分工

其优点是能在办理货物运输业务方面给货主提供最方便的条件,同时,可把城市中的汽车运输走行减少到最低程度。其缺点是它将增大铁路车辆在枢纽内的走行距离与重复改编次数;同时,因同去向、同种类货物分散在枢纽内各货运站、货场装卸,不利于实现装卸作业机械化和组织直达运输。

(2) 按衔接铁路线分工

其优点在于铁路车辆在枢纽内的走行公里和重复改编作业次数可减少到最低限度,并便于组织直达运输,但将给货主带来不便,并增大城市汽车运输里程及道路的负担。

(3) 按办理货物种类(如散堆装货物、件装的零担货物、集装箱及笨重货物、危险品货物等)分工

其优点是为铁路有效地利用装卸机械及货运设备创造条件;便于组织直达运输和减少枢纽内主要编组站的改编作业量;减少对城市的污染和保障居民的安全。其缺点是货物及车辆在枢纽内有额外走行与重复改编作业,并在一定程度上也会给货主带来一些不便。

在大型枢纽内,货运站和货场采用按货物种类与按衔接铁路线相结合的分工方式一般是较为有利的。当可行的分工方案有多个时,可根据式(3-1-3)计算各方案的换算运营支出$E_{货运}$,并从中选取最经济合理的方案,作为制订枢纽综合技术作业过程的基础。

$$E_{货运} = \min \left\{ C_{列里} \sum_K N_K L_K + C_{车时} \left[\sum_i (n_i - n_{直通i}) t_{改i} + \sum_j n_{Mj} t_{Mj} \right] + \sum_i (n_i - n_{直通i}) C_{改i} + \sum_j n_{Mj} C_{改j} + \sum_j Q_j C_{均j} + \sum_j \frac{K_j}{365 t_{还本}} + \sum_x L_x Q_x C_A \right\} \quad (3-1-3)$$

式中:$\sum_K N_K L_K$ ——与货运站分工有关的列车走行公里总数;

$n_i - n_{直通i}$ ——在编组站 i 改编的管内作业车流量;

$n_{Mj} t_{Mj}$ ——管内作业车辆在货运站 j 停留的车辆小时数;

$C_{改i}$、$C_{改j}$ ——在编组站 i、货运站 j 改编一辆车相应的作业成本;

$\sum_j Q_j C_{均j}$ ——用于装卸作业的总费用,Q_j 为 j 货运站一昼夜到卸货物吨数,$C_{均j}$ 为 j 站每吨货物平均作业成本;

$\sum_j \frac{K_j}{365 t_{还本}}$ ——用于加强货运设备的换算基建投资,K_j 为扩建车站 j 的基建投资,$t_{还本}$ 为标准还本期;

$\sum_x L_x Q_x C_A$ ——从货运站至货主仓库的汽车运输费用,L_x 为短途运输距离,Q_x 为货物吨数,C_A 为汽车运输货物每吨公里的换算成本。

4) 枢纽内客运站间的分工

铁路枢纽内客运站的分工也应视作业性质、作业量以及设备情况而定。中小型枢纽一般只设一个各衔接方向共同使用的客运站,无论是列车的始发、终到作业,还是旅客的中转换乘都比较方便。大型铁路枢纽衔接方向多,所在大城市范围广,客流量大而分散。如果铁路客运工作集中于一个车站办理,不仅车站秩序不易维持,而且会使部分旅客因去车站的行程过远而感到不便,因而要求设置两个及以上客运站。

当枢纽内设有两个及以上客运站时,其作业分工方法主要有以下几种。

(1) 按衔接铁路方向分工

即指定一个客运站办理某一个或几个方向旅客列车的始发、终到业务,另一个客运站办理另外铁路方向的旅客列车始发、终到业务。例如,北京枢纽指定北京西站专门办理京广、京九方向旅客快车的始发终到业务,而东北和京沪方向的旅客快车始发终到业务主要由北

京站办理。

(2)按分别办理始发、终到旅客列车速度分工

即指定某些客运站办理高速旅客列车的始发、终到业务,另一些客运站办理普速旅客列车的始发、终到业务。例如,北京枢纽指定北京南站、丰台站(尚未建成)主要办理动车组列车的始发终到业务,而北京站、北京西站和北京北站主要办理普通旅客列车始发终到业务。

(3)按办理列车始发、终到和办理通过列车业务分工

即指定列车始发、终到作业在设有客车整备所的车站办理,在另一客运站主要办理通过旅客列车的作业。例如,原哈尔滨枢纽的哈尔滨东站与哈尔滨站之间即按此方式进行作业分工;原南京枢纽南京西站和南京站间的作业分工也属这种类型。

(4)按办理长短途列车和市郊列车分工

当市郊客流很大时,应采取这一分工方案。

当然,根据城市范围、枢纽结构、客流性质及客流量等具体情况,也可将上述几种分工方法结合起来采用,做到尽量为旅客提供方便,使旅客列车能以最短径路通过或进出枢纽,减少铁路对城市的干扰,提高旅客列车运行速度,以增强铁路在整个运输市场中的竞争能力。

1.5 规划案例

以 TJ 枢纽扩能规划为案例进行说明。

1)在路网中的地位和作用

TJ 铁路枢纽在路网中是沟通关内外的咽喉,是我国华东与东北、西北、内蒙古等地区交流的咽喉要道,承担着关内外地区的客货中转及 TJ 地区客货的到发作业,并办理与 TG 新港的联运,是一个客货混合、路港联运的大型铁路枢纽。该枢纽对关内外物资交流和旅客运输具有重要作用。现状年 TJ 枢纽货物发到量为 $10\ 237 \times 10^4\ t$。TJ 枢纽现有 TJ 站、TJ 西站两个大型客运站,现状年 TJ 枢纽完成旅客发送量约 1 400 万人次。

2)枢纽现状概况

(1)既有设备概况

①客运系统。TJ 枢纽客运系统包括 TJ 站、TJ 西站、TJ 北站、TG 站等。其中,TJ 站为枢纽主要客货运站,位于 JS 线上,衔接 BJ、SHG、SH 三个方向;TJ 西站是 TJ 铁路枢纽辅助客运站,办理 BJ 至 SH 方向、TJ(东北)至 SH 方向通过的旅客列车的到发作业。TJ 北站和 TG 站是 TJ 枢纽的辅助客站。

②解编系统。TJ 枢纽解编系统由 NC 站、BT 西站、TG 站、DDG 站组成。其中,NC 站为枢纽内主要编组站,位于 JS 线上,双向混合式三级五场站型。

③机务设备。TJ 机务段:该段为 TJ 枢纽内客运机务段,其规模为内燃中修 2 台位;小、辅修 8 台位,内燃机车整备、待班线 2 条以及与其能力相适应的检修、整备设施等。另外,TJ 机务段在距其 1.2 km 的下九股设有整备场一处,整备场内设有内燃机车整备、待班线 6 条以及与其能力相适应的整备生产辅助设施。

TJ 北机务段:该段为枢纽内货运机务段,其规模为内燃机车中修 2 台位;小、辅修 8 台位;内燃机车整备、待班线 4 条以及与其能力相适应的检修、整备设施等。

TJ 北派驻机车折返段:该段隶属 TJ 机务段管辖,段内规模为内燃机车整备、待班线 4

条;机车走行线 2 条;卸油线 2 条;ϕ35m 转车盘 1 座;2 000×4m³ 油库 1 座以及与其能力相适应的整备设施等。TJ 机务段在该段还设有水阻试验设施一套。

BT 西派驻机车折返段:该段隶属 TJ 北机务段管辖,段内设有 42m×18m 两线临修库 1 座及 42m×6m 边跨;段内设有内燃机车整备、待班线 3 条,并预留 1 条。卸油线 1 条;3×700m³ 油库 1 座以及与其能力相适应的临修、整备设施等。

TJ 西机务折返段:该段隶属于 TJ 北机务段管辖,段内设有内燃机车整备、待班线 3 条以及相应的整备生产辅助设施等。

(2)规划引入的线路

近期:JJ 城际、JH 高速、JJJG 客运专线、TJ 至 QHD 客运专线建成。

规划期:QT 客运专线、LH 客运专线、HBH 地区城际铁路客运网建成。

3)当前存在的主要问题

(1)枢纽现状的通过能力不能适应运量的要求

随着铁路客货运总量增长和 DQ 线重载扩能、客车提速开行 Z 字直达后的压力,通过 TJ 枢纽的路网运量越来越大,JS 线 TJ 枢纽段的通过能力非常紧张。NC 站现状能力已经饱和,这些都是 TJ 枢纽扩能的制约点。

(2)客运设施能力不足

目前,衔接枢纽的主要干线均为客货混跑线路,客货通路交叉干扰严重,客货争能力的现象十分普遍。随着客货运量的增长,这种现象会更加严重。

(3)枢纽联络线标准低,通道衔接不尽合理,影响能力发挥

①作为主要接卸通道,TG 站进出港线、北港铁路 BT 西—TJ 南线路、CT 支线等均为单线铁路,其能力利用率都已饱和,达到 100%,急需扩能改造。

②TJ 枢纽内存在诸多地方铁路线路,普遍存在技术标准低、设施不全、与路网衔接不畅等问题,急需资源整合,充分发挥综合效率。JJ 线 JX—HGZ 段能力远不能适应需要,现状年承担 TJ 港煤运 89.4 万 t。按照 DQ 线扩能预测,到近期 JJ 线年承担煤运量将达 3 000 万 t,JJ 线扩能改造迫在眉睫。

③TJ 枢纽内存在诸多地方铁路线路,普遍存在技术标准低、设施不全、与路网衔接不畅等问题,急需资源整合,充分发挥综合效率。

(4)铁路通道不适应 TJ 港发展的需要

TJ 港规划发展为 3 亿 t 大港,BJ 港区的铁路接轨站 TG 站能力不足,且受城市规划及四周建筑物限制,改扩建困难,"大港口、小车站"的局面极大地限制了港口的集疏能力。随着 BJ 港区的进一步开发,铁路能力不适应的矛盾更加突出。

(5)铁路货场同城市发展互相干扰的问题

NC 编组站、CT 支线等铁路货运系统的车站线路目前大都处于中环线以内,对城市发展存在干扰、分割。TJ 站、TJ 西站、TJ 北站、TG 站等都设有一个或多个铁路货场专用线,对城市发展互相干扰,需要结合城市发展规划、工矿企业布局对铁路货场进行规划调整。

(6)其他问题

枢纽内机务车辆点多线长,机型较杂,机务段、车辆段设施陈旧,机车整备、客车地沟线都不足。随着 JQS、JH 电化及 JJ 城际、JH 高速、JQ 客专引入,结合 TJ 枢纽电气化改造,需综合研究机务、车辆布局调整、扩能改造。

4)规划年客货运量与车流组织

(1)客运量

①主要客运站旅客发送量及最高聚集人数。

a.主要客运站旅客发送量。TJ 铁路枢纽主要客站有 TJ 站、TJ 西站、TJ 北站。目前,TJ 站是枢纽主要客运站,始发终到 JS 全部、JP 方向的部分旅客列车;TJ 西站始发部分 JP 客车,通过 JP 及 JS(JP)转 JP(JS)的客车;TJ 北站无始发终到客车。

现状年 TJ 枢纽三站(TJ、TJ 西、TJ 北)旅客发送人数为 1 219 万人,占 TJ 铁路枢纽旅客发送人数 1 498 万人的 81%,规划年度由于 JH 高速铁路和 JQ 客运专线的引入,枢纽主要客运站增加 HY 站,TJ 枢纽主要客运站按 90% 计,各站发送人数参考现状发送人数比例及规划年度客车开行方案确定。

b.主要站最高聚集人数。主要站最高聚集人数,按规划年度旅客上车人数,采用聚集系数法和统计分析法进行计算,TJ 主要客站最高聚集人数见表 3-1-1。

TJ 枢纽主要客站最高聚集人数表(单位:人/d)　　　　　表 3-1-1

车站	最高聚集人数	车站	最高聚集人数
TJ 站	10 000	HY 站	2 000
TJ 西站	4 000	TJ 北站	400

②城市轨道交通的客运量以及转乘铁路的人数。根据 TJ 市城市轨道网规划,城市轨道交通与铁路的转乘主要在 TJ 站进行,相关的地铁、轻轨线路有 TJ 地铁 2、3 号线和轻轨 9 号线。TJ 站地处 H 河东岸,位于市中心繁华地带,西、南两面由 H 河环抱。

目前 TJ 站是铁路、市内公交、长途客车的交会处,属于城市的交通枢纽地区。TJ 站前多条公交线路设有车站,TJ 站的后广场则为长途客车的集散地。

通过对 TJ 站的分向客流的计算,以车站周边地区的公用建筑及公交车数量为基础进行预测,预测结果见表 3-1-2。

近期 TJ 站地铁、轻轨各方向客流量表(单位:人)　　　　　表 3-1-2

项目	D 站方向	JFQ 方向	CFQ 方向	JGD 方向	H 河方向
地铁 2 号线	22 180	5 829	9 656	9 840	8 076
地铁 3 号线	21 123	7 766	12 864	13 110	10 760
轻轨 9 号线	9 506	15 276	25 304	25 787	21 164

根据 TJ 市轨道交通规划,表 3-1-2 中地铁 2、3 号线与铁路换乘的客流约占东站方向客流的 40%~50%,轻轨 9 号线约占东站方向客流的 20% 左右。

③旅客列车对数、起讫点及经路。TJ 枢纽衔接了 JS、JJ、JH 等干线,规划年度随着 JH 高速铁路和 JQ 客运专线引入 TJ 枢纽,枢纽的客运格局变化较大。TJ 铁路枢纽主要客站有 TJ 站、TJ 西站、TJ 北站。目前,TJ 站是枢纽主要客运站,始发终到 JS 全部、JP 方向的部分旅客列车;TJ 西站始发部分 JP 客车,通过 JP 及 JS(JP)转 JP(JS)的客车;TJ 北站无始发终到客车。

规划年度随着 JH 高速、JQ 客运专线的建成,TJ 枢纽的高速客运系统形成,枢纽客运站的分工发生变化。TJ 站承担 JJ 城际客运专线全部客车及东北方向、BJ 方向和 CZ 方向普通客车、JX 和 BZ 方向的全部列车的始发终到任务,通过 JS、JS(JP)转 JP(JS)及 JS 转 JB 联络线的客车;TJ 西站承担 JH 高速铁路高中速车的始发终到任务;始发 TJ 至 TS 方向高中速客车及 JH 高速转 JQ 客运专线的高中速客车,通过 JP、JS(JP)转 JP(JS)的客车;HY 站通过 JH 高速部分客车。

(2) 货运量

①地方运量。TJ 枢纽地方运量不断增长,现状年 8 233 万 t,年均递增率约 8%,主要是近年来 TJ 港下水煤增加较快。

枢纽近期发送、到达量分别为 6 497 万 t、181 651 万 t,较现状年分别增加了 4 493 万 t、10 418 万 t;预计中远期发送、到达量分别为 7 785 万 t、20 223 万 t,较现状年分别增加 5 781 万 t、11 990 万 t。枢纽发送量增长快的原因是 TJ 港集装箱、金属矿石运量增加所致,到达量的增长的原因是 TJ 港集装箱、煤炭及其制品运量增加及 TJ 市电厂规模扩大所致,增加的运量主要来自 BJ 方向、JX 方向、BZ 方向。

②通过运量。TJ 枢纽现状年通过运量为 9 157 万 t。规划近期、中远期的通过运量分别为 19 349 万 t、20 975 万 t。

③总运量。TJ 枢纽总运量近期、中远期分别为 44 368 万 t、48 845 万 t,较现状年的 19 297 万 t 分别增加 25 071 万 t、29 548 万 t。近期、中远期通过运量占总运量的比重分别为 43.6%、42.9%。

(3) 运输组织

①影响枢纽编组站路网分工和工作量变化的主要因素。规划年度 TJ 枢纽引入线路方向发生了变化,JJ 线复线引入枢纽,神华集团的 HH 南至 TJ 万家码头的 HW 线引入 TJ 万家码头站。跨越式发展的总体目标对枢纽产生相应的影响。一方面运量水平大幅度增长,另一方面路网线路功能的变化也使枢纽编组站路网分工和工作量变化。TJ 枢纽运量总水平于中远期达 4.88 亿 t。

②到发客流特点。TJ 枢纽发送的旅客中,通过客流所占比重较大,枢纽现状年通过客流量为 7 790 人,始发终到量为 2 373 人,总计 10 163 人,枢纽通过客流约占总人数的 77%(表 3-1-3)。

TJ 枢纽衔接方向客运量(单位:万人) 表 3-1-3

方向	接入		交出	
	到达	通过	发送	通过
BJ 方向	520	1 460	447	1 231
TS 方向	311	1 069	351	1 136
CZ 方向	305	1 323	355	1 488
BZ 方向	17	40	17	40
JX 方向	25	3	25	0
枢纽合计	1 178	3 895	1 195	3 895

③运输组织发展趋势及应变对策。根据铁路发展的构想,运输组织的发展趋势正在向客运快速化、货运快捷、重载化方向发展,以提高铁路在综合运输体系中地位,发挥铁路运输安全、经济、快速的优势。为了适应发展的要求,铁道部在北京、TJ、上海等 18 个城市建设集装箱中心站,使其具有国际先进水平,相互能够开行集装箱班列,成为全国和区域铁路集装箱运输中心。TJ 枢纽是全路 18 个集装箱中心站之一。根据 TJ 市城市发展规划及 TJ 港发展需要,TJ 集装箱中心站设在 BJ 港,同时规划期间建设 DBZ 集装箱辅助中心站,与网络集装箱中心站间组织开行集装箱班列。

规划年度中远期旅客发送人数为 4 482 万人,开行旅客列车 359 对,其中始发 220 对,通过 139 对;规划中远期货运量为 48 845 万 t,通过运量占总运量的比例为 42.9%。

5) 规划方案概述

本次枢纽扩能规划方案,结合 TJ 市中远期城市总体规划,包括 TJ 港发展规划、城市工业布局、下海煤运通道、集装箱中心站建设等,在现有枢纽三大干线五个方向基础上,增加 JH 高速、JQ 客专、JJ 城际、JS 城际、新建 HW 地方铁路及相关联络线与干线引入,对既有 JH、JQS 干线电气化改造,新建及改造 DQ 煤下海通道等。

(1) 规划方案涉及的主要工程项目

①新线引入。包括 JH 高速铁路、JQ 客运专线、JJ 城际客专、JS 城际客专、HW 地方铁路。

②既有线改造。包括 JH 电气化改造、JQS 电气化改造、JJ 线(JB 联)电气化改造、QG 线扩能以及配合 TJ 港发展规划,加强 NJ 港煤运通道。

③联络线和疏解线。包括新建 JJ 线至北环线联络线、新建 JS 线至北环线联络线(包括 NC 西疏解)、修建 JB 联跨 JS 至北环线联络线、东南环(BT 西—HSK—WJ 码头—LN—ZLZ—DL)复线改造、NC 线复线改造、修建 HZ 线地方铁路、新建 TG 站进出港线和进港二线。

④扩建 BT 西辅助编组站。

⑤新建集装箱中心站以及 BJ 港港前站。

(2) 客运系统

TJ 枢纽主要客运站为 TJ 站、TJ 西站、TJ 北站及 TG 站。目前,TJ 站始发终到 JS 线全部、JP 方向部分旅客列车;TJ 西站始发部分 JP 客车、通过 JP 及 JS、JP 中转的客车;TG 站始发终到市郊客车、通过 JS 线旅客列车。

规划年度将引入 JH 高速、JQ 客专、JJ 城际、JS 城际四条快速客运干线。其中,JH 高速引入 TJ 西站,并新建 HY 站;JJ 城际引入 TJ 站,JQ 客专引入 TJ 西站,JS 城际暂按引入 TJ 西站预留条件。

①TJ 站。规划 TJ 站仍为主要客运站之一,货运部分维持既有,随着城市发展,货运规模呈减少趋势。

②TJ 西站。规划 JH 高速、JQ 客专引入 TJ 西站。该站为枢纽主要客站之一,客运车场中高速车场与普速车场南北横列布置。

③TJ 北站。TJ 北站为客货运站,位于 JS 线与 JP 线交会处,车站性质属中间站,无始发、终到旅客列车。

④TG 站。TG 站为客货运站,主要承担 JS 线客货列车通过作业,同时为 TG 地区和 TJ 港集疏运服务,并办理 TJ 至 TG 市郊列车的始发终到作业。

⑤HY 站。HY 站规划的新建辅助客站,位于 TJ 市西青区内,中北斜村南。车站北端衔接新 LF 和 TJ 西站两方向。车站主要办理 JH 高速铁路和 JQ 客运专线通过的高速列车的通过作业,以及不进入 TJ 西站的高速列车的通过和到发作业。

(3) 解编系统

TJ 枢纽车流特点是地方运量和通过运量较均衡,年运量 1 亿余吨,其中地方运量约占 53%,通过运量占 47%,地方运量中以 TJ 港到达货物为主。规划年度中,由于高速、城际线路引入 TJ 枢纽,使客货分线成为可能,导致枢纽车流发生较大变化,能够充分利用既有枢纽通道、站场,更好地为发展地方经济服务。为此,应结合 TJ 港"北煤南移",调整布局,完善相应联络线。

①NC 站。规划年度 NC 编组站维持既有规模。

②BT 西站。规划年度 BT 西站改建为双向二级四场站型,规划预留扩建为双向三级六场条件。下行系统为二级式,由西向东为到达场、编发场、预留出发场。上行系统为二级式,自东向西为到达场、编发场、预留出发场。

③NJ 港港前编组站(DDG 改扩建)。根据规划年度预测运量,DDG 站无法单独完成 NJ 港货物的吞吐量,需修建新港 NG 前编组站。

④BJ 港港前编组站。根据 TJ 港集装箱码头的发展,结合集装箱中心站建设,修建 BT 西至 BJ 港联络线并预留 BJ 港港前编组站。

⑤扩建 WJ 码头站。WJ 码头站位于 LG 铁路上,为地方铁路编组站,衔接 LQZ、HH、TJ - NJ 港三个方向,主要承担 LG 铁路、HW 铁路方向去往 NJ 港和 DG 地区企业的货物运输。规划年度随着 HW 线建设及运量增加,扩建 WJ 码头站。

(4) 货运系统和集装箱中心站

①货运系统。TJ 枢纽既有设置货场车站有 HGZ、NC、TJ 北、TJ、ZGZ、JLC、TG、DBZ、SLZ、BT、TJ 西、YLQ、XYM、LQZ、CTZ、ZLZ、HGG 等站。其中,ZGZ 设危险品货场;JLC、CZ 为工业站。

规划 HGZ、NC、TJ 站、ZGZ、TG、BT、ZLZ、HGG、SLZ、XYM、CTZ、DBZ 为货运站。其中,DBZ 扩建既有货场为枢纽内主型货场,TJ 站南货场迁建至煤建五场,新建货场为枢纽内物流基地,具备运输、仓储等功能;危险品货场设 SLZ 站;NC 站货场、TG 站货场配合城市发展迁建改造。枢纽内其余货场维持既有规模。

②集装箱中心站。TJ 港北疆港规划为集装箱杂货作业区,新建集装箱码头、物流园区,规划进港三线为集装箱专用线,预留连通 JJ 线、JS 线线位,考虑双层集装箱通道。

TJ 港现状年完成集装箱运量 241 万 TEU,规划年度,集装箱吞吐量年均增长 19%,预计近期达 1 200 万 TEU,中远期达 1 500 万 TEU。

TJ 枢纽既有办理集装箱运输的主要车站有 NC 站、TJ 南站、XYM 站、TG 站等。其基本模式为原货场兼营集装箱,通过"五定班列"形式集结,开行集装箱专列。

TJ 集装箱作业特点为港口作业型兼内陆作业型,预测 TJ 港运量占 60%~70%,市区运量占 30%~40%,规划运量见表 3-1-4。

TJ 集装箱中心站运量表　　　　　　表 3-1-4

项目		运量(10^4t)				运量(10^4TEU)			
		到达	发送	中转	小计	到达	发送	中转	小计
近期	港口	1 109	565	—	1 674	85	43	—	128
	地方	360	323	83	766	27	24	6	58
	合计	1 468	888	83	2 440	112	67	6	186
中远期	港口	1 455	741	—	2 196	111	57	—	168
	地方	464	415	120	999	36	32	8	76
	合计	1 920	1 155	120	3 195	147	89	8	244

规划年度铁路承担 TJ 港集装箱量：近期为 128 万 TEU，中远期为 168 万 TEU。规划集装箱中心站设 BJG，通过修建 BTX 至 BJ 港联络线，将 TJ 枢纽货运系统解编作业同 BJ 港集装箱中心站、集装箱物流园区和集装箱码头、港前作业站联系起来，最大限度地发挥铁路对 BJ 港的"集疏运"作用。

规划 DBZ 站为集装箱辅助中心站，依靠既有 TJ 枢纽货运设施，为 TJ 市区及周边吸引区集装箱运输服务，规划年度运量：近期为 58 万 TEU；中远期为 76 万 TEU。

(5) 线路及疏解方案

本部分包括 TJ 西站货运车场改建及相关车流运输组织方案和南疆港煤运通道方案。此处选取 TJ 西站货运车场改建及相关车流运输组织方案进行说明。

由于 TJ 西站现状的北货场在规划中已经取消，原在车站接轨的专用线也从二十几家减少到三家，本站作业车很少。根据货运作业向城市外围迁移的原则，TJ 西站的货运系统规模有减到最小的条件。

但是，由于 TJ 西站同时还是 CT 支线各站摘挂和小运转列车的始发终到站，要减小 TJ 西站货运车场的规模，TJ 西站该部分作业需由其他车站代替，有可能代替西站作业的车站一是 NC 站，二是 CT 支线的车站，三是绕道 ZLZ 车站。据调查，CT 支线上的车站已无扩建空间，故只能考虑后两种方案。

若取消 TJ 西站货运车场，就需要有合适的车站承担 TJ 西站货运车场目前所承担的作业，也就是承担为 CT 支线车流集结、分解和取送等作业。经过分析规划考虑了以下几个方案。

Ⅰ 方案：在 NC 编组站下行系统作业方案。

结合总图规划的修建 BT 西编组站方案，CT 支线车流技术作业地点由 TJ 西站改在 NC 编组站下行系统，NC 站与 CT 支线互编摘挂小运转列车取送。该方案避免了 TJ 西站重复作业，有利于提高效率。闭塞方式，若维持单线铁路时，由调车改为继电半自动；若单线改复线时，改为自动闭塞。工程投资 3 588.7 万元。本方案未引起有关车站改扩建。

Ⅱ 方案：在 ZLZ 进行技术作业，连通 ZLZ 与 LQZ 方案。

ZLZ 车站分南北两个车场，北场设正线 2 条，到发线 3 条，设基本站台和中间站台各 1 座。北场东侧设有货物线 2 条。南场是为地方铁路 ZL 线接轨而修建的车场，整个车场位于 JP 下行正线外侧，设到发线 11 条，边修线 2 条，车站到发线有效长度除北场有 1 条 942m，其他均达到 1 050m。

该方案切断了 CT 支线与 TJ 西站的连接,这部分车流技术作业改在 ZLZ 站进行,利用既有 ZLZ 站交接场进行技术作业。

本方案利用 ZL 线全线和 LG 线 LBK 至 LQZ 段的局部方案,车流从 ZLZ 至 LQZ 的走行距离为 36.5 km。地方铁路 ZL 线已经建成 10 年,由于种种原因未曾启用,本次启用需对 ZL 线进行改造,工程投资 1.29 亿元。

Ⅲ 方案:保留 CT 支线,开通 ZL 线方案。

保留 CT 支线,XYM、LQZ、XTZ 各站装卸作业车改由 NC 站开行 CT 支线摘挂列车取送。开通 ZL 线,TJ 地方铁路运量由 NC 站送至 ZLZ 站与地方铁路进行交接。工程投资 1.11 亿元。

三个方案优、缺点见表 3-1-5。经分析对比,上述三方案各有优、缺点。当 BT 西编组站可在 TJ 西站改建前建成并投入使用,建议采用 Ⅰ 方案;若 BT 西编组站不能建成,可以采用 Ⅲ 方案。但由于此方案增加了 NC 编组站的车流在站停留时分,而规划年度 NC 站的解编能力已不能适应车流的需要,因此,本次规划仍推荐保留 TJ 西站货运车场方案。然而,JH 高速、JQ 客专引入 TJ 西站以及动车运用所建设方案若在用地上与保留 TJ 西站货运车场矛盾,需结合 BT 西扩建编组站方案进行专题规划。

各方案优、缺点分析　　　　　　　　　　　　　　表 3-1-5

方案	优点	缺点
Ⅰ 方案	(1)可以充分利用 NC 站的能力,基本无土建工程; (2)直接由 NC 站取送车,减少车辆作业次数,提高车辆利用率; (3)车流的走行距离自 NC 到 LQZ 为 27.91km,较利用 ZLZ 转到 LQZ 方案短 22km	(1)需修建 BT 西编组站进行分流,否则 NC 站能力不足; (2)CT 支线需要一直保留,对城市发展有一定影响
Ⅱ 方案	(1)充分利用多年闲置的地方铁路设备; (2)可切断 XT 支线的 TJ 西站至 XYM 段,对城市发展有利	(1)车流绕行 ZLZ 站较原通路长 22km; (2)需修建 ZLZ 至 LQZ 联络线; (3)挤占 JP 线 TJ 西站到 ZLZ 之间的通过能力; (4)工程最大投资为 1.29 亿元
Ⅲ 方案	(1)启用多年闲置的地方铁路设备,为地方增加收益; (2)保留 CT 支线,保持通路的灵活性; (3)投资较 Ⅱ 方案少 1 800 万元	(1)需恢复 ZL 线全线,工程投资大; (2)地方铁路车流走行距离较原通路长 20km; (3)挤占 JP 线通过能力

❓ 复习思考题

1. 铁路枢纽从不同的角度可以有哪些分类方式?各自可以分为哪些类型?
2. 铁路枢纽规划设计有哪些特殊性?
3. 铁路枢纽宏观布局应遵循哪些原则?
4. 铁路枢纽内站点选址的一般原则是什么?
5. 铁路枢纽内货运、客运工作应如何分工?

第 2 章 港口枢纽规划

2.1 概 况

2.1.1 港口枢纽的定义

港口枢纽是位于江、河、湖、海或水库沿岸,具有明确界限的水域和陆域及相应的设备和条件,为船舶提供出入和停泊,旅客上下船,货物装卸、储存和驳运以及船舶补给、修理等技术和生活服务的场所。就其作用而言,港口是交通枢纽、水陆联运的咽喉,是水陆运输工具的衔接点和货物、旅客的集散地。

港口就其工程内容而言,是各种工程建筑物(水工、房建、铁路、道路、给排水等)设备的综合体。港口作为沿海城市赖以形成和发展的重要组成部分,是国民经济的重要基础设施和联结世界经济、技术、物资、设备、资金、信息的窗口、纽带和桥梁,在国际贸易发展和经济技术交往中具有不可替代的地位。

世界主要港口有:荷兰的鹿特丹港,美国的纽约港、洛杉矶/长滩港和西雅图港,日本的神户港和横滨港,比利时的安特卫普港,新加坡的新加坡港,法国的马赛港,英国的伦敦港等。

我国主要港口有:上海港、香港港、深圳港、大连港、秦皇岛港、天津港、青岛港、黄埔港、湛江港、连云港、烟台港、南通港、宁波港、温州港、北海港、海口港等。

2.1.2 港口枢纽的分类

由于枢纽与枢纽之间在功能、位置、规模、能力、自然条件等方面的差异,不同的港口枢纽对国民经济发展的影响是不一样的。因此,世界上很多国家都根据港口的用途功能、地理位置、自然条件和层次地位对其进行了分类。

1)按枢纽地位分类

(1)国际性港口枢纽。指主要服务来自世界各国港口的船舶的港口枢纽,如我国的上海港和大连港等、国外的鹿特丹和伦敦港等均属此类。

(2)区域性港口枢纽。主要服务来自国内港口的船舶的港口枢纽。

(3)地区性港口枢纽。主要靠泊往来于国内某一地区港口的船舶的港口枢纽。

2)按枢纽用途分类

(1)商务性港口枢纽。用于旅客运输和装卸转运各种货物的港口枢纽,如上海港、天津港等。

(2)渔港枢纽。专为渔船服务的港口枢纽。

(3)工业港枢纽。固定为某些工业企业服务的港口枢纽等。

3) 按港口所在的地理位置分类

(1) 海港。位于有掩护的海湾内或位于开敞的海岸上的港口。海港利用海湾、岬角等天然掩护，可避开或减少风浪、潮汐、沿岸输沙的影响。当天然掩护不能满足要求时，可修建防波堤，如我国的大连港、青岛港，日本的神户港和横滨港等。图 3-2-1 所示为大连港位置示意图。

图 3-2-1 大连港位置示意图

(2) 河口港。位于江、河入海口处的港口。河口港一般建在河流下游潮区界内，有通海的航道，可满足河、海船舶停泊需要。由于河口港所处的地域通常都具有经济发达、交通便利的优势，所以往往是国际上重要的国际贸易港。由于受潮汐和河道径流影响，进港航道一般容易出现泥沙淤积，形成拦门沙，因此航道的维护和治理往往是影响河口港发展的重要问题，如我国的上海港、荷兰的鹿特丹港等均为典型的河口港。

(3) 河港。位于江、河、湖沿岸的港口。河道上游河港的特点是易受洪汛影响，不同季节水位落差很大，给船舶停靠和装卸带来困难。中、下游的港口受潮差和洪汛的双重影响，容易产生泥沙淤积问题，如我国的重庆港、德国的汉堡港等均为典型的河港。

(4) 水库港。位于运河上的港口，如我国的徐州港、扬州港和万寨港等。

4) 按港口所在地自然条件分类

(1) 天然港。具有天然的船舶停靠和避风条件，有足够的水域面积和天然水深条件，底质适于锚泊的港湾。如我国的大连港、宁波港（北仑港区）、香港港、美国的旧金山港和日本的东京港等。

(2) 人工港。经人工开凿的航道和港池，并建有防波堤的港口，如法国的勒阿弗尔港和我国的天津港等。

5) 按港口的层次地位分类

这种分类是根据港口布局和港口在国民经济及综合运输体系中的地位、作用以及所处的地理位置与功能进行的，主要有：

(1) 航运中心港。港口高度集约化的产物，这类港口所在城市的经济、金融与贸易十分发达,有广阔的经济腹地,有众多的固定航线通往国内和世界各主要港口。航运中心港一般都是集装箱枢纽港。

(2)主枢纽港。其地理位置优越,辐射面广、货源充足、有较多的固定航线,设施与设备先进,功能齐全的重要港口。这类港口一般位于综合运输主骨架的交会点,是客货集散中枢和各种运输方式的相互衔接处。

(3)地区性枢纽港。这类港口的服务范围主要是某个地区,其航线数量、服务功能及服务设施与设备等方面都不如主枢纽港;但它具有优越的地理位置、较先进的服务设施与设备以及较齐全的服务功能,是地区客、货集散中枢和综合运输的枢纽。

(4)其他中小港口。即除上述以外的大量沿海中小港口,作为沿海地区交通基础设施的一部分,对所在地区经济发展起到了积极的促进和保证作用,是完善沿海港口布局的重要补充。

此外,港口根据装卸货物的不同,还可分为综合性港口和专业性港口。综合性港口是指能够装卸多种货物的港口。专业性港口是指专门或者主要从事某种货物装卸作业的港口,其特点是某种货物在其港口吞吐量中占有很大的比重,并具备装卸该种货物的先进专用装卸设备设施,如我国的黄骅港等。

2.2 港口枢纽规划的原则及方法

2.2.1 规划的原则

根据国民经济发展的方针以及国内外贸易增长的需要,对港口枢纽建设发展进行全面系统的技术经济调查研究,并提出建设方案,称为港口枢纽规划。港口枢纽规划要遵循以下原则:

(1)枢纽的规划与布局必须满足现代物流所必需的基本功能,使其能高效、有序、经济地开展集装箱装卸、拼装、流通加工、配送、仓储、运输及信息处理等作业。

(2)港口枢纽首先作为一个水陆交通运输工具的衔接点和货物、旅客的集散地,必须保证必要的运输能力。

(3)结合水陆域等自然条件、相邻码头的安全距离,合理安排码头的位置,充分利用宝贵的岸线资源。

(4)把握整体规划、分步实施、科学管理、滚动开发思路,分期建设港口码头工程,争取尽可能地降低开发成本。

(5)应能满足环境保护、节约能源等各项要求。

2.2.2 规划的方法、流程

港口规划分为港口布局规划、港口总体规划和港口总图规划三类。

(1)港口布局规划主要是根据工农业生产发展、地区资源条件,结合工矿企业、城镇、铁路交通、水利等的布局,提出港站位置的合理安排,并相应地进行港址选择。它是在海运规划(全国的或某区域的)或流域规划(或某江某河的规划)的基础上进行的。

(2)港口总体规划是根据远、近期客货吞吐量、货物种类及其流量流向,经过多方案分析论证后,提出港口发展建设的分区、分期、分阶段的具体安排。它是一个港口建设发展的具体规划。

(3)港口总图规划是根据港口客货规划吞吐量、货物种类、流量流向和进港船型,对一个港口的进港航道、港池、锚地、码头、仓库货场、铁路线以及装卸工艺等整套设施进行充分的分析研究,使其组成一个完整的系统。彼此之间既相互协调,又灵活,并留有发展余地,达到装卸工艺合理、先进,装卸效率高、投资省、建设快等要求。吞吐量在规划前或规划中需反复进行调查研究、落实。它是港口规划的基本依据,直接影响规划的质量。

港口枢纽规划步骤一般分为两个阶段:选址可行性研究阶段和工程可行性研究阶段。港口发展建设的规划还要适应形势发展,对其内容进行相应的调整和改进。

在港口建设前期工作中,要求建设单位编制项目建议书。建设单位结合港口规划,开展预可行性研究,即对项目进行意向性研究。这种研究比较粗糙,主要依靠笼统的估计而非详细的分析,费用估计一般从比较的现有项目中得出。再在此基础上编制项目建议书,待项目建议书批准后,方可进行下一步的可行性研究。项目建议书主要包括以下内容:

①项目建设的必要性和主要依据;
②建设规模、建设地点的初步设想;
③具体建设条件和外部协作要求;
④资金估算和筹措设想以及偿还能力的预测;
⑤建设工作的初步安排。

港口工程可行性研究的主要内容是通过全面的调查研究和必要的钻探、测量等工作,进行技术、经济论证,分析、判断建设项目的技术可行性和经济合理性,为确定拟建工程方案是否值得投资提供科学依据。它是项目建设前必须进行的各项投资前研究工作中的最重要阶段。

可行性研究视工程的规模一般分为两阶段:初步可行性研究阶段和工程可行性研究阶段。对小型不复杂的港口工程,也可直接进行工程可行性研究。工程可行性研究审查批准后,可编报设计任务书。设计任务书批准后,可进行初步设计和现场施工前准备工作,即进入工程建设的第二阶段——设计和施工阶段。

初步可行性研究是项目建议书和工程可行性研究之间的中间阶段。在此阶段,有必要对不同可比方案作出粗略分析、比选,因此在内容结构上应与工程可行性研究基本一致,仅在论证所依据的数据资料来源和精确程度上不如后者。初步可行性研究更应着眼于投资的可能性。只有当项目在经济方面没有值得怀疑的地方时,才可以通过初步可行性研究阶段。

工程可行性研究的主要包括以下几部分内容:
①工程项目的历史;
②港口现状的评价;
③预测运量发展;
④建设的合理规模;
⑤建设条件和港址;
⑥工程项目方案;
⑦协作条件;

⑧施工条件及建设工期;
⑨企业组织管理和人员编制;
⑩项目对环境的影响;
⑪投资估算及投资效益分析;
⑫结论及建议。

2.2.3 规划方法的特殊性

港口枢纽的功能具有多元性和发展性的特点,随着经济、技术的发展。港口枢纽的功能在不断拓宽和延伸。功能的多样性和复杂性对港口枢纽的规模、泊位数目、库场面积、装卸设备数量以及技术设施等提出了更高的要求,规划方式较其他方式也有所不同。港口枢纽规划一般分为选址可行性研究和工程可行性研究两个阶段,其中港口规划调查是选址可行性研究的重要内容。

为了做好港口枢纽规划方案选择与决策,枢纽设计人员还需了解相关哲学理论,如辩证法、认识论、思维与推理和科学决策的一些知识,这是枢纽设计需要的软技术。

2.3 宏观层次规划

2.3.1 港口枢纽宏观层次规划的指导思想

港口枢纽规划应以科学发展观为指导,围绕全面建成小康社会的宏伟目标,着力提升沿海港口的现代化水平和国际竞争力,充分发挥沿海港口在国民经济发展中的基础性作用,发挥沿海港口衔接各式运输方式的枢纽作用,体现系统化布局、联合运输的原则;提高港口群的综合竞争力,合理布局大中小港口,突出重点,布局层次分明;突出发挥市场优化配置的作用,推动跨地区的港口资源整合,体现资源节约利用、可持续发展的原则;促进区域社会经济协调发展,体现区域协调、布局均衡;把港口的布局规划和港口的长远和可持续发展考虑进去,与完善国家综合运输网络接口相连,与国家发展战略与经济发展相吻合。

2.3.2 港口枢纽宏观布局

港口枢纽布局规划实际上是国家级的港口规划。根据国民经济发展和国内外贸易增长的需要,在国家综合运输网规划、海运规划和流域规划的基础上进行。对主要货运,如能源、粮食、矿石、木材、钢铁等大宗货物以及外贸运输进行综合平衡,从而提出各类港口的数量及专业分工。依据地区的社会、工业、农业、自然条件和环境条件进行实际的工程研究,提出重点港口的改建、扩建和新建港口的地区性合理安排,确定投资规模的初步程序和有效弹性的时间表。

1) 港口布局规划的原则

①港口枢纽布局规划要注重控制港口规模的合理结构规划,体现大中小港口并举的方针。

有些发达国家港口货流集中在少数大港中。例如,约有300个海港的法国,87%的货物是在6个主要港口装卸;有114个海港的意大利是在16个港口装卸,有其内在的发展规律。适当地发展这几个骨干大港,为其开辟新港区,以利于更好地发挥起运量枢纽的骨干作用。

要正确处理好集中与分散的关系,把港口枢纽布局展开,适当地分散建设,使中小港口的布局更多一些,也是港口合理布局和经济发展的需要。随着轻重工业结构日趋合理,农村商品经济的发展,沿海(江)资源逐步得到开发利用,短途沿海(江)客、货运必将随之增长。中小港口易于因地制宜地充分利用水运条件,有投资省、见效快和营运比较灵活的特点。在条件适宜的中小港口,还可为大港开展水上集疏运河接驳作业服务,有利于组织合理运输。因此,中小港口应该成为我国整个运输系统中网点不可忽视的组成部分。

②港口枢纽布局规划要注意系统工程规划,应该把港口枢纽放在综合运输系统中,作为综合运输系统的一个组成部分来考虑。港口吞吐能力发展,要与主要工农业部门,特别是有大宗货流的煤、石油、矿业、冶金等企业的发展及其对运力的需要相适应,并要同步增长。在港口系统中的国内大宗货流运输离岸港和到港的能力要相互协调且同步增长。

③港口枢纽布局规划要注意为港口创造多种方式的集疏运系统。港口生产作业系统由水上航行作业系统、码头前沿地域装卸运输作业系统、货物存储的码头仓储作业系统和集疏作业系统组成。正是由于这四大系统的协调配合活动,才形成港口的综合生产量(能力)——吞吐量。港口枢纽能完成的吞吐量多少,取决于系统中薄弱环节的通过能力。但集疏运系统的高效快速,可以在相当大的程度上缓和由于船舶随机到港、货流不均衡而引起的压船压货,也可以缓和货物集散对码头仓储过大容量的需求。因此,可以由于集疏运系统的薄弱而抑制其他系统优势的发挥,乃至缩小港口腹地半径;也可以由于它的见长而在一定程度上弥补其他系统的不足,甚至扩大港口的腹地半径,从而促使港口发挥更大的潜力。

港口枢纽布局规划要创造条件采用铁路、公路、水路多种方式的集疏运设施,对大宗油品力争采用地下输油管道集疏运。港口枢纽集疏运方式的多样化不仅有利于提高集疏运能力,还会大大增加港口枢纽营运的灵活性。

④港口枢纽布局规划要注意协调好与港口枢纽城市发展间的关系。港口枢纽建设实践说明,港口是城市发展的动力,城市是港口建设的支柱,港口与城市相互依存,结合成为有机的整体。因此,协调处理两者近远期的发展关系,对促进港口与城市发展均衡是重要的。

2)我国沿海港口布局规划

2006年8月16日,国务院审议并通过了《全国沿海港口布局规划》,标志着我国沿海港口建设与发展进入了新的发展阶段。

全国沿海港口布局规划是沿海港口的空间分布规划,也是最高层面的港口规划,主要根据沿海各区域港口的基本条件、区域经济发展和产业布局的状况及需要,并根据相关行业的发展规划,在现有港口布局的基础上,研究和确定沿海港口的合理分布,引导港口协调发展。作为国家级沿海港口的布局,服务于国家经济安全、社会进步、贸易发展、结构调整以及国防建设,体现国家发展现代化港口和综合运输的意志,并通过港口布局规划来指导各省和具体港口的发展规划,合理利用和保护港口岸线资源,通过港口的集约化发展来提高港口资源的利用率,为经济社会的协调、可持续发展提供水路交通保障。

(1)全国沿海港口布局的具体方案

根据不同地区的经济发展状况及特点、区域内港口现状及港口间运输关系和主要货类运输的经济合理性,将全国沿海港口划分为环渤海、长江三角洲、东南沿海、珠江三角洲和西南沿海5个港口群体,强化群体内综合性、大型港口的主体作用,形成煤炭、石油、铁矿石、集装箱、粮食、商品汽车、陆岛滚装和旅客运输八个运输系统的布局。

①环渤海地区港口群体。环渤海地区港口群体由辽宁、津冀和山东沿海港口群组成,服务于我国北方沿海和内陆地区的社会经济发展。

辽宁沿海港口群以大连东北亚国际航运中心和营口港为主,包括丹东、锦州等港口,主要服务于东北三省和内蒙古东部地区。

津冀沿海港口群以天津北方国际航运中心和秦皇岛港为主,包括唐山、黄骅等港口,主要服务于京津、华北及其西向延伸的部分地区。

山东沿海港口群由青岛、烟台、日照港及威海等港口组成,主要服务于山东半岛及其西向延伸的部分地区。

②长江三角洲地区港口群体。长江三角洲地区港口群依托上海国际航运中心,以上海、宁波、连云港港为主,充分发挥舟山、温州、南京、镇江、南通、苏州等沿海和长江下游港口的作用,服务于长江三角洲以及长江沿线地区的经济社会发展。

③东南沿海地区港口群体。东南沿海地区港口群以厦门、福州港为主,包括泉州、莆田、漳州等港口组成,服务于福建省和江西等内陆省份部分地区的经济社会发展和对台"三通"的需要。

福建沿海地区港口群煤炭专业化装卸设施布局以沿海大型电厂建设为主;进口石油、天然气接卸储运系统以泉州港为主;集装箱运输系统布局以厦门港为干线港,相应布局福州、泉州、莆田、漳州等支线港;粮食中转储运设施布局由福州、厦门和莆田等港口组成;布局宁德、福州、厦门、泉州、莆田、漳州等港口的陆岛滚装运输系统;以厦门港为主布局国内、外旅客中转运输设施。

④珠江三角洲地区港口群体。珠江三角洲地区港口群由粤东和珠江三角洲地区港口组成。该地区港口群依托香港经济、贸易、金融、信息和国际航运中心的优势,在巩固香港国际航运中心地位的同时,以广州、深圳、珠海、汕头港为主,相应发展汕尾、惠州、虎门、茂名、阳江等港口,服务于华南、西南部分地区,加强广东省和内陆地区与港澳地区的交流。

⑤西南沿海地区港口群体。西南沿海地区港口群由粤西、广西沿海和海南省的港口组成。该地区港口的布局以湛江、防城港、海口港为主,相应发展北海、钦州、洋浦、八所、三亚等港口,服务于西部地区开发,为海南省扩大与岛外的物资交流提供运输保障。

(2)港口规划后的实施效果

全国沿海港口布局规划在方案和效果上总体上贯彻了适应经济、区域协调、突出重点、综合运输、资源节约的布局原则和思路,形成的五大港口群体能基本适应区域经济协调发展和全面建成小康社会及现代化建设的要求,突出了港口群内综合性、大型港口的重点作用;采用系统化布局理念形成的与国计民生密切相关的八大运输系统,也是衔接和促进国家综合运输体系发展和完善的重要体现;规模化、专业化、集约化、效益优先的港口发展方向将引领港口节约资源、提高资源利用率,促进港口可持续发展。布局方案还为港口发展留有一定的空间,可以适应国家生产力和结构进一步调整的需要。

2.4 中、微观层次规划

2.4.1 站点设施选址

港口建设地点的选择是在港口布局的基础上进行的。需要根据港口生产规模(客货运量)、进港船型、远景发展,并结合当地地形、地质地貌、水文气象、陆上交通和水电供应、城市发展等条件,从政治、经济、军事和技术等各方面进行分析比较后确定。港口建设地点选择是一件复杂而细致的工作,也是港口规划工作的重要步骤,其成败不仅是技术经济问题,而且涉及长期的营运使用。一个优良港址的选择受到自然条件、货量因素、配套设施等的影响,应满足以下基本要求:

①与城市发展相协调;
②与其腹地进出口货物重心靠近,使货物总运费最省;
③与腹地有方便的交通运输联系;
④有发展余地;
⑤有广阔的经济腹地,以保证有足够的货源,且港址位置适合于经济运输;
⑥满足船舶航行与停泊要求;
⑦有时港口常作为海上军事活动的辅助基地,也常成为作战目标而遭破坏,故在选址时,应注意能满足船舰调动的迅速性,航道进出口与陆上设施的安全隐蔽性以及疏港设施及防波堤的易于修复性等;
⑧有足够的岸线长度和陆域面积,用以布置前方作业地带、库场、铁路、道路及生产辅助设施;
⑨对附近水域生态环境和水、陆域自然景观尽可能不产生不利影响;
⑩尽量利用荒地劣地,少占或不占良田,避免大量拆迁。

港口位址的选择需要考虑以下几点:

(1)总体发展要求

①便于促进国际商贸的自由港政策的实施与管理,条件许可时,与自由贸易区、出口加工区同步规划;
②要考虑吸引工业区等的建设,促使港口具有发展第二代港口功能的条件,更多为促进城市和区域经济发展创造机会和条件;
③处理好与城市的关系;
④要考虑起步与能力分阶段改造加强的问题;
⑤新老港区要协调。

(2)考虑航行与停泊要求

①进港航道水深和码头水深条件,需满足相应吨级位船舶吃水的要求。
②开挖的航道和港池,维护性挖泥量不能太大。
③水域宽阔,足够布置船舶回旋、制动、港内航行、停泊作业和港池等水域。水域最好有一定的天然掩护,以减少人工防波堤的工程量,水流、流冰等不致过分影响船舶作业。
④定吨位级船舶水深的水域外,在大中型港口还要有为布置地方小船、驳船、港作船和

游艇等的水域,有适合的水域布置各种功能的锚地。

⑤区域地质条件好,承载力高,可以减少水工建筑物的投资。

(3)岸线及陆域要求

①综合港区岸线,必须考虑保留足够的纵深,否则可能限制港口效率的发挥;

②有足够的岸线布置不同的作业区,对危险品和污染严重的货种,能保持与其他区域有足够的距离;

③有足够的布置分区车场及港口车站的面积和适应的地形;

④港外疏港道路能方便地与国家高速公路或公路干道相衔接,不穿越或少穿越城市干道及城市生活性交通道路系统,而对港城自身的货物又能方便地与城市道路衔接联系;

⑤在内河水运发达地区,可充分利用水运集疏运条件,包括可能开挖一定长度的运河,使港区与水网相连;

⑥水、电接线方便,区外工程投资适度;

⑦尽量少占农田。

2.4.2 线网布局规划

港口网络是指由若干个功能或部分功能可以被相互替代的个体港口系统组成的港口群体大系统。当两个或两个以上港口存在共同腹地时,就形成了一个港口网络系统。地理位置相近的港口,往往形成港口网络体统。例如香港、深圳港和广州港等形成珠江三角洲港口网络,上海港、宁波港和太仓港等港口形成长江三角洲港口网络。

港口网络的规划,是在一定区域范围内,对各个港口进行总体战略部署,同时根据社会经济发展的要求,从当地具体的自然条件和经济条件出发,通过综合平衡和多方案的比较,从而确定交通运输发展方向和地域空间分布。

1)线网布局规划的依据

(1)依托城市的经济及条件

港口依托的城市及经济条件是决定港口功能水平的根本所在。如果港口城市条件及经济功能跟不上港口发展,港口就成了无源之水。

(2)自然条件和社会发展水平

自然条件及社会经济技术发展水平综合决定港口基本功能及其港口分工,从而确定了各个港口在该网络中所承担的任务和具有的功能。

(3)港口经济腹地的划分及资源分布情况

港口的规划布局与分工,必须充分考虑各港经济腹地的资源分布情况,尤其是富产资源和短缺资源的产量与需求量,在很大程度上决定了出海口与入海口的确定及集疏运的配套设施。随着市场经济机制的运行,尽管港口腹地间的交叉竞争已成为必然,但中心枢纽港口相对稳定的经济腹地(货源基地或疏运基地)仍不失为确定布局分工的基本依据之一。

2)港口线网规划的基本思想

(1)港口网络布局

全世界的港口经过多年以来的发展变化,逐步从原来单一的港口体系发展到全方位、多层次的港口网络。这种发展具有一定的内在因素。

(2)港口布局和分工的基本点

①港口功能的配置。港口功能是以港口及其经济腹地的生产力为基础,受生产关系所支配,由国际、社会、自然、地理、经济、政治、行政、交通和行业等诸多因素共同作用的结果,反映港口各种经济活动的内容、规模及其为城市和腹地提供多种服务的水平和能力,是确定港口地位重要程度的基本标志之一。一个现代化、全方位、综合型的国际港口,一般都具有交通运输、商业服务、对外贸易、商品储存、临海工业和信息、金融、保税和旅游等多种功能,而这些功能的配备及其发挥又离不开地理、经济、交通等条件的保证。

②港口的发展方向和条件。按照港口发展的方向进行规划布局与分工,从宏观上建立有效的港口网络体系,是确定合理投入、减少资源内耗的基本原则和有效途径,但同时还必须充分考虑各港发展的条件和周期。目前,国内除个别专业港口外,绝大多数沿海港口都在向综合型的方向发展,然而只有几个中心枢纽港口才具备在较短时期内发展规模经济的条件。因此,从投入产出的经济原则和国民经济总体利益的角度出发,应该集中资金和资源,优先保证中心港口发展建设的需要,从而有利于形成高效的港口网络体系。

(3)港口布局层次性的形成机理

港口的层次性,与一般的工商企业的大中小企业层次结构的形成机理有所不同。例如,一般小型工商企业的产品与大型企业的产品一样,都可以直接面对消费者;然而,大港口与小港口则不同,小港口的产品(装卸服务)虽然可以直接面对消费者(船舶和货物),但有时必须通过大港口才能完成生产和消费的全过程(大型船舶、跨航区运输的货物),反过来,大港口只有依靠众多的小港口,才能称其为大港口。其中关系如图3-2-2所示。

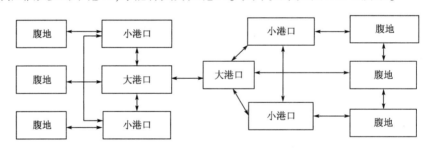

图3-2-2 网络内港口层次关系示意图

由图3-2-2可见,在某航区的港口网络(指在地域上相近、腹地交叉重复的若干个港口)中,会形成通过某个大港与另一个航区港口群体的大港发生运输联系,而在本港口群体内各港构成一个相互联系的港口网络。这就是港口生产的特殊性,它使港口网络形成了自己的大、中、小的层次结构。

(4)网络层次性的因素分析

港口大中小层次性的形成是由运输经济规律所决定的。虽然其影响因素众多,但其中船舶的大型化和港口规模效益是两个关键性因素,它们决定了每个港口网络必定会形成自己的中心港口。船舶的大型化,推动港口的大型化和集约化;船舶不断的大型化,是国际航运市场中较为普遍的现象,也是国际航运市场激烈竞争的结果,是航运公司降低运输成本的必然选择。运输组织理论表明:航线越长,船舶越大越经济;反之,航线越短,船舶越大越不经济。

然而,在一个港口网络中,因运量或自然条件的限制,不可能每一个港口都需要或可能建设接纳大型船舶的泊位。因为一般而言,一个大型散货码头的年吞吐能力可达数百万吨,如果货源不足,将造成码头泊位利用不充分,且港口码头投资巨大;或者有的港口受水深限制,根本不能接纳大型船舶。因此,为了合理使用港口的大型泊位,充分利用船舶的运输能力,长距离运输的货物采用大型船舶运到具有接纳大型船泊位的港口,然后用小型船舶转运到其他港口。类似地,各港口出口的货物也可以先运到具有接纳大型船舶泊位的港口,然后用大型船舶转运到远距离的其他港口。这样,随着货物运输不断增长和船舶大型化的发展,上述港口便演化为区域港口网络中的枢纽港和中心港。这样远距离的中心港与中心港之间用大型船舶联系,中心港与中小港之间用小型船舶联系,从而形成分工明确、层次分明的港口网络层次结构。

2.4.3 组织设计

集装箱港口的作业流程总的来说可以分为进口流程和出口流程,下面对进口流程和出口流程分别加以介绍。

集装箱货物的运输流程以及运输方式的组成,是由国际运输法规和各条航线上的经济地理等条件决定的,是在大规模生产方式的基础上开展起来的,具有明显的规模经济的特点。它必须将分散的小批量货物预先集中起来,组成大批量货物,然后通过内陆、内河运输将集装箱送至集装箱码头堆场,由码头堆场(Container Yard,CY)负责货物的装卸作业。

集装箱货物的交接主要有两种不同的形态:整箱货(Full Container Cargo Load,FCL)和拼箱货(Less than Container Cargo Load,LCL)。整箱货由托运人自行装箱,并填写有关单证(装箱单、场站收据等);拼箱货由集装箱货运站(Container Freight Station,CFS)负责装箱,并缮制有关单证。整箱货以及拼箱货的货流程序分别如图3-2-3、图3-2-4所示。

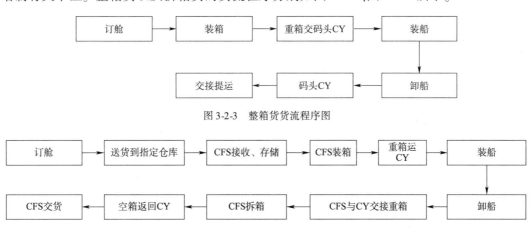

图 3-2-3　整箱货货流程序图

图 3-2-4　拼箱货货流程序图

1) 集装箱港口进口业务流程

在集装箱进口业务中,码头主要负责进口集装箱的卸船、集装箱在码头的堆场作业、货物的交付出场作业。

(1) 进口卸船

在集装箱船到达之前,从船公司或船代处取得船舶进口资料(包括船舶积载图和船舶进口舱单、船期计划等),从船舶积载图(Bay Plan)中获取即将进港船舶装船箱位、集装箱号、集装箱尺寸箱型、积载数量和质量、装箱港、卸货港、特种货物积载等信息,根据这些信息编制卸船顺序单与安排卸船场地。再依照船舶进口舱单(Inward Manifest)输入箱内所载货物的信息,如集装箱铅封号、货重、体积、提单号、货类、超限箱的超限范围、联合国编号等。船舶积载图与船舶进口舱单信息吻合后由调度室根据船舶近期计划安排船舶靠泊,并依照卸船堆场计划等安排卸船机械,组织卸船。卸船结束后,根据场地位置进行场地位置确认。此时完成集装箱从船上卸入港区堆场即进口卸船的过程。

(2)堆场作业

包括安排驳箱、收箱、移箱、核箱和提箱计划。驳箱主要是安排集装箱的驳运疏港,了解集装箱在各堆场的分布情况,以便对集装箱进行跟踪。移箱的情况较为复杂,有安排一关三检的查验移箱,安排修箱的移箱,归位移箱,场地整理的移箱等,其主要目的是提高堆场堆存率,掌握集装箱运转动态,更好地安排下一次装卸作业,提高装卸作业效率。核箱是一种辅助措施,目的是提高场地箱位的准确率。

(3)出场作业

主要是卡口的提箱作业。提空箱一般根据单证上的要求与卡口已存信息发箱,特殊的情况如批量驳箱,按有关指示放箱。而对于进口重箱的发放,主要依照海关的放行信息与堆场堆存信息两者共存情况下放箱,同时在卡口处,审查有效单证与进行箱体状况检验。集装箱港口的进口业务流程如图3-2-5所示。

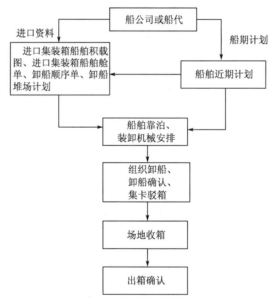

图3-2-5 进口业务流程图

2)集装箱港口出口业务流程

在集装箱出口货运业务中,码头主要负责集装箱的进箱作业,堆场作业以及出口装船作业。

(1)进箱作业

箱管根据船期及船公司或船代的出口预配船图,对在一定期限内预计进港的船舶登记,并进行出口场地预安排,服务人员要凭有效单证在卡口对预备进场的集装箱做进场处理。在进场时,也要对进场集装箱进行交接,做好有关记录,处理好在进场时发生的情况。

(2) 堆场作业

装船前安排核箱与箱务处理,中转出口箱的联系与归位,拆装箱的调控与归位,安排出口查验,特殊箱的处理、联系与安排等。

(3) 出口装船

包括装船前业务上的准备工作和实际装船作业。装船前的预备工作主要是进行码头船舶预配载。首先,配载部门按照船公司或船代提供的船舶积载信息,对每一条船进行船舶登记。然后,再按照每一条船每一航次的积载箱量,凭船代提供的船舶订舱信息与货代提供的海关已放行的集装箱信息同码头堆场内已到港集装箱进行核对。最后,根据当班船舶箱位的积载情况,按照集装箱的质量、箱型、尺码、性质、类别、到港先后、场地位置情况、装卸分路作业情况、船舶的稳性等进行配船,并制作装船顺序单,送达有关部门,准备装船作业。实际装卸船作业都由调度室指挥,机械队操作,集装箱由集卡拖运至码头由集装箱装卸桥装船,并由内、外理进行装船确认。集装箱港口的出口业务流程如图 3-2-6 所示。

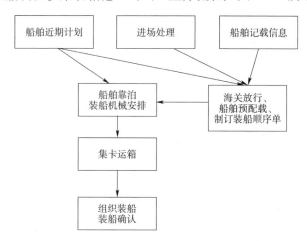

图 3-2-6　集装箱港口的出口业务流程

以上是码头业务的基本流程,实际操作中可能还有许多细节。

2.5　规划案例

以 LYG 港口枢纽为例介绍港口枢纽的规划。

LYG 地处横跨我国东西的陇海—兰新铁路东端,也是新亚欧大陆桥的东桥头堡。新亚欧大陆桥东起 LYG,西至荷兰鹿特丹,全长 10 900 多公里,国际直达列车只需行驶 7d,为连接太平洋和大西洋,加强国际间的政治、经济、文化交流提供了便利的条件。LYG 港口北部有 6km 长的连岛作天然屏障,南以云台山为依托,海峡有 2km 宽,气候等自然条件优越,是一个终年不冻的良港,也是我国八大海港之一。

如今,LYG 港口已建成 27 个泊位,年吞吐能力近 3 000 万 t;与世界 154 个国家和地区的近千个港口有通航联系,先后开通了 LYG 港至日本和东南亚等近 50 条固定集装箱班轮航线。

1) LYG 港的性质

LYG 港是我国综合运输体系的重要枢纽和沿海主要港口,是江苏省、LYG 市率先全面建成小康社会、率先基本实现现代化的重要依托,是 LYG 市及苏北地区振兴、接纳产业转移、调整产业结构、发展外向型经济、实现工业化的重要支撑,是陇海兰新铁路沿线等中西部地区扩大对外开放、参与国际经济技术合作和交流的战略资源和便捷的出海口。LYG 港是国家规划的能源和原材料运输的重要口岸和重要的煤炭装船港,是我国沿海集装箱运输的支线港,应加快发展成为集装箱运输的干线港,并在服务于长江三角洲北部地区和渤海湾南部地区沿海经济带的发展及带动中西部纵深腹地经济协调发展中,逐步发展成为区域性中心港口。

2) LYG 港的功能

LYG 港将以集装箱运输和能源、原材料等大宗散货运输为主,商贸流通功能和临港工业发展并重,客运与货运相结合,具备装卸仓储、中转换装、运输组织、现代物流、临港工业、通信信息、综合服务及保税、加工、商贸、旅游等多种功能,逐步发展成为设施先进、功能完善、管理高效、效益显著、文明环保的现代化、多功能的综合性港口。

3) 规划原则

①远近结合、与城市总体规划相协调,促进城市与港口协调发展。

②开发利用和有效保护相结合,充分利用现有港口岸线,合理保护深水岸线资源,为远期的发展留有空间。

③注重保护生态环境,实现经济、环境、社会的可持续发展。

4) 港口岸线利用规划

本次规划的港口岸线总长约 99km,其中沿海已利用 7km,可供开发利用的 62.1km(含可成片开发的 57.6km),灌河利用 0.4km,有待开发的 29.5km(可成片开发),如图 3-2-7 所示。

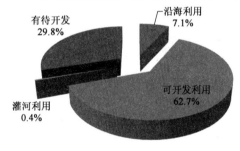

图 3-2-7 港口岸线利用规划分配比例

5) 港区划分及主要功能

本次规划整合海湾内港区布局、功能和名称,布局两翼新港区,形成由海湾内的 LYG 区、南翼的徐圩和灌河港区、北翼的赣榆和前三岛港区共同组成的"一体两翼"总体格局。各港区主要功能如表 3-2-1 所示。

各港区主要功能　　表 3-2-1

港区	功能
LYG 港区	以集装箱和大宗散货运输为主,兼顾客运和通用散杂货运输,大力发展保税、物流等功能的综合性港区,主要包括马腰、庙岭、墟沟、大堤、旗台五个作业区
赣榆、徐圩港区	依托临港工业起步,逐步发展成为腹地经济发展和后方临港工业服务的综合性港区,以干散货、液体散货和散杂货运输为主,并预留远期发展集装箱运输的功能
前三岛港区	以石油运输为主,主要为大型石化产业发展服务
灌河港区	以散杂货、化工品运输为主,兼顾修造船功能,主要为地方经济发展服务

6)港区布置规划

(1)LYG区

①马腰作业区。即原规划的老港区,岸线长1.2km,有东、西防波堤掩护,采用突堤与港池相间布置。现有14个生产性泊位,陆域纵深0.2~0.4km、面积约50万m^2,以铁路集疏运为主。

规划期内马腰作业区基本维持通用散杂货功能,近期可结合庙岭突堤建设进度适时转移西侧煤码头和液体化工品码头功能,远期可通过回填突堤间港池,扩大堆场面积,实现总体布局调整,北岸线基本与旗台作业区一致,布置深水泊位。

②庙岭作业区。位于庙岭山北侧,自然岸线长3.5km,现建有10个万吨级以上泊位,采用顺岸与突堤相结合的布置,陆域纵深0.7~1.2km。规划为兼具大宗散货和集装箱运输功能的综合性作业区,西侧为散货发展区,东侧为集装箱发展区。

③墟沟作业区。规划以5万吨级洁净杂货泊位为主,兼顾客运功能,以排洪沟为界,分为墟沟西区和东区两部分,自然岸线分别长1.8km和2.2km。

④旗台作业区。规划以大宗干散货和液体散货为主,重点建设10万吨级以上专业化泊位。

该区规划采用大顺岸布局方案,由旗台嘴向东拓展约3.7km,可形成码头岸线约5 600m,与现有航道基本平行;陆域纵深0.4~1.0km,陆域面积约450万m^2。旗台嘴以西2 100m岸线作为大宗干散货发展区,可建设6个15万吨级以上泊位,通过能力4 000万t以上;旗台嘴以东1 900m岸线作为大宗液体散货发展区,可建设5个15万吨级以上液体散货泊位,能力可达3 000万t以上。

⑤大堤作业区。规划在西大堤内侧通过填海造地形成陆域和顺岸码头岸线,作为靠泊第五、六代集装箱船为主的专业化作业区,兼顾部分支持系统功能。

规划码头岸线约5 900m,建设18个左右3万~10万吨级集装箱泊位,通过能力约800万TEU以上。其中西部1 200m岸线以建设3万~5万吨级泊位为主;东部4 700m岸线以建设5万~10万吨级及以上泊位为主。作业区规划建设公路疏港道路,并预留引进铁路的可能性。

(2)物流发展区

作为大力发展保税、物流功能的综合性港区,LYG区将不断强化物流服务功能,但受后方山体等自然条件限制,本次规划将LYG区的物流发展区与作业区适当分离,并通过快速疏港通道与各作业区有机衔接,为大力发展综合物流提供支撑。

(3)北翼各港区

①赣榆港区。近期依托临港工业起步,预留远期发展散货、集装箱等货物转运的功能。临港产业以发展有色金属冶炼加工、机械制造、修造船、建材及相关海洋产业等为重点,适度发展精细化工等。港区规划岸线北起绣针河口南岸,南至龙王河口北1.2km处,长20.3km,通过填海造陆形成两个双堤环抱式港湾,挖入式港池和突堤相结合,可形成陆域79.8km^2以上、码头岸线长33.2km以上。

主航道初步布置略偏NW—SE走向。港区发展可从北部或中部大堤起步,口门初期布置于-5m等深线附近,逐步滚动发展,远期结合后方产业布局和发展情况适时开发南部大堤形成环抱式总体格局。

②前三岛港区。规划依托车牛山、平山、或达山岛三岛之一形成大型石化专用港区,其开发将结合国家相关产业规划实施,港区平面布置需进行专题论证后确定。

(4)南翼各港区

①徐圩港区。依托临港工业起步,并预留远期发展大宗散货、集装箱等货物转运的功能。港区距城区较远且地处下风向,环境容量大,主要发展石油、钢铁、煤炭等工业及上下游配套产业,形成港口与工业互动发展的产业集聚带。

②灌河港区。灌河港区近期以发展中级泊位的散杂货(矿建材料、原盐等)和小规模化工品运输及修造船为主,为地方经济和临港产业发展服务;远期结合南翼航道建设和拦门沙治理情况,统筹研究建设深水码头的必要性和可行性。

(5)水域布置规划

①航道。规划近期LYG区主航道为15万吨级双向航道标准,底高程-16.5m、底宽350~400m。远期可扩建至25万吨级以上航道。

南、北两翼港区进港航道初步规划近期为5万~10万吨级航道,底宽250~300m、底高程-13.5~-14.0m。航道选线及建设标准有待深入研究后最终确定。灌河港区航道规划以万吨级航道起步,底宽120~150m、底高程-5.5~-6.5m,航道走向为4°~184°,远期规模与灌河口拦门沙整治及灌河两岸临港工业开发统筹考虑。

②锚地。规划新辟5~7号10万吨级以上大型船舶待泊锚地,其中6号远期可根据前三岛港区建设情况用作大型油轮过驳锚地。南翼港区可新辟8号大型船舶锚地,北翼于航道南北两侧新开辟9号、10号两处5万吨级以上船舶待泊锚地。

❓ 复习思考题

1. 描述什么是港口枢纽及现代港口枢纽的分类情况。
2. 概括说明港口枢纽规划的原则和流程。
3. 简述港口位置选择时应考虑的因素。
4. 分析我国沿海港口的宏观布局情况及方案的实施效果(可以我国沿海港口的5个港口群体为依据进行分析)。
5. 你居住的地方附近是否有港口枢纽?选择一个你熟悉的港口枢纽,结合本章知识,对其性质、选址、功能及总体布局进行分析。

第3章 公路主枢纽规划

3.1 概 况

3.1.1 公路主枢纽的定义

公路主枢纽是具有运输组织管理、中转换装(乘)、装卸储运、多式联运、通信信息和生产生活辅助服务等基本功能的公路运输新型的站场服务系统,是交通部提出的公路主骨架、水运主通道、港站主枢纽和支持保障系统,即"三主一支持"长远规划设想中的重要组成部分。20世纪末,全国确定了45个公路主枢纽,以所在城市为区域中心,培育发展区域性道路运输市场。公路主枢纽分为客运主枢纽和货运主枢纽两大系统。

公路主枢纽的运作设备,主要包括以下几个部分:

(1)站场生产服务系统设备:主枢纽的基础,包括站房、仓库、货场、停车场站必要的装卸设备和车辆,使其能够适应中转换装的基本需要。

(2)通信信息系统设备:负责旅客和货源信息、站场联络、车辆调度指挥、运输经济信息的收集与传输,具有灵通的通信手段,并与其他系统融为一体。

(3)生产生活辅助服务系统设备:主枢纽优质服务的后勤保障,需要具备适当的维修设备和生活服务设施。

(4)组织管理系统及设备:主枢纽的组织管理中心,肩负着行业管理、宏观调控的任务,拥有运输市场管理、组织多种方式联运、开展运输代理、主枢纽内场站的调度指挥以及与其他主枢纽的协调配合的职能。

从公路主枢纽的建设内容看,在加强客货运场站设施建设的同时,更突出了其中软件的作用。合理的组织管理和宏观调控,迅速的信息流通,是公路主枢纽良好运行的关键之一。

公路主枢纽一般依托城市(或城市群)而成立。在城市郊区与对外公路或区域连接的地带,公路运输网络较为发达,是客运站和货运站发挥其功能的最佳场所。

3.1.2 公路主枢纽的分类

公路主枢纽按其所在地的行政级别可划分为国家级公路主枢纽、省级公路主枢纽、市级公路主枢纽等。

公路主枢纽按其业务跨越范围可划分为国际性主枢纽、国家级主枢纽、区域性(省级)主枢纽和地域性(地、县级)主枢纽。

公路主枢纽按其布局方式,可分为一站主枢纽和多站主枢纽。一站主枢纽仅有一个运输场站服务设施;多站主枢纽是由公路客、货运中心(或客货运总站)和若干客货运总站(或分站)组成的公路运输服务系统。

公路主枢纽站场按照提供服务对象不同,可以划分为两类,即公路客运主枢纽站场系统、公路货运主枢纽站场系统。无论是客运主枢纽站场,还是货运主枢纽站场,系统内部各个服务功能并非完全独立的子功能,割裂其中的有机联系而单独分解分析其属性是不可取的。因此,从系统观考虑,应该将客运主枢纽站场或货运主枢纽站场作为整系统,分析它们的整体属性。

不同类型的主枢纽划分方便我们更好地理解公路主枢纽。按行政概念划分枢纽级别,其建设主体比较明确,但有时与区域经济发展不协调。例如,我国西部地区的某些交通枢纽,按其所在地的行政级别,应属于国家级交通枢纽,但由于大环境影响,其运输活动并不十分活跃;相反在沿海某些城市,虽然所在行政级别低,但运输活动十分活跃,因此按行政概念划分,在某种环境背景影响下,其规模的确定有可能偏高或偏低,对投资、管理将造成一些不利和不便。

3.2 公路主枢纽的规划原则及方法

3.2.1 公路主枢纽的规划原则

(1)规划要与时俱进,充分重视和考虑各个枢纽点与综合运输网络协调发展,随经济社会发展形势变化而变化。

据《公路主枢纽总体布局规划编制办法》,截至1999年,45个公路主枢纽已完成总体布局审批,陆续进入全面实施阶段。近年来,城市化进程日益加速,许多地方的城市定位、产业结构、总体规划、空间布局、交通需求发生巨大变化,同时现代物流理念的兴起、综合运输观念的深化都对原有公路主枢纽的服务功能、运营模式、管理机制、区位布局提出了新要求,原规划已不能完全适应新形势,迫切需要对原规划进行必要的调整修编。枢纽的规划及建设不仅要从当地社会经济发展和交通运输需求出发,同时还要满足全国经济发展、交通需求的需要,还要从国家综合运输发展战略和国家公路运输总目标出发,根据城市总体布局规划和城市综合运输网的发展趋势,搞好各个场站之间的相互配合和合理分工。例如,北京市近年来市区范围扩张迅速,1998年规划的处在市区边缘的东直门、西直门和永定门等长途客运枢纽站已逐步与市区客流集散中心相融合,成为客流集散中心的一部分,其性质和功能已逐渐多元化。因此,北京市于2003年对原有公路主枢纽规划进行了新的修订。

(2)新旧兼容、远近结合、均衡布局,与城市总体规划及其他相关规划相协调。

对于地区性交通枢纽规划,要尽量利用原有运输设施设备,从现在的布局出发,并根据生产需要进行改造。在改造的同时,还要注意与所在城市公路主骨架以及城市客货运输方向结合起来,使运输场站较为均衡地分布在城市各主要运输区域,尽可能分布在城市主出入口或主干道附近,以减轻城市交通压力。从总体上符合城市总体规划以及相关规划的原则,在土地利用方面与城市用地保持一致,并留有余地,注意较少污染,保护环境。

以深圳公路主枢纽福田客运站为例,原规划的已建成,但由于城市道路建设使站场进出困难,旅客乘车不便,致使站场经营效益欠佳。如今,结合地铁建设、城市规划进行调整,将建设福田综合交通枢纽中心,将地铁、公路客运站、城市公交、出租车集为一体,真正实现旅客运输的立体无缝接驳。而实现与城市交通的无缝衔接,与政府发挥的作用是分不开的。

(3)客运枢纽规划布局要以人为本,尽量做到零换乘。

站场选址的优劣是规划成功与否的重要标志。客运站场选址直接影响到客流多少,从而对未来站场经营产生巨大的影响。实践证明,客运站场规划选址要充分考虑设站区域的人口密度、出行概率和集疏方便,尽可能减少中转换乘,实现顺向乘车。其次,应注意贴近地铁、轻轨等大容量交通,便于迅速集散、衔接和换乘,从而实现人便于行。

以成都为例,为有效发挥站场的功能,成都市政府出面,协调公交部门,在紧邻客运站处同步建设公交总站,并开通多条公交线路,提高了车站的利用率,从而最大限度地发挥客运站建设的效益。又如上海,规划站址充分考虑邻省进出上海的公路主通道,规划的三个主站要求位于铁路客站旁,与轨道交通和市内公共线网衔接;七个辅站要求位于居民集聚区,周边轨道交通或公交线网完善,以便于集散。

(4)货运枢纽规划布局要以市场为导向,紧邻货源集散地。

从总体情况来看,目前全国公路货运枢纽建设普遍滞后于客运枢纽建设。随着国有、集体传统公路专业货运企业的衰落,相对于客运站稳定的经营效益而言,货运市场恶性竞争较为严重,利润空间十分狭窄,货运站场的投资前景不甚明朗,投资风险较大,从而制约了各地的建站积极性。因此,货运枢纽规划布局要以市场为导向,紧邻货源集散地。与其他产业相同,货运的生命力在于旺盛的市场需求。因此,靠近货源集散地、减少运输成本是重要的选址原则。

广东南海(盛产玩具)、福建石狮(盛产服装、小商品)等地之所以形成一些有影响的货运场站,就在于其旺盛的市场需求。深圳的笋岗货运站每天有400余辆汽车在此配货,发展态势很好,这也是由于其位于深圳市的仓储区,周边市场环境优越。

(5)有利于各种运输方式之间的协调作业。

货物从外地进入城市,只通过一种运输方式进行单一运输的情况通常是不多的,而长途、短途、干线、支线和各种运输方式的互相联运,则是运输工作中,特别是枢纽工作中普遍存在的现象。因此,在规划时,必须根据当地条件和客货流特点,使各种运输方式综合利用、合理发展、互相协调、各展其长,特别是规划货运站时要与高速公路和干线公路衔接好,同时也要考虑与其他运输方式的衔接,尽量做到一体化运输,充分发挥公路运输机动方便的优势,以充分满足国民经济发展和运量增长的要求。

例如,深圳控制用地16km²的平湖物流园区就紧邻京九铁路干线,用地范围内有铁路编组站,将建设铁路货站,园区与蛇口、盐田港区通达便利,平湖物流园区独特的地缘优势,将大大便利物资配送,充分发挥现代物流功用。

3.2.2 公路主枢纽的规划方法、流程

公路主枢纽总体布局规划的主要内容包括:调研与分析、发展预测、布局方案形成、系统设计、方案评价、建设项目实施序列计划和资金筹措等工作。具体程序如图3-3-1所示。

1)调研与分析

调研和分析工作是进行公路主枢纽布局规划的基础。调查的资料是否翔实、可靠,分析是否科学、合理,直接关系到规划的质量。资料调查与分析工作的程序如图3-3-2所示。

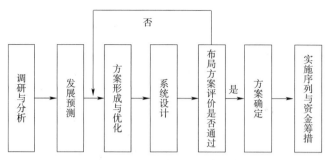

图 3-3-1 公路主枢纽总体布局规划程序图

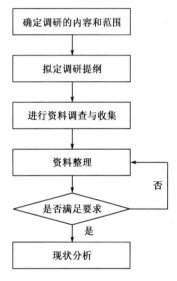

图 3-3-2 调研工作流程图

调查的主要内容包括：社会经济、交通运输量、交通运输网络与站场设施、运输工具等。在全面调查的基础上，对现有公路运输场站满足运输需求的程度作重点分析，具体包括：公路运输场站适应国民经济发展的程度；公路运输场站适应综合运输体系发展的程度，包括适应和满足多式联运、跨部门、跨区域、过境运输协同作业的程度；公路运输场站适应和满足所在地交通运输服务的程度；公路运输场站适应和满足其他运输方式经营与发展的程度。

2) 发展预测

(1) 公路客、货运量预测。在分析规划区域社会经济和公路运输发展趋势、特点及二者相互关系的基础上，采用定量计算与定性分析相结合的方法进行。定量预测比较常用的方法有回归分析法和趋势外推法。为使预测结果更趋于合理，除进行定量预测外，常采用与定性预测相结合的预测方法。

(2) 社会经济发展预测。主要指标有人口、国内生产总值和产业构成、工农业总产值、工业总产值等。预测的主要方法有曲线人口模型法、回归分析法、时间序列平滑预测法、趋势曲线模型预测法等。在进行社会经济预测时，可以参照当地省市计划部门制定的中长期国民经济发展规划。

(3) 其他运输方式客货运量预测。主要包括铁路客、货运量预测；水运客、货运量及国际集装箱运量预测；民航客、货运量预测等。其他运输方式客、货运量的预测应尽量参考当地综合计划部门和铁路、水运、民航规划部门的预测值，并进行综合平衡。对于各种运输方式的运输量预测，在未来综合运输量预测值已经获得的情况下，可以对各种运输方式在综合运输量中的分担水平(分担率)进行分析与预测，即可得到各种运输方式未来的运输量预测值。

(4) 主枢纽组织量、适站量预测。组织量指进入公路运输枢纽信息服务系统进行处理并调配的公路客货运量，分为客运组织量和货运组织量两部分。组织量的预测应充分研究我国公路运输市场变化趋势和特点，分析可能纳入公路运输枢纽信息服务系统的客货运量占全社会公路客货运量的比重，在此基础上，结合公路客货运量的预测值进行测算。适站量是指进入公路运输主枢纽站场进行发送或处理的客、货运量。客运适站量的预测在综合考虑客运量、车辆进站率、中途上下旅客比例等因素的基础上,通过调查客运站内发送的旅客量占公路客运量的比例获得客运适站系数。具体客运适站量根据客运适站系数来测算。公路货运适站量预测可分为总量预测法和分项预测法。

3) 布局方案形成

布局方案形成论证,指在适站量预测的基础上,根据规划区域内客、货流量、城市总体规划及各分区的功能、城市对外通道的分布等,确定枢纽站场的空间分布、服务范围和规模,然后对所形成的方案进行优化的过程。

(1) 布局方案形成。布局方案形成一般由两部分组成:公路运输主枢纽站场布设数量、规模确定和站场选址。主枢纽站场数量、规模和选址的确定是动态影响,不可分割的。整个方案设计的过程是不断反馈、调整的过程,一般采用定量模型,同时进行数量、规模和选址的确定。

(2) 布局方案评价。在拟定多方案的基础上,可采用建立评价指标体系的方法进行比选,从而筛选出最优方案。公路主枢纽总体布局规划方案评价包括:技术评价、经济评价和环境影响评价。公路主枢纽总体布局规划方案评价是公路主枢纽总体布局规划过程中的一个重要环节。它是指在项目实施前采用现代分析方法,对规划的公路运输枢纽方案的技术、经济、环境影响分别进行评价,并对三者进行综合评价,从而为项目决策提供依据。对公路主枢纽总体布局规划方案进行评价时,应采用定性和定量相结合的方法。

4) 系统设计

公路主枢纽的系统设计是指为保证枢纽完成基本功能以及枢纽高效率运作,提出生产服务系统的设施,以满足作业要求所需要的设备;提出组织管理系统的组织结构和机制;提出通信信息系统规划设计的目标与原则,以及系统的网络结构;提出为旅客、驾乘人员、托运方和受托方人员提供服务所必要的设施和建设内容的过程。系统设计应依据有关国家现行的技术标准,并参考国内外枢纽规划系统设计的经验。

5) 投资估算

总的来讲,公路主枢纽投资建设费用主要由征地拆迁费用、建筑安装费用、设备工具购置费用、其他费用及预备费用五部分组成。在确定规模的基础上,根据国家有关基本建设投资概预算有关规定和当地有关估算指标,有关设备的现行价格,征地费用综合指标、大厅式建筑、普通建筑、库房、硬化场地等单位面积综合造价指标和站场建设过程中的其他费用收费标准来进行投资估算,同时对公路运输枢纽系统内配置的主要设备的购置投资进行估算。

6) 实施总体安排

公路运输枢纽建设项目的实施序列应在充分分析各规划阶段的发展需求以及资金筹集可能性的基础上,按照"轻重缓急"进行安排。为保证规划的顺利实施,还应本着"多渠道筹资、多元化建设、多种形式经营"的原则,对资金的筹集渠道和筹集方式进行分析。

3.2.3 公路主枢纽规划方法的特殊性

公路主枢纽规划是一项战略性、长期性和整体性的规划。研究的主要对象是客货运输、组织方式等;研究的主要目标是适应社会经济需求、优化运输资源配置、保证运输行业持续协调发展;研究的特点具有滚动性和超前性。也就是说,公路主枢纽的规划具有区别于其他规划的自身特性。

(1) 场站规划理论和场站建设模式。变"大站房小站场"的场站规划思路为"小站房大站场"的规划蓝图,以适应公路运输向高密度方向发展,同时加强主枢纽系统内部通道的规划,通过高新技术手段,将孤立的客、货运站整合为一体,充分发挥主枢纽客、货运站的综合效率,以提高整个枢纽的联合服务率。

(2) 规划理论和方法。采用以经济区域代替行政区域,变"增长导向型"为"规划导向型"的规划思想和方法,把公路主枢纽规划置于综合运输枢纽规划之中,增强地区公路参与竞争能力的思路,引导公路运输业健康有序发展。

(3) 整合研究。整合对一个长期性、战略性和整体性的规划至关重要。整合研究的思路是如何利用高新技术和物流理论将客、货运输的各项专项规划与管理整合为一体。

(4) 预测总量方法。预测总量时,以综合运输的观点来预测公路客、货运量,在注重社会经济对公路运输量的影响时,也要注重公路建设的发展对社会经济的推动作用,采用"弹性预测模型",增加规划的弹性。同时,注重其他运输方式的技术进步对公路运输带来的冲击。

随着市场经济的不断深化,非常需要一种跨越行政区划的规划协调机制和组织形式,规划的范围将由行政区的概念走向经济区的概念,尤其是对跨省市的几种运输方式并存的大通道的规划。因为在这些大通道上通常是城市的密集区,也是经济发展最快的地区,道路的纵横向空间扩展程度高,公路运输的深度和广度能得到最大的体现。

3.3　宏观层次规划

宏观上的公路主枢纽规划是指全国性的布局规划。1992 年,在公路、水路交通"三主一支持"长远发展规划的指导下,交通部组织编制了《全国公路主枢纽布局规划》,确定了全国 45 个公路主枢纽的布局方案;2004 年,国务院审议通过了《国家高速公路网规划》;为适应新时期公路交通发展的要求,建设布局合理、运转高效的国家公路运输枢纽,在《全国公路主枢纽布局规划》的基础上,制订了《国家公路运输枢纽布局规划》。

1) 功能定位

国家公路运输枢纽是位于重要节点城市的国家级公路运输中心,与国家高速公路网共同构成国家最高层次的公路运输基础设施网络。国家公路运输枢纽主要由提供与周边国家之间、区域之间、省际之间以及大中城市之间公路客、货运输组织及相关服务的客、货运输站场组成,是保障公路运输便捷、安全、经济、可靠的重要基础设施,也是国家综合交通运输体系的重要组成部分。国家公路运输枢纽由客运枢纽站场和货运枢纽站场组成。其核心功能包括:支持经济社会发展;服务公众便捷安全出行;保障国家安全;服务可持续发展。

2) 布局过程

(1) 布局目标

覆盖直辖市、省会城市、计划单列市、特大城市及重要城市节点,构建跨区域和省际快速客货运输系统;覆盖主要港口、大中型枢纽机场及重要的铁路枢纽,完善综合交通运输体系;覆盖重要的国家开放口岸、国家级经济技术开发区、AAAA 级旅游景点城市以及区域性的客货集散地,构建国家公路运输网络。

(2) 布局思路与方法

总体上采用"多因素定量计算为基础,关键因素遴选,综合优化调整"的布局思路和方法。具体流程是:从国家公路运输枢纽的概念、功能、作用出发,根据位于高速公路网上的重要节点城市的交通区位条件和经济社会发展水平等情况,分析国家公路运输枢纽布局的主要和关键影响因素;应用综合指数法研究国家公路运输枢纽合理规模,并根据城市综合指数确定初选城市;采用单因素法、叠加法以及综合优化调整等在初选城市基础上拟定初步布局方案;根据城市、区域经济、交通运输一体化发展态势对初步布局方案进行整合,对相距较近、辐射范围基本重叠的若干枢纽,考虑资源的有效配置和功能互补进行适当组合,形成部分组合枢纽,确定最终布局方案。

3) 布局方案和效果

(1) 布局方案

国家公路运输枢纽总数为179个,其中12个为组合枢纽,共计196个城市。原45个公路主枢纽已全部纳入布局规划方案,是国家公路运输枢纽的重要组成部分,并居主导地位。国家公路运输枢纽的布局方案见表3-3-1。

国家公路运输枢纽布局方案 表3-3-1

地区	省(区、市)	城市	数量
东部	北京	北京	1
	上海	上海	1
	天津	天津	1
	河北	石家庄、唐山、邯郸、秦皇岛、保定、张家口、承德	7
	辽宁	*沈(阳)抚(顺)铁(岭)、大连、锦州、鞍山、营口、丹东	6
	江苏	南京、*苏(州)锡(无锡)常(州)、徐州、连云港、南通、镇江、淮安	7
	浙江	杭州、*宁(波)舟(山)、温州、湖州、嘉兴、金华、台州、绍兴、衢州	9
	福建	福州、*厦(门)漳(州)泉(州)、龙岩、三明、南平	5
	山东	*济(南)泰(安)、青岛、淄博、*烟(台)威(海)、济宁、潍坊、临沂、菏泽、德州、聊城、滨州、日照	12
	广东	*广(州)佛(山)、*深(圳)莞(东莞)、汕头、湛江、珠海、江门、茂名、梅州、韶关、肇庆	10
	海南	海口、三亚	2
	东部合计		61
中部	山西	太原、大同、临汾、长治、吕梁	5
	吉林	长春、吉林、延吉、四平、通化、松原	6
	黑龙江	哈尔滨、齐齐哈尔、佳木斯、牡丹江、绥芬河、大庆、黑河、绥化	8
	安徽	合肥、芜湖、蚌埠、安庆、阜阳、六安、黄山	7
	江西	南昌、鹰潭、赣州、宜春、九江、吉安	6
	河南	郑州、洛阳、新乡、南阳、商丘、信阳、开封、漯河、周口	9
	湖北	武汉、襄阳、宜昌、荆州、黄石、十堰、恩施	7
	湖南	*长(沙)株(洲)潭(湘潭)、衡阳、岳阳、常德、邵阳、郴州、吉首、怀化	8
	中部合计		56

续上表

地区	省(区、市)	城市	数量
西部	内蒙古	呼和浩特、包头、赤峰、通辽、呼伦贝尔、满洲里、巴彦淖尔、二连浩特、鄂尔多斯	9
	广西	南宁、柳州、桂林、梧州、*北(海)钦(州)防(城港)、百色、凭祥(友谊关)	7
	重庆	重庆、万州	2
	四川	成都、宜宾、内江、南充、绵阳、泸州、达州、广元、攀枝花、雅安	10
	贵州	贵阳、遵义、六盘水、都匀、毕节	5
	云南	昆明、曲靖、大理、景洪、河口、瑞丽	6
	西藏	拉萨、昌都	2
	陕西	*西(安)咸(阳)、宝鸡、榆林、汉中、延安	5
	甘肃	兰州、*酒(泉)嘉(峪关)、天水、张掖	4
	青海	西宁、格尔木	2
	宁夏	银川、固原、石嘴山	3
	新疆	乌鲁木齐、哈密、库尔勒、喀什、石河子、奎屯、伊宁(霍尔果斯)	7
西部合计			62
全国合计			179

注：*为组合枢纽。

（2）布局效果

国家公路运输枢纽布局规划总体上贯彻了"依托国家高速公路网,完善综合交通运输体系,覆盖主要城市、服务全国城乡"的布局思路。

3.4 中、微观层次规划

3.4.1 站点设施选址

1）公路客运站选址

客运站是公路运输枢纽的基础设施,是集散旅客、直接为旅客与运输经营者服务、专门办理客运业务的作业场所,具有旅客组织、客运车辆组织、旅客中转换乘、多式联运、运输信息传递及综合服务等功能,在整个公路枢纽中发挥窗口的作用。

公路长途客运设施一般布置在枢纽城市中心区边缘附近或靠近铁路客站、水运客站附近,与城市对外公路干线有方便的联系,在城市布局中应有意识地结合城中对外客运设施的布置,形成城市对外客运与市内公共交通客运相互转换的客运交通枢纽。对于小城市,一般集中设置一个客运站;对于大中城市,可以按城市对外衔接的干道方向,分别设置相应线路方向客运站。同时,结合公共交通线路网的布局、大型人流集散点(商业服务中心、大型文化娱乐中心、体育中心)的布置,形成若干个市内客运交通枢纽站:在市中心区与近郊区接合部或市区与郊区接合部形成若干个市内与市郊换乘的客运交通枢纽站。在特大城市汽车客运站还应注意结合地铁、轻轨等大运量快速公共交通站点的布置形成客运换乘枢纽,满足大流量客流集散与换乘的要求。

汽车客运站必须与城内客运交通干道有便利的联系,又不能过多地冲击和影响客运交通干道的畅通,其位置的选择主要结合枢纽所在城市或区域交通系统的布局,并与城市中心、生活居住区的布置综合考虑。好的选点不但能方便居民换乘,有利于道路客流的均衡分布,而且还可以促进枢纽地区的发展建设。

一般而言,公路客运场站选址应满足以下要求:
(1)客运场站能与市内集疏道路系统有机结合,便于旅客的集散;
(2)长途客运场站应依托公路主骨架布设,与公路主骨架有快速、方便的通道;
(3)客流主要产生点和有较大的交换客流的节点,可以作为公路主枢纽的备选场站;
(4)在火车站、机场和港口附近,可能需要设置专门的公路集疏客运场站;
(5)大城市枢纽需要设置多个客运站时,可以考虑按衔接线路方向设置。

2)公路货运站选址

汽车货运站是汽车运输企业专门办理货物运输业务,进行货物作业、中转换乘、仓储保管的营业处和作业场所。

枢纽汽车货物运输站场,是市内和城市对外的仓储、转运的枢纽,也是城市或区域主要货流的重要的出行端。一般来说,城市在发展过程中,虽然各种货运交通枢纽是自然发展形成的,在城市的空间分布比较零散,而且由于城市的不断发展,也会存在大型仓储设施被包围在市区内部乃至中心的状况,但是在布局上仍然有一定的规律。比如,仓储设施一般靠近转运设施布置。在道路系统规划中,应注意使货运交通枢纽尽可能地与交通性的货运干道有良好的联系,尽可能在城市中结合转运枢纽布置若干个集中的货运交通枢纽。这种综合性的货运交通枢纽,有时也称为流通中心或物流中心。

流通中心是组织枢纽货运的一种新的形式。它以货运车辆枢纽站为中心,包括仓库、批发,甚至包括小型加工、包装工场等组织在一起的综合性中心,减少了货物在供销、流通、分配、经营等几个环节中的不必要的周转,从而减少了自身的往返运输和城市的交通量。市级货物流通中心通常布置在城市外围环路与通往其他城市的高速公路相交的地方,有的还结合铁路站场和水运货运码头布置。这种布置方式有利于货物经济合理的流通和货运车辆的集疏,并减少了城市中心地区交通的混乱。

同时,在枢纽所在城市中心地区,可以结合城市商业中心和市内工业用地的布置,安排若干个市区内次一级的货物流通中心,也可以安排地下仓储批发设施,采用地下货运通道与城市外围货运交通干道连接,以减少城市中心地区产生大量生产性和生活性货物运输对市中心地面交通的干扰。

国外一些城市的流通中心一般分为地方性流通中心(主要服务于一个城市或城市的局部地区)和区域性流通中心(跨地区)两种。地方性流通中心用地一般为 $1\sim5hm^2$,以食品和日用品等生活资料的存储和配送为主。区域性流通中心用地在 $1\sim10hm^2$,多在 $5hm^2$ 以上,最大规模不超过 $40hm^2$,存储和配送的产品以食品、木材、工业产品等大宗生产、生活性资料为主。

一般而言,城市货运场站的设置应满足以下要求:
(1)货运场站能与市内集疏道路系统有机结合,便于货物的集散。
(2)货运场站应依托公路主骨架布设,与公路主骨架有快速、方便的通道。

(3) 路网中交通通过量大、连接路段多且具备建设条件的节点,可以作为公路主枢纽的备选场站。

(4) 在火车站、机场和港口附近,可能需要设置专门的公路集疏客货运场站。

(5) 专门化与综合货运场站的设置,应具体结合枢纽的实际考虑设置。设置多个货站时,可以考虑按衔接线路方向或专业分工设置。专业性货运站设置有利于设备集中化、专门化和提高作业效率,但货站设置在城市一侧,容易导致城市另外一端货主运输的不便。

3.4.2 线网布局规划

公路线路是公路运输枢纽最重要的基础设施部分,直接影响运输枢纽的运作效率和效益。枢纽站对外公路线路一般与多条道路相连,道路等级、车流量、设计车速、车道等都有可能不同,要求枢纽站场与它们连接的时候要做到合理连接,尽量照顾各方面的利益。特别是进出站的车辆和人员极多,要做到人车分离,进出车道安排合理,避免产生交通堵塞和交通事件的发生。在线路设计时,也要考虑多方面的影响因素,避免造成重复设计、混乱布局的局面。枢纽公路线路的布局应考虑以下要求:

(1) 枢纽各级道路应成为联系枢纽各种场站和各类服务区的通道。比如,支路可能成为联系支线站或末端服务区之间的通道;次干路可能成为联系二级以下客货站及服务区的通道;主干路可能成为联系枢纽主要枢纽场站及服务区的通道;公路或快速路又可把不同城市公路主枢纽与中心服务区联系起来。

(2) 道路的功能必须同毗邻道路的用地(道路两旁及两端的用地)的性质相协调。如果是生活性道路,则不应该在其两侧安排会产生或吸引大量车流、货流的交通性用地,如大中型工业、仓库和运输枢纽等。

(3) 枢纽道路系统要有利于实现交通分流,应满足不同功能交通(快速与常速、交通性与生活性、机动与非机动、车与人等)的不同要求。特别是公路客运枢纽的道路系统规划要根据交通的发展要求,逐步形成快速与常速、交通性与生活性、机动与非机动、车与人等不同的系统,如快速机动系统(交通性)、常速混行系统(又可分为交通性和生活性两类)、公共交通系统(如公共汽车专用道)、自行车系统和步行系统,使每个系统都能高效率地为不同的使用对象服务。

(4) 枢纽道路应系统完整,交通均衡分布。枢纽道路系统规划应与枢纽所在城市用地规划结合,做到布局合理,尽可能地减少交通。尽量把交通组织在枢纽所在城市或区域的各种分区或组团的内部,减少跨越分区或组团的远距离交通,并做到交通在道路系统上的均衡分布。

在道路系统规划中,应注意采取集中与分散相结合的原则,集中就是把相同性质、功能要求的交通相对集中起来,提高道路的使用效率;分散就是尽可能使交通均匀分布,简化交通矛盾,同时尽可能为使用者提供多种选择机会,避免单一通道的做法,对于每一个交通需要,都应提供两条以上的路线(通道),供使用者选择。

(5) 枢纽内部道路系统应与枢纽对外交通有方便的联系。枢纽内部的道路系统与枢纽外部的道路(公路)系统既要有方便的联系,又不能形成相互间的冲击和干扰。公路兼有过境和出入枢纽地区两种作用,不能和枢纽内部的道路系统相混淆,而要根据交通的性质和功能要求与道路系统有合理的匹配关系。

枢纽道路系统要与铁路站场、港区码头和机场有方便的联系,以满足对外交通的客货运输要求,要处理好铁路和枢纽道路的交叉问题。铁路与枢纽道路的立交设置至少应保证枢纽干道无阻通过,必要时还应考虑适当设置人行立交。

枢纽道路(及高速公路和一般公路)衔接的原则归纳起来有低速让高速、次要让主要、生活性让交通性、适当分离等四点。

3.4.3 组织设计

公路主枢纽的组织设计是以枢纽的基础设施布局方案为基础,不断优化调整得到。与此同时,交通组织设计又对设施布局产生反作用,两者相辅相成,最终使得枢纽设计总体最优。

1)组织设计的原则

(1)高进低出,到发分离。结合目前换乘枢纽向大型化、综合化、立体化和功能多元化的发展趋势,交通组织也逐渐由平面化转向立体化,目前国内在建和规划的综合换乘枢纽,一般按照高进低出的原则组织交通。同时,为避免车流、人流的混乱,实行到发分离。

(2)分块循环,快进快出。为保证外部交通流的快速集散和干扰最少,应尽量将各种车流分块循环,实现车流的快进快出。

(3)人车分流,避免交织。枢纽交通组织的最终目标是实现人流的快速集散,但这是基于安全的前提下,为保障安全,应尽量减少冲突点,相应地就要求实行人车分流。

(4)公交优先,以人为本。换乘公共交通的客流是枢纽内客流的主要组成部分,占总量的70%以上。因此,公交优先便于客流的快速集散和减少旅客枢纽内滞留时间,充分体现以人为本。

(5)交通连续,衔接顺畅。交通连续是交通高效运行的有效保障,因此,在枢纽交通组织中,应确保人流、车流的连续性,同时合理布置人、车结合点,使得衔接顺畅。

2)组织设计的内容

交通组织设计是整个枢纽设计的重要组成部分,交通组织的合理与否直接影响枢纽整体功能的发挥,甚至与枢纽周边交通网络的畅通运行密切相关。合理的枢纽交通组织是实现旅客快速换乘、枢纽高效运行的重要保障,也是促进区域土地开发和经济发展的有效动力。枢纽交通组织设计根据空间位置的不同,可划分为内部交通组织、外部交通组织和内外交通组织三个部分。其中,内部交通组织是指枢纽边界以内人流、车流的组织;外部交通组织是指枢纽边界以外周边路网上的交通组织;内外交通组织则主要指出入口的设置和内外交通流的衔接。

(1)内部交通组织

主要是对枢纽内部的人流和车流进行交通组织,以实现枢纽内旅客的快速换乘。具体要求包括:

①明确枢纽内各类换乘客流的重要度;

②枢纽内标志指示清晰;

③专用通道设置合理;

④车流简洁、顺畅;

⑤人车分流,减少冲突。

(2) 外部交通组织

外部交通组织就是将枢纽这个"点"通过合理的方式与城市综合交通网络这个"面"联系起来,以实现枢纽内车流快速有效的集散。具体要求包括:

①车流快速集散;

②枢纽周边路网负荷均衡;

③枢纽周边交叉口负荷均衡;

④具有一定的容错功能;

⑤车流集散可靠。

(3) 内外交通组织

主要是分析枢纽出入口的设置问题,使得内部交通流与外部路网服务能力匹配,能够在干扰最小、绕行最短的前提下最快地融入交通网络中。具体要求包括:

①快速便捷,绕行距离短;

②压力分散;

③对主干道干扰小,相互干扰小;

④能力匹配;

⑤灵活替代,可靠性强。

3.5 规划案例

以 BT 公路主枢纽布局规划为案例进行说明。

1) BT 公路主枢纽布局规划背景

BT 市作为内蒙古自治区乃至我国西部地区重要的区域中心城市和连接内地与西北地区重要的交通枢纽,被交通部确定为国家级 101 个二级公路主枢纽之一。国家二级公路主枢纽是国家级公路枢纽的重要组成部分,是对第一批公路主枢纽的补充和完善,与公路主枢纽一起共同完成跨地区、跨省公路客货运输的组织和作业,是国家重点干线公路的重要支撑。

BT 公路主枢纽规划目标为:明确 BT 在西部地区、内蒙古自治区经济发展中的地位和作用;为适应 BT 地区经济的发展,从市场需求出发,重点研究确定 BT 公路主枢纽的战略发展目标;注重从实际出发,提出便于操作的场站基础设施布局规划。规划年限至 2025 年,规划特征年为近期、中期及远期。根据交通运输部对编制公路主枢纽规划的有关要求,BT 公路主枢纽规划的地域范围原则上与 BT 市城市规划和 BT 市公路建设规划的市区用地范围相一致,具体包括昆都仑区、青山区、东河区、九原区和稀土开发区。

2) BT 公路主枢纽基础设施布局

(1) BT 公路主枢纽建设规模

BT 公路主枢纽共规划建设公路客、货站场 12 个,总占地规模约 2 000 亩❶,总投资约 5.2 亿元。其中,客运系统共规划建设客运站 6 个,新建站场 5 个,改扩建站场 1 个,客运站

---

❶ 1 亩 = 666.67m²。

场总占地面积约270亩,总建筑面积36 000 m²,客运系统投资15 573万元;货运系统共规划建设货运场站基础设施6个,新建站场5个,改扩建站场1个,货运站场总占地面积约1 700亩,货运系统投资20 450万元。此外,为配合公路主枢纽客货站场基础设施的建设,加强现代化、信息化建设,还规划建设了BT公路主枢纽信息服务中心,其建筑面积为15 000 m²,投资3 755万元。

(2)交通流量流向特征

BT市对外交通通道主要分为四个方向,分别是:

东方向:G110、丹拉高速公路方向,主要运输方向为呼市方向和北京方向。

南方向:G210方向,即伊盟(主要为东胜)方向。

西方向:G110、丹拉高速公路方向,主要为银川方向。

北方向:S210方向,白云鄂博及满都拉口岸方向。

BT市城市出入口的主要客流方向构成情况,其中东方向比例最大,西方向最小;而主要货物流向为东和南两个方向。

(3)布局规划的要点

①客运站场布局充分体现"以人为本"。客运站场的布局规划在符合城市总体规划和公路网规划的前提下,应突出"以人为本"的指导思想。

②实事求是更新客运站场设计理念。按照客运站场的发展趋势,本着"小站大场"的原则,提出项目建设指标,同时对于站场"新旧兼容"的问题明确具体改造意见。

③关注站场的交通组织问题。场站是人流、车流的聚集区,交通组织问题是场站在城区范围内能否生存发展的要素之一,布局时必须优先考虑。

④将现代物流理念引入货运系统规划。以利用现代物流系统规划的先进理念作为指导,引进第三方物流、供应链、物流需求区域、物流中心、物流园区等概念,力争使公路主枢纽货运系统注入新的活力,明确公路主枢纽现代化发展方向。

⑤物流需求区域的划分是货运系统规划的基础。研究物流生成源和需求区域,尊重物流市场需求和企业意愿,并以此作为站场布局的选址基础。

⑥突出公路主枢纽物流服务需求量的理念。尝试性地以适合进站处理的货物量作为确定建站规模依据的方式,引入公路主枢纽物流服务需求量的概念,强调从市场需要的角度研究公路主枢纽物流站场基础设施服务的需求规模。

⑦理性地选择"最小控制性用地规模"。按照政府的职责,明确政府在货运系统规划建设中的地位,理性地选择"最小控制性用地规模",作为政府为企业提供服务的基本手段,引导社会物流的发展。对于站场内的具体建筑面积指标,则由开发运营企业根据自身能力和发展方向,在明确市场定位的前提下"量身定做"。

(4)布局方案

①BT公路主枢纽信息服务中心:位于稀土高新开发区内,黄河大街和阿尔丁大街交叉口东北角处,临近稀土大厦。新建的信息组织管理中心,占地12 000 m²,建筑面积15 000 m²。

②客运站场布局方案:到2025年,BT公路主枢纽客运系统共布局规划6个客运站场,它们分别是昆区汽车客运站、青山汽车客运站、沼潭南汽车客运站、长途汽车客运总站、东河北汽车客运站和沙河汽车客运站。各站场位置及规模如下:

昆区汽车客运站:昆区客运站场位于BT市团结大街以南与三八路以西交叉口处即原

BT第三运输公司的场地内,设计规模为一级客运站标准,设计生产能力为12 000人/d,占地规模44 000m²,建筑面积15 000m²。

青山汽车客运站:位于青山区迎宾路以东迎春路以西即原BT第四运输公司处,为新建二级站,设计生产能力为7 000人/d,占地面积33 000m²,建筑面积2 500m²。

沼潭南汽车客运站:位于BT火车站前西侧,与现有的公交汽车总站相结合,为新建二级站,设计生产能力为7 000人/d,占地规模33 000m²,建筑面积10 000m²。

长途汽车客运总站:在原有BT长途客运总站位置、规模不变的基础上,充分利用其以西2km处的巴彦塔拉商贸城临时客运站,通过对其进行改扩建提高为二级站标准,运用合理的组织调配方式,形成"一站两场"的模式,为一级车站标准,设计生产能力为12 000人/d,占地面积22 000m²,建筑面积2 500m²。

东河北汽车客运站:位于新开通的和平路北大街与环城西路交会处东南角处。为新建二级汽车站,设计生产能力为5 000人/d,占地面积22 000m²,建筑面积2 500m²。

沙河汽车客运站:位于包西公路以东和哈屯高勒路以北处,为新建二级汽车站,设计生产能力为7 000人/d,占地面积26 400m²,建筑面积3 500m²。

依据现状及未来城市人口组团的分布和人均出行的密度,客运站场在新、旧城区分别构成Y形和三角形分散式布局结构特点,并体现了不同站场不同方向的功能侧重,便于发挥每个客运站的功能。客运站场布局方案见表3-3-2。

客运站场布局方案一览表 表3-3-2

名称	占地面积 (m²)	建筑面积 (m²)	生产能力 (人/d)	站场位置	服务范围及功能
昆区汽车客运站	44 000	15 000	12 000	团结大街以南与三八路以西交叉口处	北至莫尼路,西至昆都仑河,南至友谊大街,东至民族路内7.9km² 30.05万居民出行的需求。主要辐射方向是BT市向西和向北方向
青山汽车客运站	33 000	2 500	5 000	迎宾路以东迎春路以西	青山区内5.5km²,居民出行服务人数为33.64万人。主要辐射方向是BT市向北和向东方向
沼潭南汽车客运站	33 000	10 000	5 000	BT火车站西侧	铁路的中转和发区范围的14.8万居民出行的需要。主要辐射方向是BT市向南方向
长途汽车客运总站	22 000	2 500	10 000	BT火车站东站	铁路的中转和满足东河区南部24.58万居民的出行需求。主要辐射方向是BT市向东、向南方向
东河北汽车客运站	22 000	2 500	5 000	新开通的和平路北大街与环城西路交会处东南角处	主要满足东河区北部16.3万居民出行需求,并分担长客运总站的客流。主要辐射方向是BT市向北和向东方向
沙河汽车客运站	26 400	3 500	7 000	包西公路以东和哈屯高勒路以北处	满足九原区居民出行需求。主要辐射方向是BT市向南方向

③货运站场布局方案：到2025年，BT公路主枢纽货运系统共布局规划了6个货运站场，它们分别是北沙梁物流园区、沼潭物流中心、城南货运站、BT国际集装箱中转站、东兴货运站和稀土高科开发区物流中心。各站场位置及规模见表3-3-3。

货运站场布局方案一览表   表3-3-3

名称	占地面积(m^2)	站场位置	服务范围及功能
北沙梁物流园区	40	民族东路与环城铁路交叉处西南	为昆区、青区工业企业提供货代交易、停车、仓储等服务，远期向物流园区方向发展，向北拓展规模，引入铁路支线，与铁路联合，进行全程物流服务
沼潭物流中心	22	沼潭南路与包哈公路交叉口西南侧	为昆区南部工业区及开发区提供货运代理、配送、装卸储运及其他个性化服务
城南货运站	12	南绕城高速公路与国道210交会处西北侧	服务于东河区南部及未来BT市南拓地区，并提供过境换装、铁路集疏运等服务要求
BT国际集装箱中转站	20	东河区西北部，国道110南侧，原燃料供应公司东河货场处	服务于BT及周边地区集装箱中转服务，主要包括集装箱的集散、拆装箱及部分货物仓储、通关服务
东兴货运站	8	南绕城高速公路与巴彦塔拉大街交会处东南侧	主要解决东河区东向货物运输配送及东兴工业区物资集疏运问题以及东兴工业组团城市配送服务
稀土高科开发区物流中心	12	幸福南路与校园南路交叉口东北侧，现BT市土地复垦整理示范园处	为开发区企业提供全程高质量物流服务

3）BT公路主枢纽分期建设目标
(1)各阶段建设目标

公路主枢纽总体布局规划是一个长远规划，应本着"一次规划、分期实施、按计划、按步骤、按条件、按需求"的原则逐步实施，按照这一原则，将公路主枢纽的实施期划分为三个阶段。

第一阶段：近期，是站场建设的起步阶段。这一阶段的主要任务是针对重点站场进行项目前期工作，为后续项目打好基础。

第二阶段：中期，是站场建设的关键阶段。通过10年建设，应基本完成主要站场的基础设施建设，完善通信信息手段，提高站场的运输效率，适度超前于社会经济的发展，形成一定的生产规模，满足BT市客、货运输的需求，适应和促进BT的社会经济发展。

第三阶段：远期。在此阶段完成整个站场系统的工程建设，在BT形成功能齐全、设备先进、管理科学、服务优质现代化站场运输系统。

(2)各阶段站场建设方案

第一阶段：近期，主要计划建设的项目有BT公路主枢纽信息服务中心、昆区汽车客运站、BT 国际集装箱中转站、稀土高科开发区物流中心以及北沙梁物流园区(部分)。

第二阶段:中期,主要计划建设的项目有长途汽车客运总站、青山汽车客运站、沙河汽车客运站、东河北汽车客运站、沼潭物流中心(部分)和东兴货运站以及北沙梁物流园区(全部)。

第三阶段:远期,主要计划建设的项目有沼潭南汽车客运站、沼潭物流中心(全部)和城南货运站。

复习思考题

1. 公路主枢纽的运作设备由哪几部分组成?
2. 公路主枢纽是如何分类的?
3. 客运枢纽的规划布局如何做到以人为本?
4. 简述公路主枢纽的规划流程。
5. 简述公路主枢纽线网布局规划应考虑的因素。

第4章 机场枢纽规划

4.1 航空港概述

4.1.1 航空港的定义

1）机场的概念

国际民航组织将机场(航空港)定义为：供航空器起飞、降落和地面活动而划定的一块地域或水域，包括域内的各种建筑物和设备装置，主要由飞行区、航站楼、货运区、机务维修设施、供油设施、空中交通管制设施、安全保卫设施、救援和消防设施、行政办公区、生活区、后勤保障设施、地面交通设施及机场空域等组成，如图3-4-1所示。

图 3-4-1 机场效果图

世界上较大的航空港有英国伦敦希思罗航空港、法国巴黎戴高乐航空港、美国芝加哥国际航空港等。我国较大的航空港有北京首都国际航空港、上海浦东航空港、上海虹桥航空港等。

机场的主要功能有：

(1) 保证飞机安全、及时起飞和降落；
(2) 提供方便、快捷的地面交通连接市区；
(3) 安排旅客和货物准时、方便、舒适地上下飞机。

2）机场系统的构成

如图3-4-2所示，机场系统的组成可以简单地划分为供旅客和货物转入或转出的陆侧部分，以及供飞机活动的空侧部分。陆侧包括出入机场的地面交通设施、供旅客和货物办理手续和上下飞机的航站楼、各种附属设施三部分。空侧包括供飞机起飞和降落的航站区空域及供飞机在地面上运行的飞行区两部分。

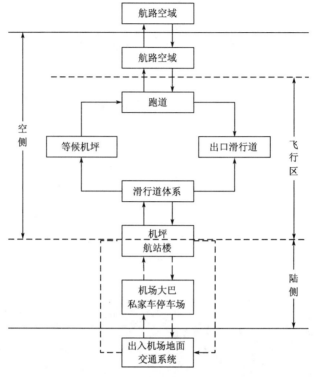

图 3-4-2　机场系统的构成

机场系统也可以分为空域和地域两部分。空域即为航站区空域,供进出机场的飞机起飞和降落;地域由飞行区、航站区和进出机场的地面交通三部分组成。

飞行区为飞行活动的区域,主要包括跑道、滑行道和停机坪。

航站区为飞行区同出入地面交通的交接部。因而,它由以下三个主要部分组成:

(1)地面交通出入航站楼的交接面。包括公共交通的站台、停车场、供车辆和行人流通的道路等设施。

(2)航站楼。用于办理旅客和行李从地面出入交接面到飞机起飞交接面之间的建筑物。

(3)飞机交接面。航站楼与停放飞机的联结部分,供旅客和行李上下飞机。

4.1.2　航空港的分类

1)按机场在民航运输网络中的作用划分

按其在民航运输网络中的作用划分,机场可分为枢纽国际机场、区域干线机场、支线机场。

枢纽国际机场是指在国家航空运输中占据核心地位的机场,这种机场无论是旅客的接送人数,还是货物吞吐量,在整个国家航空运输中都占有举足轻重的地位。其所在的城市在国家经济社会中居于特别重要地位,是国家的政治经济中心或特大城市省会。例如,北京首都国际机场、上海浦东国际机场、广州白云国际机场、香港国际机场、重庆江北国际机场等。

区域干线机场是指省会(自治区首府)、重要开放城市、旅游城市或其他经济较为发达、人口密集的城市的机场,旅客的接送人数、货物吞吐量相对较大,如青岛流亭机场、宜宾宗场国际机场、无锡硕放国际机场等。

支线机场则空运量较少,航线多为本省区内航线或邻近省区支线,但作为沟通全国航路或对某个城市地区的经济发展起着重要作用,如泸州蓝田机场、泉州晋江国际机场等。

2)按航线性质划分

按航线性质分,机场可分为国际航线机场和国内航线机场。

国际机场有国际航班进出,并设有海关、边防检查(移民检查)、卫生检疫和动植物检疫等政府联检机构。国际机场又分为国际定期航班机场、国际不定期航班机场和国际定期航班备降机场。

国内航线机场是专供国内航班使用的机场。我国的国内航线机场包括地区航线机场。地区航线机场是指我国内地城市与港、澳地区之间定期或不定期航班飞行使用的机场,并设有相应的类似国际机场的联检机构。

3)按机场所在城市的性质、地位划分

按机场所在城市的性质、地位划分,机场可分为Ⅰ类机场、Ⅱ类机场、Ⅲ类机场、Ⅳ类机场。

(1)Ⅰ类机场,即全国经济、政治、文化大城市的机场,北京、上海、广州三个城市的机场属于此类机场。

(2)Ⅱ类机场,即省会、自治区首府、直辖市和重要的经济特区、开放城市和旅游城市,或经济发达、人口密集城市的机场,是区域或省区市内民航运输的枢纽,也称为干线机场。

(3)Ⅲ类机场,即国内经济比较发达的中小城市的机场,除开辟区域和省区内支线外,可与少量跨省区中心城市建立航线,故也可称为次干线机场。

(4)Ⅳ类机场,即省、自治区内经济比较发达的中小城市和旅游城市,或经济欠发达,但地面交通不便的城市的机场。航线主要是在本省区内或连接邻近省区。这类机场也可称为支线机场。

4)按照客流量的大小的划分

根据客流量的大小进行分类,机场分为大型枢纽机场、中型枢纽机场、小型枢纽机场、非枢纽型主要商用机场、其他商用机场五大类。以美国标准为例,不同类别的枢纽机场主要按照每年登机旅客数超过全美登机旅客的百分比来确定,如大型枢纽机场指每年登机旅客数超过全美登机旅客的1%,中型枢纽机场指每年登机旅客数占全美登机旅客量的0.25%~1%,小型枢纽机场指每年登机旅客数占全美登机旅客量的0.05%~0.25%。美国商用机场主要分为五大类,具体划分类别及划分标准见表3-4-1。

美国商用机场分类以及划分标准　　　　表3-4-1

商用机场类别	名称	划分标准
主要商用机场	大型枢纽机场	每年登机旅客数超过全美登机旅客的1%
	中型枢纽机场	每年登机旅客数超过全美登机旅客的0.25%~1%
	小型枢纽机场	每年登机旅客数超过全美登机旅客的0.05%~0.25%
	非枢纽型主要商用机场	每年登机旅客数大于10 000但小于全美登机旅客量的0.05%
其他商用机场	其他商用机场	每年登机旅客数为2 500~10 000

5)我国机场的分类

根据国际航空运输发展的趋势,结合我国实际情况,从充分发挥机场功能以及有利于今后合理布局和建设的角度出发,将我国运输机场划分为四种类型:

(1)大型枢纽机场:可按旅客吞吐量占全国总量的10%以上考虑。

(2)中型枢纽机场:可按旅客吞吐量占全国总量的3%~10%考虑。

(3)一般干线机场:可按旅客吞吐量占全国总量的0.5%~3%考虑。

(4)支线机场:可按旅客吞吐量占全国总量的0.5%以下考虑。

6)英国机场的分类

(1)国际机场(Gateway International Airport),频繁服务于长距离的国际航班。

(2)国内机场(Regional Airport),短途的定期、国内航班,特别是服务于国内腹地的需求。

(3)内地机场(Local Airport),主要是指包机以及国内穿梭式的服务。

(4)通用航空机场(General Aviation Aerodromes),即通用航空及休闲运动用机场。

4.2 航空港规划原则及方法

4.2.1 航空港规划的原则

1)航空港宏观层次规划原则

在机场系统规划中,枢纽机场的战略性规划布局关系到区域经济的持续快速发展,这类机场已不仅仅是单纯的交通枢纽,其在功能上和空间上已经得以全面拓展,因此枢纽机场布局规划应满足以下五个方面的需求。

(1)满足民航产业链和产业集群发展的需求

机场地区是民航产业链的空间依托,区域机场布局规划应考虑整合和协调分散在全国各地区的各类民航产业经营要素,并在整个行业范围内进行资源的优化配置,从生产、维修、运输、服务和销售及展示等环节形成完善的民航产业链和产业集群。

(2)满足区域经济发展的需求

大型机场一向被誉为经济发动机,这一方面体现在机场可以带动区域经济的发展上,另一方面也体现在机场可直接促进"机场经济"的形成上。"机场经济"是以航空运输业为依托,服务于全球性或区域性人流和物流的经济发展模式。它作为一种以"附加值高、时效性高、客货运量小"为特征的新型经济形态,与以"大进大出"为特征的传统铁路、水运港口经济相比,在知识经济时代所发挥的作用更大。机场规划建设与航空城规划应同步规划建设,而机场经济应与城市及区域经济形成良性互动。

(3)满足区域交通运输体系的需求

在交通一体化的发展趋势下,枢纽机场的规划必须以区域交通一体化、建立区域综合交通体系以及有利于与包括城市公共交通在内的其他交通方式的顺畅衔接为出发点,提高整个区域综合交通系统整体运输效率,促进经济和社会发展的战略层次来进行布局规划。

(4)满足区域城市发展的需求

航空城的形成和发展依赖于机场地区所特有的临空经济、口岸经济和枢纽经济的发展。

航空港的布局规划应结合航空城的形成和发展特点,满足区域城市发展的需求。

(5)满足机场可持续发展的需要

航空运输业的快速发展在很大程度上要归功于运输成本的持续降低。要保持这种趋势,一方面需要依靠航空制造业技术水平的进一步提高,另一方面则需要更多地依靠航空运输业实施更有效的运营管理模式。高效率的机场运营是航空运输业降低运输成本重要的途径之一,也是实现机场可持续发展的基本条件。因此,枢纽机场在进行战略规划时,就需要考虑这个趋势,在机场功能定位、规划选址、总体规划以及各主要功能主体方案设计的各个环节,都需要考虑机场的可持续发展问题。

2)航空港中、微观层次规划原则

(1)规划应结合区域综合交通网络

航空港规划应注重与铁路、公路、城市交通等交通方式的相互衔接,方便旅客的换乘及货物的集散。

(2)规划应建立在科学的预测体系基础上

机场规划的容量、规模、面积标准计算参数均以预测为基础依据,最终将航空业务量的预测值换算成面积大小和工程数据,如跑道长度、站坪大小、航站楼面积、停车场规模、道路宽度等,其准确度至关重要。

(3)规划应优化设计追求运力的最大化

航空港规划应追求在有限的空间内选择适宜的航站楼构型、经济合理的空陆交通组织方式,以提高土地使用率及机场的运营效率。高效率是机场运力最大化的根本目标。

(4)规划应贯彻未来的发展观

航空港规划建设应充分考虑如飞机的发展变化、机场运营模式的转变、航空公司的经营方式、交通体系的改变等因素,应预留充足的发展空间,减少土地资源不必要的浪费。

(5)规划形式应服从功能

经济的转型使机场固有的观念受到冲击。航站楼作为机场的核心建筑物逐步向商业综合体的方向发展,以争取更多的非航空效益。航站楼建筑的标志性、地域性愈加受到重视。但是作为空港核心的航站楼应首先服从机场作业流程的需要,盲目的形象追求可能成为空港建设和发展的障碍。

(6)规划应充分体现经济性

航空业是一个大投入的公益性的事业,机场建设投入在短期很难见到明显的效益。航空港规划应结合地区经济社会状况、航空业务量等因素,力求在投资及运营方面充分体现经济性,避免造成投资的浪费。

4.2.2 航空港规划流程

航空港的规划流程包括:调研与分析、航空需求预测、机场选址规划、总体布局规划、系统设计、方案评价、方案确定七个步骤,如图3-4-3所示。

(1)调研与分析

调研和分析工作是进行航空港布局规划的基础。详细而完整的基本资料有助于规划者了解现有的航空运输状况,也可作为构建模式、预测、评估、设计等的依据。有关机场规划须收集的资料非常广泛,所耗费人力、时间、资金也都非常巨大,但这些资料对机场枢纽规划质量的影响重大,因此要力求资料的完善。概括而言,机场规划所需收集的资料包括以下几部分:航空运输需求资料、社会经济资料、地区发展资料、自然地理特性资料、机场的相关资料、与机场接驳的地面交通系统资料。

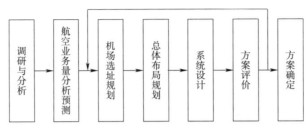

图 3-4-3　航空港规划流程

(2)航空需求预测

由于机场内各种设施的规划与设计必须能满足未来旅客数量的需要,因此对于高峰小时旅客数量、飞航班次、机型、高峰日内旅客数量、目标年的旅客总数,以及机场所服务地区的人口成长、社会经济发展,均须予以准确预测,以作为提供完善飞航服务的依据。

航空需求预测一般采用趋势推断法、因果分析法、市场分析法和比例分析法等。由于内容的复杂性和预测工作的时效性,很难做到较高的准确度。因此,规划应结合民航发展特点,寻找并总结内在规律,缩短预测期,加强航空预测的评价工作,以动态的预测体系,引导规划向最优化方向靠近。

(3)机场选址规划

机场选址是机场规划的关键问题,涉及诸多因素。经过调研可得到若干备选场址,再利用定性分析或者定量计算的方法选出其中的最优方案。

(4)总体布局规划

机场总体布局规划即对各功能区、设施的组合。组合时,应遵循机场规划布局原则。

(5)系统设计

系统设计指机场总局确定后,对飞行区、航站区、货运区、地面交通系统等的布置形式、设施配置等因素的详细设计,如飞行区的跑道方向、跑道位置、跑道长度、滑行道布置等。

(6)方案评价

在初步的规划方案形成后,应按照科学合理的评价指标体系对方案进行评价。

(7)方案确定

若方案的评价结果符合要求,则确定方案;否则,需要对方案作出相应的调整、修改。

4.2.3　航空港规划方法的特殊性

(1)航空港规划是一个行业专项规划

在我国城市规划体系内,总体规划阶段,城市的各个职能部门会主持编制不同的行业规划和专项规划。这些行业和专项规划与城市的总体规划、分区规划、控制规划一起将城市建设管理得井井有条,形成一套全面的规划系统。城市各个行业规划和专项规划在城市总体规划的指导下,都有各自的行业特点。比如,专门偏向改善城市环境的绿化景观专项规划,专门针对城市防火救援的消防专项规划,专门应对洪水治理和排涝的防洪专项规划,专门应对战时特殊环境下的安防专项规划。因此,城市的机场规划当然也应被视为城市体系规划中的一个行业规划和专项规划。通过评审和备案制,将城市中民用航空的地面用地和空域保护性规划融合到城市总体规划中以及各个城市管理部门的工作中去,共同管理城市建设,从而推进城市和区域的发展。

(2)航空港规划有特殊的民用航空要求

对于民用机场规划而言,其规划中,跑道、滑行道和联络道的规划研究是最重要的,也是非常严肃和精确的。对比来看,城市总体规划中的道路选线、变电站的位置确定,从总体规划到施工图的落实发生一定变化是正常的,也是合理合法的,不会造成什么严重的后果。可是对于机场规划就不同了,无论机场规划的深度如何,其飞行区特别是跑道滑行道的位置、方向及长度都必须在每一个设计阶段中得到精确的研究和计算。也就是说,不管机场规划的深度如何、处于哪一阶段,其飞行区设计已经非常严谨和精确,达到了初步设计前的方案设计深度,是一种完全可以实施的研究状态。在国际和国内,飞行区规划设计都有明确行业要求和行业规范,而陆侧区域的航站区和工作区规划设计则偏向民用建筑的范畴,行业要求和行业规范的约束性要小一些。在此背景下,机场的规划设计就应该分为两个大区域来研究:一个是空侧飞行区(包含跑道、滑行道等),另一个是陆侧区(包含航站区、工作区等)。空侧飞行区不管机场规划的深度如何,其规划设计深度都是初步设计前的方案设计深度要求的,陆侧区域的规划设计则应根据机场规模的大小区别对待。

4.3 航空港宏观层次规划

航空港宏观层次规划指的是国家或者区域范畴的民用机场体系规划,包括机场数量、规模、分布、密度等宏观因素的规划。机场的宏观布局的合理性,机场的规模能否以航空运输市场需求为基础,将对促进和引导经济社会发展、加强国防建设和保障国家安全发挥重要作用。《全国民用机场布局规划》《全国民用运输机场布局规划》分别于2008年、2017年获得国务院批准出台。

1)航空港布局规划的主要原则

(1)机场总体布局应与国民经济社会总体发展战略和航空市场需求相适应,促进生产力合理布局,国土资源均衡开发和国民经济社会发展。

(2)机场区域布局应与区域经济地理和经济社会发展水平相适应。与城市总体规划相符合,促进区域内航空资源优化配置、社会经济协调发展和城市功能提升完善。

(3)机场布局应与航线网络结构优化、空管建设、机队发展、专业技术人员培养等民航系统内部各要素相协调。增强机场集群综合竞争力,进一步提高民用航空运输整体协调发展能力和国际竞争力。

(4)机场布局应与其他运输方式布局相衔接。促进现代综合交通运输体系的建立和网络结构优化,并充分发挥航空运输比较优势,提高综合交通运输整体效率和效益。

(5)机场布局应与加强国防建设、促进民族团结及开发旅游等资源相结合。重视边境、少数民族地区,特别是新兴旅游地区机场的布局和建设,拓展航空运输服务范围,增强机场的国防功能。同时,考虑充分有效利用航空资源。条件许可时,优先合用军用机场或新增布局军民合用机场。

(6)机场布局应与节约土地、能源等资源和保护生态环境相统一。充分利用和整合既有机场资源,合理确定新增布局数量与建设规模。注重功能科学划分,避免无序建设和资源浪费,提高可持续发展能力。

《全国民用运输机场布局规划》,立足构建综合交通运输体系,适度增加总量,明晰机场层次,优化网络结构,完善功能定位,提高运输效率,有效服务国家重大战略部署,满足人民群众便捷出行需求角度,提出修订布局的原则:

(1)优化布局结构。从综合交通运输体系出发,发挥民航安全、快捷、舒适、灵活的优势,有效衔接高速铁路等交通运输方式,兼顾公平与效率,构建世界级机场群、国际枢纽和区域枢纽层次清晰、布局合理、功能完善的机场体系,提升机场服务水平。

(2)加密扩能并重。统筹东中西部机场协同发展,重点增加中西部地区机场数量,提高密度,扩大航空运输服务的覆盖面;实施繁忙机场扩能改造,提升服务保障能力,适应快速增长的航空需求,满足广大人民群众便捷出行需要。

(3)服务国家战略。按照"一带一路"倡议、京津冀协同发展、长江经济带和有关区域发展战略,以及国家主体功能区、新型城镇化的要求,统筹考虑经济社会发展和各种交通方式的衔接,建立与人口分布、资源禀赋相协调,与国土开发、城镇化格局等相适应的机场整体布局。

(4)绿色集约环保。牢固树立绿色低碳循环发展理念,集约节约利用资源,加强生态环境保护。合理利用现有各类机场资源,减少迁建。鼓励相邻地区打破行政区划分割,合建共用机场。

2)规划的布局方案

(1)根据规划,2025年,将建成覆盖广泛、分布合理、功能完善、集约环保的现代化机场体系,形成3大世界级机场群、10个国际枢纽、29个区域枢纽。京津冀、长三角、珠三角世界级机场群形成并快速发展,北京、上海、广州机场国际枢纽竞争力明显加强,成都、昆明、深圳、重庆、西安、乌鲁木齐、哈尔滨等国际枢纽作用显著增强,航空运输服务覆盖面进一步扩大。

(2)根据规划,将完善华北、东北、华东、中南、西南、西北六大机场群,到2025年,在现有(含在建)机场基础上,新增布局机场136个,全国民用运输机场规划布局370个(规划建成约320个)。

华北机场群由北京、天津、河北、山西、内蒙古5个省(自治区、直辖市)内的机场构成。布局规划新增沧州、介休、正蓝旗等16个机场,总数达48个。增强北京机场国际枢纽竞争力,与天津、石家庄共同打造京津冀世界级机场群;培育太原、呼和浩特等机场的区域枢纽功能,增强对周边的辐射能力;提升唐山、运城、包头等其他既有机场发展水平,稳步推进霍林郭勒等机场建设。

东北机场群由辽宁、吉林、黑龙江3个省内的机场构成。布局规划新增铁岭、四平、绥化等23个机场,总数达50个。逐步提升哈尔滨机场国际枢纽的功能;培育大连、沈阳、长春等机场的区域枢纽功能,拓展机场服务范围;提升锦州、长白山、大庆等其他既有机场发展水平,稳步推进松原、五大连池等机场建设。

华东机场群由上海、江苏、浙江、安徽、福建、江西、山东7个省(直辖市)内的机场构成。

布局规划新增嘉兴、蚌埠、瑞金、宁德、菏泽等16个机场，总数达61个。增强上海机场国际枢纽的竞争力，与杭州、南京、合肥、宁波等机场共同打造长三角地区世界级机场群，并与其他交通运输方式优势互补、深度融合、互联互通；培育厦门、青岛、福州、济南、南昌、温州等机场的区域枢纽功能；提升无锡、舟山、黄山、赣州、烟台等其他既有机场发展水平，稳步推进上饶等机场建设。

中南机场群由河南、湖北、湖南、广东、广西、海南6个省（自治区）内的机场构成。布局规划新增周口、荆州、湘西、韶关、贺州、儋州等24个机场，总数达60个。推进广州、深圳等地机场资源共享、合作共赢、协同发展，提升国际枢纽竞争力，共同打造珠三角地区世界级机场群；增强武汉、长沙、郑州机场枢纽作用，培育海口、三亚、南宁、桂林等机场的区域枢纽功能；提升揭阳、柳州、洛阳、宜昌、张家界等其他既有机场发展水平，稳步推进信阳、岳阳等机场建设。

西南机场群由重庆、四川、贵州、云南、西藏5个省（自治区、直辖市）内的机场构成。布局规划新增武隆、甘孜、威宁、楚雄等29个机场，总数达78个。逐步提升昆明、成都和重庆机场国际枢纽的竞争力；培育贵阳、拉萨等机场的区域枢纽功能；大幅增加区域机场密度，优化布局结构，提升万州、九寨、黄平、丽江、林芝等其他既有机场发展水平，稳步推进巫山、巴中、仁怀、澜沧等机场建设。

西北机场群由陕西、甘肃、青海、宁夏、新疆5个省（自治区）内的机场构成。布局规划新增宝鸡、平凉、共和、石嘴山、塔什库尔干、且末等28个机场，总数达73个。逐步提升西安、乌鲁木齐机场国际枢纽的竞争力；培育兰州、银川、西宁等机场的区域枢纽功能；增加机场密度，提升延安、敦煌、格尔木、中卫、喀什等其他既有机场发展水平，稳步推进陇南、祁连、莎车、图木舒克等机场建设。

枢纽机场所在地确需建设多个运输机场的，按国家有关规定报批。航空货运业务应充分利用现有机场的货运能力，如需新建以货运功能为主的机场，原则上优先从《全国民用运输机场布局规划》中选取，需新建规划外机场的另行研究。研究内蒙古朱日和等38个机场的布局，远期运输机场规模将达到408个左右，将视区域发展、航空运输需求和周边机场等情况，在制定五年规划时研究确定是否开展前期工作。通用机场转化为运输机场，需具备相应条件并按相应程序报批。

4.4 航空港中、微观层次规划

4.4.1 机场选址规划

机场建设是涉及国家的政治、军事、社会、经济、地理环境、交通和旅游事业等诸多方面的复杂工程。其中，场址选择是机场建设的首要环节和设计工作的重要步骤之一。在实际中，影响机场选址的因素很多：首先，机场位置必须满足其使用功能，如机场距离消费人群的距离、机场净空条件、机场空域等；另外，还必须满足经济和环境方面的要求。随着社会的进步，人们对生活质量的追求也越来越高，因此，机场位置的选定不仅要满足战略和运输的要求，还要考虑在未来机场建成后其使用过程中人及其活动的因素和机场未来发展的要求。

(1) 传统方法

传统的机场选址基本上分三步进行。

①图上选址。在地图上确定若干现场踏勘的场址。

②现场踏勘后,选出三个左右的备选场址,作为进一步定点踏勘的对象。

③定点踏勘以后,从中选出一个最佳场址重点论证,其余两个作为备选场址进行比选。

第①、②步的主要任务是初步查明各预选场址的主要工程地质情况,为场址比较提供依据。对于基本具备建场条件的场址,要在现场初步确定跑道位置和方向并进行地形图修测或草测、净空测量及工程地质勘察,为定勘提供依据。第③步要对选勘阶段推荐的场址做进一步勘测,为机场定点和编制设计任务书提供依据,主要任务包括勘察机场飞行场地和各区位置、地形测量、净空复测、进一步工程地质勘察、资料详细调查、机场环境影响评价、机场规划与造价估算、编写定勘报告书。因此,图上初选和野外现场勘测成为机场选址和设计的信息获取的重要来源。

(2) 基于飞行成本的选址模型

关于枢纽机场选址问题,可以预先确定若干个备选机场,计算各个机场到备选机场的飞行成本总和,然后选取总成本最小的那个机场。枢纽机场建成后,将增加飞行量,导致附近航路拥塞,从而使飞行成本增加或因之不得不使航路扩容而需要相关建设成本。因此,应该考虑到枢纽机场的建设将对航线网产生的反作用。

首先,定义一些基本的符号:N_1、N_2 分别为航线网络中机场的数目、适宜建设枢纽机场的机场数目;L 为航线网络中航线的集合;M 为拟扩容或新划设的航线数目;i、j 为现有机场的下标;l 为航线的下标;λ 为时间与货币值的转换系数。

此外,定义枢纽机场的选址方案变量如下:

$$A = [a_i]_{1 \times N_j} \quad a_i = \begin{cases} 1 & \text{枢纽机场建在场址 } i \\ 0 & \text{其他} \end{cases}$$

枢纽机场的用地和建设成本矩阵 $B = [b_i]_{1 \times N_j}$,b_i 为枢纽机场建在机场 i 的用地和建设成本;f_l 为枢纽机场建成后航线 l 上的总流量;t_l 为航线 l 上的总飞行时间;e_l 为航线 l 的容量。

枢纽机场建设及运行的主要成本由两部分组成:用地和建设成本以及飞行成本。下面分别进行探讨。在对象区域内建设枢纽机场的用地和建设成本为:

$$C_1 = \sum_{i=1}^{N_j} b_i a_i \tag{3-4-1}$$

根据经验可知,航线 l 上的总飞行时间 t_l 随着该航线上的飞行流量的增加而增加,同时与流量为 0 时航线 l 上的飞行时间及航线 l 的容量有关。由于空中交通流与道路交通流具有一定的相似性,可以参考美国道路局开发的 BPR 函数:

$$t_l = t_l(f_l) = t_l^0 \left[1 + \alpha_1 \left(\frac{f_l}{e_l} \right)^{\beta_1} \right] \tag{3-4-2}$$

式中:α_1、β_1——待定参数,可通过实际中的数据进行回归分析求得。

从而整个对象区域的飞行成本可表示为:

$$C_2 = \lambda \sum_{l \in L} f_l \cdot t_l(f_l) \tag{3-4-3}$$

综上,机场选址问题可用以下数学规划模型描述:

$$\min W(\boldsymbol{A}) = \lambda \sum_{l \in L} f_l \cdot t_1(f_l) + \sum_{i=1}^{N_j} b_i a_i \quad \text{(3-4-4a)}$$

$$a_i = 0 \text{ 或 } 1 \quad 1 \leqslant i \leqslant N_2 \quad \text{(3-4-4b)}$$

(3) 选址方案的多属性群决策方法

由于机场选址涉及诸多方面因素,而且并非所有因素都可以精确量化,可以首先确定若干备选机场,再建立能全面反映机场选址所涉及因素的评价指标体系,利用 AHP 或模糊综合评价等方法计算各备选方案的得分,为最后的决策提供参考。机场选址方案评价指标如图 3-4-4 所示。

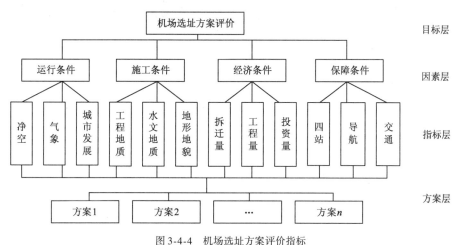

图 3-4-4 机场选址方案评价指标

4.4.2 主要设施规划

1) 飞行区

(1) 跑道

跑道是机场工程的主体。机场的构型主要取决于跑道的方位、数量以及跑道与航站区的相对位置。跑道是供飞机起降的一块长方形区域,提供飞机起飞、着陆、滑跑以及起飞滑跑前(和着陆滑跑后)运转的场地。因此,跑道必须有足够的长度、宽度、强度、粗糙度、平整度以及规定的坡度。

① 方位。跑道的方位即跑道的走向。飞机最好是逆风起降,而且过大的侧风将妨碍飞机起降。因此,跑道的方位应尽量与当地常年主导风向一致。跑道方向还受到周围地形、可用面积大小以及相邻机场状况、机场发展规划的影响。跑道的方位以跑道磁方向角度表示,由北顺时针转动为正。

② 数量。跑道的数量主要决定于航空运输量。运输不繁忙,且常年风向相对集中的机场,只需要单条跑道。运输非常繁忙的机场,则需要两条或多条跑道。其基本构型可以是平行、交叉或开口 V 形。非平行跑道可以避开过大的侧风。平行跑道的间距、交叉跑道交叉点的位置对跑道容量(单位时间内可能容纳的最大飞机运行次数)是有影响的。

③ 长度。跑道的长度是机场的关键参数,也是机场规模的重要标志,它直接与飞机起降安全有关。设计跑道长度主要是依据预计使用该机场飞机的起降特性(特别是要求跑道最长的那种机型的构型和性能特点)。此外,跑道长度还与下列因素有关:飞机起降质量与速

度,飞机起飞(或降落)质量越大,离地速度(或接地速度)越大,滑跑距离就越长;跑道条件,如表面状况、湿度和纵向坡度等;机场所在环境,如机场的高程和地形;气象条件,特别是地面风力、风向和气温等。当海拔高、空气稀薄、地面温度高时,发动机的功率就会下降,因而需要加长跑道。拉萨贡嘎机场的跑道长 4 000m,是我国对外开放的机场中最长的跑道,如图 3-4-5 所示。

图 3-4-5　拉萨贡嘎机场

④宽度。飞机在跑道上滑跑、起飞、着陆不可能总是沿着中心线,可能会有偏离,有时还要掉头。因此,跑道应有足够的宽度,但也不宜过宽,以免浪费土地。跑道的宽度取决于飞机的翼展和主起落架的轮距,一般不超过 60m。

⑤坡度。一般来说,跑道是没有纵向坡度的,这主要是为了保证飞机起飞、着陆和滑跑的安全。所以,应尽量避免沿跑道的纵向坡度及坡度的变化。当无法避免时,其最大值应尽量减小,且变坡间距离不应小于要求的值。在有些情况下,可以有 3°以下的坡度。在使用有坡度的跑道时,要考虑对飞机性能的影响。

⑥道面。通常跑道道面是指结构道面,可分为沥青混凝土、水泥混凝土、碎石、草皮和土质等若干种。

跑道道面分为刚性道面和非刚性道面。刚性道面由混凝土筑成,能把飞机的载荷承担在较大的面积上,承载能力强,在一般中型以上的空港都使用刚性道面。国内几乎所有民用机场跑道均属此类。非刚性道面有草坪、碎石、沥青等类道面,这类道面只能抗压不能抗弯,因而承载能力小,只能用于中小型飞机起降的机场。同时,水泥混凝土道面和沥青混凝土道面为高级道面。

跑道道面要求有一定的摩擦力。为此,在混凝土道面的一定距离内要开 5cm 左右的槽,并定期打磨,以保持飞机在跑道积水时不会打滑。当然,有一种方法就是在刚性道面上加高性能多孔摩擦系数高的沥青,既可以减少飞机在落地时的震动,又能保证有一定的摩擦力。

⑦强度。对于起飞质量超过 5 700kg 的飞机,为了准确地表示飞机轮胎对地面压强和跑道强度之间的关系,国际民航组织规定使用飞机等级序号(Aircraft Classification Number,ACN)和道面等级序号(Pavement Classification Number,PCN)方法来决定该型飞机是否可以在指定的跑道上起降。

PCN 数是由道面的性质、道面基础的承载强度经技术评估而得出的,每条跑道都有一个 PCN 值。ACN 数则是由飞机制造厂根据飞机的实际质量、起落架轮胎的内压力、轮胎与地面接触的面积以及主起落架轮间距等参数计算得出的。使用这个方法计算时,当 ACN 值小于 PCN 值时,这种类型的飞机可以无限制地使用这条跑道。在一些特殊情况下,ACN 值可以在大于 PCN 值 5%～10% 以下时使用这条跑道,但这会带来跑道使用寿命的缩短。

(2)滑行道

滑行道是机场内供飞机滑行的通道。滑行道的主要功能是提供从跑道到候机楼区的通道,使已着陆的飞机迅速离开跑道,不与起飞跑道的飞机相干扰,并尽量避免对随即到来的飞机着陆产生延误。此外,滑行道还提供了飞机由候机楼区进入跑道的通道。滑行道可将性质不同的各功能分区(飞行区、候机楼区、飞机停放区、维修区及供应区)连接起来,使机场最大程度地发挥其容量潜力,并提高运行效率。滑行道应以实际可行的最短距离连接各功能分区。

(3)停机坪

停机坪也称为机坪,机坪是飞机停放和旅客登机的地方。停机坪的面积要足够大,以保证进行上述活动的车辆和人员的行动。机坪上用漆线标出运行线,使飞机按照一定线路进出滑行道。

机坪分为停放机坪和登机机坪。飞机在登机机坪进行装卸货物、加油,在停放机坪过夜、维修和长时间停放。

2)航站区

(1)航站区位置的确定

在考虑航站区具体位置确定时,尽管有诸多影响因素,但机场的跑道条数和方位是制约航站区定位的最重要因素。航站区—跑道构型,即两者的位置关系是否合理,将直接影响机场运营的安全性、经济性和效率。在考虑航站区的位置时,应布置在从它到跑道起飞端之间的滑行距离最短的地方,并尽可能使着陆飞机的滑行距离也最短,即应尽量缩短到港飞机从跑道出口至机坪、离港飞机至跑道起飞端的滑行距离,尤其是离港飞机的滑行距离(因其载重较大),以提高机场运营效率,节约油料。在跑道条数较多、构型更为复杂时,要争取飞机在离开或驶向停机坪时避免跨越其他跑道。同时,尽可能避免飞机低空经过航站上空,以免发生事故而造成重大损失。

交通量不大的机场,大都只设一条跑道。此时,航站区宜靠近跑道中部,如图 3-4-6a)所示。

如果机场有两条相互平行的跑道(包括入口平齐和相互错开)且间距较大,一般将航站区布置在两条跑道之间,如图 3-4-6b)、c)所示。

如机场的交通量较大,乃至必须采取三条或四条跑道时,航站区位置如图 3-4-6d)、e)所示。

若机场具有两条呈"V"形的跑道,为缩短飞机的离港、到港滑行距离,通常将航站区布置在两条跑道所夹的场地上,如图 3-4-6f)所示。

(2)航站楼

航站楼是航空港的主要建筑,特别是国际机场,航站楼在一定意义上就是一个国家的大门,代表着国家的形象。因此,在建筑上要求它具有一定的审美价值、地域或民族特色,并做豪华的装饰,这也是与航空旅行这种迄今为止最高级别的旅行方式相适应的。

①布设类型。根据停机坪与航站楼的相对位置,航站楼可以分为七种布设类型,分别说明如下(图 3-4-7)。

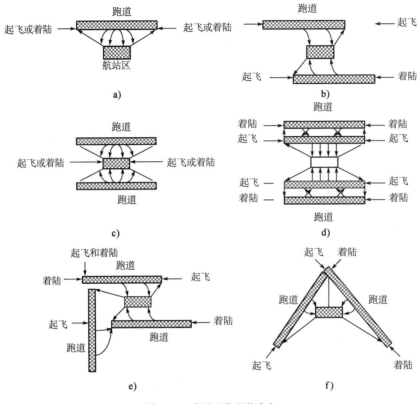

图 3-4-6 航站区位置的确定

a. 前列式系统(Frontal System)。如图 3-4-7a)所示,飞机成排平行停靠于航站楼之前。这一系统适用于飞机架数少的小型机场,而随着需求的增长,航站楼及停机坪均可向两边扩建。

b. 指状式系统(Finger System)。如图 3-4-7b)所示,宽阔的通道由航站楼延伸入停机坪,通道的两侧可同时停靠飞机进行登机、下机作业,因此其建造费用相对地较少。

c. 分裂指状式系统(Split Finger System)。如图 3-4-7c)所示,在指状式通道的末端分出通道,此类系统促使旅客须步行较长的距离。假设停机坪的直径为 60m,则当旅客由某一指状通道的末端至另一指状通道的末端转机时,其行走距离甚至超过 800m。

d. 卫星式系统(Satellite System)。如图 3-4-7d)所示,在售票处延伸而出的通道末端,建成一宽广的候机(或转机)大厅。大厅内除了休息室外,还有商店、餐饮贩售及盥洗室。环绕次大厅周围可增设 5~10 个停机位供飞机停靠。此类系统可减少旅客的步行距离,但是对需在不同"卫星"间转机的旅客而言,则需花费较多的时间及行走较长的距离。

e. 突出卫星式系统(Pier-Satellite System)。如图 3-4-7e)所示,卫星式的候机大厅建于由航站楼所延伸出的通道末端。对于运输频繁、需要更多登机门的机场而言,采用此形式可使旅客行走的距离大为缩短。

f. 指状突出式系统(Finger-Pier System)。如图 3-4-7f)所示,在突出的候机大厅上又分出指状通道,此类系统可容纳更多停机位而旅客的行走距离又不致过长。

g. 远端停机系统(Remote Parking System)。如图 3-4-7g)所示,当运量非常繁重,为了避免停机坪过于分散,致使旅客疲劳行走,将停机坪集中建设于与航站楼距离相当的地方,而以各种形式的公交车,甚至大容量的运人系统(People Mover System),担负转运乘客的任务。

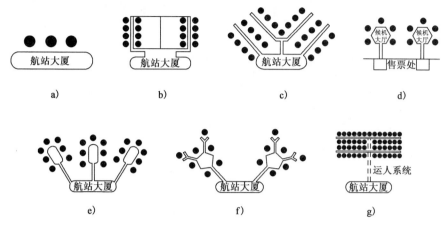

图 3-4-7　机场枢纽终站布设类型图

②航站楼的规模。航站楼为航站区域内最重要的设施,其规模的大以及所具备的功能则随飞行活动的多少以及旅客的服务需要而定。一般而言,航站楼的规模应该至少满足以下几个目的:

a. 航站楼的规模至少应该满足未来十年内高峰小时旅客的需求,并且其设计能随着旅客数量以及飞机制造技术的演变而弹性调整或者扩建。在此观点下,长方形的设计显然较为合理。图 3-4-8 为航站楼内空间布局示意图。

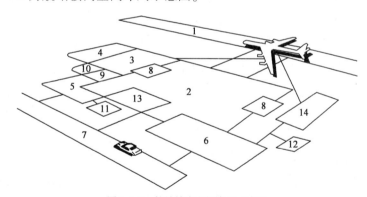

图 3-4-8　航站楼内空间布局示意图

1-旅客上(下)机处;2-候机室;3-餐厅;4-厨房;5-领取行李房;6-购票大厅;7-旅客上、下车处;8-零售商店;9-盥洗室;10-公共设施(自来水等);11-地面运输的起点;12-邮政设施;13-旅客服务台;14-航空公司作业室

b. 航站楼内的设计应以经济的成本对旅客的流动、候机、转机以及其他的各种活动作业提供高水平的服务。尤其是对于出入境的旅客及其行李,应能够快速流动且互不干扰。图 3-4-9 为机场内旅客以及行李流线示意图。

c. 由于航空旅客所携带的行李较多,因此航站楼的设计应尽量减少乘客进出航站楼以及在航站楼内走行的距离。无论乘客是乘坐私家车还是公共交通,应使得能够停于接近售票厅的地方,其行李也可以在此处寄存,然后以较短距离到达候机厅,同样的,乘客下机后的地点应该靠近提取行李的地方,而紧邻此处有出租车以及私家车等交通方式。

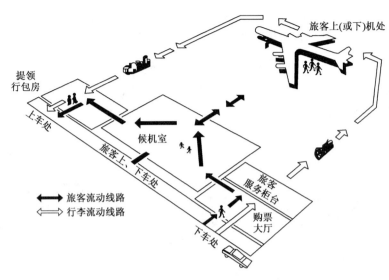

图 3-4-9　机场内旅客以及行李流线示意图

d. 由于航站楼内各种商店的租金是机场收入的主要来源之一,因此其设计应该尽可能针对旅客的需要提供服务,以赚取较多的利润。

e. 应能给机场以及航空公司员工提供良好的工作环境。

③航站楼规划流程。航站楼的具体规划过程大致可分为以下四个阶段。

a. 确定设计旅客量。根据机场总体规划时预测的年旅客量,可初步估计航站楼的规模。确定各项设施所需建筑面积时,应依据高峰小时旅客量计算。典型高峰小时旅客量与年旅客量有一定的比例关系,一般为年旅客量的 0.03% ~ 0.06%。表 3-4-2 是美国联邦航空管理局(FAA)给出的高峰小时旅客量与年旅客量的比例关系。

高峰小时旅客量与年旅客量的关系(FAA)　　　　表 3-4-2

年旅客量(1 000 人次)	高峰小时旅客量占年旅客量的比例(%)
≥20 000	0.030
10 000 ~ 20 000	0.035
1 000 ~ 10 000	0.040
500 ~ 1 000	0.050
100 ~ 500	0.065
<100	0.120

b. 估算面积。估算面积是为航站楼及其各项设施提出尺寸要求,并不要求确定各单元的具体位置。各项设施所需面积,应根据其功能和特点来确定。表 3-4-3 是 FAA 提出的设计标准。

航站楼的面积要求与预期达到的服务水平有关。FAA 建议航站楼总面积要求为每个年登机旅客 $0.007 \sim 0.011 m^2$,每个设计高峰小时旅客 $14 m^2$(国内航线)或 $20.5 m^2$(国际航线)。我国目前的实际控制数为高峰小时旅客 $14 \sim 30 m^2$(国内航线)或 $24 \sim 40 m^2$(国际航线)。

各项设施的空间设计标准　　　　　　　　　　　表 3-4-3

国内航站楼设施	所需面积/高峰小时旅客量(m²/人)	国际航站楼设施	所需外加面积/高峰小时旅客量(m²/人)
办票大厅	1.0	海关	3.3
航空公司经营办公室	4.8	农业	0.2
行李领取	1.0	来宾候车室	1.5
候机室	1.8	流通、行李、公用设施、墙	7.5
饮食设施	1.6		
厨房和储藏室	1.6		
其他特许经营	0.5		
厕所	0.3		
流通、机械、维护、墙	11.6		
总计	24.2	总计	12.5

c. 制订总体布局方案。估算出各单元设施面积后,结合匡算的航站楼总面积,按不同功能区对各项设施进行组合。组合时,应使旅客的流动路线简单、明确、短捷,各项设施的功能要分明。同时,根据总规模、预期的旅客舒适程度要求和方便运营等因素制定总体布局方案。

d. 提出设计方案。这一阶段是根据估计面积和总体布局方案,绘出航站楼的各项平、立面图。图上要表明各单元的位置、形状和尺寸,从而建立起各单元、各功能区间的联系,并按规定的要求进行评价。评价的内容主要包括:旅客和行李的流动路线是否短捷,有无其他流线的干扰或交织,是否有层位变化等;设立的检查或控制点是否有重复,可否减少;旅客能否依靠自己行进,能相继认清各种导向标志;各单元的容量能否满足具体需要,它们的流动速率是否相匹配等;可扩展性,即根据评价的结果和航站楼的具体功能要求,进行反复修改,方能得到较理想的方案。

④航站楼的水平布局种类。

a. 线形。线形是一种最简单的水平布局形式。航站楼空侧边不做任何变形,仍保持直线。飞机机头向内停靠在航站楼旁,旅客通过登机桥上下飞机,如图 3-4-10 所示。楼内有公用的票务大厅和候机室(也可以为每个或几个门位分设候机室,但此时要设走廊以连接各候机室)。

这类航站楼进深较浅,一般为 20~40m。在机门位较少时,旅客从楼前车道边步入大厅办理各种手续后步行较短距离即可到达指定门位。客流量增大时,航站楼可向两侧扩展,这样可同时增加航站楼的空侧长度(以安排机门位)和陆侧长度(延长车道边)。但扩建后,如果机门位较多,必然使旅客的步行距离增加很多。在这种情况下,可以考虑将航站楼分为两个大的功能区,如国际区、国内区,各有一套办理旅客手续的设施单元和若干个门位。

目前,我国大多数机场客运量较少,因此普遍采用这种水平布局。

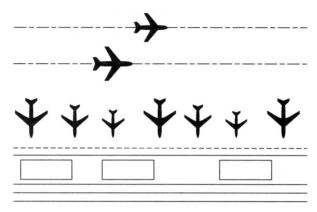

图 3-4-10 线形

b. 卫星形。这种布局是在航站楼主体空侧的一定范围内,布置一座或多座卫星式建筑物。这些建筑物通过地下、地面或高架廊道与航站楼主体连接。卫星建筑物上设有机门位,飞机环绕在它的周围停放,如图 3-4-11a)、b)所示。

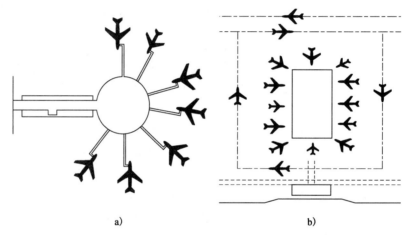

图 3-4-11 卫星形

卫星形布局的优点是可通过卫星建筑的增加延展航站楼空侧。一个卫星建筑上的多个门位与航站楼主体的距离几乎相同,便于在连接廊道中安装自动步道接送旅客,避免因卫星建筑距售票大厅较远而增加旅客步行的距离。

最早的卫星建筑都设计成圆形,旨在使卫星建筑周围停放较多数量的飞机。但后来发现,圆形卫星建筑有一定的局限性。

首先,不好扩建。扩建时,要么拆掉旧的建一个直径更大的圆形建筑,这显然是不合理也不经济的;要么采用在已有圆形建筑旁附设圆形或者矩形建筑的做法。但是,如果飞机的起降架次没有达到一定的数量,建设第二个卫星厅不免有些浪费。

其次,对圆形建筑旁两架相邻飞机进行地面服务时,往往非常拥挤。

最后,未来的大翼展飞机必须停在距圆形卫星较远的地方,才能满足飞机间距的要求。这样,登机桥就必须加长。因此,现在许多机场已采用矩形卫星建筑。

c. 指廊形。指廊形也叫作廊道形。为了延展航站楼空侧的长度,指廊形布局从航站楼空侧边向外伸出若干个指形廊道。廊道两侧安排机门位,如图 3-4-12 所示。这种布局的优点是进一步扩充门位时,航站楼主体可以不动,而只需扩建作为连接体的指廊,因此在基建投资方面比较经济。缺点是当指廊较长时,部分旅客步行距离加大;飞机在指廊间运动时不方便;指廊扩建后,由于航站楼主体未动,陆侧车道边等不好延伸,有时会给交通组织造成困难。通常,一条指廊适合 6~12 个机位,两条指廊适合 8~20 个机位。机位超过 30 个时,宜采用多条指廊。

d. 转运车式。在这种布局下,飞机不接近航站楼,而是远停在站坪上,通过接送旅客的转运车来建立航站楼与飞机之间的联系,如图 3-4-13 所示。

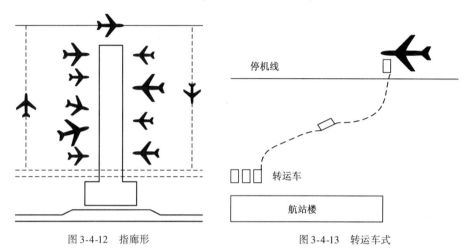

图 3-4-12　指廊形　　　　　　图 3-4-13　转运车式

这种方案的优点如下:可以高效率地使用航站楼,只需要供地面转运车辆用的门位,而不需要有供飞机用的门位,因而可降低基建和设备(登机桥等)的投资。如果采用可以升降的转运车,那么连舷梯车的费用都可以节省。提高了航站楼的利用率,增加了对不同机位、机型和航班时间的适应性,航站楼扩展方便。

但利用转运车,使旅客登机时间增加,易受气候、天气因素影响,舒适感下降。

⑤航站楼的竖向布局。

a. 单层方案。进、出港旅客及行李流动均在机坪层进行。这样,旅客一般只能利用舷梯上下飞机。

b. 一层半方案。出港旅客在一层办理手续后到二层登机,登机时可以利用登机桥。进港旅客在二层下机后,去一层提取行李,然后离开。

c. 二层方案。旅客、行李流程分层布置。进港旅客在二层下机,然后下一层提取行李,转入地面交通。出港旅客在二层托运行李,办理手续后登机。

d. 三层方案。旅客、行李流程基本与二层方案相同,只是将行李房布置在地下室或半地下室。

在实际应用中,除去旅客流程和行李流程的设计外,还要考虑到餐饮、酒吧、商店等特许经营,航空公司和联检机构必要的用房,有时把地铁和停放设施引入航站楼内。因此,航站楼的设计是一个非常复杂的过程。以上四种方式只是在竖向布局里的简化分类。在现实中,可能要复杂得多,但都是在这四种的基础上进行演变。

航站楼的总体布局,主要是指水平布局(线形、指廊形、卫星形、转运车式及其变形与组合)、竖向布局(层数、车道边层数)。显然,航站楼总体布局的确定涉及诸多因素,必须经过多方面的反复论证才能确定出可较好满足航站楼各方面功能要求的方案。表 3-4-4 是美国联邦航空管理局(FAA)关于航站楼总体布局方案的参考意见。

旅客航站楼布局方案的选择　　　　　　　　　　　　表 3-4-4

年旅客登机人数 (1 000 人次)	平面布局				竖向布局			
	线形	廊道形	卫星形	转运车式	单层路边	多层路边	单层航站楼	多层航站楼
<25	√				√		√	
25~75	√				√		√	
75~200	√				√		√	
200~500	√	√			√		√	
500~1 000 始发终程旅客								
>75%	√	√	√		√		√	
<75%	√	√	√		√		√	
1 000~3 000 始发终程旅客								
>75%		√	√	√	√	√		√
<75%		√	√	√	√	√		√
>3 000 始发终程旅客								
>75%		√	√	√	√	√		√
<75%		√	√	√	√	√		√

(3) 机场货运站

货运站作为机场的一个有机构成部分,既要最大程度地实现机场的货运功能,还要与机场的其他功能区相协调,避免对机场的总体运营、发展构成干扰或障碍。因此,一个货运站要设计得非常成功,实属不易。由于机场货运站建筑设施不同于一般的工业、民用建筑,有比较成熟和系统的设计理论和方法,更给货运站设计带来了一定的难度。

为较好地进行货运站的设计,主要应考虑以下几个方面的问题。

①货物种类及货流量特性。即货物的集装化程度,各类货物(国内、国际;货物、邮件;超大、超重货物;中转货物;危险、鲜活易腐、牲畜等特种货物)的比例,货流量逐时、逐月的大小和变化的统计、预测及分析。

②运货飞机情况。即运货飞机的机型组合、飞机作业方式(货机和客货混装)、每天运行架次、机坪上需同时处理的运货飞机的最大数量。

③货物处理的机械化程度选择。根据货物集装化程度、种类、流量以及劳动力价格、货运站投资、员工业务素质和运货飞机等情况,确定货运站货物处理的机械化程度(高、中、低

三种类型)。货物处理包括机坪处理(装、卸、运输)和储存。

④货运站站址选择及布局。货运站布局应特别注意有关流程的顺畅。站址应依据机场总体规划来确定,其具体位置应既不干扰旅客航站区,又便于机坪运货飞机的货运作业操作。货运站一般应设有供载货汽车、顾客汽车使用的停车场、综合办公楼(办理托运、提货、查询、海关等业务)、货仓(集装箱、集装板、散货、特种货物等)、装箱和拆箱区、运输车辆(叉车、铲车、拖车、升降平台车、起重机等)停放和维修区等。

货运站的占地面积,通常可以根据每年货物吞吐量并结合已有货运站的经验数据进行估算。表3-4-5给出了若干个机场的货运站平均每平方米占地每年可处理的货物量,可在估算货运站占地时参考。

货运站占地面积指标统计　　　　　　　　表3-4-5

货运站所在机场名称(航空公司)	面积指标[t/(年·m²)]
法兰克福(Lufthansa)	8
法兰克福(FAG)	6.5~7
伦敦希思罗(British Airways)	8
伦敦盖特威克(British Airways)	12~15
圣保罗(Viracopas)	3

⑤货运站建筑设计。货运站建筑设计,必须充分而全面地考虑建筑物的使用功能。综合办公楼应考虑到各方面的业务和顾客的方便,与顾客有关的服务区,办理手续柜台应尽可能集中。货仓规模应与货流量和货流特性相适应,使之能发挥预期的调配空、陆侧货流量的作用。货仓应适合所存货物种类,便于仓储设备的安装、运行和维修,便于货物的运输、码放、保护和监管。除配有一般的建筑设备外,货仓还要做好防火、保安等方面的设计。对特别繁忙机场的大型货仓,应注意使货仓的位置、进出口、仓储设备与货物运输工具、车辆等能进行良好衔接、配合,以确保出现高峰货流时货仓的吞吐能力。对特种货物,应考虑设计相应的建筑设施(如危险品库、冷库等)。

3)机场陆侧交通系统

①确定地面交通方式的原则方法(图3-4-14)。在确定采用何种交通方式或交通方式组合之前,必须知道在一定时间内旅客及迎送者、机场工作和服务人员、航空货运等的交通流量情况。然而,除非对已有机场做过详尽的调查,否则对于新建机场是无法用调查方法获取交通流量的。在这种情况下,可根据有关预测方法建立数学模型来估算。

先假定机场内外乘客集散点(站),如环绕机场的卫星式车站或市内车站。然后,根据预期的投资和服务水平等因素初选交通方式,并罗列出此种交通方式的优、缺点。下一步就是根据已有交通量数据或由模型估算的交通量数据进行各种运输方式的配流,并在此基础上对所选交通方式从载客率(量)、社会、环境、经济、技术等方面进行评价。如果评价结果不理想,则改变初选方案,再继续按图3-4-14的步骤选择交通方式,最后总能得出比较满意的结果。

②地面交通方式。包括小汽车、出租车、包租公共汽车、公共汽车、机场班车、火车、城市

接运公交系统、机场快轨系统和专用高速公路、直升机、水运。

③机场停车场。机场如何合理地设置停车场是一个非常复杂的问题。停车场需求与许多因素有关,如进出机场的人数、类型、交通方式、停车费用、停车时间等。值得注意的是,中转、过境旅客根本不与地面交通发生联系,当然这些旅客也无停车需求。因此,在考虑停车场时,务必将中转、过境旅客排除。表3-4-6给出了一些美国机场的中转、过境旅客所占的比例。从表中可以看出,不同机场的中转、过境旅客比例相差悬殊。

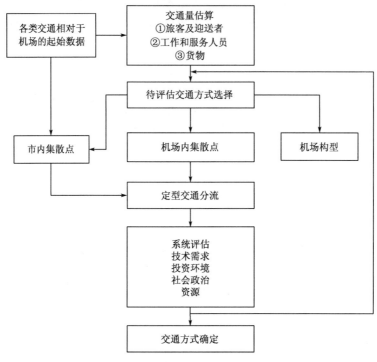

图 3-4-14　确定交通方式的原则方法

机场的中转、过境旅客比例　　　　表 3-4-6

机场名称	中转、过境旅客比例(%)	机场名称	中转、过境旅客比例(%)
亚特兰大	67	旧金山	35
福特沃斯	64	迈阿密	30
芝加哥	48	明尼阿波利斯	49
费城	35	底特律	32
丹佛	57	波士顿	11
堪萨斯城	9	纽约	33

例如,亚特兰大机场每年运输众多的旅客,但据表3-4-6,其中有2/3的旅客是中转和过境。另外,有些机场旅客只占进出机场人员的少数,大部分是机场工作人员。这种人员构成也会对机场停车场的设置造成很大影响。

表3-4-7给出了一些机场的停车位数量。显然,对于相同数量的旅客所设的停车位数有很大差异。

机场的停车位数量　　　　　　　　表 3-4-7

机场	年旅客总数量（百万人）	出港旅客量(不含国内航线)（百万人）	每千位旅客的停车位数（个）	年出港旅客每千个停车位数(不含国内航线)（个）
华盛顿区（DCA）	14.28	5.17	0.30	0.81
查尔斯·戴高乐（CDG）	9.99	—	0.53	—
杜塞尔多夫（DUS）	6.85	3.24	1.21	2.56
法兰克福（FRA）	16.64	4.72	0.50	1.78
伦敦—盖特威克（LGW）	8.70	4.08	1.24	2.65
伦敦（LHR）	27.98	11.68	0.36	0.86
蒙特利尔—多维多（YRL）	6.15	—	0.59	—
蒙特利尔—米拉贝尔（YMX）	1.53	—	2.29	—
奥利—巴黎（ORY）	14.78	5.96	0.53	1.32
东京（HND）	20.54	—	0.11	—
东京（NRT）	7.26	—	0.62	—
多伦多（YYZ）	13.71	4.92	0.62	1.73
维也纳（VIE）	2.77	1.09	0.69	1.74
苏黎世（ZRH）	7.51	2.54	1.11	3.27
巴尔的摩（BWI）	3.77	1.31	1.20	3.45
波士顿（BOS）	15.20	6.35	0.60	1.45
芝加哥（ORD）	47.84	11.98	0.36	1.42
德拉斯—福特沃尔斯（DFW）	22.58	8.50	0.64	1.71
纽约（JFK）	26.98	9.72	0.49	1.36
洛杉矶（LAX）	34.92	13.17	0.57	1.51
迈阿密（MIA）	19.63	5.25	0.28	1.06
纽约（EWR）	9.30	4.30	1.24	2.62
奥克兰（OAK）	2.68	1.32	1.33	2.69
旧金山（SFO）	23.05	9.74	0.43	1.03

　　停车场的数量、大小、形状和类型与航站楼水平布局有关,航站区道路布局也会影响停车场的规划。但停车场配置没有绝对的标准,在很大程度上,通过停车费的浮动可以调节停车量。

　　如果航站区难以划出较大的停车场,而旅客的停车需求又确实较大,此时就可以考虑建设停车楼。其优点是在不增加占地的情况下,大幅地增加停车位数量,实现车辆的立体分层存放,并使车辆处于遮蔽之下免受雨淋、日晒。停车楼内应配有使车辆上下移动的设施、设备及坡道或升降机。

4.4.3 组织设计

1）人流组织

（1）旅客流程

进行航空旅行的旅客,根据其旅行是否跨越国界,可分为国际旅客和国内旅客。国内、国际旅客可进一步分为以下四类：

①出发旅客。这些旅客通过城市地面交通系统抵达航站楼,然后经过购票、托运行李等程序,准备登机离港。

②到达旅客。这些旅客在机场结束航空旅行,下机后到航站楼提取行李,再经有关程序后离开航站楼,转入地面交通。

③中转旅客。这些旅客只在机场转机,即由一个到达航班换乘另一个出发航班。这类旅客可再细分为四种:国内转国内;国内转国际;国际转国内;国际转国际。

④过境旅客。这类旅客所乘航班只在机场短暂停留,旅客可以下飞机到过境候机室休息,准备登机。

在上述四类旅客中,中转和过境旅客只在空侧进出航站楼,不与地面交通发生联系。过境旅客无行李的转运问题。航站楼的旅客与行李详细流程如图 3-4-15 所示。

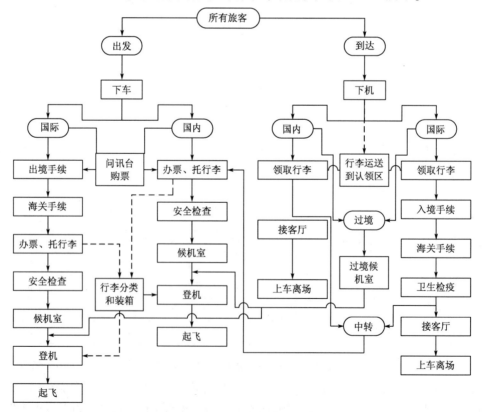

图 3-4-15　航站楼的旅客与行李流程

(2)组织原则

①避免不同类型流程交叉和干扰,严格将进、出港旅客分隔;国际航班旅客与国内航班旅客分隔;出港旅客在海关、出境、安检等检查后与送行者及未被检查旅客分隔;到港旅客在检疫、入境、海关等检查前与迎接者及已被检查旅客分隔;旅客流程与行李流程分隔;安全区(隔离区)与非安全区分隔等。

②流程要简捷、顺畅、有连续性,并借助各种标志、指示,力求做到"流程简明"。

③在人的流程中,尽可能避免转换楼层。

④在人流集中的地方或耗时较长的控制点,应考虑提供足够的工作面积和旅客排队等候空间,以免发生拥挤或受其他人流的干扰。

2)货运作业组织

航空货运是航空公司为托运人、收货人提供的运输服务,在服务中航空公司充当承运人的角色。机场货运站是承运人与托运人、收货人进行货物交接、运费结算等的场所。目前,在航空货运中还经常有货运代理人的介入,货运代理人在承运人与托运人、收货人之间提供了必要且受欢迎的中介服务。由于货运代理人对货运过程和手续非常熟悉,所以他们介入后使承运人和托运人、收货人都免去了许多麻烦。图3-4-16表明了航空货运中各环节的关系。

机场的进港、出港货物处理以及货物在货物站的集散要遵循一定的流程。图3-4-17分别给出了进、出港货物及有关货运文件的处理流程。由图3-4-17可见,出港货物先在货运站接收,并办理各种手续(检查、清点、测体积、称质量、贴标签等);然后,集中到待运区排队,预定舱位,或在货运站做暂时性存储后再集中到待运区、定舱位;最后,将货物运到机坪装上飞机出港。进港货物从飞机卸下后,先在飞机旁进行分类、清点、核对,然后国内货运到货运站待发送。国际货还需经过海关查验,待清关后转到货运站待发区。

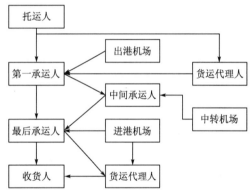

图3-4-16 货运各环节之间的关系

图3-4-17还展示了航空公司间或同一家航空公司的不同飞机间的货物中转。中转货物一般只需简单处理手续(主要是办理交接),有时不用在货运站存储,但中转货物要动用货运站装卸、运输能力。在欧洲的许多大机场,中转货物的比例很高,且多采用机坪上的直接中转。如果机场中转货物较多,则在配备机坪运输机械时必须予以考虑。

货运站在对进出港货物进行处理时,对货运文件的处理也是货运站的重要职能。只有货运文件、货物的处理同时进行,才能保证货物运输的安全、有序、顺畅。对于涉及若干条航线、若干家公司,且货种繁多、货流量很大的机场货运站,要处理的货运文件的数量和种类是相当惊人的,必须处理得又快又准。为此,现代化的货运站一般都配有货运文件计算机处理系统。利用这一系统,货运站、托运人、收货人、货运代理人、承运人(航空公司)、海关等诸方面都能获得很大的方便。由于货运文件计算机处理系统实行与航空公司和有关机场联网,所以,可以很快地进行有关数据交换,使文件处理、信息查询等工作变得非常简单。图3-4-18给出了伴随货物空运过程所涉及的主要文件流程。

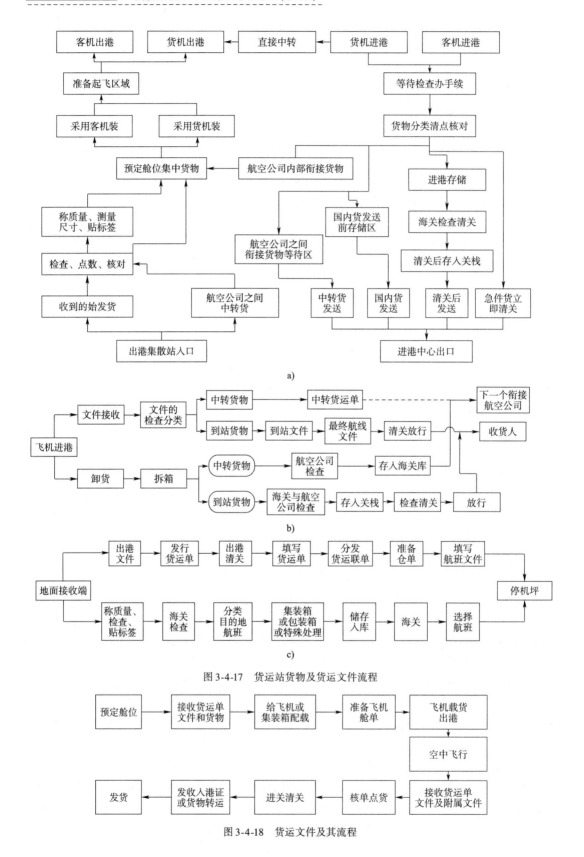

图 3-4-17 货运站货物及货运文件流程

图 3-4-18 货运文件及其流程

3）地面交通组织

机场产生的交通主要包括航空旅客的客运交通、航空货运交通、机场员工进出机场交通、机场内部服务性交通(包括生活性、工作性等)和机场商务区交通。根据各类交通性质,按航空客运、航空货运、其他交通三个层次确定各类交通的优先级次,以航站楼为核心,根据客货分流的规划原则进行交通组织设计。

(1)优先主线交通。保持主线直行交通畅通,合理设置信号灯,人车分离;合理确定道路沿线出入口的渠化方式。

(2)节点的处理。通过对节点交通功能、流量、流向的分析,结合用地条件,以满足交通使用功能、安全、经济、美观为原则,力求做到功能齐全、技术先进、行车安全流畅、节约土地资源、节约造价、造型美观,并与周围环境相协调,以达到最大的投资收益。

(3)车辆掉头。主线应根据沿线的土地利用及单位企业分布情况,结合道路交叉的设置情况,综合考虑机动车的掉头问题。

(4)行人过街。道路的建设应充分考虑行人、非机动车的过街要求,结合沿线用地情况,行人过街设施的间距原则上在500m左右,具体视沿线地块规划灵活确定。

(5)公共交通。结合沿线用地情况,合理组织公共交通,公交站间距原则上在500~800m,公交车站尽量设置在辅道上,减少公交车辆停靠对其他车辆的影响。

(6)沿线交通组织。妥善处理沿线的交通组织,根据沿线地块规划合理布置开口位置,保证沿线用户的出行方便。

4.4.4　环境影响评估

机场大规模的建设工程若对环境产生重大的影响,则对整个地区或国家的长期发展而言,实属得不偿失,而此种现象也屡屡引起相关民众的抗议,而导致工程延误,因此尽可能减少机场建设对于环境的影响成为规划者不可推卸的责任。

为了兼顾工程建设及环境,在机场规划设计中应针对每一可选方案对环境影响作出详细评估:

(1)对空气及水污染的程度;
(2)机场周围噪声的变化程度;
(3)对景观或视觉的破坏情形;
(4)须搬迁的居民数;
(5)对主要观光游憩地区所可能引起的不良影响;
(6)对动植物生态的影响;
(7)对地面运输系统所衍生的交通拥挤问题;
(8)对社区土地使用计划所产生的不良影响。

4.4.5　财务规划的制订

当机场的布设规划确定后,规划者须对经济效益及建设资金的筹措作进一步的分析,以确定建设的经济价值。

其步骤如下。

1)成本估计

针对短、中、长期机场发展规划各归纳出建设项目及其费用。一般而言,在主规划中只要列出概括性的项目及其费用即可,详细的成本可留待细部设计时再估计。以下所列即为机场主规划的概括性成本费用:

(1)土地收购费用。

(2)土地清理与整平费用。

(3)营建费用,主要包括建筑物费用、铺面费用。

建筑物主要包括现有终站建筑物扩建和新建终站建筑物。铺面主要包括机场铺面(含灯光系统与标示系统)和道路铺面。机场铺面主要包括跑道、滑行道、停机坪,道路铺面包括场站铺面、服务性道路铺面、停车场铺面。

(4)迁移费用,主要包括航运业者设备和军用航空设备费用。

(5)空中交通控制设施。

(6)消防及坠机救护设备。

(7)其他建设费用,主要涉及供电设备,水、电话、天然气等公共设施,排水系统,景观美化,围墙或围篱。

(8)维护费用。

(9)营运成本。

(10)行政管理费用。

2)经济可行性分析

就各期发展规划分析其收益与成本。成本项目如前所述,而收益则包括飞机与旅客延滞的减少、作业效率的提升、旅客支付的票价、商店租金、其他收益等。经济可行性分析的主要目的在于确定下列各项问题:

(1)扩建现有机场或增建新机场,哪一个较为经济可行;

(2)哪一个机场位址较为经济可行;

(3)决定机场的设计方案,包括联络道路、终站区域至起降跑道的整个系统。

3)预算编列

在经济可行性分析后,须再做财务分析,以筹措资金。一般而言,建设资金来源大体有政府预算、发行公债及借贷三个途径。

4.5 规划案例

1)BJ市第二机场选址规划

(1)BJ地区航空运输需求市场分析

现状年底,BJ机场的通航城市已达到299个,其中国际航点达到172个。通航BJ机场的国内外航空公司已达78家,其中国内15家,国际(含港澳)63家,BJ机场作为东北亚地区枢纽机场的作用日益突显。根据相对保守的市场预测,近期,BJ地区航空旅客吞吐量将接近7 500万人次,BJ、TJ两地总需求将近8 000万人次;规划近期两地航空旅客吞吐量总需求将达到1.1亿人次,中期将达到1.6亿人次,远期为1.9亿人次,如图3-4-19所示。

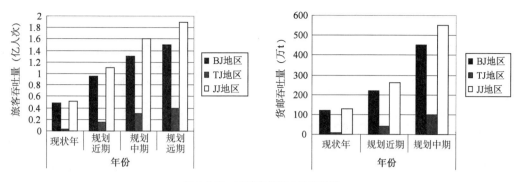

图 3-4-19 区域内航空业务量预测

(2) BJ 机场与 TJ 机场的适应性分析

预计 BJ 机场三期扩建工程投产后,总体保障能力将达到飞机起降量 50 万架次/年、旅客吞吐量 7 000~8 000 万人次/年、货邮吞吐量 220 万 t/年;在建的 TJ 机场(图 3-4-20)扩建工程投产后,将形成旅客吞吐量 560 万人次/年、货邮吞吐量 50 万 t/年、飞机起降量 6.6 万架次/年的保障能力,远景规划的年处理能力为旅客吞吐量 4 000 万人次、货邮吞吐量 400 万 t、飞机起降量 38 万架次。

图 3-4-20 TJ 机场鸟瞰图

由图 3-4-19 的预测结果可知,BJ 机场和 TJ 机场不能满足未来本地区民航运输市场的增长需求,BJ 第二机场的选址建设已迫在眉睫。

2) BJ 第二机场的定位分析

规划地区的机场群在全国机场网络中具有重要的地位和作用,该地区民航运输市场需求增长潜力巨大,未来机场设施能力不足的矛盾将十分突出,在改扩建现有民航机场和新开军民合用机场的同时,还需要新建民航机场。BJ 机场是我国北方机场群的核心枢纽机场;BJ 第二机场与 TJ 机场同为机场群内的大型机场,作为 BJ 地区机场运输能力的重要补充,将共同构成我国北方乃至东北亚地区的航空枢纽。按预测需求,BJ 第二机场在规模上应能保障每年数千万人次的旅客吞吐量;在功能上,以国内业务为主,兼营国际业务;在运输结构上,以客运为主,货运为辅,在选址和规划上应有比较充足的发展空间。表 3-4-8 为 BJ 第二机场功能定位方案的优劣势比较。

BJ 第二机场功能定位方案的优劣势比较 表 3-4-8

功能	机场	优势	劣势
国际门户枢纽	BJ 市国际机场	是国家确定的三大门户枢纽之一,有较强的网络优势和软硬件条件优势,目前拥有 3 条跑道、世界上最大的航站楼,距市区较近,交通便利	国际国内中转比例偏低,需要继续强化其国际门户枢纽的地位,机场运行成本比较高
国际门户枢纽	BJ 第二机场	—	国际门户机场的建设需要各方面条件长时间建设才能形成,距市区较远
国际、地区航线	BJ 国际机场	形成了遍布全球主要城市的密集航线网络和较高的航班频率,初步具备了东北亚航空枢纽的条件	—
国际、地区航线	BJ 第二机场	机场运行成本低,客观上具有成为国内干、支线,低成本航空公司运营基地的潜在优势	国际航线网络的形成需要一个比较长期的过程和各种配套条件要求
国内客运航班	BJ 国际机场	已形成国内航线网络的核心,网络骨架稳定	机场的航班时刻资源已经非常紧张,无法满足持续增长的国内航线航班增长需求,也无法满足近年来迅速兴起的支线、低成本航空等运输方式对机场设施规模、使用方式、航班时刻等方面的要求
国内客运航班	BJ 第二机场	主要分流 BJ 机场的国内旅客业务的溢出流量,并可以充分考虑国内支线、中转和低成本航空等运输方式的特殊使用要求,在机场设施配置等各方面予以全面考虑,走专业经营之路	距离市区远,客货地面运输便捷性降低
航空货运	BJ 国际机场	东北亚航空货运枢纽的地位已经初步确立,也和 TJ 机场建立了发展航空货运的战略合作关系,TJ 机场将作为 BJ 机场的货运机场,城际高铁的建设,使两机场之间的联系更加便捷	—
航空货运	BJ 第二机场	适当发展货运,主要承担一般的腹仓载货,主要优势为第二机场的地面交通便捷	—

3) BJ 第二机场的选址规划

根据国务院批复的 BJ、TJ 城市总体规划,强调要加强与有关部门和地区的协调,确定 BJ 第二机场的选址。BJ 第二机场的大致位置被确定在 BJ 的南面和东南方向。

(1) BJ 第二机场的布局要求

① 准确定位,合理分工。作为 BJ 第二机场选址,必须从国家大型基础设施战略布局的角度,考虑长远发展需求,还要客观考虑各方面的制约因素的影响,与 BJ 机场及该地区其他机场的合理分工。

②服务 BJ 市,照顾周边,区域共享。地区未来发展以两市走廊为主轴,人流、物流、产业将进一步集聚。BJ 机场对 BJ 市的影响远大于其他城市。选址建设 BJ 第二机场应以服务 BJ 市为主,同时考虑两市经济走廊和城市密集带的发展。

③节约土地,集约利用市政公共资源。两市都市圈是人口稠密地区,土地是稀缺资源。近 20 年发展中,各行业大量占用土地,人地矛盾突出。因此,节约土地,集约利用市政公共资源,应是机场选址的一个重要原则。

(2)BJ 第二机场选址建设面临困难

该地区机场布局和空域使用的特点。以 BJ 市为核心的该地区机场密集,航路航线交织,空域结构复杂。目前,在以 BJ 市为中心的 200km 范围内,共有十几个军民航机场。我国现行由空军统一管制,军民航分别指挥的空中交通管制体制,空域管理使用"条块结合"的方法。民用航空运输主要在城市之间航路、航线上飞行,以"条"为主。密集的机场分布和现行的管制体制方式,对 BJ 机场的空域使用条件造成比较严重的制约。

按照传统的思维方式进行 BJ 第二机场选址,面临两个主要难点:一是为满足 BJ 市地区巨大的航空运输需求,要建成有 4 条平行跑道运行,保障年旅客吞吐量 6 000 万～8 000 万人次的规模;二是受北部和西部山区的限制,新机场只能建在北京的南或东南方向。按照上述设想,将会出现在三省市结合部约 125km 的狭长范围内同时存在 3 个大型民用机场和若干个军用机场、十余条跑道运行的局面。根据我国和国际民航组织有关空中交通服务的规定,从空域环境和空中交通管制看,仅三个大型民用机场之间就已存在较严重的影响,邻近的军用机场和 BJ 市空中禁区等因素的制约,更加重了空域使用的矛盾。BJ 第二机场选址建设困难重重,理想化的机场前景不容乐观。

(3)BJ 第二机场备选场址

经上述理论分析及相关各部门详细分析论证,初步拟定了 3 个备选场址,分别以 DX 区、LF 市、WQ 区三地作为备选。三个备选场址的比较见表 3-4-9。

三个备选场址比较 表 3-4-9

项目	DX 区	LF 市	WQ 区
与市区距离	48km	64km	80km
与 BJ 机场距离	68km	86km	88km
与 TJ 机场距离	91km	96km	38km
地理条件	地形平坦无山,视野和空域开阔	位于平原北部,地势平坦,能见度高	—
交通条件	高速公路、国道	需新建高速公路或轻轨铁路与市区相连	客运专线、新建第二条高速公路
经济效应	可以拉动 TJ、HB 境内乃至地区城市群的经济发展,辐射范围很大	位置适中,与周边地区有良好的共融性	机场建成后,以其为核心,附近的 LF 市区、TJ、BJ 三地应统一规划,形成一个以第二机场为核心的现代航空城
与周围机场关系	与 ZZ、LX 机场飞行存在矛盾,可协调。NY 机场受限制	与 ZZ、LY 机场飞行有矛盾,可协调	—

经多方的考察、分析论证,最终经过综合比选,BJ 第二机场选定在 DX 区,目前已建成运营,成为中国规模最大的航空枢纽之一,如图 3-4-21 所示。

图 3-4-21 BJ 第二机场(DX 机场)鸟瞰图

复习思考题

1. 如何划分航空港的类型?
2. 航空港航站区规划有哪些特点?
3. 如何组织航空港人流和货流?
4. 通过 BJ 第二机场的规划案例,浅析枢纽机场和第二机场规划的关系。

第5章 城市交通枢纽规划

5.1 概 况

5.1.1 城市交通枢纽定义

城市交通枢纽汇聚了多种交通方式,是车流和人流的集散地。一般大城市交通枢纽集中了公共交通、地铁、社会车辆、自行车、出租车、行人等多种交通方式。因此,可以把城市交通枢纽看成一个大规模的交通流换乘中心,为各种交通流提供快速、高效、安全的交换。城市交通枢纽是城市综合交通体系的重要组成部分,是城市客、货流集散和运转的地方,按服务对象划分,可以分为城市客运交通枢纽和城市货运交通枢纽。

城市客运交通枢纽是指城市对外客运设施(公路客站、铁路客站、水运客站和航空港等)和城市公共交通枢纽站,是乘客集散以及转换交通方式和线路的场所。城市客运交通枢纽的含义很广泛,干道交叉路口、公共交通线路的终点站等有多条线路、不同交通方式的换乘地点,都可称为城市客运交通枢纽。

城市货运交通枢纽是以城市为依托,与陆路、水路、航空等交通方式相配套,具有对跨省区市货物运输进行集散、存储、配送、中转等功能,装备先进、管理科学、信息灵通、功能齐全的运输综合设施,可起到类似集散点的作用。既可将进入城市的货物化整为零,分送到市内各点,也可将运往外地的货物集零为整,发往外省区市。同时,还可开展多方式联运,提高运输效率。

5.1.2 城市交通枢纽分类

城市交通枢纽按其服务对象划分为城市客运交通枢纽和城市货运交通枢纽。

1)城市客运交通枢纽

城市客运交通枢纽按照不同方法可以进行以下类别划分。

(1)按交通功能划分(图3-5-1)

①城市对外交通枢纽。其功能是将城市公共交通与长途汽车、铁路、水路、航空这几种交通连接起来,使乘客能尽可能以较短的时间完成一次出行。这种枢纽的定位,都以相对大运量的客运交通方式的站点为主,枢纽的布置应注意展示城市风貌。

②市内交通枢纽。其功能是沟通市内各功能分区之间的交通联系。

③为特定设施服务的枢纽。其功能是为体育场、全市性公园等大型公共活动场所的观众、游人的集散服务。

(2)按交通方式划分(图3-5-2)

①交通方式换乘枢纽。即公共电、汽车交通与地铁、轻轨、港口、渡口、铁路、航空等交通衔接的枢纽。这类枢纽主要完成交通方式转换,同时也可进行线路转换。

②相同客运交通方式转换枢纽。即公共电、汽车不同线路的转换,与长途汽车的转换、城市轨道交通不同线路的转换枢纽。

③停车换乘枢纽(Park and Ride)。

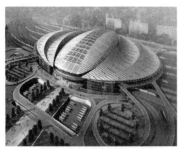 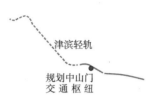 

a)城市对外交通枢纽(北京南站)　　b)市内交通枢纽(津滨轻轨中山交通枢纽)　　c)为特定设施服务的枢纽(国家奥体中心公交枢纽)

图 3-5-1　城市交通枢纽(按交通功能划分)

a)北京站(地铁、公交、铁路换乘)　　b)北京小庄路口公交换乘站

c)停车换乘枢纽

图 3-5-2　城市交通枢纽(按交通方式划分)

(3)按交通组织划分(图3-5-3)

①公共交通首末站换乘枢纽,有多条公交线路的起点、终点,有相应的停车场地和调度设施。

②公共交通中途站换乘枢纽,是多条公共交通的通过站。

(4)按布置形式划分(图3-5-4)

①立体式枢纽。枢纽站分地下、地面、地上多层,设有商业、问询等综合服务。这种枢纽的设置多结合多层建筑,如日本名古屋铁路车站的"名铁公共汽车终点站"大楼,公共汽车在

大楼的第三、第四层,在大楼内可以换乘铁路和地铁。

②平面枢纽。枢纽站设置在地面层,视客流量的多少确定枢纽规模。

a)公交首末站换乘枢纽　　　　　　　b)公交中途站换乘枢纽

图 3-5-3　城市交通枢纽(按交通组织划分)

a)西直门立体交通枢纽　　　　　　　b)苹果园平面交通枢纽

图 3-5-4　城市交通枢纽(按布置形式划分)

(5)按服务区域划分

①区级枢纽。连接各区交通中心、卫星城市的公交线路的起终点枢纽。

②市级枢纽。为全市服务,客流集散量大,公交线路多,设备齐全,如各大城市中以火车站为核心形成的交通枢纽。

③地区性枢纽。设在地区客流集散点处的枢纽,服务范围小,设备简单。

(6)城市公共交通枢纽的分类(表 3-5-1)

城市公共交通枢纽是城市交通顺畅运行的关键节点,是城市交通枢纽体系的主体。城市公共交通枢纽根据运输对象和广泛性,可以分为以下类别,如表 3-5-1 所示。

城市公共交通枢纽的分类(根据运输对象和广泛性)　　表 3-5-1

枢纽范围	枢纽类型
对外交通枢纽	机场、铁路车站、公路长途客运站等
都市圈级枢纽	主要地铁(轻轨)换乘站、市内各区主要公交换乘车站
城市区域级枢纽	地铁(轻轨)站点、区内重要公交换乘车站
文化娱乐、商业设施枢纽	有多条公交线路交会的主要客流聚集站点(文化娱乐设施所在地、重要商业设施点等)

另外,城市公共交通枢纽还可以分为以下类别:
①按地位分为城市公共交通换乘枢纽、城市对外交通枢纽;
②按交通方式组合分为同方式不同线路换乘枢纽、不同方式换乘枢纽、复合型枢纽;
③按客流性质分为换乘型枢纽、集散型枢纽、混合型枢纽;
④按服务区域分为都市级换乘枢纽、市区级换乘枢纽、地区级换乘枢纽。

城市客运交通枢纽一般根据衔接的交通方式种类、交通线路数等,还可以进行不同的分级。表 3-5-2 是北京、上海和深圳三个城市的交通枢纽分级标准。

北京、上海和深圳三个城市的交通枢纽分级标准 表 3-5-2

城市	分级指标	枢纽分级	枢纽特征
上海	衔接的轨道交通线路数	大型换乘枢纽	三条市区级或两条市域级线路衔接的节点
		换乘枢纽	两条市区级线路衔接的节点
		一般枢纽	其他轨道交通车站
深圳	衔接的交通方式种类、枢纽所在区域的土地开发类型	综合换乘枢纽	位于大型常规公交及对外交通枢纽的衔接处或对外口岸、城市主次中心的轨道交通枢纽
		大型换乘枢纽	位于常规公交枢纽衔接处或片区中心的轨道交通枢纽
		一般换乘枢纽	与常规公交站点衔接的轨道交通车站
北京	衔接的交通方式种类、衔接的轨道交通线路数	一级枢纽	与大型对外交通枢纽衔接的轨道交通枢纽
		二级枢纽	轨道交通线路间的换乘枢纽及轨道交通与多条常规地面公交线路衔接的换乘枢纽
		三级枢纽	与常规公交站点衔接的轨道交通车站

目前,国内外对公共交通换乘枢纽的分级尚无明确的划分准则,研究较多的是以轨道交通枢纽为主的公交枢纽分级标准。它以相应年限的最高日乘降客流和高峰小时乘降客流的预测量为依据,将车站的规模分为四个等级,并建议了部分设施的配置规模,如表 3-5-3 所示。

城市轨道交通公共交通枢纽分级 表 3-5-3

车站规模	日乘降量 (万人次/d)	高峰小时 (万人次/d)	售票窗口		自行车停车面积 (m^2)
			侧式站台	岛式站台	
小型站	5 以下	0.5 以下	2	1~2	60 以上
中型站	5~20	0.5~2	2~4	2~3	240 以上
大型站	20~100	2~10	4~6	3~4	480 以上
特大型站	100 以上	10 以上	10 以上	8 以上	2000 以上

2)城市货运交通枢纽

城市货运交通枢纽是城市内外货物集疏运的中转站,承担物流运转的任务,因此也称为城市货物流通中心。按分类的依据不同,城市货物流通中心可有不同的分类。

(1)按服务范围和性质分类

①地区性货物流通中心。通常布设在城市外围,每处占地 50~60hm^2。

②生产性货物流通中心。这种中心应明确服务范围,其服务半径一般为 6～8km,每处占地 6～10hm²。

③生活性货物流通中心。一般以行政区来划分服务范围。由于城区用地紧张,其服务范围不宜过大,一般服务半径为 2～3km,每处占地 3～5hm²。

(2)按使用特性分类

①普通货物流通中心。

②特殊货物流通中心,主要承运危险货物、易腐物、液体货物、鲜活货物等。

③综合货物流通中心,设有客货综合站、零担集装箱综合站。

(3)按功能分类

①集货中心;

②分货中心;

③配送中心;

④转运中心;

⑤存储加工中心。

(4)按日处理货物量分类

①A 级流通中心,日理货量大于 700t,流通大厅面积大于 4 900m²;

②B 级流通中心,日理货量 400～700t,流通大厅面积为 2 800～4 900m²;

③C 级流通中心,日理货量 200～400t,流通大厅面积为 700～2 800m²;

④D 级流通中心,日理货量小于 200t,流通大厅面积小于 700m²。

城市交通枢纽按设施功能属性划分还包括为解决人流、车流相互交叉的立体交叉(包括人行天桥和地下通道)和为解决车辆停驻而设置的停车场等。立体交叉是用跨线桥或地下通道使相交路线在高程不同的平面上互相交叉的交通设施。立体交叉以空间分隔车流、人流的方式,避免车流之间及车流与人流之间形成冲突点,减少延误,保证交通安全,并提高通行能力和运输效率。因此,立体交叉常用于城市轨道交通线路、高速公路、快速路、重要的一级公路和部分城市主干道。

车行立交的形式很多,目前世界各国已建成的共有 180 余种,其中应用最广泛的有 10 余种。常用立体交叉的类型,可按其跨越方式和交通功能划分。按其跨越方式,可分为上跨式和下穿式两种;而按其交通功能,则可分为分离式(简单立交)和互通式,其中互通式又有部分互通式和完全互通式之分。我国目前常用的立体交叉类型主要分为部分互通式和完全互通式立交。部分互通式立交主要包括菱形、部分苜蓿叶形两种;完全互通式则包括苜蓿叶形、喇叭形、定向式(或部分定向式)、环形(两层式、三层式、四层式)、组合式五种。

由于城市客运交通枢纽的规划设计组织相比城市货运交通枢纽更加丰富和复杂,对日常居民出行影响也更大,限于篇幅,本教材在讲解城市交通枢纽规划时,主要以城市客运交通枢纽为主。

5.2 城市交通枢纽规划原则及方法

5.2.1 城市交通枢纽规划原则

城市交通枢纽规划需要综合考虑城市交通枢纽的功能、结构和城市交通内外部环境等因素，按照其规划特点遵循一定的规划原则，以提高城市交通枢纽规划的科学性和实施效率，使得规划的城市交通枢纽满足现状和未来的交通需求。一般来说，城市交通枢纽规划主要有以下一些原则。

(1) 网络化的设计原则

任何一座富有效率的交通枢纽建筑都不是独立存在的，它的正常运转必须依靠周边的城市交通网络的支持，二者之间是相互制约的互动关系。在设计一座交通枢纽时，应该对该区域的交通状况及发展有一个全面、系统的认识，在此基础上才可能对交通枢纽进行合理的功能定位。在交通枢纽和城市道路的接口处往往会出现瓶颈现象，而某一点的矛盾将影响整个交通枢纽正常功能的发挥。由此可以看出，单独去搞好某一个建筑的单体设计其生命力是十分有限的，只有建立起一个系统的交通网络的概念，才是做好交通枢纽设计的前提和基础。

(2) 发展的设计原则

"交通"本身就是一个动态的概念，它是随着社会的发展而变化的。作为城市交通体系中一个有机的组成部分，一座交通枢纽必须具备对实际需求变化的适应能力。同时，随着商业文化的冲击，交通枢纽建筑也不可能是单纯的交通建筑，它必然是适应市场需求的集诸多城市内容于一身的综合体。在城市中，建筑的生命力也正在于其灵活应变的可能性。从可持续发展的角度，枢纽设计应具有足够的前瞻性及弹性适应性，为未来的发展留下接口和余地，要以一种动态的、发展的观点去看待交通枢纽的设计，只有这样，才能适应社会发展的需求。

(3) 城市化的设计原则

在交通枢纽(所有类似的交通建筑)的设计中引入城市设计的观念。不能让城市活动终止于建筑之外，而应该渗透于建筑之中。使交通枢纽成为城市的一个有机的组成部分。要达到这样的目标，一个十分有效的办法就是充分利用地下空间。这样不仅减少了对城市用地的侵占，而且也保证了城市空间的连续和完整。

由于交通枢纽建筑同城市环境的紧密联系，使得在交通枢纽的设计中，不但要考虑客运的需求，而且要充分考虑到同周边城市环境的协调，要通过一切设计手段使交通枢纽建筑成为城市的有效空间。

(4) 环保的设计原则

环保是所有建筑都应该遵循的原则，对于交通枢纽建筑来说尤为重要。因为在交通枢纽之中容纳的不光是人，还有公交车、出租车，甚至地铁等交通工具。这些交通工具所产生的噪声、震动、废气等对城市环境和建筑的空间质量有严重的负面影响，这些都是在设计中需要重点解决的问题。同时，交通枢纽作为一种对城市发展有着重要影响的建筑形式，其环保的意义远不局限于一座建筑的范畴。只有建立起一套环保的交通体系，才可能产生环保的交通枢纽建筑。环保为人们带来的绝不仅是舒适的环境和完善的功能，它直接影响着人们对城市交通的认同和理解。

环保是一个多学科、复杂的系统工程，它涉及城市交通、气候、能源等诸多方面。可以说，环保的概念为建筑设计引入了新的准则和方法，是建筑设计发展的目标和方向。

(5) 人性化的设计原则

城市交通枢纽的规划设计应体现出"以人为本"的设计理念。交通枢纽是人使用的建筑,而非仅仅是交通工具的建筑,建筑的空间也必须是人性化的空间。因此,要把"以人为本"的设计理念落实于实践之中,最大程度地满足行人对换乘便捷、快速、安全、舒适的要求,缩短行人在枢纽内的转乘时间,提高设施服务水平,使枢纽内的人流既便于集中换乘,又便于疏散。为了做到张弛有度,就需要去切实地分析和掌握人在交通枢纽中的活动规律,并把它体现到交通枢纽设计的各环节之中。

(6)可操作性原则

枢纽的规划设计方案应符合各有关的规范标准及规定,既考虑到城市交通系统和交通工具可持续发展的需要,又考虑到资金、环境等客观条件的限制,使方案具有切实的可行性。

5.2.2 城市交通枢纽规划方法、流程

城市交通枢纽规划需要以满足现状和未来交通需求为目的,以科学合理的规划方法为基础。每一个城市交通枢纽规划过程中根据自身特点有不同的规划方法,但一些规划方法能够在城市交通枢纽规划过程中发挥很好的作用,具体如下:

(1)交通分析为主导

以交通模型为基础、交通预测为核心的交通规划方法,是交通枢纽规划的基本方法。城市交通枢纽规划要从某一城市具体的综合交通规划入手,以交通引导枢纽的土地利用规划方案。

(2)定性分析和定量分析相结合

交通枢纽规划不仅涉及交通方面的专业知识,同时也需要具有历史、建筑、美术等多方面的专业知识,既有专业性,又有综合性。枢纽规划的技术路线和方法可以有较强的适应性,但根据枢纽的换乘对象的不同、地点的不同,枢纽的规划思想会有较大差别,既有规律性,又有不稳定性;既有数据计算,又有经验判断。所以,在交通枢纽规划时,应采用定性分析和定量分析相结合、专家经验和数理论证(模型预测)相结合的系统分析方法。

(3)静态和动态相结合

交通规划实际是交通需求和交通供给这一对矛盾因素的动态平衡过程,交通枢纽规划也是针对这一动态过程的规划。因为交通枢纽规划与地区发展密切相关,也要侧重远景年的长远规划,在这一过程中有许多因素的影响。在利用交通模型预测时,要充分估计到不定因素的影响和客流自然调节平衡的可能性,要注重各种因素的不确定性,应考虑进行多动态的层次分析。虽然因素分析及预测主要是相对于远景年的,但其中仍然存在规律性,这为静态前提下的宏观分析计算提供了可能。因此,在规划方法上应注意静态和动态相结合。

(4)枢纽规划与远景方案相结合

枢纽规划的主要目的是勾画远景,可操作性是规划成败的关键,要考虑设计的阶段性和连续性。因此,必须进行科学的近期实施规划,并使近期实施与远期规划之间有科学合理的过渡和延伸,以确保远景规划的实现。另外,近期的交通治理或工程建设,都应在远景规划指导下进行,脱离远景目标的建设往往是没有生命力的。

城市交通枢纽规划在科学合理的规划方法指导下,需要明确具体的枢纽规划流程,这样能够保证枢纽规划方法的正确实施,提高枢纽规划实施效率。

总体上,城市交通枢纽规划可以按照以下流程实施:

①分析城市客货运交通枢纽的现状,对城市未来社会经济发展作出合理的预测。

②根据城市客货运交通枢纽现状和未来年社会经济发展,预测未来年城市客运、货运交通枢纽的交通需求总量。

③在未来年城市客货运交通枢纽的交通需求总量基础上,结合城市客货运交通枢纽现状、城市土地利用发展规划、城市产业布局、道路网布局规划等,制订出不同城市客货运交通枢纽布局和规模方案。

④对制订的不同城市客货运交通枢纽布局和规模方案进行对比评价,确定最终方案。城市交通枢纽规划主要流程如图 3-5-5 所示。

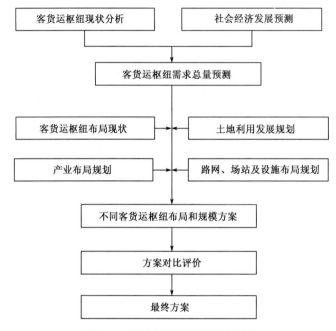

图 3-5-5　城市交通枢纽规划主要流程

一般来说,大型城市客运交通枢纽的设计流程如图 3-5-6 所示,主要包括以下内容:

①结合城市总体规划和短期交通规划,确定枢纽交通设计的范围、衔接的交通方式种类以及枢纽所在区域的土地性质。

②进行枢纽空间资源整合设计。空间资源主要包括三个方面:轨道及常规公共车站、换乘枢纽设施和枢纽地区疏解道路系统。

③进行枢纽时间效益优化设计,包括运营管理优化设计和信息优化设计。

④对初步方案进行评价与深化。通过对实施效果、环境效益、经济能力等因素的综合评价分析,在对社会公众、交通管理者、交通运营者以及相关技术专家意见反馈的条件下,进行方案的深化工作,直至制订出可实施的方案。

5.2.3　城市交通枢纽规划方法的特殊性

规划建设城市交通枢纽需要考虑乘客换乘协调、交通流线组织、运转设施设备等因素,因此,城市交通枢纽规划过程中其规划方法有其区别于一般交通枢纽规划方法的特点。

(1)合理组织交通流

交通枢纽内、外的交通流包括人流、非机动车流(自行车、三轮车)和机动车流(小汽车、出租车、公交车),每一类交通流各有特点。在进行城市交通枢纽规划时,应考虑如何协调交通枢纽内部与外部道路的交通流,合理组织枢纽内部的交通流运行,提高交通枢纽的整体运行效率。

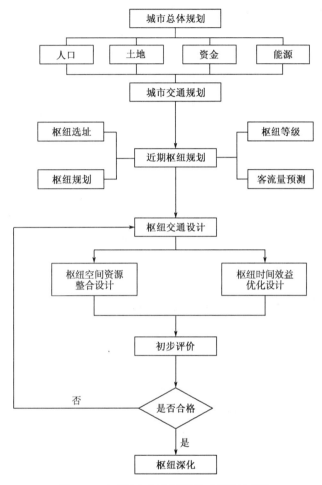

图 3-5-6 大型城市客运交通枢纽的设计流程图

(2)始终坚持"以人为本"的原则

坚持这一原则,除了要保证交通枢纽内乘客在各种交通方式之间换乘的安全性、连续性、便捷性和舒适性外,也需要考虑乘客到达、离开交通枢纽时的安全性与便捷性。

(3)多方式的换乘问题

交通枢纽的主要功能是组织换乘交通,使乘客通过各种交通方式间的换乘顺利到达目的地。规划交通枢纽时,应充分考虑各种接驳方式的合理性,保证各交通系统间的协调衔接。根据乘客的需求来组织换乘交通,尽量减少乘客在各种交通方式间换乘所用的时间。

(4)配套设施的配置问题

根据城市交通枢纽交通功能、服务区域和规模的不同,在进行交通枢纽规划时,需要配置不同的交通设施。无论是哪种交通枢纽,都需要配置清晰明了的指示标志,特别是对于大型交通枢纽,外部标志标识交通枢纽的具体位置,指引乘客方便找到交通枢纽;内部标志标识各类设施所在的位置以及各种交通方式的行走路线等。对于长途汽车、火车站等枢纽,需要配备供旅客休息的场所;对于公交中转站枢纽,最好有提示牌(电子、书面或人工咨询),告知乘客到达目的地的乘车线路。

5.3 宏观层次规划

5.3.1 宏观规划原则

城市交通枢纽宏观层次规划主要是根据现状和未来年的城市交通需求,确定不同类别、不同层次的城市交通枢纽的数量和布局。城市交通枢纽宏观层次规划遵循如下原则。

(1)以人为本,优化结构,超前性和可实施性相结合。着眼于建设一体化高效的综合客运交通枢纽体系,适应优先发展公共交通的需求。

(2)各系统紧密衔接、方便换乘。客运交通枢纽选点优先考虑依托大容量的城市轨道交通系统、完善的公交网络,与机场、铁路等系统紧密衔接,充分发挥客运交通枢纽作为客流中转的功能,方便换乘。

(3)区域差别化布局。根据常规公交发展需求和用地条件,按照用地区域差别化的原则进行布局。

(4)层层集散,按需求布局"P+R"等形式的客运交通枢纽。通过提供一个层次分明、逐层集散的城市外围地区的综合客运交通换乘枢纽体系,在方便乘客换乘的同时,达到缓解中心城区的交通压力。

5.3.2 城市交通枢纽规划布局的挑战

目前,随着城市建设规模的不断扩大以及城市综合交通网络的完善,城市交通枢纽在规划布局过程中需要考虑的因素越来越多,同时面临更大的挑战。

(1)城市内外、对外交通枢纽规划布局的挑战

城市内外、对外交通枢纽规划布局的挑战主要有:新建高速公路如何合理地引入城市;新建、改建高速铁路及铁路干线如何合理地引入城市;如何科学合理地新建、改建枢纽机场和港口。

(2)城市内部交通枢纽规划布局面临的挑战

城市内部交通枢纽规划布局面临的挑战主要有:如何应对城市形态发展和城市交通发展的影响;如何应对未来城市居住生活方式的影响;如何应对未来区域与城市的产业空间布局的影响;如何应对未来区域与城市形态对交通需求与限制的影响。

5.4 中、微观层次规划

5.4.1 站点设施选址

对于一个城市交通运输网络体系,根据其枢纽所在位置的特性可分为三类:已定型、半定型、未定型。

已定型枢纽是指该枢纽依附于某个已经建成的较大的建筑实体或地理实体存在,其位

置是由该地点所具有的用地、经济、社会特性确定的,或由本交通网络相衔接的规模更大的交通网络确定的。例如,在一个国家范围内,该国的首都一般是各种远程交通网络的枢纽,大型港口城市一般也是一个国家各种远程交通网络的枢纽。又如,在一个城市范围内,已建成的火车站、机场、码头、长途汽车站、大型体育馆、商业中心区等都是城市交通的枢纽。通常把这些已经建成的如首都、大型港口城市等叫作国家内远程交通网络的网先城市,把已建成的火车站、机场、码头、长途汽车站、大型体育馆、商业中心区等叫作城市交通网络的网先建筑。把目前正选择枢纽位置的交通网络叫作对象网络。网先城市和网先建筑一般是先于对象网络而存在的,它们统称为网先枢纽。它们所在的位置之所以能成为交通枢纽,是因为其本身的用地特性、社会经济地位决定它将产生或吸引大量的交通流量,使得在本网络上运行的各种交通方式在此处建立始发站,开通开往各地的交通线路。这样又反过来使人们觉得在此处换乘比较方便,进一步吸引了大量的乘客或货物经此地中转,从而使它又成为一个主要的客、货集散地。网先枢纽就是位置已定型枢纽,这种枢纽显然不存在选址问题。

已定型枢纽所依附的网先城市或网先建筑都是预先建成的,如果某个大型实体到目前尚未建成,而对象交通网络已经存在,那它就不属于这一类了。它依然存在一个选址问题,而且其选址在一定程度上要依靠对象网络的结构特征。另外,它还要依据对象网络以外的因素,如社会经济因素。通常称这类枢纽为半定型枢纽。还有一类枢纽,它们的位置全部或主要由对象网络本身的特征及其上交通流的分布情况来决定,如公共交通的中途站枢纽,通常称这类枢纽为未定型枢纽。

交通枢纽的选址就是确定半定型、未定型枢纽在交通网络上的位置。交通枢纽选址主要有两种方法:一种是途径流量最大法,或叫流量决定法,该法主要用于未定型的客运交通枢纽的选址;另一种是交通成本最小法,又叫成本决定法,该法主要用于半定型客运枢纽和货运交通枢纽的选址。这两种方法的主要内容是定量的分析技术,因而比较科学可靠。

1)城市客运交通枢纽的站点选址

城市客运交通枢纽的站点选址一般采用流量决定法。这种方法是在网络的节点中挑选枢纽节点。该方法的基本思路是:一个节点能否成为枢纽是根据途经它的交通流的大小决定的。这其中的关键问题是交通量在线路上的分配,是用单路径分配,还是用多路径分配。同时,另一个问题是采用阻抗不变的分配法和采用阻抗可变的分配法之间的取舍。

公路客运(长途汽车)的行驶速度与公路上车流量有很大关系,车流量越大,速度越小。但公路上行驶的车辆是多样的,除长途客运汽车外,还有货车、个体汽车(私家车、单位车辆、出租车),而长途客运汽车只占较小的比例,所以长途客运汽车对速度的影响并不明显。另外,汽车上乘客的数量对汽车行驶速度基本没有影响。

在城市交通中,个体车辆虽然也主要是承担乘客运输,但不需要为它建立枢纽;公共汽电车的运行情况与公路长途客运汽车相仿;快速轨道交通运行速度都是人为预先编制规定好的,运行时应严格按规定运行,与交通工具的数量和交通工具上乘客的多少无关。

综上所述,各种客运工具的交通流以及客运工具上的乘客量与其行驶速度关系不大。但是,同时也应看到,当一条线路上乘客出行需求量增大到一定程度时,将促使运输管理者增加运营班次,从而使乘客的候车时间可能变短,这样就使旅行时间变短,也就是阻抗变小。也就是说,客流量与旅行阻抗不像公路上车流量与阻抗成正比,而是相反。但是对这种关系极难把握其规律,这是因为有时由于旅客的剧增,即使加开了班次,还是有不少乘客买不到票,搭乘不上交通工具;还有公共汽电车、长途客运汽车班次的增加确实也在一定程度上使道路上的车流量变大,从而造成速度的降低。由于这种正反作用的复杂性,目前尚未发现数学模型描述其规律。因此,在流量决定法中不考虑乘客流量对旅行阻抗的影响,即假定阻抗是不变的。

综合以上两方面的分析,在确定客运交通枢纽的流量决定法中,将采用阻抗不变的多路径分配方法,该方法是由以下算法实现的。在算法中,客流量只指选择集体交通方式的客流量,采用个体交通方式者除外。

步骤1:初始化。给节点编号$1,2,\cdots,n$,其余各节点编号为$n+1,\cdots,N$;令途经各节点的交通流$W_j = 0 (1 \leqslant j \leqslant N)$。

步骤2:将所有的节点之间的乘客出行量$q_{rs}(1 \leqslant r, s \leqslant n)$按阻抗不变的多路径分配法分配到客运交通网络上去,得到各路段的客流量$x_{ij} = 0(1 \leqslant i,j \leqslant n)$。

步骤3:对每个节点j计算驶经它的各流向客流量之和:

$$W_j = \sum_{i=1}^{n} x_{ij} \tag{3-5-1}$$

步骤4:将所有节点按$W_j(1 \leqslant j \leqslant N)$从大到小排序,排在最前面的则应该作为枢纽。算法结束。

根据以上算法的结果,可以根据经济实力和投资规划确定节点序列中最前若干个节点作为枢纽点。这些选出来的枢纽点中若包括前面提及的确定型枢纽点,则可以删去这些点,并从余下的节点序列中选取排在前面的节点替换。该算法可以计算出未定型枢纽所在的节点位置。实际上,某些枢纽不一定就设在节点处,可以设在节点附近的适当位置,这要根据入选节点附近用地及周围环境条件综合决策。如城市的公共交通始发型枢纽(始发站),一般不设在繁华的干道交叉口处,而是设在附近较为安静的地方。

2)城市货运交通枢纽的站点选址

城市半定型交通枢纽和城市货运交通枢纽一般都采用成本决定法。成本决定法又称为成本最小法,其基本思路是所选的位置要使交通成本和相关的位置成本(如拆迁费用)最小,这里只考虑为一个枢纽选址的情形。

货运枢纽又称物流中心,货运枢纽大多是呈多层金字塔结构,一个对象区域有一个总枢纽(对象区域范围很大时,可能有两、三个总枢纽),总枢纽下有几个分枢纽。总枢纽主要负责集散分枢纽的货物,各个分枢纽又可能有自己的下一层子枢纽,最下一层枢纽面对一定范围的客户。如以一个省为例,在省会或某个大运量运输干线的城市建立本省的总货运枢纽,下面各城市都建立一个分枢纽,一些城市可能还在下面各县再建立子枢纽。一个城市内的货运枢纽要简单一些,一般只有一层(即每个枢纽直接面对客户)或两层。

对于其中某一层的一个枢纽的选址主要考虑两个问题:

(1)与上一层枢纽的交通联系;

(2)与下一层枢纽或客户的交通联系。

目标函数是使总的运输成本最小。由于从上到下,每层枢纽都要考虑第二个问题,这本身又是下一层枢纽的第一个问题,从而在研究下一层枢纽时,就只要保证它靠近与上一层枢纽联系的交通干线即可。因此,对每一层枢纽其实主要考虑第2个问题和靠近连接上一层枢纽的交通干线的问题,也可将下一层枢纽或客户统一表述为客户(图3-5-7)。

下面需要说明的是在某个对象区域范围内计划建一个货运枢纽,如何确定这个枢纽的位置。

首先,对对象区域进行考察分析,根据地理、环境、社会经济等因素确定若干个适宜建立货运枢纽的地点。货运枢纽并不一定要建在网络的节点上,也可以设在某条路段上,设这些备选地点是 $I_1,I_2,I_3,\cdots,I_K$。通过调查,获知所要考察的这个枢纽与各个客户之间的货运量。如果存在双向货运量,则将双向货运量相加。如果客户数目太大(如大于30),可以把一个货运量较大的客户周围的一些小客户"并入"该客户,或将枢纽的服务范围划分成若干个货运分区,将每个分区看作一个大客户,其货运量等于它所包含的各客户的货运量之和。然后,针对规划年对各向货运量进行预测,得出枢纽与各个客户 r 之间的一年内的货运量 $q_r(1 \leq r \leq n)$。

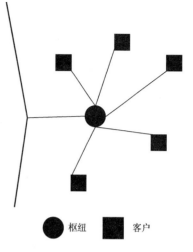

图3-5-7 货运枢纽选址计算图

简单起见,假定货运工具都运行在最短路径上,对每个枢纽备选点求出它到各个客户的最小阻抗。如果某个"客户"其实是一个分区内多个客户合并而成,则在求最小阻抗时以这个分区的质心为端点,设备选位置 $I_k(1 \leq k \leq K)$,到各个客户的最小阻抗是 $l_{kr}(1 \leq k \leq K,1 \leq r \leq N)$。关于该位置与连接上层枢纽的干线的距离,将此干线也看作一个特殊的客户,令它到连接上层枢纽的干线的最小阻抗为 l_{k0},并令 $q_0 = \sum_{r=1}^{n} q_r$。关于土地费用,设第 k 个位置的土地费用为 P_k,则:

$$S_k = \sum_{r=0}^{n} l_{kr} q_r + P_k \tag{3-5-2}$$

式中:S_k——最小的那个位置点 I_k,就是要找的枢纽位置。

通过以上计算,得出了货运枢纽的位置。这是理论上的计算结果,可以认为是为了货运枢纽提供了一个定点范围。还要根据周围用地和交通环境等制约因素综合分析,对理论结果进行必要的调整,提出具体的位置方案。为了得到更好的方案,最好是多个规划人员分别提出方案,再将各方案比较优选,挑选出最佳的方案来。

综上所述,货运枢纽的选址工作步骤通常为:
①确定枢纽的服务范围;
②确定枢纽的备选位置;
③划分货运分区并确定其中心;
④货运量调查和预测,得出各分区或客户与枢纽之间的货运量 $q_r(1 \leq r \leq n)$;
⑤计算各分区或客户到各个备选位置的最小阻抗 $l_{kr}(1 \leq k \leq K,1 \leq r \leq N)$,计算备选位置到连接上层枢纽的干线的最小阻抗为 l_{k0},并令 $q_0 = \sum_{r=1}^{n} q_r$,计算各备选位置的土地费用为 P_k $(1 \leq k \leq K)$;
⑥计算 $S_k = \sum_{r=0}^{n} l_{kr} q_r + P_k$,选 S_k 最小的那个位置点 I_k 作为枢纽的位置;
⑦实地调整,设计多套选址方案;
⑧方案选优,确定方案。

5.4.2 线网布局规划

城市交通枢纽线网布局规划主要是结合城市交通枢纽现状和未来的发展规划、城市总体发展目标和土地利用规划,以交通网络的综合技术指标最优为目标,用逐步调整法得到城市交通枢纽周围地区的交通线网布局优化方案。

具体而言,首先根据城市交通枢纽周边地区线网规划的原则,直接确定初始线网方案。然后将规划目标年的预测交通 OD 分配到初始网络,再根据分配的结果对线网进行交通服务水平的分析评价,分析评价各路段的饱和度及服务水平是否满足规划要求。如果满足,则该方案为可行方案;否则,根据线网布局规划原则对初始方案进行修改,再进行交通流分配,直到交通质量满足规划要求,最后形成优化方案。

5.4.3 组织设计

城市交通枢纽组织设计主要是对城市交通枢纽各个组成部分进行人流、车流、货物流等交通流线设计,减少流线冲突。一般来说,城市交通枢纽组织设计主要有以下措施。

1)枢纽内部交通组织设计

枢纽内部交通组织与外部交通组织是统一的,内部车流组织要受到外部交通条件的限制,内部人流组织和车流组织要统一安排、统筹考虑,按照"以人为本,人车分流"的原则,使枢纽充分发挥其高效、快捷、舒适的功效。在进行枢纽内部交通组织时,应注重以下几点。

(1)换乘客流进行重要度排序

一般来说,一个大型交通枢纽的交通方式会在四种以上,而各交通方式之间的换乘量要通过大量的基础资料和规划意图进行预测。在进行枢纽的交通组织以前,应首先对枢纽各交通方式之间的换乘量进行预测。一般来说,换乘量大的交通方式,在枢纽中占据的地位就很重要,除非特殊情况,如政府要有计划地将某种交通方式进行限制或引导。所以,在考虑了各种因素后,对各种交通方式之间的换乘进行由大到小的排序,便揭示了枢纽内部各换乘方式的相对重要性。该重要度的排序,便是枢纽进行交通组织时优先满足某些换乘的依据。

可以说,对枢纽换乘客流进行重要度排序的目的就是使枢纽组织以客流量为基础,做到主次分明、组织有序。

(2)人车分流的原则,研究枢纽内的人车结合点

枢纽内人车分流是保证枢纽有序运行的关键环节之一,也是枢纽"以人为本"的一种具体体现。"人车分流"的最基本的做法就是将车辆区域和人流区域进行空间分割,使二者相互独立、互不干扰。但毫无疑问,车流的主体依然是人,所以二者又必须有恰当的结合点或结合面。以北京东直门交通枢纽为例,公交车受出入口的限制,只能在地面层,而人流的主要集散区分布在西侧。那么,人车结合点即公交车的上下车站应布置在地面层,由西侧进的车辆应在西、北侧上下乘客,由东口进入枢纽的公交车应在西、南侧上下乘客,如图 3-5-8 所示,公交层的上下车站台形成一个"L"形。

(3)枢纽的人流组织

有了枢纽的主骨架和枢纽的人车结合点后,按照换乘客流的重要度由高到低的顺序,依次进行各方式换乘客流的细部分区和交通组织。各交通方式的换乘客流应避免相互交叉干扰,但应做到分区清晰、连通便利,使乘客在枢纽中不至于迷失方向。

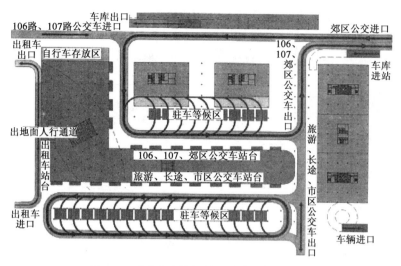

图 3-5-8　北京东直门交通枢纽公交层交通组织图

（4）枢纽的车流组织

一般来说，枢纽内需要进行交通组织的车辆是指公交车、长途车、社会车辆及自行车等。而火车、地铁列车等一般均是枢纽的既定条件，或可变的空间极小。和人流组织一样，车流组织也要遵循一个先主后次的规则。在前几步工作中，已规划出枢纽的可能出入口，而枢纽内部的车流组织工作则是利用这诸多可能出入口，根据人车结合点和人流组织的大致布置，进行车辆的组合和车流渠化。在渠化过程中，要充分考虑车辆对内外部交通、对枢纽人流的影响，尽量遵循已做好的人流组织方案。实际存在冲突的话，也可以在下一步工作中调整。

（5）人流、车流组织的统一及方案调整

枢纽内的人流、车流是相互依赖、相互牵制的统一整体。分别进行了枢纽的人流、车流组织设计后，二者肯定存在着某些冲突和矛盾，所以，交通组织设计的下一步工作就是进行人流、车流组织的统一，对方案进行优化调整。具体做法是：首先将人流、车流组织流线进行叠加，圈出人流组织、车流组织的冲突点和不相融合点，对这些点进行对策研究，列出解决方案，调整交通组织；然后，对调整过的方案重复以上工作，继续寻找冲突点和解决方案。因为交通是连续行为，解决了某一方面的问题时，很可能会引发其他矛盾，所以，对以上过程进行反复循环研究，才能产生一个和谐统一的交通组织方案。

图 3-5-9 为广州火车站交通枢纽地面层交通流的整合结果。

2）外部交通组织考虑

交通枢纽的外部交通组织是交通枢纽运行通畅的前提和基础，从城市大交通系统来说，外部交通组织合理性的意义更大。形象地说，枢纽外部的交通组织就是将交通枢纽这个"点"用合理而恰当的方式连接到城市综合交通大系统这个"面"上。在研究外部交通组织时，应做好以下几个方面的工作：满足城市大交通系统的需要，应满足周边城市用地功能分区的要求，研究枢纽与城市干道系统的连通度，应为管制交通创造良好条件，进行外部交通组织调整和校核。此外，还需要考虑交通管理与交通控制系统、交通枢纽与城市交通的衔接和交通组织对环境的影响。

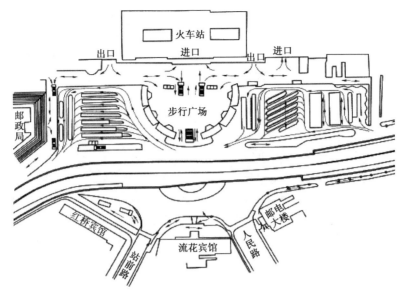

图 3-5-9　广州火车站交通枢纽地面层交通流的整合结果

5.5　规 划 案 例

对于城市交通枢纽规划设计,以 TJ 市 JB 轻轨中山门交通枢纽进行案例说明。

1）规划背景

TJ 市城市总体规划确定了 TJ 以中心城区和 BH 新区为城市主体的双核心发展模式。加快连接中心城区、BH 新区交通设施的建设,形成多种形式紧密联系、高效快捷的交通走廊,促进中心城区和 BH 新区联动发展已成为全市的共识。

JB 轻轨是连接中心城区和 BH 新区最快捷的大容量轨道交通线路。它的建成改变了目前单纯依靠公路运输的局面,缩短了 JB 之间旅客的出行时间,提高了旅客乘车的舒适度,将极大地促进 JB 走廊地区的发展。

JB 轻轨属于大运量干线运输方式,其功效的发挥与其他交通方式之间的有机衔接密切相关。规划建设的中山门交通枢纽就是轻轨与其他方式相互换乘的重要节点、中心城区主要客流集散地之一。随着枢纽功能的发挥,中山门交通枢纽将带动周边区域的开发建设,成为 TJ 城市新地标。

2）枢纽选址

大型的城市综合型客运交通枢纽所牵涉的交通方式多样、车流量和客流量密集、人车流线复杂,因此枢纽的选址极为重要。客运交通枢纽的选址一般考虑以下因素:城市用地布局、城市结构、客运交通网络、道路建设、其他交通枢纽等。JB 轻轨在 TJ 中心城区内沿津塘路、六纬路到达起点站铁路 TJ 站,其中中山门站是一期工程的起点站,目前已投入运营。JB 轻轨在中心城区共设置 9 个车站,中山门站介于中心城区的中环线和快速路环线之间。根据 TJ 市中心城区综合交通规划,中环线是中心城区的主要公交换乘带,快速环线是快速公交的主要走廊,中山门地区也是中心城区规划的副中心之一。因此,中山门站具备了交通枢纽的诸多区位优势,是交通枢纽的理想选址(图 3-5-10)。

3）枢纽功能定位与服务方向

JB 轻轨是连接中心城区与 BH 新区的一条快速轨道交通客运线。JB 间的客流出行规律性较强，呈现乘行距离长、早出晚归的钟摆式客流特点，客流单向高峰小时系数高达 21% 以上。反映在出行目的上，以工作为目的的出行比例最高，占 37.7%，轻轨客流中的大部分将为通勤交通。因此，近期中山门交通枢纽主要作为 JB 间客流的换乘站，远期随着枢纽交通功能带动地区商业开发，中山门交通枢纽将成为 JB 间通勤客流的集散地和中心城区主要客流集散地之一。

图 3-5-10　中山门交通枢纽位置图

从服务对象看，中山门交通枢纽近期主要为 JB 间通勤客流，即常规公交、自行车、摩托车和行人与 JB 轻轨之间的换乘，其服务方向为中心城区内部交通与对外交通之间的衔接。远期在该地区的大规模公共建筑开发完成后，该地区将成为综合性的交通枢纽，不仅为中心城区内部交通与对外交通之间的换乘提供服务，同时也为中山门地区中心的集散交通服务。

4）交通需求预测

客流总量预测是在 JB 轻轨客流预测基础上进行的。根据 JB 轻轨客流预测，远期中山门站的客流量为 102 645 人次/d，早高峰时段客流量为 13 799 人次/h（其中上车为 7 543 人次/h，下车为 6 256 人次/h），晚高峰时段客流量为 11 479 人次/h。近期客流量为 41 663 人次/d，早高峰时段客流量为 9 229 人次/h（其中上车 4 949 人次/h，下车 4 279 人次/h 的客流量），晚高峰时段客流量为 7 729 人次/h。考虑到中山门交通枢纽将进行分期建设，规划在预测换乘设施规模时保留了一定的发展空间，故高峰小时客流量取 $4\,949 \times 1.2 = 5\,939$（人次/h）。

(1) 客流分布预测

客流分布预测就是将 JB 轻轨中山门站的换乘交通量按一定的规律预测出中心城区各交通小区至中山门枢纽站的出行 OD 量。在进行 JB 轻轨客流量预测时，对 JB 间的客流进行了补充调查，由此汇总得到中心城区各交通小区与至滨海新区的出行资料。本次预测根据中城区各交通小区与中山门交通枢纽中间的区位关系对其进行了调整。通过对预测成果进行分析，西北方向来的交通量占 28%，西部方向来的交通量占 44%，西南方向来的交通量占 28%（图 3-5-11）。

(2) 交通方式划分

根据中山门交通枢纽的区位和功能定位，换乘交通方式主要考虑公交、自行车、摩托车、其他客车和步行五种方式。

根据中心城区各交通小区与中山门交通枢纽之间的出行量和相对位置关系，运用 TJ 市中心城区综合交通规划中居民出行方式划分方法，对换乘交通在中心城区内的出行方式进行了预测，其中步行、摩托车、出租车、其他客车出行采

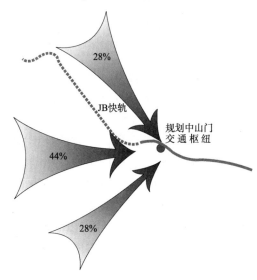

图 3-5-11　换乘交通分布示意图

用转移曲线模型,自行车、公交出行采取效用函数模型。经计算,各种交通方式所占比例及高峰小时客流量的预测情况如表 3-5-4 所示。

各种交通方式所占比例及高峰小时客流量　　　　　表 3-5-4

交通方式	步行	摩托车	出租车	其他客车	自行车	公交车	合计
比例（%）	5	6	3	7	48	31	100
高峰小时客流量（人次/高峰小时）	297	356	178	416	2 850	1 842	5 939

5) 设施规模预测

根据交通方式划分预测,2010 年高峰小时共有 1 842 人乘公交到达中山门交通枢纽后换乘 JB 轻轨。目前,津塘路上有 15 条公交线路通过,考虑到 JB 轻轨的客流特征,为保证津塘路的交通畅通,确定要有 80% 的公交客流通过中山门交通枢纽内的公交首末站来解决。每条公交线的通行能力按规范确定的 400 人次/高峰小时计算,则需要布设公交线 4 条线。

目前,在中山门地区有 7 个占路公交首末站,根据中山门交通枢纽的功能定位,从上述 7 条公交线中选取 4 条线迁入本交通枢纽内,并考虑将沿中环线行驶的 47、48 路公交线在本枢纽内设置首末站。调整后的 6 条公交线基本上将中山门交通枢纽与中心城区的主要居民点、主要客流集散点联系起来。

公交的中途站安排在 JB 轻轨中山门站东侧,在津塘路上设置一对公交港湾站。

另外,交通枢纽需要配置停车场总规模:机动车停车泊位 176 个,非机动车停车场泊位 9 500m²。

6) 规划方案

（1）总体布局

中山门交通枢纽用地分南北两块,分别位于津塘路南北两侧。其中,主体位于津塘路南侧(图 3-5-12)。

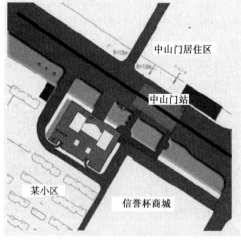

图 3-5-12　枢纽总体布局

中山门交通枢纽主体为地上六层,地下一层的综合性建筑。地上建筑总面积为 36 000m²（不含连廊）,地下层建筑面积为 6 600m²。主体建筑周围设置 20m 的道路。

主体建筑地下一层安排机动车停车场和设备空间,地上一层为公交首末站、出租车上、下客站、自行车停车场;地上二层为人流交换层,包括部分商业和为公交、JB 轻轨配套的办公空间,该层通过两个各 10m 宽的连廊与轻轨中山门站第二层的站厅相连,连廊还可以通过楼梯与津塘路南侧人行道相连;地上三层至六层为商业空间。各层之间由六个楼梯和四部电梯连接(图 3-5-13)。

在中山门交通枢纽主体西侧安排有自行车停车场和公交保养、备料空间,占地 1 800m²,其中自行车停车场占地 1 400m²,自行车停车场夜间兼作公交停车场使用。

在津塘路北侧地块内安排有自行车停车场 1 000m²,自行车停车场通过连廊与车站第二层的站厅相连。

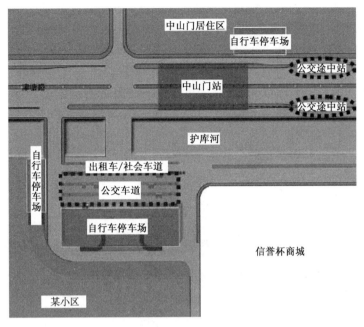

图 3-5-13　首层平面

(2) 出租车上、下客处

出租车上、下客处安排在主体建筑地上一层北侧，共设一组两个站台，每个站台长 35m。

(3) 公交首末站

公交首末站设在主体建筑地上一层的中部，共设三组六个站台，每个站台长 35m，远期可增加到八个站台。车道宽 6.75m (3.75m 宽的车行道，3m 宽的停车道)。站台宽 3.25m，每组站台设置楼梯与两层人流交换层连接 (预留自动扶梯)。

(4) 停车场

自行车停车场共安排三处，共有停车面积 5 600m²，规划要求采用双层的自行停车设施，可满足自行车停车需求。分别位于 JB 轻轨车站北侧，占地 1 000m²；主体建筑西侧，占地 1 400m²；另一处安排在枢纽主体建筑地上一层的南侧，建筑面积 3 100m²。机动车停车场安排在主体建筑地下一层，建筑面积 6 600m²，可安排机动车泊位约 151 个。基本满足机动车停车需求。

(5) 城市客运交通枢纽的交通组织规划

①对外交通组织。近期中山门交通枢纽主要利用其北侧的城市主干道津塘路来组织机动车、非机动车和行人交通。

机动车交通：由前面的分析可知，中山门交通枢纽的主要道路客流来自枢纽站的西侧，由津塘路到达的机动车交通由西向东行驶至枢纽西侧的 20m 宽的规划桥右转 (规划设置右转扩大路口) 进入枢纽站，离开的机动车交通则沿护库河南侧规划路向东行驶至广宁路桥左转，通过广宁路与津塘路的信号灯交口左转驶向市中心区方向。

来自枢纽站西侧非机动车交通流与机动车交通流的交通组织类似。来自枢纽站东侧非机动车交通流沿津塘路由东向西行驶至车站北侧的自行车停车场。

随着中山门交通枢纽东侧快速环路、广宁路、国泰道的修建、广宁路与津塘路交口交通

服务水平的降低及该交通枢纽规模的扩大,远期交通组织情况(图3-5-14)如下:

从中山门交通枢纽以西来的机动车交通沿津塘路由西至东行驶至新建桥右转进入交通枢纽,由中山门交通枢纽以东来的机动车交通沿津塘路由东至西行驶至光华路掉头后沿津塘路西至东行驶至新建桥右转进入交通枢纽。

离开中山门交通枢纽的交通流沿护库河南侧规划路由西向东行驶至广宁路桥右转进入津塘路,通过津塘路与东南环线的互通立交可以上快速路系统和沿津塘路向东。至交通枢纽以西地区的交通利用津塘路与东南环线互通立交的地面辅道系统实现掉头,沿津塘路由东至西行驶至中山门立交桥。

同时,增加沿广宁路、国泰道的至快速环路和国泰桥出入交通枢纽的路径。

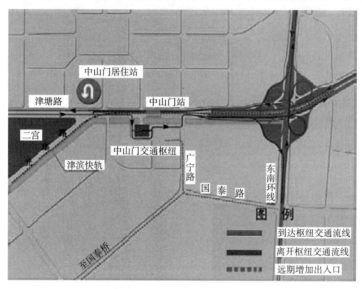

图 3-5-14　枢纽远期对外交通组织图

②内部交通组织。内部交通组织(图3-5-15)体现了对优先发展的交通方式——常规公交的重视,将其安排在最优的位置,减少其换乘距离。

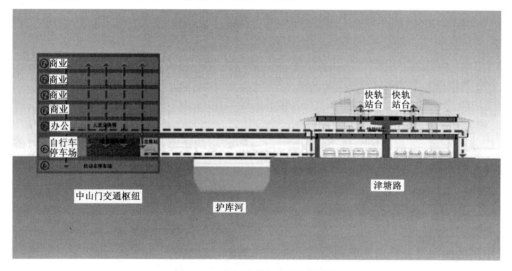

图 3-5-15　枢纽内部交通组织规划图

JB轻轨与枢纽内其他交通工具换乘时有以下路线：

JB轻轨—行人：JB轻轨站第二层→连廊→交通枢纽人流交换层→商业层或地面层；或者JB轻轨站第二层→地面层。

JB轻轨—自行车：JB轻轨站第二层→连廊→交通枢纽人流交换层→自行车停车场（地面）；或者JB轻轨站第二层→连廊→车站北侧自行车停车场。换乘距离约180m。

JB轻轨—公交：JB轻轨站第二层→连廊→交通枢纽人流交换层→公交站台（地面）；或者JB轻轨站第二层→车站楼梯→路边津塘路公交站台（中间站）。换乘距离约130m。

JB轻轨—出租车：JB轻轨站第二层→连廊→交通枢纽人流交换层→出租站台（地面）。换乘距离约135m。

JB轻轨—其他客车：JB轻轨站第二层→连廊→交通枢纽人流交换层→机动车停车场（地下）。换乘距离约240m。

商业人流：商业层→交通枢纽人流交换层→地面层（公交、出租、自行车）、地下层（机动车停车场）、JB轻轨站第二层。

复习思考题

1. 简述城市交通枢纽的分类及各类枢纽的主要特征。
2. 简述城市交通枢纽规划设计的主要流程。
3. 城市货运枢纽选址工作的一般步骤是什么？
4. 在进行枢纽内部交通组织时，需要注意哪些方面？

本篇参考文献

[1] 高美洁.大型铁路枢纽、区域编组站布局研究[D].北京：北京交通大学，2009.
[2] 陈应先.铁路枢纽总图规划有关问题探讨[J].铁道标准设计，2006(S1)：24-29.
[3] 张鲲.青岛铁路枢纽规划[D].成都：西南交通大学，2007.
[4] 饶武.厦门铁路枢纽规划[D].成都：西南交通大学，2007.
[5] 惠凯.港口规划与区域经济[M].北京：中国建筑工业出版社，2008.
[6] 洪承礼.港口规划与布置[M].北京：人民交通出版社，1960.
[7] 张志明，姚波.基于经济全球化背景下我国沿海港口规划建设新特点[J].水运工程，2004，371(12)，34-38.
[8] 洪承礼.港口规划与布置[M].2版.北京：人民交通出版社，2007.
[9] 胡明.港口网络体系规划方法研究[D].大连：大连海事大学，2004.
[10] 张超，李海鹰.交通港站与枢纽[M].北京：中国铁道出版社，2004.
[11] 张国强.我国公路主枢纽的属性与政策含义[J].综合运输，2004(11)：18-20.
[12] 李晓峰.公路运输枢纽规划与建设模式[J].运输经理世界，2006(7)：76-78.
[13] 万义国.公路运输枢纽布局规划理论与方法研究[D].西安：长安大学，2006.
[14] 关仕罡.公路主枢纽城市站场布局方法与方案综合评价研究[D].长沙：长沙理工大学，2005.
[15] 黄平.公路主枢纽城市运输规划的几个关键问题的研究[D].成都：西南交通大

学,2001.
[16] 陈方红.城市对外交通综合换乘枢纽布局规划与设计理论研究[D].成都:西南交通大学,2009.
[17] 彭辉,朱力争.综合交通运输系统及规划[M].成都:西南交通大学出版社,2006.
[18] 汪泓,周慧艳.机场运营管理[M].北京:清华大学出版社,2008.
[19] 游灏.关于厦门航空港商业城功能定位的思考[J].空运商务,2009(11):30-32.
[20] 董志毅,夏新平,褚衍昌.我国机场分类的影响机理与聚类分析研究[J].商场现代化,2008(12):190-191.
[21] 朱沛,刘俊伟,赵树龙.中国机场群与国际枢纽布局的研究[J].管理工程师,2009(5):24-27.
[22] 杨英宝,钟山.中国民航运输机场分类问题的初步探讨[J].中国民用航空,2004(11):39-42.
[23] 王锋刚,欧阳杰.京津冀地区区域机场体系规划及其评价[J].中国民用航空,2009(1):44-47.
[24] 戴福青,王瑞.单枢纽机场选址与航线网络规划综合优化[J].中国民航大学学报,2007,25(1):17-19,28.
[25] 赵鸿铎,谈至明,张兰芳.大型航空港设计布局评价指标的探讨[J].交通与运输,2007(2):93-95.
[26] 赵民合.首都第二机场规划建设应有新思路[J].中国民用航空,2007,80(8):39-41.
[27] 陈雄.新白云机场的规划与发展[J].建筑学报,2006(7):26-27.
[28] 任新惠,董晨欣.我国机场业组织能力建设探究[J].交通企业管理,2009(10):56-57.
[29] 裴明学,汤军.航空港建设[J].重庆经济年鉴,2001(1):424-427.
[30] 鲁鲁,侯云.新白云机场 亚太新崛起的枢纽航空港[J].今日中国,2006(4):66-70.
[31] 刘有军,晏克非.城市交通枢纽规划方案的模糊多目标决策研究[J].华中科技大学学报(城市科学版),2006,23(2):63-66.
[32] 康伟中.城市交通枢纽布局研究[D].西安:西安建筑科技大学,2005.
[33] 褚伟,高永.城市交通枢纽的规划要点[J].城市交通,2005,3(1):20-23.
[34] 张生瑞,王超深,温兆康.大型客运枢纽交通设计方法研究[J].山东交通学院学报,2008,16(4):15-17.
[35] 陆化普,石京,李瑞敏.城市交通规划案例集[M].北京:清华大学出版社,2007.
[36] 李科,邹哲.城市客运交通枢纽规划探索——以津滨轻轨中山门交通枢纽为例[C].中国城市交通规划学会2005年论文集,2005.

第四篇

综合枢纽规划

第1章 综合枢纽规划概述

1.1 综合交通枢纽

1.1.1 综合交通枢纽概念

综合交通枢纽是区域或国家的综合交通运输网络中同时承担几种运输方式的主枢纽港站功能的节点,决定着运输网相邻路径的运输特点。综合交通枢纽,是由若干种运输方式所连接的固定设备和移动设备组成的一个整体,共同完成着货物及旅客运输的中转与地方作业。它对所在区域的综合交通运输网络的高效运转具有重要的作用。同时,综合交通枢纽对它所依托的城市的形成和发展有着十分明显的带动作用,是城市对外辐射和联系的桥梁和纽带。

对于综合交通枢纽的定义,斯卡洛夫认为:综合交通枢纽是国家统一运输体系的组成部分,它决定着路网相邻路径的运输特点,是由若干种运输所连接的固定设备和活动设备组成的一个整体,共同完成货物及旅客运输的中转与地方作业。

张国伍教授在《交通运输系统分析》一书中指出:综合交通枢纽是指在两条或者两条以上交通运输线路的交会、衔接处形成的,具有运输组织与管理、中转换乘及换装、装卸存储、多式联运、信息流通和辅助服务六大功能的综合性设施。

尽管国内外学者对综合交通枢纽的定义各不相同,但是理论界有一个基本一致的认识就是:交通枢纽处于两条或几条干线运输方式的交叉点上,是交通运输网的重要组成部分,是由若干种运输所连接的固定设备和移动设备组成的一个整体,共同完成货物及旅客运输的中转作业和地方作业。

综合交通枢纽一般具有以下三个方面的特征:在地理位置上,枢纽地处两种及以上的运输方式衔接地区或客货流的重要集散地;在运输网络上,枢纽是运输网络上多条交通干线通过或连接的交会点,是运输网络的重要组成部分,连接不同方向上的客货流,对交通网络的畅通起着重要的作用;在运输组织上,枢纽承担着各种运输方式的客货到发、同种运输方式的客货中转及不同运输方式的客货联运等运输作业。

1.1.2 综合交通枢纽的分类

综合交通枢纽的形成依赖于大量客货运输需求源,而客货流产生的基础是较大的人口和产业规模,因此,综合交通枢纽有着与城市共生的特性。通常人们在规划全国或区域综合交通枢纽时,将综合交通枢纽理解为枢纽城市,而在规划各种交通方式相衔接的具体的综合交通枢纽时,又将综合交通枢纽理解为客货集散或中转的枢纽场站。研究综合交通枢纽问题,首先要区分宏观交通枢纽和实体交通枢纽两个概念。宏观交通枢纽是指交通干线的连接或交会点所在的枢纽城市;而实体交通枢纽是指具体承担客货流集散和中转作业的交通场站。实体交通枢纽依托宏观交通枢纽而存在,宏观交通枢纽包含着一个或多个实体交通枢纽,两者有一定的联系,但两者的含义又有很大区别。

(1)宏观综合交通枢纽分类

宏观交通枢纽的分类,根据其在国民经济和综合运输网络中所起的作用和服务范围的不同,分为全国性综合交通枢纽、区域性综合交通枢纽和地区性综合交通枢纽。

全国性综合交通枢纽:位于综合交通网的运输大通道重要交会处,依托省级经济、文化和政治中心,以及在全国经济和国际贸易中地位突出的重要港口、大型机场所在城市。同时,全国性综合交通枢纽在跨区域人员和国家战略物资运输中集散、中转功能突出,有广大的吸引和辐射范围,对全国综合交通网络的合理布局、衔接顺畅和高效运行具有全局性的作用和影响。

区域性综合交通枢纽:位于综合交通网的主要交会处,依托省内重要城市,以及在区域经济和贸易中起主要作用的沿海港口、干线机场所在城市。区域性综合交通枢纽在综合交通网络格局中具有承上启下的重要作用,对区域交通网络布局产生重大的影响和发生重要的作用。

地区性综合交通枢纽:位于综合交通运输网的一般交会处,依托地区中心城市,以及港口、机场所在城市。地区综合交通枢纽在综合交通网络中具有基础性作用,对地区交通有较大影响和较大作用。

(2)实体综合交通枢纽分类

实体交通枢纽的分类比宏观交通枢纽的分类更加复杂。

首先,与单一方式枢纽相区别,实体综合交通枢纽至少衔接两种以上运输方式,可以根据其承担客货运量的主要运输方式来进行分类。从综合交通枢纽中承担客货运量的主要运输方式来看,综合交通枢纽分为港口型综合交通枢纽、机场型综合交通枢纽、公路场站型综合交通枢纽和铁路(城市轨道交通)车站型综合枢纽。各种类型的综合交通枢纽中主要运输方式承担的大多为长距离或大运量的客货运输。集疏运方式包括公路、轨道交通(含铁路)、内河航运和支线航空等,由于公路运输具有门到门机动灵活的优势,因此,各种类型的综合交通枢纽都以公路作为其重要的集疏运方式。

其次,按照综合交通枢纽的功能和服务对象分为运输网络综合枢纽和城市综合枢纽。运输网络综合枢纽是综合运输网上的节点,它的作用是保证综合运输网络的顺畅连通,实现各种运输方式的综合利用,提高整个运输网的运输效率和经济效益,通过运输网络综合枢纽实现不同方式间各方向旅客和货物的转运。它的服务对象主要是城市外部各方向间的客货转运及城市外部主要干线与城市运输间的换装(换乘)。城市综合交通枢纽的作用是保证城市内部各地区间客货换乘换装的便捷、顺畅以及满足城市与周边地区客货转运的需求,通过城市综合交通枢纽实现城市道路运输、城市轻轨运输、城市地铁及短途城际轨道与道路运输之间的客货转运。它的服务对象主要是城市内部客货转运、城区、市郊及短途城际间的客货换装和换乘。

1.1.3 综合交通枢纽的作用

综合交通枢纽在国家整个交通运输系统中集中了综合交通网的各种类型。各种运输方式错综复杂的关系,集中反映在综合交通枢纽上。因此,它对综合运输系统的形成与发展有重大影响。

综合交通枢纽是发展综合运输的关键,它是各种运输方式干线的汇集点,是大宗客、货中转、换乘、换装与集散之地。交通枢纽的布局决定了不同运输方式间联运换装地点的分布,因而对于大宗客流、货流的运输径路、运输效率、物资转运速度有决定性的影响。

由多种运输方式组成的交通运输业要形成综合的、有机的、高效能的运输系统,除了各种运输方式合理分工外,还必须紧密衔接,减少中转以及换装(换乘)环节,搞好运输接运和联合运输。综合交通枢纽作为衔接和联运的主要基地,其内部各种设备和建筑物在布局上的紧密结合是完成所承担任务的主要保证。

综合交通枢纽多与大城市相共生,它对城市的形成和发展有着很大的作用。它承担着城市的内外联系,是城市整体的一部分。城市交通的各种设备和建筑也是构成交通枢纽的有机组成部分。

综合交通枢纽的功能主要体现在以下三个方面:

首先,是为区域内部和区域对外的人员及物资交流提供集散和中转服务,带动和支撑区域经济的发展。综合交通枢纽一般地处区域主要中心城市,为所在地区或城市的经济发展和居民生活提供客货运输服务,是城市对外联系的桥梁和纽带。

其次,是为运输网络吸引和疏散客货流,促进交通运输产业的发展。交通运输产业发展的基础是日益增长的运输需求,在经济高度发达、需求日趋多样化的现代社会,交通运输产业的发展正向着综合集成和一体化运输的方向发展,以满足客货运输多样化的需求。综合交通枢纽作为运输网络上的节点,集各种运输方式信息、设备和组织管理于一体,吸引着大量的客货流,是交通运输产业发展的重要支撑。

再次,是实现不同方向和不同运输方式间客货运输的连续性,完成运输服务的全过程。以信息化、网络化为基础,改进运输组织方式,实现各种运输方式一体化管理,完成运输服务全过程,是提高运输效率,降低运输成本,节约资源,实现交通可持续发展的有效途径,而综合交通枢纽正是实现这一目标的关键。

1.2 综合交通枢纽规划的内容

综合交通枢纽规划的主要内容包括枢纽的总体布局规划和枢纽的规划设计两大部分。综合交通枢纽的总体布局必须服从社会经济发展的战略规划目标,符合规划地域的总体规划和生产力分布格局,满足社会经济发展产生的运输需求。同时,枢纽的总体布局还要充分适应综合交通运输发展的需要,考虑各种运输方式之间,特别是公路运输与水运、铁运、航空运输之间的衔接,实现信息互通、能力匹配,使多式联运保持连续、高效,提高综合运输系统的效率。

综合交通枢纽总体布局规划的主要内容包括:社会、经济与交通运输的调查与分析、发展预测、综合交通枢纽场站的优化布局、枢纽系统设计、社会经济评价、建设项目时间序列和资金筹措等工作。根据这些内容设计的领域和具体操作方式,把综合交通枢纽的总体布局分为三个层次:

(1)分析规划区域中的各种交通方式相互衔接关系,确定综合交通枢纽的主要功能、性质和不同交通方式交通枢纽在综合交通枢纽内部的相互关系。

(2)在综合交通枢纽运转的系统效益最优的前提下,对每种交通枢纽的场站总体进行优化,包括场站的数量、位置和规模三个参数。同时,对综合交通枢纽中不同子系统的构成、运营组织管理进行初步规划和设计。

(3)在确定综合交通枢纽的场站布局方案后,对综合交通枢纽建设的实施步骤进行规划,以保证交通枢纽的建设适当超前于交通需求的发展,又避免因枢纽建设过于缓慢或超前带来的经济损失。

以上三个层次是遵循综合交通枢纽总体布局规划和建设的客观规律,从宏观分析入手,逐步过渡到具体的规划布局和实施计划过程,是综合交通枢纽规划应该遵循的一般步骤。

1.3 综合交通枢纽规划

由于综合交通枢纽必须依托于一个城市及其所在区域的综合交通网络,所以综合交通枢纽规划是在区域社会经济发展规划、城镇体系规划、城市总体布局规划以及土地利用规划等上级规划基础上进行的专门规划。综合交通枢纽规划和建设,会影响其所在区域的综合交通网络,改变其原有的最后平衡状态。同时还与枢纽所在城市的城市交通系统相互影响,贡献部分交通资源。因此,综合交通枢纽规划与综合交通网络规划是区域综合交通规划的两个紧密联系、互为补充的重要内容,其关系如图4-1-1所示。

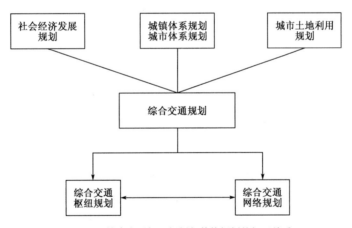

图4-1-1　综合交通枢纽规划与其他规划的相互关系

1.3.1　综合交通枢纽宏观布局规划

综合交通枢纽是在综合交通网络节点上形成的客货流转换中心,按照其所处的区位、功能和作用,衔接的交通运输线路的数量,吸引和辐射的服务范围大小,以及承担的客货运量和增长潜力,可分为全国性综合交通枢纽、区域性综合交通枢纽和地区性综合交通枢纽三个层次。全国性综合交通枢纽对整个运输网络具有重要的支撑作用,在综合和交通网络体系中占据重要地位,因此,综合枢纽宏观布局规划主要是针对全国性综合交通枢纽的布局研究。

1)综合交通枢纽宏观布局的基本要求

综合交通枢纽的布局必须满足区际运输联系的要求,还要充分考虑地区运输的特点,保证中转客流、货流不间断地通过,同时保证旅客、货物的发送与到达以及枢纽内部运输有良好的作业条件,还必须与城市规划、工业布局、国防要求等密切配合。此外,也需要考虑旧有设备的充分利用和当地地形和工程地质等条件。综合交通枢纽的合理布局必须从全局观点出发,统筹安排,遵循下列各项基本要求。

（1）必须从国家综合交通运输系统的形成与发展来考虑综合交通枢纽的布局。综合交通枢纽的布局应服从于综合交通网的总体规划,处理好交通枢纽在交通运输网中的布局,应从以下四个角度考虑：

①综合交通枢纽的布局规划与全国性的客流、货流规划以及交通网规划是统一的整体,随各经济协作区之间经济联系的发展,客、货交流不断增加,径路也会发生一定变化。这些都直接影响着各个枢纽的地位和作业量,关系着枢纽的分工、运输特点和发展规模。首先,应大力加强综合交通枢纽的建设,为各种运输方式的协调发展、紧密衔接创造良好的条件,保证在大宗客流、货流的通道上建立地点适宜、能力充裕的交通枢纽。

②为了全国或区域交通网布局的合理展开,在新干线衔接点的选择中,既要注意利用原有交通枢纽,又应尽量避免衔接在规模已经很大的枢纽处。建设新的综合交通枢纽对改善交通网的总体布局有很大的作用,尤其是对交通网尚不够发达、枢纽也少的地区,是改善其交通布局的重要措施之一。

③应使交通枢纽与干线在建设上和能力上相适应,做到枢纽与相衔接的各条干线同步建设,同时进行技术改造,同时投入使用,确保线路畅通,各环节的运输能力都可得到合理利用,并能相互调剂与补充。

④不能孤立地研究单个综合交通枢纽的规划布局,而必须搞好相邻枢纽之间的分工与协作。这既应从一条干线上加以研究,也应从一个地域加以分析,使枢纽在布局上有主有从。在交通线网的主要节点处配备能力强大的路网性枢纽,充分满足通过运输与中转、换装、换乘等作业的要求。在路网性枢纽附近,配备能力较小的辅助性枢纽和地方性枢纽,使各个枢纽均有一定的专业化发展方向。这样既能使各枢纽分工明确,又能使货流于大型枢纽内集中作业,充分发挥大型枢纽现代化设备的能力,最大限度地节省基建投资,提高运输效率,减少运营支出。

（2）交通枢纽布局应与城市建设和工业发展密切配合。综合交通枢纽与城市相互影响,关系密切,在发展上相互促进。当达到一定规模时,又会相互制约,枢纽应充分满足城市发展的运输需求。综合交通枢纽的各项设备在所在城市中均占有重要位置,是城市总体的有机组成部分。各种交通运输方式的设备布置对城市结构的形成与发展有着重大的影响,应在空间上紧密地与城市其他设施有机结合。主要包括：

①为城市服务的枢纽客运、货运设备应与城市功能区紧密结合。客运设备应靠近或适当深入生活居住区；货运设备应靠近和深入城市工业区、仓库区。

②在枢纽内各种设备的布置上充分注意保护城市环境。交通建筑物特别是陆上线路和大型站场应选择适宜地形修建,不应妨碍城市排水和郊区农业灌溉。此外,还应采取积极的措施防止和减轻交通噪声对居民聚居地段的干扰。

③由于交通枢纽是由许多建筑与设备组成的,并通过交通线连接为整体,很容易对城市市区产生切割,对城市的内部交通联系产生阻碍。因此,枢纽各种设施的总体布置,既应保证运营上的便捷,又不能干扰城市市内交通,切忌分散布置,尽量集中于城市的一侧或城市

总图的一个象限内。对于既有枢纽切割城市的状况也应在发展中逐步加以改善。

（3）交通枢纽内各种设备的布局应服从交通网的规划，充分保证各种运输方式之间的相互协调。枢纽内各种设备的布局首先应考虑在与相邻枢纽合理分工的前提下进行，防止因设备重复或设备不足而影响运输通畅。同时，应保证主要客流、货流在枢纽内经路顺直、便捷。综合交通枢纽作为各种交通运输方式的主要衔接点，必须充分保证各种交通方式之间的相互协调。

为了实现各种运输方式之间的相互协调，在综合交通枢纽的规划和建设中应采取多种技术措施和组织措施，而各种枢纽设备的合理布局则是其中最为重要的措施。铁路与公路的配合或水运与公路的配合，因公路运输容易适应多种不同条件，且所需的专门设备不多而较为简单。铁路与水运的配合承担了庞大的运输任务，最为复杂。现代化大型水陆交通枢纽内各种运输方式间的配合应是研究与规划的重点。

2）我国综合交通枢纽宏观布局

全国性综合交通枢纽位于综合运输大通道的重要交会点，依托省、自治区、直辖市的中心城市和口岸城市，在跨区域人员和国家战略物资运输中集散、中转功能突出，有广大的吸引和辐射范围，对综合交通网络的合理布局、顺畅衔接和高效运行具有全局性的作用和影响。

2007年国务院批准了《综合交通网中长期发展规划》，针对2020年规划了全国性综合交通枢纽（节点城市）42个，具体是：北京、天津、哈尔滨、长春、沈阳、大连、石家庄、秦皇岛、唐山、青岛、济南、上海、南京、连云港、徐州、合肥、杭州、宁波、福州、厦门、广州、深圳、湛江、海口、太原、大同、郑州、武汉、长沙、南昌、重庆、成都、昆明、贵阳、南宁、西安、兰州、乌鲁木齐、呼和浩特、银川、西宁、拉萨。

2021年中共中央、国务院印发《国家综合立体交通网规划纲要》，提出要建设多层级一体化国家综合交通枢纽系统，建设综合交通枢纽集群、枢纽城市及枢纽港站"三位一体"的国家综合交通枢纽系统，建设面向世界的京津冀、长三角、粤港澳大湾区、成渝地区双城经济圈等4大国际性综合交通枢纽集群，加快建设北京、天津、上海、南京、杭州、广州、深圳、成都、重庆、沈阳、大连、哈尔滨、青岛、厦门、郑州、武汉、海口、昆明、西安、乌鲁木齐等20个左右国际性综合交通枢纽城市以及80个左右全国性综合交通枢纽城市。此外，还规划了一批国际性综合交通枢纽港站。

（1）国际铁路枢纽和场站

在北京、上海、广州、重庆、成都、西安、郑州、武汉、长沙、乌鲁木齐、义乌、苏州、哈尔滨等城市以及满洲里、绥芬河、二连浩特、阿拉山口、霍尔果斯等口岸建设具有较强国际运输服务功能的铁路枢纽场站。

（2）国际枢纽海港

发挥上海港、大连港、天津港、青岛港、连云港港、宁波舟山港、厦门港、深圳港、广州港、北部湾港、洋浦港等国际枢纽海港作用，巩固提升上海国际航运中心地位，加快建设辐射全球的航运枢纽，推进天津北方、厦门东南、大连东北亚等国际航运中心建设。

（3）国际航空（货运）枢纽

巩固北京、上海、广州、成都、昆明、深圳、重庆、西安、乌鲁木齐、哈尔滨等国际航空枢纽地位，推进郑州、天津、合肥、鄂州等国际航空货运枢纽建设。

(4)国际邮政快递处理中心

在国际邮政快递枢纽城市和口岸城市,依托国际航空枢纽、国际铁路枢纽、国际枢纽海港、公路口岸等建设 40 个左右国际邮政快递处理中心。

这些国际性及全国性综合交通枢纽涵盖了现有和规划发展的所有重要枢纽港口、枢纽机场,铁路及公路主枢纽,与综合运输大通道共同构成我国综合交通网络骨架。

3)综合交通枢纽的衔接

综合交通网节点上的枢纽布局应综合考虑各条线路的顺畅连通,遵循客运"零距离换乘"和货物换装"无缝衔接"的原则,统筹线路、场站以及信息传输等设施的有效衔接,充分体现客货流汇集、换乘/换装和疏散的承载性、顺畅性和兼容性。综合交通枢纽的衔接应注意以下四点:

(1)铁路、公路、水路和民航客、货运枢纽,应纳入城市发展规划,与城市空间布局相协调,并与城市交通体系有机衔接。

(2)铁路、公路和机场客运枢纽,应建立与其吞吐能力相适应的旅客集散和中转系统,与城市轨道交通、常规公交、出租车、私人交通等各种交通方式合理接驳和换乘,实现交通一体化。对于特大型城市的客运枢纽,与城市之间的联系应以快速公共交通或轨道交通为主。

(3)大型铁路货运站应与公路、水运的货运设施有机衔接,并建立运营管理上的协调机制,减少换装和倒运环节。

(4)主要港口枢纽,其后方集疏运手段应以铁路、高速公路和管道为主,并与铁路干线和高速公路网络相联系。具备条件的,应积极发展内河集疏运体系。

1.3.2 综合运输通道布局规划

综合运输大通道是由两种或两种以上运输方式线路组成的承担主要客、货运输任务的运输走廊,构成综合交通网的主骨架,是国家的运输大动脉。

由于综合交通网络涉及五种运输方式的线路和枢纽场站等,布局规划相当烦琐,工作量较大。战略规划只对交通运输网络的宏观布局进行规划。宏观布局,也就是区域综合交通网络的总体形态与架构,其外在表现即为运输通道。因此,区域综合交通网络宏观布局研究即以运输通道的布局为研究出发点,着重考虑影响运输通道的总体布局和关键问题的解决。重要内容有运输通道的外部形态、内部线路总体走向、衔接系统布局。

1)综合运输大通道布局规划的基本要求

(1)连通我国所有的直辖市、省会城市和计划单列城市及其他 50 万人口以上的城市,连接我国主要的陆路、海上和航空口岸。

(2)连接区域经济中心、重要工业和能源生产基地。

(3)为西部、中部、东部地区之间和省际沟通提供多条走廊,满足国土开发和国防功能需要。

(4)构成通道的铁路干线、公路干线、内河高等级航道、航空主航线以及油气主管道有机衔接和相互协调,并与国际运输网络充分衔接,体现我国运输多样性和集约性,促进形成以优势互补为基础的一体化运输体系。

2)运输通道节点选择

运输通道布局研究的节点是指运输通道布局研究中需要考虑连通的经济或资源集散地

区,为布局需要,通常将其抽象为在其中心标注的一个点,简称节点。通道布局的节点选择的目的在于为通道线位比选提供架构,不宜要求规划通道布局结果通过所有的节点,但应考虑不同方案对影响区运输业发展、本身效益与费用的差别。

节点选取方法,可以分为定性分析法和定量分析法。定性分析法主要是依据规划区域的社会经济状况、政策导向、自然地理条件而选定节点,它操作步骤较为简便,但较易受到主观因素的干扰,规划节点的选择标准或界限较为模糊,说服力不强。而定量分析法是指通过建立数学模型来选择规划节点的方法,主要有聚类分析法和重要度法。其中,聚类分析法是按照一定的规则,对规划节点进行分类的数学方法;重要度法是通过计算得到规划节点的重要度来排定节点顺序和选择节点的方法。由于定量分析法通过建立数学模型来选择规划节点,能有效地避免主观因素的影响,与定性方法相比,具有一定的优越性。从具体应用来看,聚类分析法适合于对数量较多、水平参差不齐的规划节点进行分析;而重要度法则适合于对数量较少、水平相近的规划节点进行分析。

3)运输通道备选线位分析

运输通道线位初步方案的规划走向,可利用区位理论和节点重要度布局法予以落实。通过区位线分析法首先找出可能的路径走向方案,主要区位线如下。

(1)基本区位线

在通道布局备选端点基本明晰时,端点之间最便捷相连的线位为运输通道的备选路径,称为运输通道基本区位线。

(2)城市带区位线

如果通过影响区内,存在与运输通道基本区位线相近或平行的一条或几条呈带状分布城市群,则可把能将这些城市群带状相连的线位称为城市带区位线。

(3)地形区位线

与运输通道基本区位线相近或平行的呈带状分布的通道内平原或草原等的地域中心连线、沿河线、山脊线、山坡线等称为地形区位线。

(4)某种产业区位线

可视通道通过区的产业特征,将与运输通道基本区位线相近或平行的一条或几条呈带状分布的通道内的农业主产区中心、工业主产地、主要旅游点、扶贫区域中心点、商品集散点或交通枢纽点的连线称为某种产业区位线。

采用区位理论得到的通过影响区通道备选方案集,需要引入节点重要度理论,以弥补其存在的定量比较方面的不足。对于通道而言,由于通过性的作用占据十分重要的地位,因此,在线路走向分析时应将通过性、运输联系便捷性在重要度分析中予以体现,如依据通过量占总周转量的比重大小定义通过性运输对通道的相对重要性。

有了区位线重要度的概念后,就可以利用区位线重要度来计算结果进行通道组成多条区位线相对重要度的定量比较,使得区位线上节点取舍、方案取舍具备初步合理性。可在区位线重要度比选基础上,取2~4条重要度相对较大的区位线作为运输通道多方式工程布线的通道,并宜在工程方案容许的情况下,尽量使各方式集中在重要度大的区位线上。

4)运输方式配置方案拟定及比选

可结合通道人口分布、资源富集程度分布、生产力布局等对运输需求特性的要求等方面资料,把握运输通道不同备选线位运输需求的特性。依据运输需求特性与不同运输方式的服务特性,建立运输走廊内运输方式分布的初步方案(一般应为多种可行方案集)。

上述初步规划方案需要进行一定的优化比选,优化的实质在于通过分析不同运输方式之间如何以最经济的配置来满足运输本身多样性的需求,也就是不同运输方式在完成通道内不同要求的运输任务时,数量和费用方面的替代效益与费用最优。

费用与效益方面可从运输服务者在经济、时效、舒适性方面的不同需求角度构造指标体系。基本方法是多指标体系下规划方案的优化与比选的费用效益法、层次分析法、线性规划法等。在运输通道分方式的比选中,需要注意能接受的方案应具备以下特点:单指标要有最低要求,如果方案中某一指标低于一个不能接受的水准,则该方案不应接受;在多指标组合评价中,指标取舍、指标权重、指标可接受的最低要求应采用模型与专家意见相结合的方法确定。

运输通道分方式规划方案的比选、优化本身需要必要的反复,可将不同方案的优点组合后形成新的方案,也可以根据比选中发现的规划方案存在的不足,进行补充与完善。通过比选与优化,得到运输通道规划布局的运输方式,构成推荐方案。在运输通道的分方式规划比选过程中,对不同方案的利弊取舍,实际上也是对运输通道规划方案中不同部分定位的过程。布局规划的优化结果一旦得出,不同运输方式在通道内的角色就明确了。

5)运输通道的衔接系统规划

(1)运输枢纽布局规划

衔接系统规划应明确不同运输方式的枢纽位置,这些枢纽主要承担转换或集散通道周边地区交通的任务,研究能与通道运输要求相匹配的衔接点位、衔接方式、衔接点用地及方案、衔接点对外交通组织线路与组织运营方式,要从运输与经济协调角度开展一些大型枢纽的衔接规划。大型铁路客运站、大型机场的集散运输应突出对外客运如何与城市客运的协调。

(2)运输通道与城市布局及城市交通的衔接

衔接系统规划的另一重要内容是研究运输通道与城市布局的关系、市域交通与城市交通的衔接问题。应将运输通道规划与经过城市的总体规划协调好,从合理促进、引导城市发展、利于运输通道的技术经济效益、保证城市未来空间拓展等方面出发,处理好运输通道与城市的关系以及与城市交通的衔接方式。

6)我国综合运输通道规划

根据国家发展改革委 2007 年印发的《综合交通网中长期发展规划》,到 2020 年,综合交通网骨架由"五纵五横"综合运输大通道和国际区域运输通道组成。

(1)"五纵"综合运输大通道

①南北沿海运输大通道。北起黑河,经哈尔滨、长春、沈阳、大连、烟台、青岛、连云港、上海、宁波、温州、福州、厦门、汕头、广州、深圳、湛江、海口,南至三亚。此外,还包括北京至沈阳进出关通道。该通道由贯穿全线的铁路、公路、民航航路,部分陆上油气管线和沿海主要港口间航线组成,形成沟通我国南北沿海的综合运输走廊。该通道通过黑河口岸与俄罗斯铁路和公路网连接,通过大连、青岛、上海、宁波、厦门、广州、深圳、湛江等沿海港口与国际海上运输网络连接,并以上海、广州枢纽机场为节点,与国际航线网络相衔接。

②京沪运输大通道。北起北京,经天津、济南、徐州、蚌埠、南京,南至上海,由贯穿全线的铁路、公路、民航航路、部分水运和油气管线组成,形成沟通华北与华东、北京与上海两大

国际都市直接相连的综合运输走廊。该通道以北京、上海航空枢纽为节点衔接国际航线网络,上海国际航运中心承担国际海上运输中转功能。

③满洲里至港澳台运输大通道。北起满洲里,经齐齐哈尔、白城、通辽、北京、石家庄、郑州到武汉,从武汉分支,一支经长沙、广州,南至香港(澳门),另一支经南昌、福州至台北。此外,还包括齐齐哈尔至哈尔滨连接线。该通道由贯穿全线的铁路、公路、民航航路和部分油气管线组成,形成贯通东北、中部和华南,并与香港、台湾和澳门运输网络衔接的综合运输走廊,北端通过满洲里口岸与俄罗斯交通网连接,南端以香港国际航运中心和国际机场为国际海上、航空运输网络的枢纽。

④包头至广州运输大通道。北起包头,经西安、重庆、贵阳到柳州,从柳州分支,一支至广州,另一支至湛江,由贯穿全线的铁路、公路、民航航路、部分水运和油气管线组成,形成西部内陆出海运输走廊,通过广州港、湛江港,以及广州枢纽机场,与国际海上运输和航空运输网络连接。

⑤临河至防城港运输大通道。北起临河,经银川、兰州、成都、昆明、南宁,南至防城港,由贯穿全线的铁路、公路、民航航路和部分油气管线组成,形成西部内陆第二条南北综合运输走廊。该通道以昆明机场为面向东南亚的国际航空运输门户,以防城港港为主要口岸连接国际海上运输网络。

(2)"五横"综合运输大通道

①西北北部出海运输大通道。东起天津和唐山,经北京、大同、呼和浩特、包头、临河、哈密、吐鲁番、喀什,西至新疆吐尔尕特口岸,由贯穿全线的铁路、公路、民航航路和部分油气管线组成,形成西北连通东部的出海运输走廊。该通道以天津港和唐山港为枢纽连接国际海上运输网络,以吐尔尕特口岸与中亚交通网络衔接。

②青岛至拉萨运输大通道。东起青岛,经济南、德州、石家庄、太原、银川、兰州、西宁、格尔木,西至拉萨,由贯穿全线的铁路、公路、民航航路和部分油气管线组成。该通道以青岛港为枢纽沟通国际海上运输网络。

③陆桥运输大通道。东起连云港,经徐州、郑州、西安、兰州、乌鲁木齐,西至阿拉山口。该通道是亚欧大陆桥的组成部分,由贯穿全线的铁路、公路、民航航路和部分油气管线构成运输走廊。

④沿江运输大通道。东起上海,沿长江经南京、芜湖、九江、岳阳、武汉、重庆,西至成都。该通道由长江航道和铁路、公路、民航航路和油气管线组成,形成以长江航运干线为主、沟通东中西地区的运输走廊。该通道以上海港和南京港为枢纽,与国际海上运输网络连接。

⑤上海至瑞丽运输大通道。东起上海和宁波,经杭州、南昌、长沙、贵阳、昆明,西至瑞丽口岸,由贯穿全线的铁路、公路、民航航路和部分油气管线组成运输走廊,以上海港和宁波港为枢纽与国际海上运输网络衔接,以瑞丽口岸与东南亚路网连接。

2021年出台的《国家综合立体交通网规划纲要》,给出了新的国家综合立体交通网主骨架布局。《国家综合立体交通网规划纲要》依据国家区域发展战略和国土空间开发保护格局,结合未来交通运输发展和空间分布特点,将重点区域按照交通运输需求量级划分为3类。京津冀、长三角、粤港澳大湾区和成渝地区双城经济圈4个地区作为极,长江中游、山东半岛、海峡西岸、中原地区、哈长、辽中南、北部湾和关中平原8个地区作为组群,呼包鄂榆、黔中、滇中、山西中部、天山北坡、兰西、宁夏沿黄、拉萨和喀什9个地区作为组团。按照极、组群、组团之间交通联系强度,打造由主轴、走廊、通道组成的国家综合立体交通网主骨架。国家综合立体交通网主骨架实体线网里程 29 万 km 左右,其中国家高速铁路 5.6 万 km、普速铁路 7.1 万 km;国家高速公路 6.1 万 km、普通国道 7.2 万 km;国家高等级航道 2.5 万 km。

6 条主轴具体包括:

京津冀—长三角主轴。路径一:北京经天津、沧州、青岛至杭州。路径二:北京经天津、沧州、济南、蚌埠至上海。路径三:北京经天津、潍坊、淮安至上海。路径4:天津港至上海港沿海海上路径。

京津冀—粤港澳主轴。路径一:北京经雄安、衡水、阜阳、九江、赣州至香港(澳门)。支线:阜阳经黄山、福州至台北。路径二:北京经石家庄、郑州、武汉、长沙、广州至深圳。

京津冀—成渝主轴。路径一:北京经石家庄、太原、西安至成都。路径二:北京经太原、延安、西安至重庆。

长三角—粤港澳主轴。路径一:上海经宁波、福州至深圳。路径二:上海经杭州、南平至广州。路径三:上海港至湛江港沿海海上路径。

长三角—成渝主轴。路径一:上海经南京、合肥、武汉、万州至重庆。路径二:上海经九江、武汉、重庆至成都。

粤港澳—成渝主轴。路径一:广州经桂林、贵阳至成都。路径二:广州经永州、怀化至重庆。

7 条走廊具体包括:

京哈走廊。路径一:北京经沈阳、长春至哈尔滨。路径二:北京经承德、沈阳、长春至哈尔滨。支线一:沈阳经大连至青岛。支线二:沈阳至丹东。

京藏走廊。路径一:北京经呼和浩特、包头、银川、兰州、格尔木、拉萨至亚东。支线:秦皇岛经大同至鄂尔多斯。路径二:青岛经济南、石家庄、太原、银川、西宁至拉萨。支线:黄骅经忻州至包头。

大陆桥走廊。路径一:连云港经郑州、西安、西宁、乌鲁木齐至霍尔果斯/阿拉山口。路径二:上海经南京、合肥、南阳至西安。支线:南京经平顶山至洛阳。

西部陆海走廊。路径一:西宁经兰州、成都/重庆、贵阳、南宁、湛江至三亚。路径二:甘其毛都经银川、宝鸡、重庆、毕节、百色至南宁。

沪昆走廊。路径一:上海经杭州、上饶、南昌、长沙、怀化、贵阳、昆明至瑞丽。路径二:上海经杭州、景德镇、南昌、长沙、吉首、遵义至昆明。

成渝昆走廊。路径一:成都经攀枝花、昆明至磨憨/河口。路径二:重庆经昭通至昆明。

广昆走廊。路径一:深圳经广州、梧州、南宁、兴义、昆明至瑞丽。路径二:深圳经湛江、南宁、文山至昆明。

8 条通道具体包括:

绥满通道。绥芬河经哈尔滨至满洲里。支线一:哈尔滨至同江。支线二:哈尔滨至黑河。

京延通道。北京经承德、通辽、长春至珲春。

沿边通道。黑河经齐齐哈尔、乌兰浩特、呼和浩特、临河、哈密、乌鲁木齐、库尔勒、喀什、阿里至拉萨。支线一:喀什至红其拉甫。支线二:喀什至吐尔尕特。

福银通道。福州经南昌、武汉、西安至银川。支线:西安经延安至包头。

二湛通道。二连浩特经大同、太原、洛阳、南阳、宜昌、怀化、桂林至湛江。

川藏通道。成都经林芝至樟木。

湘桂通道。长沙经桂林、南宁至凭祥。

厦蓉通道。厦门经赣州、长沙、黔江、重庆至成都。

1.3.3 综合交通枢纽中、微观布局规划

1)场站布局规划

场站是枢纽客货运输作业和运输技术作业的地点,枢纽场站布局问题,主要是指枢纽内部各种场站设施的合理配置(配置数量、地点、规模及类型、联络方式),以提高枢纽乃至整个综合交通运输体系的运转效率。综合交通枢纽所在区域,由于受交通发生吸引源的分布、交通运输网络特点和自然环境等因素的影响,使得在同样的地域范围和同样的交通运输网络上,布局不同的枢纽场站,会产生不同的交通运输效率和社会经济效益。因此,综合交通枢纽场站的合理布局,是根据对社会经济发展和交通需求的预测结果,利用交通规划和网络优化理论和方法,综合考虑交通发生吸引源的分布情况、交通运输条件及自然环境等因素,对枢纽场站的数量、地理位置、规模和与其他枢纽的相互关系进行优化和调控,实现整个综合交通枢纽运输效率的最大化。

(1)场站布局的原则和目标

①场站布局原则。

a.综合交通枢纽内各种运输设施的布局,应服从交通运输网的规划,应从交通运输网布局的全局出发,研究合理利用各种运输能力,并考虑枢纽在交通运输网中承担的任务及与相邻枢纽合理分工,避免设备重复或因设备不足而影响运输通畅。

b.充分保证各种交通运输方式之间的相互协调,使主要客流、货流在枢纽内径路顺直、便捷,保证整个交通枢纽的畅通。

c.方便城市生产和居民生活,尽量避免和减少对城市的不良影响,如各种交通运输线路尽量避免穿越城市,各种客、货运设备应按其与城市的工业生产及居民生活的关系,分不同情况进行布局,注意适应环保的要求等。

d.综合交通枢纽场站的布局,在能力上要留有余地,以适应社会、经济不断发展的要求,同时也不能造成运输能力浪费。

②场站布局规划的目标。

a.客运系统:不同的运输方式旅客在枢纽停留的时间最少,其中旅客在枢纽停留时间 $T=$ 进入离开枢纽时间+到发中转换乘时间+城市出行时间。

b.货运系统:不同的运输方式货流在枢纽作业费用最小,货物在枢纽停留时间、中转时间最少等。

(2)交通枢纽系统场站布局影响因素分析

①城市道路网络条件。综合交通枢纽场站布局确定后,不同场站发送方向不同的旅客,服务城市不同区域的旅客出行决定了该场站的规模。乘客从各个方向到达该站的方便程度也与客运站的交通衔接、路网条件密切相关,选择不同路径具备的不同道路条件也就决定了客流在城市内的出行时间,因此应以客流在市内的主要交通工具(公共客运)的运行线路道路交通状况为依据。

②各种不同运输方式的协调与竞争。运输市场存在不同运输方式企业之间的竞争,特别是道路运输同铁路运输的竞争尤为激烈。旅客在选择运输方式时不仅存在考虑价格、服务质量等因素,同时对全程运行时间的重视程度也越来越高。在综合交通枢纽内布置不同方向的枢纽场站,使乘客尽快到达就近的场站,在最短的时间出行并到达目的地,成为各种运输方式提高竞争优势的重要措施之一。

(3)场站布局规划分析

①场站布局方案基本步骤。综合交通枢纽布局方案是在综合交通运输量预测的基础上,根据规划范围内客货流量、城市总体规划及各分区的功能、城市对外通道的分布等,确定枢纽站场的空间分布、服务范围和规模,然后对所形成的方案进行优化的过程。具体过程如下:

步骤1:备选位置的确定。首先,根据综合交通枢纽服务范围内运输量的预测以及交通枢纽场站的现状分析,初步确定场站数量和规模,对对象区域进行考察分析,采用定性分析的方法确定枢纽的备选位置。

步骤2:位置优选。用定量模型对枢纽位置进行优选,得出枢纽位置的理论结果,提供场站的定点范围。

步骤3:布置方案的确定。根据场站布置制约因素的综合分析,对理论结果进行必要的调整,提出具体的布置方案。

步骤4:对多个方案进行评价比较,选出最优推荐方案。

②场站布局规划常用模型。综合交通枢纽场站规划与布局研究中常用的基本模型与方法如下:

a.重心法。重心法是一种模拟方法,它将交通运输系统中的交通发生点和吸引点看成分布在某一平面范围内的物体系统,各点的交通发生、吸引量分别看成该点的重量,物体系统的重心就是枢纽场站设置的最佳点,用求几何重心的方法来确定交通枢纽场站的最佳位置。重心法不限于特定的备选地点进行选择,灵活性较大,但它将纵向和横向坐标标识为独立变量,与实际交通运输系统的情况相差甚远,求出的解往往不精确,只能作为枢纽场站布局的初步参考。

b.成本分析法。成本分析法是在已经具有一个枢纽场站位置的选择集的前提下,以枢纽系统的总成本最小为目标,通过财务计算,比较选择最佳场站位置的方法。成本分析法实际上只是一个简单的场站选址成本比较法,在求解过程中均以静态的总费用最小为选优目标,运输费率为固定值,既没有考虑实际的路网结构,又没有考虑客、货流在线路上的互相交织混杂对交通流在路网上分配结果的影响。

c.运输规划模型。假定在综合交通枢纽的服务范围内发生点,各点的发生量;有 n 个吸引点,各点的需求量;有可能设置综合交通枢纽的备选场站地址。发生点发生的交通量可以从设置的场站中中转,也可以直接到达吸引点。假定各备选地址设置枢纽场站的基建投资、中转费用和运输费率均为已知,以总成本最低为目标可以采用本教材前面介绍的选址模型和方法,确定枢纽场站布局的最佳方案。

(4)枢纽场站方案形成

布局方案的最后形成一般由综合交通枢纽布设数量、规模确定和场站选址两部分组成,交通枢纽场站数量、规模和选址的确定是不可分割的,这两部分是动态影响的,整个方案设计的过程是不断反馈、调整的过程。客运交通枢纽与货运交通枢纽的场站布局是综合交通枢纽布局规划中两个不同的部分。由于客运交通流的组成要素是单一的人,其运输环节主要以人的空间位移为主;而货运交通流则不仅有货物种类的区别,其流通过程中还有装卸、储存、包装、配送等环节,因而,货运交通枢纽的场站布局选址要比客运交通枢纽复杂。以下以客运枢纽的布局为主进行分析。

①枢纽场站备选位址的确定。

a. 综合交通枢纽的规划区域。根据综合交通枢纽所在城市的总体规划、土地利用规划和国家综合交通网络的总体布局规划和实际的交通需求,确定综合交通枢纽的规划区域,即客、货流通区。从我国各区域城市地区之间的联系及其内部发展需要的角度分析,综合交通枢纽布局规划应该将其范围进一步扩大,以区域城市地区的中心城区为核心,将其所辖的周边有着固定交通联系的县市以及重点乡镇与经济发展组团也纳入规划的范围,突破传统的观念,提升综合交通枢纽系统的覆盖程度。划分交通小区时,可根据城市主要出入干道的位置、数目及发展变化,主要客、货源吸引和发生情况分布,城市土地使用特征,功能分区,现有场站的分布状况等客观因素进行划分,划分的每个小区应至少包括城市的一条主要交通干道。

b. 场站数量的初步确定。考虑规划地域未来的功能分区和对外交通状况,客、货运量的构成,不同类型站场的合理生产规模等因素,确定场站的设置数量。枢纽场站布设数量是在综合考虑以下各主要影响因素的基础上确定的:城市未来的形态及功能分区;城市生产力布局;干线交通运输网的布局及城市主要对外交通方向;场站的合理生产规模;地质、环保、交通管制等社会因素。

枢纽场站布设个数过小,将会造成客货流集疏不畅通,旅客和货主均感不便,同时也易造成单个枢纽站规模过大,微观上不易管理,成本高;枢纽站布设个数过大,将会过度分散运输需求,不易形成经济、合理的场站规模,同时对场站的宏观管理也造成一定的困难。单个枢纽场站的合理规模主要由以下几个因素决定:枢纽场站分方向运输量的预测,在分析现状客货流向特征的基础上,研究将来城市出入道路规划、综合运输干线布局、对外交通联系等因素变化对客货流向的影响,预测各方向流量的比例,进而得出各方向的客货运输量;枢纽场站的性质、功能;枢纽场站的用地限制;枢纽场站与城市交通系统的配合。受周边道路系统通过能力的制约,考虑规划综合交通枢纽场站的规模时,必须和城市交通系统相结合,使枢纽场站的通行能力和城市道路的通行能力相协调。在随后的枢纽站布局规划中,还可根据需求适当调整场站个数的大小,但不宜有较大变化。

c. 备选位置的选取。场站选址的定量因素是指场站的建设投资、运输费用和经营管理费用,其中运输费用占有比例最大。场站选址的定性因素包括国家和城市的交通政策,经济政策、城市工业、商业及住宅区布局与规划,城市发展规划等。这些因素不易量化,但往往是构成场站选址的重要约束条件,甚至是先决条件。因此,场站选址时应以城市的经济发展、人口区域分布、综合运输需求量等相关因素的预测分析结果为基础,结合城市形态和路网的现状结构及未来规划,考虑与其他运输方式及场站的衔接,以对现状场站布局形态合理的评价为依据,确定各场站的大体位置,同时选址过程中还必须考虑站址的可得性等社会因素的影响。备选位置的定性分析方法是在确定枢纽场站布设数量的基础上,结合城市结构形态与客流特征,采用"点""线""面"层次分析,通过现场勘查、广泛搜集资料,从宏观入手对方案进行初始研究。"点""线""面"层次分析是从系统的观点,对综合交通枢纽布局的影响因素进行分层次分析,以保证综合交通枢纽规划区域内各种运输方式的协调以及运输系统内点、线、面能力的匹配,从而发挥综合交通枢纽的综合能力。因此,"点""线""面"三要素的分析是场站布局方案研究中进行定性分析的重要基础工作,必须将三个因素紧密结合起来。

②枢纽位置的优选。枢纽场站布局方案优化的思路是从找寻一个与其他交通运输方式联系最为密切、可调整余地较大的基本交通运输方式入手,通过优化这一基本交通运输方式的枢纽布局,来带动整个交通运输枢纽的优化。五种交通运输方式中,公路运输系统作为联系其他交通方式的纽带,其灵活性和可调整性较大,因此可以公路运输枢纽的优化布局为目标,把铁路、水运和航空这几种交通运输方式的枢纽作为公路场站布局的约束条件。在优化过程中,使公路场站的布局最大限度地保证各种交通方式的有机衔接,从而提高综合交通枢纽的运营效率。同时,又因为这一优化过程是个滚动的不断调整的过程,当公路枢纽场站布局相对稳定,而铁路枢纽场站需要调整时,应以公路、水运和航空这几种交通运输方式的枢纽作为铁路场站布局的约束条件对其优化。

(5)枢纽场站布置方案的确定

在分析确定枢纽场站布设数量、方案类型和各枢纽站大体位置后,枢纽站选址要与城市总体规划相结合,既要满足客流、货流和货主、车主的需要,又应尽量减小货运车辆对城市交通的压力,减少车流、噪声及废气等对城市居民生活与工作的干扰和影响,避免与学校、医院、居民区等相距过近。通过对可能用地的实地考察和与有关部门协商,最后确定各枢纽站的具体用地范围,形成枢纽场站布置方案。最后,对多个布置方案进行综合评价,选出最优的推荐方案。

2)综合枢纽的组织协调

对于由多种运输方式干线衔接所形成的综合枢纽,主要应对其作业上紧密相联的一些环节进行研究。这些环节如下。

(1)与枢纽相衔接的各条干线之间相互协调的主要环节

①铁路枢纽编组站—港湾站—水运码头,或接轨站—专用线—水运码头:由铁路与水运共同承担的水陆联合运输是枢纽中最重要的作业。在港口组成复杂、作业量巨大时,要设置港湾站(也称港前编组站)专门承担各码头作业区的车辆集结、编组,一般都设在有海港的枢纽中。港口多按货物性质分设专业化作业区,多是将外贸货物、经本枢纽转运的国内货物等作业设在城市市区之外,通过港湾站与枢纽铁路编组站联结,做到有顺直而近便的联系,减少建筑费用和运营费用,并注意铁路联络线或专用线不穿越市区,不妨碍城市市区用地的扩展。兼为通过货物和本市发到货物服务的公用港区应设在市区边缘。

许多枢纽在发展初期乃至相当长的时期内港湾站与枢纽编组站是合一的。随枢纽运量的增加,当需要扩建现有站场时,因受用地限制,又需解决铁路运营干扰城市的问题,因此将枢纽编组作业移走,在规划的市区范围外开设新编组站,原有站改为主要为港口服务的编组站。如我国大连枢纽在北郊南关岭建设枢纽编组站,将大连北站改为主要为港口服务的车站。

②输油管道—油库—油品码头:在布局上油库和油品码头都应遵守有关的防火要求,不仅要与城市居民区、工业区有一定的防火间距,而且应与港口客运码头、其他货物作业区分开布局,设在盛行风向的下侧或最小风频的上侧,在河流上还应设在其他港区的江河桥渡的

下游处。在能力的协调上,油库的储存能力应能保证油码头装卸船只的能力,还应注意留有扩建的余地。如我国的青岛枢纽黄岛油码头、大连枢纽鲇鱼湾油码头、南京枢纽油码头等。

③铁路客运站—水运旅客码头、铁路客运站—公路长途客运站:在旅客中转、换乘运输方式的大型客流集散中心,应尽量将有关客运设施设置在一起,如沈阳、合肥、本溪等枢纽都按此要求设置了相互靠近的客运站。这个要求在布局规划上并非复杂的问题,却经常被忽视,有时则由于铁路客运站迁移,而新址无法与原有客运码头配合(如芜湖枢纽),或由于用地紧张而无法安排。

(2)干线运输与市内运输相互协调的主要环节

①干线运输与工业运输的联结包括:接轨站—专用线—工业运输、企业专用码头—传送带、公路或铁路专用线—工业运输。必须首先按照协调的第一个条件,即运输过程的连续性来安排布局,使之环节尽量减少,最好将接轨站或工业码头设于厂区附近或大型工业区的边缘,在企业无自营运输工具(自备铁路机车)时,干线运输将货物直接送到企业装卸点和场库,并将外运货物取走,在有厂内自营运输的情况下,干线只将货物送到交接点。应协调好运输的节奏性(分批到达或取走货物)和企业生产的连续性。

②客运站—站前广场—市内运输:客运站的规划一定要与市内运输有十分便捷的联系。在只有一两个客运站时,应选址在市区边或适当深入市区,大城市的主要客运站还应尽量设于中心区的边缘处。客运站应靠近城市公共交通中心和商业中心,但又需注意不使向客运站集散的客流与城市主要交通流产生干扰。站前广场的布置应最大限度地方便旅客换乘市内公共交通工具。客运站的现代化发展方向是将干线运输与市内运输布置在一座综合性站舍内,可将长途客运和市郊客运的列车与城市地下铁道、公共汽车等的停车站立体布置在其地面与地下。

③航空客运站—市内运输:为了安全与消除飞机噪声对城市居民的影响,现代航空客运站必须设在距市区二三十公里之外。这是与其他干线运输客运站布局的最大区别,因此也特别需要有能力大、速度快的市内运输相衔接。

通过上述分析,可对综合交通枢纽的重要环节是否协调发展、布局合理与否作出判断,对总体规划方案的比选提供较为准确的依据。

1.4 规 划 案 例

下面以全国287个城市为例,进行1、2、3类综合交通枢纽节点城市的选址规划,对选址方法应用作一说明(注:本案例仅用于说明选址方法,非有关部门真实规划,其中很多观点也值得商榷,仅代表作者个人观点)。

1.4.1 综合交通枢纽初步方案层次划分

首先根据对我国各种交通方式枢纽现状的分析,将公路、铁路、水运、航空四种交通方式的枢纽按原来的层次划分结果,重新划分为1、2、3类交通枢纽节点,具体划分原则如下。

(1)公路

根据《国家公路运输枢纽布局规划》,全国共有179个公路枢纽,其中45个为原主要公路枢纽,占主导地位,将45个占主导地位的公路枢纽定为1类,其余134个公路枢纽为2类,剩余枢纽城市节点为3类。

(2) 铁路

决定铁路枢纽等级的有三个方面:集装箱中心站(专办站)、编组站等级、客运枢纽等级。规定集装箱中心站、路网性编组站、路网性客运站为1类,集装箱专办站、区域性编组站、区域性客运站为2类,地方性编组站、地方性客运站为3类。若三个方面中任意一方面为1类则铁路枢纽为1类,任意一方面为2类则铁路枢纽为2类,剩余节点为3类。

(3) 港口

包括内河港口和沿海港口,根据《全国沿海港口布局规划》《全国内河航道与港口布局规划》以及各省、直辖市的港口布局规划,全国港口划分为主要港口、地区性重要港口和一般港口三个层次,其中主要港口为1类,地区性重要港口为2类,一般港口为3类。

(4) 航空

首先根据机场类别划分,机场可以分为枢纽机场、大型机场、中型机场(A)、中型机场(B)、小型机场,以机场类别等级将航空枢纽分为5类。

其次,定义综合交通枢纽层次划分标准如下:

全国性综合交通枢纽城市 = {1类港口所在城市}∪{1类公路所在城市}∪{1类航空所在城市}∪{1类铁路所在城市};

区域性综合交通枢纽城市 = {2类港口所在城市}∪{2类公路所在城市}∪{2类航空所在城市}∪{2类铁路所在城市};

剩下所有节点(非综合交通枢纽除外)为地方性综合交通枢纽城市。

根据以上内容,可以得出全国综合交通枢纽城市的初步方案层次划分结果。综合交通枢纽城市层次划分思路如图4-1-2所示。

根据以上分析,最终得到全国287个城市节点的初步层次划分方案:全国性综合交通枢纽75个,区域性综合交通枢纽127个,地方性综合交通枢纽82个,非综合交通枢纽3个。

1.4.2 综合交通枢纽需求权权重确定

综合交通枢纽的形成依赖于大量客货运输需求源,而客货流产生的基础是较大的人口和产业规模,因此,综合交通枢纽有着与城市共生的特性。而城市的政治地位、人口规模、经济和产业规模以及城市未来发展是形成综合交通枢纽的重要基础,在此基

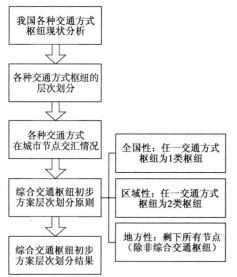

图4-1-2 综合交通枢纽初步方案层次划分思路

础上建立综合交通枢纽需求权评价指标体系,用于综合评价综合交通枢纽的节点重要度。

(1) 需求权评价指标建立

综合交通枢纽所依托的节点城市的需求权 h_i 主要由城市政治地位、人口规模、经济综合竞争力、城市科学发展指数四项一级指标确定。其中,政治地位主要考虑节点城市是否为省会或直辖市;经济综合竞争力指标包括综合增长竞争力、经济规模竞争力、经济效率竞争力、发展成本竞争力、产业层次竞争力、收入水平竞争力6项二级指标;城市科学发展指数包

括经济繁荣指数、社会和谐指数、环境友好指数、支撑能力指数 4 项二级指标。具体节点需求权评价指标体系如表 4-1-1 所示。

节点需求权指标体系　　　　　　　　表 4-1-1

指标等级	一级指标	二级指标
指标名称	政治地位	省会(直辖市)
		非省会(直辖市)
	人口规模	—
	综合增长竞争力	经济综合竞争力
		经济规模竞争力
		经济效率竞争力
		发展成本竞争力
		产业层次竞争力
		收入水平竞争力
	城市科学发展指数	经济繁荣指数
		社会和谐指数
		环境友好指数
		支撑能力指数

（2）指标权重分析

综合交通枢纽节点城市的评价指标体系通过专家打分法，采用定量分析和定性分析相结合，并经过多次整理，得到需求权指标权重值。

① 政治地位指标（P）。指该综合交通枢纽节点城市是否为省会（直辖市）。政治地位指标的权重分析通过向专家咨询意见获得。

② 人口规模指标（N）。指综合交通枢纽节点城市的人口数量。人口规模指标的权重分析通过向专家咨询意见获得。

③ 经济综合竞争力指标（E）。该指标用来衡量综合交通枢纽节点城市的经济综合能力，主要指该节点城市的经济综合增长、经济规模、经济效率、发展成本、产业层次、收入水平等。

④ 城市科学发展指数指标（D）。该指标用来衡量综合交通枢纽节点城市的未来发展，主要指该节点城市的经济繁荣指数、社会和谐指数、环境友好指数和支撑能力指数等。

得到以上评价指标权重值后，定义：因素指标集为 U，各因素指标权重矩阵为 a，节点城市各评价指标权重值矩阵 R。根据上述分析可知：

$$U = \{P, N, E, D\} \tag{4-1-1}$$

通过专家打分法，分析整理后，现本教材取各因素指标权重为：

$$a = [0.2, 0.1, 0.4, 0.3] \tag{4-1-2}$$

根据上述评分标准，可以得到所有城市的四项一级指标分数矩阵 R。最终所有城市的需求权指标权重计算公式：

$$h = [h_1, h_2, \cdots]^\mathrm{T} = Ra^\mathrm{T} \tag{4-1-3}$$

详细取值情况参见本篇参考文献[9]。

1.4.3 综合交通枢纽布局优化模型建立

综合交通枢纽的布局优化属于大规模的选址问题,在综合交通枢纽布局的初步方案上,为了进一步进行枢纽布局的优化调整,以需求点的总需求权距离最小为目标,建立数学模型。

1)全国性综合交通枢纽布局优化模型建立

模型建立的思路为:在综合交通枢纽候选点已经确定情况下,主要考虑综合交通枢纽的城市形态、城市定位、运输能力等因素对需求点需求权的影响,在节点总数一定的情况下,使总需求权距离最小。

(1)模型假设

为了便于建立模型,作一定的假设。假设系统满足以下条件:

①仅在一定的辐射范围内考虑枢纽节点的位置设置;
②同类枢纽节点辐射范围为同一定值;
③需求点的需求权重已经获得,视为已知;
④考虑每一个需求点仅被分配到一个枢纽。

(2)符号定义

为了叙述方便,将常用到的符号定义如下:

I:第一类需求点集合,即全国287个城市,以i为索引;

J:第一类枢纽候选点集合,即初步方案中75个全国枢纽城市,以j为索引;

d_{ij}:需求点i与枢纽候选点j之间的距离;

D_1:全国性综合交通枢纽的覆盖距离;

$N_i = \{j | d_{ij} \leq D_1\}$,能覆盖需求点$i$的所有第一类候选点的集合;

h_i:节点i的权重;

P_1:全国性综合枢纽城市节点的固定选址数;

$X_j = \begin{cases} 1 & \text{如果在枢纽候选点}j\text{选址} \\ 0 & \text{如果不在枢纽候选点}j\text{选址} \end{cases}$

$Y_{ij} = \begin{cases} 1 & \text{需求点}i\text{被枢纽候选点}j\text{覆盖} \\ 0 & \text{需求点}i\text{不被枢纽候选点}j\text{覆盖} \end{cases}$

(3)模型建立

$$\min \sum_{i \in I} \sum_{j \in J} h_i d_{ij} Y_{ij} \tag{4-1-4}$$

s.t.
$$\sum_{j \in J} X_j = P_1 \tag{4-1-5}$$

$$\sum_{j \in N_i} X_j \geq 1 \quad \forall i \in I \tag{4-1-6}$$

$$\sum_{j \in J} Y_{ij} = 1 \quad \forall i \in I \tag{4-1-7}$$

$$Y_{ij} - X_j \leq 0 \quad \forall i \in I, j \in J \tag{4-1-8}$$

$$X_j \in \{0,1\} \quad \forall j \in J \tag{4-1-9}$$

$$Y_{ij} \in \{0,1\} \quad \forall i \in I, j \in J \tag{4-1-10}$$

目标函数[式(4-1-4)]表示总需求权距离最小;约束条件[式(4-1-5)]保证全国性综合

交通枢纽选址总数为 P_1；约束条件[式(4-1-6)]保证每个需求点至少被一个枢纽候选点覆盖；约束条件[式(4-1-7)]要求在全国性枢纽覆盖距离内，每一个需求点被分配到一个枢纽；约束条件[式(4-1-8)]要求需求点能仅仅分配到被选中的枢纽点；约束条件[式(4-1-9)和式(4-1-10)]为整数约束。

(4) 模型参数值确定

为了确定合理的参数值 P_1，即全国性综合交通枢纽的固定选址数，考虑引入选址问题中的另一类典型问题覆盖集问题。它的目标是找到最小的选址数，以便所有的需求在可接受的距离以内被覆盖。

覆盖集问题的模型表述如下：

$$\min \sum_{j \in J} X_j \tag{4-1-11}$$

s.t.
$$\sum_{j \in N_i} X_j \geq 1 \quad \forall i \in I \tag{4-1-12}$$

$$X_j \in \{0,1\} \quad \forall j \in J \tag{4-1-13}$$

目标函数[式(4-1-11)]使选择的枢纽总数减到最小；约束条件[式(4-1-12)]保证每个需求点选择至少被一个候选点覆盖；约束条件[式(4-1-13)]是整数约束。求解该模型，得到能将所有枢纽覆盖的最小综合枢纽选址数 P。根据 $P_1 \geq P$，确定较为合理的 P_1 值。

2) 区域性综合交通枢纽布局优化模型建立

区域性综合交通枢纽的优化模型、模型建立的假设条件与全国性综合交通枢纽是完全一样的，只在符号定义上有所不同：

I：第二类需求点集合，即除优化后的全国性枢纽以外的节点，以 i 为索引；

J：第二类候选点集合，即上文初步分类结果中的 124 个区域性枢纽和第一类 75 个候选点优化后未被选为枢纽的第一类候选点，以 j 为索引；

d_{ij}：需求点 i 与候选点 j 之间的距离；

D_2：区域性综合交通枢纽的覆盖距离；

$N_i = \{j | d_{ij} \leq D_2\}$：能覆盖需求点 i 的所有第二类候选点的集合；

h_i：节点 i 的权重；

P_2：区域性综合交通枢纽的固定选址数；

$X_j = \begin{cases} 1 & \text{如果在候选点 } j \text{ 选址} \\ 0 & \text{如果不在候选点 } j \text{ 选址} \end{cases}$

$Y_{ij} = \begin{cases} 1 & \text{需求点 } i \text{ 被候选点 } j \text{ 覆盖} \\ 0 & \text{需求点 } i \text{ 不被候选点 } j \text{ 覆盖} \end{cases}$

1.4.4 综合交通枢纽选址方案确定

综合交通枢纽选址总数(枢纽布局优化模型中的 P_1 和 P_2)的确定是求解枢纽布局优化的基础和关键，P_1 和 P_2 的值主要根据定性分析和定量分析综合确定，定性分析根据综合交通枢纽层次划分的初步方案，并考虑 P_1 在枢纽候选点中占的比例进行综合分析调整，定量分析主要用 ILOG CPLEX 对覆盖集模型进行求解，最终根据两者结合分析来确定 P_1 和 P_2。

(1) 全国性综合交通枢纽选址总数的确定

根据综合交通枢纽布局优化的初步层次划分方案，规定满足下列条件的城市节点优先筛选为全国性综合交通枢纽城市级节点：
①公路和铁路两种交通方式枢纽等级均为一类节点；
②航空和水运两种交通方式枢纽等级至少有一个为二类节点；
③是重要的航空港或水运港口；
④是全国或区域重要政治、经济、文化中心，在全国和区域内有广大吸引和辐射范围。
根据以上几个条件，从75个全国性枢纽候选点中选出27个满足条件的枢纽城市节点。
定量分析主要是采取ILOG优化软件结合定性分析的结果对覆盖集模型进行求解，所需的数据为：
①需求点以及候选点数量；
②需求点与候选点之间的距离；
③候选点与需求点之间的覆盖距离。
ILOG的求解结果见表4-1-2。

全国性综合交通枢纽最小选址数　　　　　　　　表4-1-2

覆盖距离 D(km)	800	900	1 000	1 100	1 500	2 000	3 000
选址最小数 P	30	30	30	29	29	29	27

全国性枢纽最小选址数如图4-1-3所示，从图4-1-3可以看出，枢纽覆盖距离为大于1000km时，最小选址数发生变化；在800～1000km时，最小选址数为30。考虑到一个城市的实际覆盖范围，选取覆盖距离为800km，因此全国性综合交通枢纽的最小选址数P为30个，即$P_1 \geq 30$。

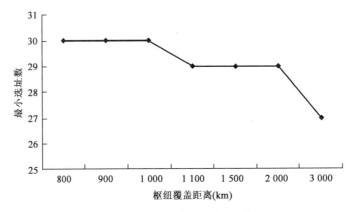

图4-1-3　全国性枢纽最小选址数

覆盖集模型只考虑覆盖距离对枢纽最小选址数的约束，未考虑其他约束条件，因此只要$P_1 \geq 30$均满足全国性枢纽的选址总数。考虑选址总数在全国性枢纽候选点及全国所有枢纽的分布情况，经过对比分析和综合考虑，确定全国性综合交通枢纽的选址总数为45，即$P_1 = 45$。

(2) 区域性综合交通枢纽选址总数的确定
规定满足下列条件的城市节点优先筛选为区域性综合交通枢纽城市级节点：
①是全国性枢纽候选点中未被优化选为全国性枢纽的候选点；
②公路和铁路两种交通方式枢纽等级均为二类节点；

③是主要的航空或水运港口;
④是各区域或省市的主要城市,在区域内有较大的吸引和辐射范围。

根据以上条件,共筛选出 62 个满足条件的区域性综合交通枢纽。

定量分析中采用 ILOG 求解覆盖集模型的结果见表 4-1-3。

区域性综合交通枢纽最小选址数　　　　　表 4-1-3

覆盖距离 D(km)	350	400	500	600	700	800	900	1 200	1 500	2 000
选址最小数 P	81	79	77	77	74	70	70	66	66	66

区域性综合交通枢纽最小选址数如图 4-1-4 所示,从图 4-1-4 可以看出,当覆盖距离 D 为 350km 时,最小选址数为 81,区域性枢纽随着覆盖距离的增大,最小选址数变小且变化较大。结合全国性枢纽覆盖距离,选取覆盖距离为 500km,最小选址数为 77,此时需求点被多个枢纽覆盖的概率更大,稳定性更强,全国性综合交通枢纽的最小选址数 P 为 81,即 $P_2 \geqslant 81$。

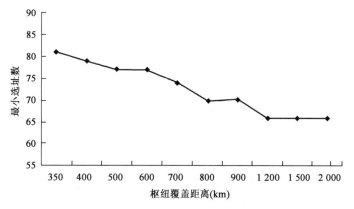

图 4-1-4　区域性综合交通枢纽最小选址数

同样,考虑选址总数在区域性枢纽候选点及全国所有枢纽的分布情况,经过对比分析和综合考虑,结合定性和定量分析,确定区域性综合交通枢纽的选址总数为 95,即 $P_2 = 95$。

在给定全国性和区域性综合交通枢纽节点城市选址数量后,利用 ILOG CPLEX 对全国性枢纽布局优化模型进行求解,即可得到相应的布局方案。

最后,在全国 284 个综合交通枢纽中除了 45 个全国性枢纽和 95 个区域性枢纽,剩下的 144 个综合交通枢纽节点城市为地方性综合交通枢纽。

❓ 复习思考题

1. 简述综合交通枢纽的分类及作用。
2. 综合交通枢纽规划的基本原则及其流程主要包括哪些内容?
3. 结合我国的特点,谈谈我国的综合交通枢纽规划应主要考虑哪些因素。
4. 综合交通枢纽规划在交通运输系统中的作用是什么?

第 2 章　航空与高速铁路综合枢纽规划

2.1　概　　况

2.1.1　航空与高速铁路枢纽的特征

随着高速铁路的通车运营和动车组开行范围的不断扩大,列车的速度的大幅提升,列车设施更加人性化,列车服务变得航空化,线路上长轨的铺设,使列车运行更加平顺。高速铁路给国内航空公司带来了竞争,但同时也带来了合作的空间。空铁运输企业可以通过建立多式联运的运输体系,建立综合枢纽将航空运输和高速铁路运输相互连接,从而达到共同发展、和谐共赢的目标。

所谓空铁联运就是将高铁的地面快速、多站点、区位优势与民航的空中快速、直达性、机场区位劣势结合起来,通过速度互补、区位互补、客源互补、线路互补,将地面交通网与空中交通网有效连接起来,形成地—空立体交通网络。

综合运输体系是各种运输方式在现代经济条件下共同组成的布局合理、优势互补、分工明确、衔接顺畅的运行系统和服务系统。航空与高速铁路枢纽是城际交通与城市交通衔接的枢纽,主要位于城市对外交通出入口,通过加快构建航空与高速铁路之间的综合交通运输体系,连接机场和主要城市、港口、运输枢纽,调整优化空铁交通网络的规模、能力,发展先进运输组织形式,实现综合运输枢纽合理布局和航空高铁两种运输方式优势互补,逐步实现两种高端快速交通方式客运零距离换乘。

综合以上可以看出,航空与高速铁路枢纽的特征主要有(以客运为例):

(1)零换乘。零换乘,是零距离换乘的简称,就是指将航空、高铁、城铁、公交、出租车等不同客运方式的换车地点,整合在一个交通枢纽里,使乘客不出这个枢纽就能改乘其他的交通工具。通过对航空与高速铁路枢纽进行有效的布局规划,优化换乘组织,使得乘客在出行过程中使用的交通方式能有效衔接,最大限度地缩短出行时间。

(2)无缝衔接。通过航空与高速铁路枢纽的建设,实现高速铁路与航空这两种交通工具系统的沟通,进而实现枢纽内运输网络的无缝衔接。这意味着,进出航空港的旅客可以通过订购联程客票,实现下飞机直奔火车站就能搭乘上高铁车的便利。此外,合理的枢纽位置也为乘客提供方便、快捷的换乘交通线路,保证出行的连续,减少延误。

(3)一体化。通过枢纽内配备先进的客运换乘信息服务系统,换乘信息服务系统来满足不同层次的需求,同时及时准确地采集、处理、分析、存储、传输客流转换过程中所产生的各种信息,使乘客在出行中了解何种交通工具可乘和如何选择最佳的交通工具组合方式,以便为旅客提供合理的行车时间与路线,方便乘客换乘。通过枢纽基础设施的无缝衔接和零换乘组织,使得航空与高速铁路枢纽达到交通运输一体化,进而推动枢纽综合运输系统的协调发展,提高枢纽交通运输总体效益和服务水平。

2.1.2 航空与高速铁路枢纽的意义

将铁路线路延伸至机场的重要性在于两种运输模式之间可实现互补,欧洲铁路在20世纪中后期伴随高速铁路的发展,开始建设通向机场的高速铁路线,形成高速铁路和航空机场综合交通枢纽,取得了良好的运营效果。

欧洲大多数机场附近都有密集的铁路网(国有或私有以及地铁),或者将铁路线路延伸至机场(目前在欧洲仅仅是主要机场有此条件),这有利于各种交通方式之间的衔接。许多机场附近的铁路车站都已正式运营,正在修建或计划修建的机场内铁路车站也证明这种措施确实是有效的。欧洲机场与铁路衔接的基本情况如表4-2-1所示。图4-2-1、图4-2-2为轨道交通系引入伦敦希思罗机场以及巴黎戴高乐机场情况。

欧洲机场与铁路衔接方式一览表　　　　　表4-2-1

连接方式	铁路运输	
	传统铁路	高速铁路
城市中心与机场有线路连通	布鲁塞尔、伦敦希思罗机场和Stansted机场、巴黎CDG机场和ORY机场、罗马、斯图加特、慕尼黑	奥斯陆的Gardermoen机场
机场建有火车站	法兰克福、苏黎世、日内瓦、伦敦的Gatwick机场和Luton机场、阿姆斯特丹	巴黎的CDG机场、里昂的Satolas机场
机场与机场之间有线路连接	苏黎世至日内瓦	巴黎CDG至里昂Satolas

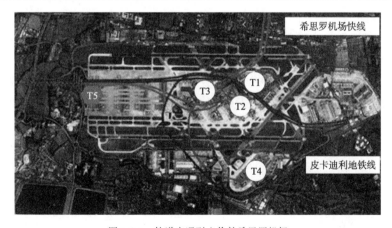

图4-2-1　轨道交通引入伦敦希思罗机场

由表4-2-1可知,在欧洲,第一种方式往往就是传统铁路的一部分,因为城市中心通往机场的铁路车站一般就是该城市的大型客运站;第二种方式所谓机场的铁路车站用于与城市中心相连接(也即与城市大型客运站相连),有时在城市中心的铁路车站需要进行换乘;而第三种机场与机场之间有线路直接相连的情况,则不需要旅客进入城市再换乘。

在欧洲,铁路—航空枢纽的衔接方式主要有以下三个发展阶段。

第一阶段:机场引入城轨或市郊铁路,成为连接地方、城市内或城市中心的交通枢纽。

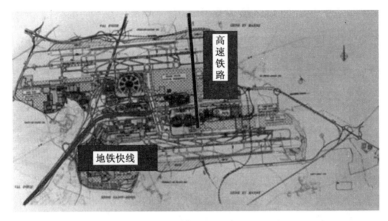

图 4-2-2 轨道交通引入巴黎戴高乐机场

过去,城市与机场的联系一直由机场所属的公共汽车承担,鉴于铁路相对公路有很多优点,如运量大、速度较快、安全、正点等,人们开始考虑将城市中心与机场利用轨道交通线连接起来。由于在欧洲大多数机场都离城市中心很近,铁路车站往往深入城市中心,在机场附近也有不少铁路线路,通过改造机场附近的铁路,或者修建通向机场的铁路线路,逐步构建成为地方、城市内或城市中心通道,铁路—航空枢纽成为联系机场与城市的纽带。

第二阶段:机场引入传统城际铁路通道线路,成为地区性的交通枢纽。

在第一阶段形成通道的基础上,连接城市中心和机场的铁路线路不仅提供往返服务,与铁路网和公交系统相连接,而且这些连接线路逐渐发展成为市郊铁路网和城际铁路网的一部分。随着欧洲城市群之间联系的加强,人们开始利用以前的城际铁路线,将其与机场线路连通起来,构建地区性通道,铁路—航空枢纽为满足乘客从一个机场转向另一个机场提供了使用城际铁路线路的方便条件。

第三阶段:机场引入高速铁路通道(高速铁路线路),成为综合快速运输网的重要节点。

随着高速铁路在欧洲的建设,铁路公司通过提速大大改善了服务质量,主要表现在旅客集散时间缩短(也就是说在相同时间内旅客吞吐量大大增加)上。由于高速铁路相对于传统铁路的种种优势,它甚至可以在一定程度上代替某些航空支线。欧洲开始考虑将高速铁路引入机场,使其成为快速综合交通系统的重要节点,但两个机场之间是否需要建设专门的高速铁路线路连接在欧洲也一直存在争议。这主要是因为机场间距离较远(如前面提到的巴黎 CDG 到里昂 Satolas),投资巨大,而更充分地利用已建高速铁路网的支线引入机场更为合适。

在我国,随着高铁网络的逐步建设和投入运营,在行业管理层面上,民航网络规划与运力引进规划也需要相应的调整。中国拥有世界最大的航空市场之一,2020 年中国民航拥有正式通航机场 238 座,完成旅客运输 4.2 亿人次、货物运输 798.5 亿 t。除航空运输外,高铁同样为旅客提供了便捷的中长途运输服务。尽管高铁运输在 2008 年末才进入运输市场,但截至 2022 年底我国高铁运营里程已达到 4.2 万 km,形成了全球最大的高速铁路网络。根据 2016 年新发布的《中长期铁路网规划》,我国高铁网络将在 2030 年基本连接全国省会城市和其他 50 万人口以上的大中城市。由于高铁网和航空网在中短距离航程有所重叠,面对高铁的竞争,部分航空公司可能会丧失一些短程黄金航线,特别是随着高速铁路的运营里程和动车组开行范围不断扩大，使得航线网络中的干支航线结构发生变化，甚至有些航线被迫取消。

历史经验表明，日本、法国、英国、德国、韩国等国家，甚至我国高速铁路在开通之后，均对与其重叠的 300~1 000km 的航空运输市场产生了巨大的冲击。

在日本，新干线开通后，日航暂时停飞了东京至大阪(420km)、东京至名古屋(280km)等航线。

在法国，法国高速铁路公司 TGV❶ 陆续开通了巴黎至里昂(410km)、巴黎至马赛(700km)后，法国航空公司(简称法航)便逐步退出了这些市场。

在英国，欧洲之星快速列车分别占据着伦敦至巴黎(380km)、伦敦至布鲁塞尔(350km)运输市场份额的 70%、65%，英国 BMI 航空公司已经于 2007 年停飞了伦敦希思罗机场至巴黎戴高乐机场的所有航班。

在韩国和我国台湾地区，首尔至釜山(360km)和台北至高雄(320km)的高铁开通后，相应的民航市场份额也在急剧缩减。

而在我国，2009 年 3 月 1 日，我国典型低成本航空公司春秋航空股份有限公司在与来往上海—郑州(990km)之间的动车组竞争较量了 17 个月后关闭了上海—郑州航线；2009 年 4 月 1 日石太客运专线投入运营，以占据北京到太原 54% 航空市场份额的中国东方航空集团有限公司为例，石太线开通运营的第二天，以往平均 85% 的客座率骤降至 49%，个别航班因为乘客人数太少而被迫取消；2009 年 4 月 1 日合武铁路刚开通时，武汉到上海航班最高达到每天 20 个。由于乘动车从武汉到南京只需 3 小时，票价 180 元，相当于 2.5 折机票，到上海不足 5 小时，价格也仅 273 元，相当于 3.5 折机票，对武汉到南京、上海两地航班造成了巨大冲击；自 2008 年成都到重庆的动车组开通之后，成渝航空客流量便直线下降，据四川航空股份有限公司统计，成渝航线 2008 年的客座率仅为 40%，至 2009 年 11 月，近两年时间内客流量总共才 6.9 万余人，较高峰期时的 20 万人次下降速度惊人，这也造成 2009 年 11 月 16 日，连续运营 19 年的成渝航线停航。

随着我国铁路开始进入高速化时代，影响着包括民航在内的其他运输方式，但是高铁的发展在带给民航冲击的同时也带来了新的发展机遇。例如，高速铁路的发展有利于航空旅客通过铁路向大型枢纽机场聚集，有助于航空公司枢纽战略的实施，同时高铁技术的发展还有利于改善机场与所在城市的地面交通，提高航空运输的便捷程度。高铁全面运营后，部分线路可以支撑航空运输轴辐中转的模式，一方面，可以方便乘坐干线航班出行的中转旅客，另一方面，也可以降低支线航班的运营成本。因此，为避开高铁中短途的优势，航空可加大发展 1 000km 以上的航线。

我国依据《交通强国建设纲要》的规划，将在 2035 年基本形成"全国 123 出行交通圈"，建成都市区内 1h 通勤，城市群内 2h 通达，全国主要城市 3h 覆盖的运输网络。在这一背景下，城市群间的快速交通运输网络的构建不应只考虑单一运输方式或联程运输方式，高铁与航空的联程运输则结合了两者的优势，扩大了快速运输网络的服务范围，也刺激了旅客对中长途快速运输的需求。在中共中央、国务院发布的《国家综合立体交通网规划纲要》中，明确提出构建国家综合立体交通网。截至 2020 年底，在我国 337 个地级以上城市中，只有高铁

---

❶ TGV：法文 train à grande vitesse 的缩写，即高速列车。

车站的城市有 119 个,只有机场的城市有 48 个,而同时拥有高铁车站和机场的城市为 143 个。高铁航空运输网络不仅为这些城市间的出行提供单一方式的运输服务,还可以为更看重时间价值的旅客提供联程出行服务,通过合理规划将高铁线路引入机场航站楼的一体化枢纽建设城市,可以增强高铁和航空两张运输网络的连接,为旅客的换乘出行提供更为便捷的服务。

此外,我国高铁和航空企业间的联运服务也得以积极推进,如中国南方航空股份有限公司实施机票与火车票的联运、信息技术(IT)系统对接、航空铁路行李联运等,加快与高铁合作。2020 年 9 月在中国国家铁路集团有限公司和中国东方航空集团有限公司签署合作协议之后,两家公司完成了各自售票系统的对接,共同为旅客提供可在双方购票平台直接购买的空铁联运客票。

综合以上分析可知构建航空与高速铁路综合枢纽具有深远的意义,具体如下:

(1)构建综合交通枢纽是培育区域竞争优势的战略基石。交通优势是全球化时代区域发展最重要的优势,随着高速铁路和航空业的发展,特别是客运专线的大规模修建和运营,陆路交通网络化的发展步伐将进一步加快,传统单一的交通优势地位正面临着严峻的挑战。如果失去了交通优势,则地方经济的区位优势将无从发挥,重要城市要想打造成区域性中心城市也将更为困难。因此,必须下大力气打造综合交通枢纽,实现多种交通方式的相互融合、协调发展,加快传统交通优势的升级,强化和提升城市的交通区位优势。

(2)将高铁、航空等运输方式进行有效整合,建立结构完善、布局合理的枢纽体系,形成枢纽型、网络型的城市综合交通体系,打造国家综合交通枢纽,有益于国家战略的实施,有益于国家地位的提高,有益于区域经济的协调发展,有益于最大的投资回报。同时通过综合枢纽的构建,也吸引、拓展和增加了两种交通方式的客流量,提高了城市客运综合效率。

在建立多个城市中心高铁车站与枢纽机场之间的无缝中转联程后,高速铁路网可主要服务于区域内旅客运输,而枢纽机场的航空运输则侧重于区间、国际和跨洲运输,从而发挥"双高"的速度优势,拓展航空运输和铁路运输各自的辐射圈,实现国内旅行和国际旅行的无缝衔接。

(3)建设综合交通枢纽是加快经济发展方式转变的重要举措。交通体系越成熟,则促进产业结构合理布局的条件就越成熟,成熟的交通体系可以加速人流、物流、信息流的流通,形成高端产业集聚的平台,对推动产业结构升级、加快经济发展方式转变具有重要的促进作用。

(4)培育现代综合交通体系是推动城市群一体化发展的基础条件。加快航空与高速铁路综合交通枢纽的发展,可以拉近城市间、城乡间时空距离,增强相互辐射和互补,加快城市化进程,特别是对于加快形成城市群各城市间更加便捷、密集、多元化的联系通道,加速产业对接和资源共享,实现服务联通,并最终推动城市群实现跨越发展具有重大意义。

2.2 航空与高速铁路枢纽规划原则及方法

2.2.1 航空与高速铁路枢纽规划原则

(1)坚持科学发展观,将先导性和可操作性相结合。

(2)坚持以人为本,充分体现现代综合客运枢纽资源节约、环境友好、人文关怀等特征。

(3)坚持优势互补、条块结合。要依托民航、铁路部门与地方政府联手推进交通枢纽建设,充分发挥两种方式各自技术经济优势。

(4)坚持因地制宜,高度重视公共空间,节约利用土地。枢纽布局要满足两种交通方式发展的必要需求,同时要充分利用现状用地条件,对不同区域提出差别化的布局和选址的要求。

(5)合理安排枢纽内各种交通方式功能布局,系统衔接,方便换乘。依托速度快、网络逐步完善、站点固定、客运量较大的铁路交通系统,充分发挥铁路交通的运能,提升服务水平,同时与机场交通系统保持紧密衔接,实现零换乘、无缝衔接。

(6)强调两种交通方式的综合协调。充分考虑枢纽在整个交通网络中的地位以及和各交通方式的相互协调、相互依托,从而保证整个运输过程的连续性,提高运输效率。基于高速铁路和航空的布局规划,结合枢纽内各交通方式在整个交通运输系统中的分担比率,通过枢纽的布局使各种交通方式有机衔接,从而实现各种交通方式的相互协调及整个规划区域的规划目标。

2.2.2 航空与高速铁路枢纽规划方法、流程

1)航空与高速铁路综合交通枢纽交通网络及枢纽布局的方法步骤

(1)根据城市的用地形式及市区远景规划,合理确定航空与高速铁路综合交通枢纽用地规划及位置。

(2)详细分析航空与高速铁路综合交通枢纽交通走廊和边界条件,确定枢纽内主骨架线路的基本走向。

(3)通过枢纽内客货换乘分流走向分析确定航空与高速铁路综合交通枢纽的交通区位,标定线路走向的具体位置。

(4)根据城市间的经济及交通联系以及航空与高速铁路综合交通枢纽重点城镇的空间布局,构建与其他交通方式之间的连接线网络。

2)技术路线

一个高效运转的综合运输网络,必须通过规模适当、布局合理的交通枢纽将各种交通方式的运输线路有机地结合在一起。而一个优良的综合交通枢纽布局,首先要有一个优良的综合运输网络作为依托。因此,在航空与高速铁路枢纽规划中,需要将规划工作分为综合交通运输网络规划和综合交通枢纽布局规划两个阶段。

(1)综合交通网络规划阶段

针对现有综合交通网络规划中进行多种交通方式综合规划时所面临的问题,需要采用新型的综合交通网络规划模型,合理考虑各种交通方式所具有的特点,以一般化费用和运输量(即人或t)为指标,实现交通方式分担与交通量分配的联合,从而体现各种交通方式的综合与协调。

由于高速铁路、航空二者存在较为密切的竞争与互补关系,因此在进行区域交通网络规划时,应重点考虑多种交通方式一体化下的空铁联合网络的优化,通过分析二者之间的竞争关系,实现对综合交通枢纽网络的综合规划。

(2)综合交通枢纽布局规划阶段

①组织原则。航空与高速铁路综合枢纽交通功能复杂,需保证各种交通方式的有机衔

接,高效处理人流的换乘。为此,提出以下几方面的组织原则:

a. 枢纽内部人流动线简单、明确,尽量与车流动线分离,保证行人安全;
b. 枢纽内部交通设施布局合理,不同交通流之间的冲突最小;
c. 枢纽内部诱导系统完善,快速疏散车流、客流,减少停留时间;
d. 枢纽内部道路、出入口设置与枢纽周边道路相协调。

②交通组织设计。

a. 静态交通组织。航空与高速铁路综合枢纽静态交通组织主要包括客流规模预测、枢纽内铁路及航空候车大厅、进出站疏散广场、换乘通道、交通设施布局。静态交通组织是否合理直接关系到铁路客运综合枢纽的交通秩序是否井然有序。

b. 动态交通组织。动态交通组织,首先应实现过境交通与到发交通分离,其次应实现枢纽内部不同动态交通组织之间的分离,主要包括枢纽内部、外部的人流、车流组织,增加相关设施,规划相关流线走向,最大限度地减少交通流线之间的冲突。

c. 换乘组织设计。根据航空与高速铁路综合枢纽的平面及竖向空间布局特点,结合两种运输方式的组织原则及运行特点,通过对枢纽客流预测和静态、动态交通组织设计,确定枢纽内外部换乘,最大限度地满足绝大多数人交通出行需求,如图4-2-3所示。

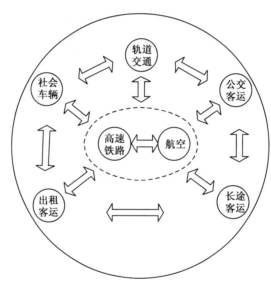

图4-2-3 枢纽换乘示意图

3)航空与高速铁路枢纽规划流程

根据以上对枢纽的规划原则、方法及流程的规划设计,可以得到其主要流程如图4-2-4所示。

2.2.3 航空与高速铁路枢纽规划特点

航空与高速铁路综合交通枢纽规划与一般综合交通枢纽规划相比主要有以下不同点:

(1)规划范围不同。航空与高速铁路综合交通枢纽规划具有地域范围比较广泛,土地利用强度高的特点。

(2)客流吸引范围不同。航空与高速铁路综合交通枢纽的客流的吸引范围广,具有重要意义的是枢纽站点的合理交通区,并且合理交通区因出行距离的增长而加大;而城市客流的吸引范围,具有重要意义的是站点的合理步行区,主要实现在车站周围 10min 步行距离范围内的客流。

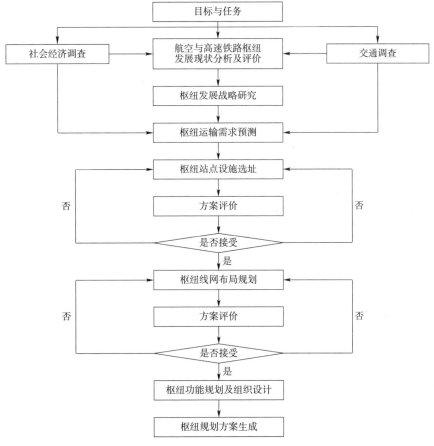

图 4-2-4　航空与高速铁路规划方案流程图

(3) 服务对象不同。航空与高速铁路综合交通枢纽主要服务于大城市之间的客流出行,一般综合交通枢纽主要服务于城市内各功能小区之间的出行客流。

(4) 吸引客流性质不同。航空与高速铁路主要吸引利用高速铁路的中短途快速运输及部分长途客运、航空客运客流的交通出行,而一般综合交通枢纽主要吸引利用高速公路的长途客运、常规公交及私人汽车客流。

2.3　联合枢纽规划

2.3.1　站点设施选址

航空与高速铁路内部交通的衔接规划是航空与高速铁路枢纽综合规划的重要组成部分,分析航空与高速铁路内部交通衔接规划存在的问题,建立一个高效的衔接系统是十分必要的。针对这个衔接系统的特征,从发展综合运输的角度考虑机场与高速铁路之间的衔接关系,处理航空与高速铁路衔接问题。

航空与高速铁路以及枢纽内其他交通方式站点的布设和规模设计,对解决整个衔接问题和提高衔接系统的效率起着关键作用。目前,枢纽的选址方法归纳起来主要有三大类。

(1) 连续选址模型

该方法主要应用重心法和微分法,具体参见前面章节。

连续型选址模型不限于特定的备选地点进行选择,灵活性较大,但是由于自由度大,实际上很难找到最优的地址。因为选中的某一地址,可能位于河流中、建筑物上而无法选用。

(2) 离散模型选址

该方法认为枢纽选址是有备选点的,而且备选点是有限的几个场所,只能按照预定的目标从中选取。如果基础数据完备,用该方法得到的结果,比较符合实际。这类方法中有整数和混合整数规划法,非线性混合 0-1 规划模型和逐次逼近法等。这些模型或方法都比较复杂,理论性较强,在实际应用中有部分参数难以取得,且调查工作量大,需要的基础资料很多。

(3) 专家咨询选址

专家凭各自的经验和专业知识对问题作出回答,经统计得出答案。因此,决策结果受专家知识结构、经验及所处的地点、时间的影响。对有限的几个地点,请专家决断比较有效。若以城市为研究对象,备选点多,则很难判断。

随着高速铁路的修建,旅客出行选择高速铁路的比例会急速上升,其对人流和城市活动的高聚性越来越明显。加上选择航空作为出行的旅客多为商业人士,对枢纽站点设施要求很高,而对于空铁综合枢纽站点的布设,虽然与普通公共交通站点的布设有一定的共同点,但空铁综合枢纽的站点、设施布局与机场航空需求量及高速铁路客流量有密切的联系。使用高速铁路及航空交通方式出行的旅客出发点或目的地单一,服务水平要求较高,要求线路上站点的数量较少,换乘方便,衔接走行距离短。可是,至今没有对其有针对性的研究。以上三种常用方法各有缺点,难以解决航空与高速铁路有效衔接换乘的站点设施选址的复杂问题。在确定航空与高速铁路枢纽站点设施布局时,应首先确定以下几点:

首先,确定枢纽的关键节点。综合枢纽潜在关键节点的条件主要有:有新建或改扩建机场、机场所在城市有高速铁路线路连接,有引入高铁线路条件如通道、站场用地等。

其次,建立节点间连接线路。根据枢纽内高铁车站、引入线路位置、机场位置等,建立枢纽内关键节点的连接线路,通常建立节点间连接线路需要进行复核,以保证连接及引入线路的工程及经济合理性。

在枢纽内关键节点和节点之间线路选定后,确定站点设施的布局。

根据铁路交通车站与机场航站区的关系,其场址布局模式可分为毗邻航站楼、居中航站区和邻近机场三种类型。

① 毗邻航站楼。铁路交通车站毗邻航站楼设置可谓是真正意义上的无缝衔接,车站多设置在航站楼陆侧的底层或地下层或航站楼车道边,专门服务于单一或主要航站楼。例如,日本京成电铁在东京成田机场第 1、2 航站楼设有站台,运营着从京成上野站、日暮里站始发至成田机场的快速电铁"SKYLINER"线,所需时间为 60min,乘坐轨道交通的旅客可以直接利用第 1 航站楼的"成田机场车站"和第 2 航站楼的"机场 2 号楼站"进出机场。

与一般的机场轨道交通车站不同,一些新建的枢纽机场所设立的地面运输中心是各种交通方式的换乘枢纽,设有轨道交通车站、进场道路及停车场等动态和静态交通设施。例如,香港机场地面运输中心设在航站大楼附近,是通往香港市区的公路及铁路枢纽及机场快线总站,并用连廊与航站大楼相连,面积55000m^2,楼高四层,内有机场快线车站和公共交通工具交会处,设有供旅游车、酒店贵宾车、公共汽车、豪华专车、计程车等使用的专用区。

②居中航站区。对于规划建设有多个单元式航站楼且相对集中的航站区来说,多在航站区位置设置有唯一的轨道交通中心车站,如英国伦敦希斯罗Ⅰ机场中央车站位于1、2、3号航站楼中央位置,而戴高乐机场TGV车站则位于2号航站区的中心区。上海浦东国际机场用一体化交通中心(GTC)概念,轨道交通中心并行接入地铁线2号线和磁悬浮铁路及机场进场路,地处T1、T2及T3航站楼轴线中部,三个航站楼通过自动步道与轨道交通中心相连接。该场址选择存在的问题是有可能吸引过境换乘的非航空旅客进出机场航站区。

③邻近机场布置。采用邻近机场布置的轨道交通车站位于航站区外围,以同时服务下机场及其周边地区,并避免过境交通流和机场进场交通流的冲突。一般来说,城际或国家高速铁路线多优先考虑过境列车的通行,其机场段一般为地面布线和设置地面站台,例如,法国里昂机场采用架空连廊连接车站和航站楼,既保证过境列车的快速通行,也可开通经停机场的列车。其缺点是步行距离较远,换乘时间长,且行李取运繁琐,需要设置捷运系统、自动步道等代步设施。

2.3.2 线网布局规划

航空与高速铁路枢纽线网规划应遵循"依据总体规划、坚持以人为本、方便换乘、实现零距离衔接"的原则。它主要应包括枢纽内各种换乘流线的规划总目标、线网功能定位、线网换乘走向等,它要符合国家对航空和高速铁路综合枢纽发展的总体战略和发展计划,能加强枢纽与城市轨道交通及城市其他交通方式、地区城际轨道交通之间的衔接,以枢纽为中心整合各种交通方式,实现旅客便捷的换乘。它根据城市交通现状、规划及对未来的城市交通需求的预测,确定航空及高速铁路枢纽规模,确定枢纽内交通方式的布局及枢纽各种线路布局。

航空及高速铁路枢纽内部线网规划一般分为以下两个阶段。

(1)网络规划阶段

根据城市的形态及对交通需求的预测确定枢纽交通网络,包括在总体规模控制下,确定连接枢纽各个功能区、集散大厅的通道、线路规模、基本网络形态架构、线网方案及其方案评价等。它主要是达到稳定网络构架的目的。

(2)实施规划阶段

在第一阶段研究的网络构架的基础上,通过交通模式、运营方案及换乘方案的研究确定枢纽内流线方案,然后对系统的内部实施条件和外部控制条件进行研究,通过站点设施的确定,确定枢纽内换乘流线走向。

从枢纽交通网络规划阶段的内容角度分析,主要包含以下几部分。

(1)合理规模

航空和高速铁路枢纽作为当前新的枢纽建设,其建设规模必须与城市的发展规模、地位相适应。一方面,作为交通基础设施,必须能够满足城市交通发展的需求并促进城市的发展,另一方面,要尽可能地发挥高速铁路作为新型大运量、高速快捷的交通工具及航空的快捷的功能,同时要考虑枢纽相衔接各种交通方式的基础设施的承担能力。

实际上，线网合理规模取决于各功能区空间布局和流线设计方案，分离较远的航空港和高铁车站设置可能导致较长的换乘通道或连接线路。

（2）网络构架

线网布局规划研究的重点内容是网络构架，主要是根据枢纽内各个交通方式基础设施站点布局来确定线网布局的基本形态；根据枢纽内主要的换乘客流走向，确定线网设施布局及各个换乘线路的具体走向。

实际上，在考虑网络基本构架时，需要考虑最基本要素就是枢纽内客流分布密度问题。枢纽内高速铁路与航空都是客流的主要发生点和吸引点，其交通设施系统完善与否直接关系着整个枢纽内的交通状况。分析世界上比较成功的枢纽交通网络，可以总结出其多中心分层次的网络结构特点，也就是围绕几个中心区密布网络，向各个周边区域发散。

（3）枢纽交通线网方案评价

枢纽线网方案评价是一个循环往复的过程，从最初的是否满足总体枢纽线网规划目标定位标准，进行方案优、缺点审查的备选方案评价，以及进一步优化后的比选方案评价，直到最终的优选方案确定，根据客流数据对优选方案进行最后调整，提出最终线网布局评价。线网布局规划流程如图 4-2-5 所示。

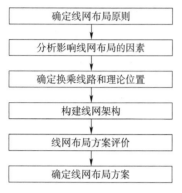

图 4-2-5　线网布局规划流程

2.3.3　空间布局规划

综合交通枢纽是多种交通方式的衔接处，枢纽设施除了各种交通方式本身应具备的场站类设施，如常规公交场站、轨道交通场站、长途汽车站、停车场、高速铁路站、机场等，还应包括各种交通方式间的换乘设施，如换乘通道、电（楼）梯、大厅、广场等，此外还有站房类设施和商业服务设施，如客运用房、办公用房、休息设施、娱乐设施等。通过对综合客运枢纽内各交通方式的场站类设施的研究，分析各种交通方式场站形成的枢纽的空间布局优化设计，以实现提高枢纽换乘效率、降低枢纽换乘成本的目的。

枢纽的空间布局主要是指对枢纽内各种交通方式的设施在平面或空间上的位置进行合理设计，使枢纽内各种交通方式之间的换乘效率最高或换乘成本最低。根据枢纽内各功能区位置的分布形式，其空间布局模式可分为三种类型：平面式、立体式和混合式。

（1）平面式布局。平面式布局是指枢纽内各种交通设施在同一水平面上的投影不重叠或少部分重叠的组织模式。

（2）立体式布局。立体式布局是指枢纽内各种交通设施在同一水平面上的投影完全重叠或少部分不重叠的组织模式，即将多种交通设施在同一个建筑物内或周边立体集中布置。

（3）混合式布局。混合式布局即枢纽平面式和立体式相结合的组织模式，该模式根据具体的环境条件对各种交通设施进行灵活开发设计。因此，混合式布局兼备平面式和立体式的优点。

影响综合枢纽空间布局的因素很多，在具体进行枢纽设计时要充分考虑规划枢纽内各种交通方式间旅客换乘量、备选点的特征要求、各种交通方式特性等，在枢纽内换乘量相对较大的主导交通方式站点设施位置确定的基础上，从整体角度综合考虑枢纽空间布局影响因素,确定其他辅助交通方式的数量及位置以及在综合客运枢纽区域范围内的空间布局,从而实现主导交通方式与辅助交通方式之间以及各辅助交通方式之间的便捷换乘,使得旅客换乘连续、通畅、紧凑,缩短换乘步行距离和时间。

航空与高速铁路枢纽作为大型枢纽,其内包含各种交通方式,就轨道线路而言,包含高速铁路线、城市轨道线等,其布局模式可采用共线共站、共站不共线、共线不共站或者分线分站的布局方式,或者上述方式的组合应用。

共线共站运行模式具有投资少、用地省和线路利用率高等优点,其普通线和快速线的运行可采用追踪运行方式、快慢车运行组织方式、越站越行方式、区段运行等组织方式。在吉隆坡 K. L. Sentral 车站和吉隆坡国际机场之间的通勤列车线(CRS)和直达专用线(ERL)采用共线共站方式,CRS 在沿线经停三个中间站,ERL 通过运行时刻表的合成实现越站越行的运行方式。

共站不共线模式在法国戴高乐机场(CDG)的 TGV 车站得到应用,该车站汇集有轻轨线和连接了法国其他大城市 TGV 高速线。轻轨线衔接戴高乐机场和奥利机场,由法国国家铁路公司经营。

共线不共站模式适合用地紧凑、沿线站点数量多的轨道交通运营模式。例如香港国际机场线设计有两条行车线——直达的机场快线及沿线经停的东涌线,有 2/3 的路段使用相同的路轨,但使用不同的站台。

分线分站模式适用于快慢分行的两种制式完全不一样的轨道交通系统,在多航站楼系统中尤为常见。伦敦希斯罗机场快线和皮卡迪利地铁线便在机场实现分线分站,错位经营,两线在机场站和市中心站均分设不同站点。

2.3.4 组织设计

高速铁路引入机场便意味着航空、轨道交通及公路三种主要对外交通方式在机场航站区的汇集,机场轨道交通站换乘方便程度直接关系到航空客运的运输效率,其人、车、行李的流程设计十分复杂,需要综合考虑旅客换乘、车辆存放、行李转运等各因素的处理,还需要考虑航站楼、各类停车场(库)、旅馆、酒店、驻场单位及其道路系统的交通组织,并兼顾机场陆侧容量和空侧容量的匹配。空铁联运运营成功与否的控制性指标即为"最小中转时间"(MCT),它对于空铁产品与航空运输产品的平等竞争来说是至关重要的。目前,法兰克福机场的空—空中转和空—铁中转的最小中转时间均为 45min,戴高乐机场的空铁联运最小中转时间是 60min,而在法航航站楼之间的中转时间低于 45min。

乘坐轨道交通方式的旅客有三种方式进出航站楼:

(1)直接步行。从垂直流程设计角度来看,步行交通有三种途径通行于航站楼和车站:

①人行空中走廊(位于航站楼到达层与出港层之间的夹层),如上海浦东机场轨道交通中心车站位于机场航站楼中央,其底层为磁浮和规划中的地铁 2 号线站台层,二层为站厅层。从车站到航站楼有三条 150m 长的廊道,每条廊道内装有两条双向自动步道,磁浮列车车站与机场航站楼之间的步行时间最多为 5min。

②人行地下通道。

③与车行道横向水平交叉。

(2)转乘专用汽车。意大利米兰马尔佩斯机场快线车站设在 1 号航站楼,由穿梭巴士在

1号、2号航站楼转运乘坐轨道交通的旅客。

(3)转乘旅客捷运系统。在机场陆侧或空侧设置旅客捷运系统(PMS),用于航站楼主楼与单一的卫星式航站楼之间或多个航站楼之间的旅客穿梭运行,多与单一的轨道交通车站进行衔接。法兰克福机场轨道车站利用Sky Line旅客捷运系统(运行时间间隔为2min)、公共汽车和步行三种方式衔接1号、2号航站楼。

1)设计思路

大型综合客运枢纽交通组织设计,是以枢纽的基础设施布局方案为基础,不断优化调整得到。与此同时,交通组织设计又对设施布局产生反作用,两者相辅相成,最终使得枢纽设计总体最优。大型综合客运枢纽交通组织设计思路如图4-2-6所示。

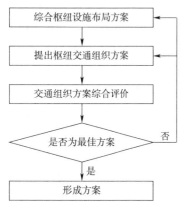

图4-2-6 综合枢纽交通组织设计思路

2)设计原则

综合交通枢纽的组织设计应该体现以人为本的特征,减少乘客的换乘以及流线的干扰、交叉。综合交通枢纽设计的具体原则主要包括:

(1)人车分流,避免交叉。综合客运枢纽交通组织的最终目标是实现人流的快速集散,因此应尽量减少冲突点,实行人车分流。

(2)到发分离。目前交通组织也逐渐由平面化转向立体化,根据目前国内在建和规划的综合客运枢纽分析,一般是按照高进低出的原则组织交通。同时,为避免车流、人流的混行,实行到发分离、减少旅客之间的干扰。

(3)快进快出。为保证外部交通流的快速集散和干扰最少,应尽量将各种车流分块循环,实现车流的快进快出。

3)综合客运枢纽交通组织设计内容

大型综合枢纽交通组织设计是整个枢纽设计的重要组成部分,交通组织的合理与否直接影响到枢纽整体功能的发挥,甚至与枢纽周边交通网络的畅通运行密切相关。枢纽合理的交通组织是实现旅客快速换乘、枢纽高效运行的重要保障,也是促进区域土地开发和经济发展的有效动力。枢纽交通组织设计根据空间位置的不同,可划分为静态交通组织、动态交通组织和换乘交通组织三个部分。

(1)静态交通组织

航空与高速铁路综合枢纽静态交通组织主要包括客流规模预测、枢纽候车大厅、换乘大厅、进出枢纽疏散广场或通道、交通设施布局。静态交通组织是否合理直接关系到综合枢纽的交通秩序是否井然有序。

①客流规模预测。枢纽客流发生源主要有航空、高速铁路、长途客运站及周边用地开发四大类,主要的交通换乘方式有铁路、航空、长途、轨道、公交、出租车、社会车等,客流规模预测是进行交通设施布局规划的基础和前提,因此,在进行综合枢纽规划和换乘设计前,应充分做好客流规模预测。

②候车大厅。航空与高速铁路枢纽的候车大厅应设置在高铁处,且应很好地与航空、轨道、公交、出租车等交通方式衔接,同时还应设置便捷的换乘设施,方便旅客换乘。

③进出枢纽疏散广场及疏散通道。为保证乘坐不同交通方式进出枢纽的人流不冲突、

便于管理,进出枢纽疏散广场或者通道一般采取分散布置,广场面积规模依据枢纽高峰小时积聚人数来确定。同时,应使人流进、出分离,单向人流组织,且可考虑在立体空间进行疏散。

④交通设施布局规划。

a. 航空机场。航空机场衔接着枢纽内外大量客流,作为枢纽的重要的交通方式,且服务人群为高收入人群,时间、便捷度等要求高,所以在设计设施布局时要充分考虑,与其他交通方式的换乘也要自动化、便捷化。

b. 轨道车站。轨道交通包括铁路和地铁,具有大运量、快速、准时等优点,在城市公共客运交通中占据主导地位。据初步统计,一般引入轨道交通的铁路客运综合枢纽,铁路客流的与轨道客流的换乘比例都在30%以上。因此,轨道车站的设置应优先其他交通方式,出入口应靠近人流主要疏散区域。

c. 公交车站。公交站点在铁路客运综合枢纽的设置方式一般分两种:一种为过境公交线路,其车站直接设置在枢纽周边道路上;另一种在枢纽内部直接设置公交枢纽站(首末站)。由于公交车运营灵活度较低、道路交通条件要求较高,易导致车辆延误和客流疏散困难,因此,在枢纽内部布置公交枢纽站时,公交车站上下客区应与铁路进出站疏散广场有一定的距离,上下客区应采取分开布置的方式。

d. 长途客运站。长途客运站一般距离铁路客运综合枢纽相对较远,通过相对独立的客流疏散通道与铁路客运站进行连接。

e. 出租汽车站。客流特别大或者站前用地宽松的火车站一般都把出租汽车停车场、接客区和送客区分开设置,采取"送客即走"的模式,但需规划送客出租汽车能顺利进入到接客区的车行通道。

f. 社会停车场。社会车辆停车场的泊位容量不仅应满足铁路客运综合枢纽实际接送旅客的需求,同时也应预留一定的弹性空间,为周边区域停车服务。鼓励修建地下停车库,将更多的地面空间留给人流。社会车停靠较为灵活,建议社会停车场设在靠近铁路站房的位置。考虑到团体旅客接送站要求,场内应该设置一定数量的大型客车停车泊位。

(2) 动态交通组织

动态交通组织首先应实现过境交通与到发交通的分离,其次实现枢纽内部不同动态交通组织之间的分离,最大限度地减少交通流线之间的冲突。

①人流组织。综合枢纽内部应构建一个无障碍、标志标牌清晰明确的通行空间。枢纽内部通过设置完善的人流诱导系统,引导人流通向指定的目的地,设置必要的垂直通道,分离相互存在冲突的人流。在人流量大的某个方向可考虑设置自动扶梯。在人流疏散通道内每隔一段距离设置一定面积的休闲广场,以缓解旅客长距离通行带来的疲惫。

②内部车流交通组织。按照"车流分散、均衡引导、满足高峰"的思路,合理划分不同类型的车流路线。一般情况下,应将综合枢纽内部公交车流线组织与小汽车流线组织实施分离,小汽车交通采取"单向循环"组织方式,减少内部车流的冲突和交织。

公交车流组织方面,宜采取"按序到站、准时离港"的模式,减少公交车在枢纽内逗留时间;公交枢纽在平面布局时,应为公交车预留足够的车辆掉头和错行空间。

在出租车和社会车组织方面,在进出口宜组织单行交通,严格禁止出租车、社会车在路边上、下客。

③外部车流交通组织。航空与高速铁路综合枢纽融合着轨道交通、公交等其他交通方式,同时也与城市干道相衔接,枢纽车行出入口的设置应避免对城市干道交通和交叉口交通造成过大的冲击。

出入口设置应分散到区域路网上,避免过多出入口直接设在某一条道路上,加剧交通压力,同时应通过区域交通组织优化来实现过境交通与到发交通分离。

(3) 换乘交通组织

在进行换乘系统优化设计时,首先应判断枢纽空间布局特点,结合不同交通工具交通组织原则、客流预测来确定公交枢纽站、长途客运站、出租汽车站、社会停车等用地规模和布局。

作为航空与高速铁路综合枢纽,换乘系统优化设计应侧重高铁客流与航空客流之间以及两者与公共交通之间的换乘,优先考虑关键交通方式间换乘设施布局及公共交通设施布局,最大限度地满足绝大多数人的交通出行需求。

①换乘方式。综合枢纽的主要换乘方式与换乘客流量、用地约束条件、枢纽空间布局、组织方式、经济发展水平等因素密切相关。最基本的换乘方式包括:

a. 集中换乘。旅客从一种交通方式出来后需进入一个集中疏散区域,在该区域内乘客对换乘方式进行选择,并通过指引标志到达换乘目的地。

b. 平面换乘。旅客从一种交通方式出来后通过指示标志随意选择换乘方式,换乘方式较为方便。

c. 通道换乘。旅客从一种交通方式出来后进入相对封闭的管状疏散区域内,并通过管状通道与不同的交通换乘设施相连,人流通过选择通道实现换乘。由于采取管道联系,行人需绕行距离较远。

d. 立体综合换乘。由于换乘交通设施布局的多样化、立体化,单一的换乘方式难以实现,通过建立地下、地上、平面三位一体的立交换乘系统将不同的交通方式进行衔接,实现立体换乘。该换乘模式广泛使用在目前国内大型综合枢纽中。

②换乘衔接。

a. 与公交车站的衔接。公交中途停靠站的设置不但需考虑与枢纽内高铁、航空的换乘方便,同时也应考虑与周边交通相协调,换乘距离不应大于150m。进入枢纽内部的公交线路停靠站的设置应与综合枢纽总体布局相结合,保证换乘距离不大于100m,且换乘人流应位于主要的人流疏散通道上,易于公交客流与枢纽大宗客流进行换乘。

b. 与轨道车站衔接。结合轨道车站平面布局规划,在用地条件允许的前提下,适当延伸轨道车站出入口通道,将通道与高铁客流、航空客流进出站直接对接,将枢纽大流量的客流最快引入轨道换乘系统中。

c. 与出租汽车、社会车辆的衔接。出租汽车、社会车辆等小汽车行驶机动灵活,在衔接设计时,可适当通过增加小汽车的绕行距离来缩短行人换乘距离,并优先考虑下客区与高铁、航空客流进站区域的对接;对于上、下客区位于同一区域的换乘系统,应在区域内部将上、下客区进行适当隔离,可采取地面标志、画线或强制停靠管理等措施,保证送客车流和接客车流能有序流动、顺畅进出铁路客运枢纽。大型社会车辆与高铁、航空进行换乘设计时,上、下客流可直接在停车场内完成,并通过人流疏散通道与高铁、航空进出站通道进行衔接。

d. 与长途客车的衔接。长途客运站一般独立于枢纽之外或离铁路客运枢纽距离相对较远,因此,在设计长途客车与枢纽换乘系统时,重点考虑长途车站与综合枢纽的客流疏散联系通道优化设计,减少乘客通过换乘通道的时间距离和空间距离。客流疏散通道可采取平行自动扶梯、独立的人行通道等方式。

e. 步行系统设计。在进行步行系统的设计时,要充分体现"以人为本"的思想。应遵循以下原则:避免换乘人流与车流的平面交叉,建立安全、独立的步行换乘系统;交通设施出入口、换乘通道与过街通道设施应进行一体化设计;建立完善的电子引导系统,采用国际规范化的标志、符号;步行系统设计应体现安全、舒适,质量满足无障碍和全天候使用的要求。

2.4 规划案例

1) HQ 站概述

HQ 客站作为沪宁、沪杭两大方向的联结站,承担了沪宁、沪杭方向的大部分始发终到和全部通过的高速旅客列车以及部分城际和普速客车,其建设对于构建我国华东地区快速铁路客运网、满足 SH 市铁路旅客运输需求及适应 SH 市城市发展规划具有重要的作用。

HQ 综合交通枢纽规划范围东起外环线(环西—大道),西至现状铁路外环线,北起北翟路、北青公路,南至沪青高速公路,总用地约 26.26km^2。HQ 综合交通枢纽将建成高速铁路、城际和城市轨道交通、公共汽车、出租车及航空港紧密衔接的国际一流的现代化大型综合交通枢纽。

HQ 综合交通枢纽是城市交通建设上的一大创新,它将航空、高速铁路、磁悬浮、地铁等多种交通方式结合在一起。不管是汇集的交通方式的数量,还是规模,在国际上都是前所未有的。它的重要性不仅体现在交通本身,更体现在服务功能上:

①SH 城市发展的需要;
②服务长三角区域经济的需要;
③可持续发展的需要;
④适应现代化交通发展的战略需要;
⑤为世博服务的需要;
⑥发展现代物流产业的需要。

(1)交通枢纽规划概况

HQ 综合交通枢纽具有高速铁路、磁悬浮、城际铁路、高速公路客运、城市轨道交通、公共交通、民用航空等各种运输方式的集中换乘功能,整个交通枢纽集散客流量为 48 万人次/d。HQ 综合交通枢纽规划具体包括以下几个部分(图 4-2-7)。

图 4-2-7　综合交通枢纽规划建设概况

①机场。在既有的HQ国际机场跑道的西侧建设第二跑道及辅助航站楼,整个机场用地约占7.47km²,规划旅客吞吐量为3 000万人次/年(日均为8万人次)。2020年机场的旅客吞吐量规模约为4 000万人次/年(日均为12万人次)。

②铁路客站。站场规模按照30股道设计,站场占地约43hm²,保留现状铁路外环线作为货运通道的功能,实行客货分流。铁路设施用地(包括站场与线路)约90hm²。高速铁路客运规模为年发送量达6 000万人次旅客,日均16万人次。

③长途巴士客站。布局于铁路客站与机场之间,发车能力为800班次/d,远期年旅客发送量达500万人次/年,日均2.5万人次,高峰日达3.6万人次/d,占地约9hm²。

④磁悬浮客站。布局于铁路客站东侧,按照10线8站台的规模设计,站台长度按照280m考虑,站台范围内车站宽度约为135m。

⑤轨道交通。规划引入4条轨道交通,即2号线、5号线、10号线、13号线及低速磁浮线和机场快速线,形成"4+2"的六线汇聚布局。规划轨道交通停车场用地约60hm²。

(2)交通枢纽规划规模

HQ综合交通枢纽规划用地面积约26.26km²,2010年SH世博会前建成沪杭、沪宁城际高速铁路,浦东国际机场—HQ国际机场城市高速;HQ国际机场已开通日本东京、韩国首尔直飞航线,正在增建第二条跑道和第二航站楼,并逐步扩容国际航班;轨道交通—地铁2号线(HQ枢纽—浦东机场)、10号线(HQ枢纽—外高桥)、17号线(HQ枢纽—军工路)、5号线(HQ枢纽—闵行开发区)和青浦线;高速巴士中心—枢纽衔接沪宁、沪杭、沪嘉、A9高速公路等通往长三角地区的交通要道,30余条公交巴士专线汇聚于此。

2)枢纽内客运系统既有概况

SH枢纽现有京沪线、沪杭两大干线引入,并有8条支线接轨,共有各类车站32个,其中设SH、SH南、SH西3个客运站,是以京沪正线为主轴、沪杭线为次轴,主要运营设备沿轴线分布的尽端式枢纽总图格局(图4-2-8)。枢纽内客运系统存在主要问题是,既有客运站能力不足且布局不尽合理,车站咽喉通过能力不能满足要求,客车检修设备不足。

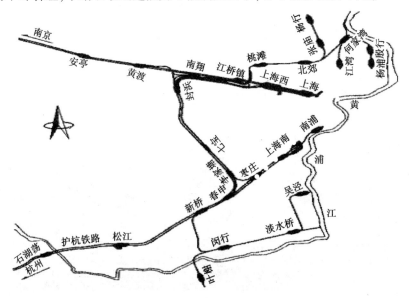

图4-2-8 SH枢纽现状示意图

3) HQ 枢纽规划原则、定位及特征

(1) HQ 枢纽规划原则

为了保证整个枢纽规划设计的一致性,最终形成一个整体形态完整、功能设置合理、设施构成齐全、换乘高效便捷的综合交通枢纽,需要建立一些共同遵守的规划原则。这些原则体现了枢纽规划设计的思想,是每一类设施设计的依据。

① 高标准、高要求,建成一流的交通枢纽。HQ 枢纽将航空、高速铁路、磁浮线、城市交通等多种交通方式集合在一起,交通种类和规模在国内都是前所未有的。因此,要按照高标准、高要求的目标进行规划和建设。

② 以旅客为本,尽量缩短旅客换乘距离,形成换乘便捷、运转高效的交通体系。大规模的公共交通设施,如何方便旅客、缩短换乘距离是规划设计工作的重点。所以,要尽可能使车站设施靠近,保证高速铁路枢纽站、磁浮线车站、航站楼和城市交通之间的换乘距离最短、最便捷、最舒适。

③ 最大限度地满足功能,突出服务,确保安全高效。HQ 枢纽项目涉及的部门多、工程复杂、工期紧、协调的难度大,在规划、建设的过程中要处处以满足功能、突出服务为主,不能以牺牲功能为代价来减小规划、建设的难度。

④ 实现可持续发展,集约化利用资源。HQ 枢纽作为一项大规模的公共设施,多种交通方式汇集在一起,在规划设计中要处处体现资源集约化利用的原则,实现项目建设的可持续发展。

⑤ 周边土地开发要尽可能集约化,要引进人流、交通量较小的配套服务功能和设施。同时,要坚持客货分离、快慢分离的道路规划原则,减少以该地区为通道的过境交通。要建立枢纽旅客集散道路系统,并与开发用地内的本地交通系统相互分离。

⑥ 统一规划、统一设计、统一建设,以保证不同交通方式之间的协调和枢纽的一体化运行,确保国铁线路及磁悬浮车站主体结构的安全。

(2) HQ 枢纽规划定位及特征

枢纽定位为:面向全国,服务于以"长三角"为目标的超大型世界级交通枢纽、SH 市"十一五"计划中城市交通基础设施的重点建设项目、2010 年世博会 SH 城市交通问题解决提案的重点实施环节。

枢纽特征主要有四点:一是规模巨大,日旅客吞吐量在 110 万人次;二是集成度高,体现为多种交通模式的高度集约,集轨、路、空三位一体交通综合体(轨——高铁、城际铁路、磁悬浮、地铁等各种轨道交通,路——公交、长途、出租车、私家车等各种路面交通,空——HQ 国际机场,航空运输);三是换乘频繁,体现为不同交通方式之间大量的中转换乘,如机场—磁浮,机场—铁路,磁浮—铁路,以及以上各类与地铁、长途、公交等 64 种可能的连接、56 种换乘模式;四是独一无二,世界上集高铁、磁浮、机场、地铁于一体的综合交通枢纽迄今只有 HQ 一家,是目前世界唯一的,也是最大的综合交通枢纽。

4) 新客站站址方案选择

新客站对枢纽客运系统的布局影响很大,选址的原则应是最大限度地吸引客流,方便旅客换乘,做到疏散及时。新客站既要能为 SH 市经济社会快速发展提供强大运力支持,又要能发展为 SH 市大型综合交通运输枢纽,为更好地服务全国创造有利条件。根据 SH 市城市总体规划及铁路总图规划,研究了新客站站址设在七宝和 HQ 两个方案。

(1) 方案说明

①方案Ⅰ:新客站设在七宝方案(图4-2-9)。新客站利用既有七宝站扩建,位于沪青平公路和沪松公路之间,距HQ机场约4km,动车运用所设在车站北端4.5km,南翔动车段设在南翔编组站和桃浦路之间。该站址周边开发度较低,地形平坦开阔,无大型建筑物。

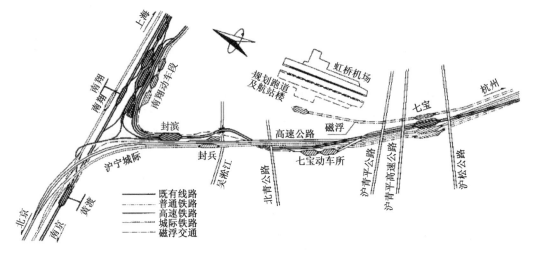

图4-2-9　新客站设在七宝方案示意图

②方案Ⅱ:新客站设在HQ方案(图4-2-10)。车站位于HQ机场规划用地西侧,距既有跑道西侧约1.7km,距规划航站楼约500m。车站与机场跑道基本平行。城市规划在车站和机场规划航站楼间布置两条与车站平行的主干道,设置较大规模的公交车、社会车辆、出租车以及长途车停车场,同时规划设置8台10线的磁悬浮车场。动车运用所设在车站北端5km处,南翔动车段设在南翔编组站和桃浦路之间。

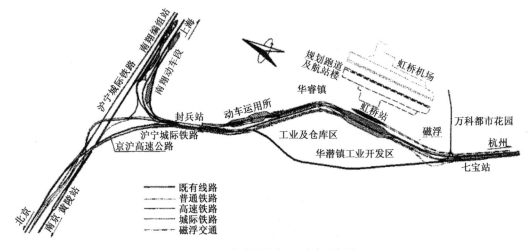

图4-2-10　新客站设在HQ方案示意图

(2) 方案比选

从两个方案在铁路网中所处位置来看,两站址方案均位于沪宁、沪杭两大主轴的联络线上,均布置于城市原规划预留的外环通道上,技术上均可行。

方案Ⅰ中新客站距HQ机场约4km,距航站楼约5km,两者需要依靠轨道交通等交通方式相驳接,不能形成真正意义上的综合交通枢纽,而且七宝地区现状交通较为拥堵,地区内道路的规划调整余地比 HQ 地区小。方案Ⅱ中 HQ 站址靠近原机场控制用地范围,拆迁量较小,建设用地条件相对于方案Ⅰ较好,可以集约化使用土地,综合利用城市配套基础设施,提高资源的综合利用,有利于实现经济、资源、环境的和谐统一。

更为重要的是,方案Ⅱ中新客站毗邻 HQ 机场,汇集城市轨道交通、磁浮、公共汽车、出租车、长途公交等各种交通方式,构成了较为完整的综合交通运输枢纽。通过不同层面的通道,能有效实现不同交通方式的对接和方便客流换乘,便于周边昆山、苏州、无锡、嘉兴等城市部分航空旅客的换乘,缓解交通压力,有利于更好地发挥 SH 航空港的龙头作用。在 HQ 设站是各种交通运输方式有机衔接和均衡发展的体现和需要,有利于将车站建设成为集高速铁路、城际铁路、普速铁路和城市轨道交通、磁浮、公共汽车、出租车及航空港紧密衔接的现代化客运中心,同时对于改善城市综合交通结构、加快城市化进程、提高 SH 对外辐射具有重要作用。

(3)结论

综上所述,方案Ⅱ可以实现各种交通方式之间的直接换乘,为客流提供了更灵活的选择,实现资源的共享和集约利用,明显优于方案Ⅰ。因此,推荐方案Ⅱ,即新客站设在 HQ 方案。

5)HQ 站站型方案研究

根据 SH 铁路枢纽内客运系统分工,HQ 站主要办理京沪高速、沪杭客运专线的大部分长途始发终到客车及全部通过客车;沪宁(沪杭)城际部分始发终到客车及全部通过客车;南京—杭州方向以及部分南通—杭州方向的普速通过客车。预测 HQ 站旅客年发送量设计年度近期 2020 年 3 867 万人,远期 2030 年 4 744 万人,最高聚集人数全站 8 000 人。远期 2030 年 HQ 站始发终到高速客车 185 对、通过高速客车 33 对、始发终到城际客车 45 对、通过城际客车 10 对。

HQ 站按办理列车种类分为高速列车、城际列车、普速列车。HQ 站按作业性质分为始发终到进出段列车、始发终到立即折返列车、停车通过列车,其中,始发终到进出段列车集中于早晚两个时段,始发终到立即折返列车多于进出段列车。根据上述作业分析,结合车场组合共研究了具有代表性的 3 种站型方案。

(1)方案说明

①方案Ⅰ:高速独立设场,城际和普速设综合场方案(图 4-2-11)。为了方便运营管理,确保高速列车快速、安全、高密度和大能力运营,考虑单独设置高速车场。为了增强车场股道灵活性,提高到发线使用效率,考虑普速、城际按方向别引入合场布置设综合场。

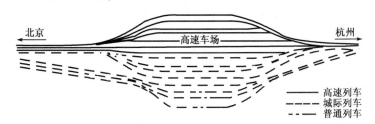

图 4-2-11 高速独立设场,城际和普速设综合场方案示意图

②方案Ⅱ:高速、城际合场,普速独立设场方案(图 4-2-12)。根据高速和城际的车流量,

并充分考虑城际列车短编组、立折频繁的特点,采用城际到发线居内,高速到发线位于两侧的布置形式(如采用城际位于两侧的方案,虽然可以提高高速引入线路的技术标准,但不好解决城际列车立折频繁的技术问题)。该方案为高速、城际客车按方向别引入高速城际综合场,普速车场尽量紧靠高速城际综合场设置。

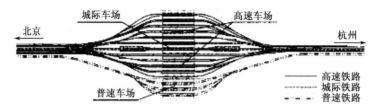

图 4-2-12　高速、城际合场,普速独立设场方案示意图

③方案Ⅲ:高速、城际、普速独立设场方案(图 4-2-13)。本方案的特点是高速、城际、普速分场设置,各自独立,互不干扰。

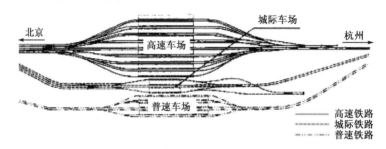

图 4-2-13　高速、城际、普速独立设场方案示意图

(2)方案优缺点分析

①方案Ⅰ的优点:高速独立设场,高速车的作业不受干扰,便于管理和运输组织,咽喉区布置可相对简化,长度缩短,车场能力相对较大,城际和普速设综合场后到发线可以调配使用,灵活性较好。缺点:两车场并列布置,占地较多。

②方案Ⅱ的优点:车站站坪节省了一定量的土地。缺点:进出段线设置困难,两端疏解区占地较多,存在管理不便、立折列车作业困难、运输组织不够灵活、降低了高速线的技术标准等明显缺点,与 HQ 站应首先满足功能性、系统性的要求存在一定差距。

③方案Ⅲ的优点:作业独立,互不干扰,便于管理和运输组织,车场布置简单,站坪长度最短,车站能力最大。缺点:车站股道固定使用,车站到发线灵活性差,能力浪费,运用缺乏调剂使用条件。

(3)研究结论

经综合分析,方案Ⅱ与方案Ⅰ相比,节省土地有限,给车站的运营、组织和管理带来不便,降低了高速正线的技术标准,方案Ⅲ到发线灵活性差。方案Ⅰ中高速独立设场,高速车的作业不受干扰,便于管理和运输组织,咽喉区布置相对简化,车场能力相对较大;城际、普速合场后设综合场,主要考虑其车流总量均较少,合场到发线可以调配使用,灵活性较好。因此,推荐方案Ⅰ,即高速独立设场,城际和普速设综合场方案。

根据近远期 HQ 站的分工及作业量,规划车站规模 30 条到发线、旅客站台 16 座,其中东侧高速车场 19 条(含正线),西侧综合车场 11 条(含正线),两车场紧靠并列等高布置,采用高架候车及"上进下出"模式,旅客通过高架候车室进站,地下出站厅出站。客运站与机场 2

号航站楼间依次设置地铁站、出租车上客站和公交站、社会停车场、长途汽车站、磁浮车站，由高架步行平台和地下步行系统相衔接，中间沟通磁浮，乘坐地铁旅客由站台下到地下站厅，较好地解决了旅客进出站和相应的步行换乘问题。

6) HQ 站线网布局及组织设计研究

在 HQ 枢纽设施 HQ 东站、HQ 西站两个城市轨道车站，形成由 5 条线路组成的"东西两站、立体换乘"的轨道站点布局，实现 HQ 枢纽高速（城际）铁路、磁浮、机场三个大交通与城市轨道交通的立体换乘，最大限度地减少了轨道交通换乘距离。

根据对 HQ 综合枢纽的交通需求及交通组织原则的分析，规划对枢纽主进场路进行详细规划，形成了南、北大分块、东西小分块的"分块循环"进出场高架道路方案以及"一纵三横"配套快速路网（图 4-2-14），便于车辆进出和维持道路畅通。

HQ 枢纽虽然是全球汇集交通方式最多、最全的综合工程，但乘客可以在其中实现高效换乘。为了使乘客更方便地换乘，HQ 枢纽共设计了 54 种换乘模式，在设计中采用了"到发分层"（多层面、多通道、多出入口、多车道边）的理念来实现。不同交通

图 4-2-14 "分块循环"高架方案

设施间的到发分层，不仅实现了上下叠合的功能安排，还避免了大流量旅客换乘拥挤，提供了舒适的换乘空间。

HQ 交通枢纽内部设置了大量自动步道，以缩短旅客在枢纽内部换乘时间。不管乘客采用何种方式换乘，步行距离都保持在 300m 之内，换乘时间控制在 15min 之内。此外，HQ 枢纽工程对标识导向系统做了充分研究和论证，增加了旅客人性化体验；在各个节点以地图、问询、显示屏等形式建立了一套完整的信息系统。

考虑到 2 号航站楼均为国内航班，其中有许多公务旅客并不一定会托运行李，为方便这些匆匆赶路的公务旅客和没有行李的旅客，2 号航站楼内专门设立了一条无行李旅客的通道。没有行李托运的旅客，可以无须经过行李提取大厅，从专门的无行李旅客通道快速出航站楼，换乘各种交通工具。

HQ 枢纽内高铁、城际、客专、磁浮、轨交等与航站楼紧密衔接，有效地解决了枢纽的外部交通。同时，通过换乘大厅的基础设施、换乘设施的规划与修建，使得进、出站、换乘旅客在枢纽内都自由、方便地穿行。

❓ 复习思考题

1. 航空与高速铁路综合枢纽的特征有哪些？航空与高速铁路综合枢纽的意义有哪些？
2. 根据铁路交通车站与机场航站区的关系，试述场址布局模式有哪些，各有哪些优、缺点。
3. 随着我国高速铁路网的不断完善，结合文中原则及方法，以一个机场为案例进行综合枢纽规划。

第3章 港口与铁路综合枢纽规划

3.1 概 况

港口是货物和旅客的集散点,也是各种运输工具换装的场所。它由水路可与海洋、内河相沟通,从陆上又可和全国铁路网以及公路网相连接,一般也是水陆联合交通运输的枢纽。港口集疏运系统是与港口相互衔接、主要为集中与疏散港口吞吐货物服务的交通运输系统,通常由铁路、公路、城市道路及相应的交接场站组成。港口集疏运系统是港口与广大腹地相互联系的通道,也是港口赖以存在与发展的主要外部条件。任何现代化港口都必须具备完善与畅通的集疏运系统,才能成为综合交通运输网中重要的综合交通枢纽。

铁路凭借其运量大、运距长、运费少以及能耗低、污染少等技术经济优势,在港口集疏运系统中占据着重要的地位。因此,科学规划铁路与港口联合枢纽,将为综合运输体系中的海铁、水铁联合运输创造有利条件。

3.1.1 港口与铁路综合枢纽的特征

铁路和水运都具有运力大、节能以及环保特点,在综合运输体系中占有重要的地位,因此发展水铁联运具有较好的前景。港口与铁路综合枢纽是随着水铁联运的发展而形成的综合性枢纽。港口与铁路综合枢纽的特征主要体现在以下几个方面:

(1)服务对象以货物为主。根据水运运量大、运距长、运费低、速度慢等经济技术特征,经由港口利用船舶从海上运输的主要以货物为主,这其中包括如矿石、钢铁、粮食、石油、煤等大宗货物以及部分散杂货物和集装箱。因此,铁路为港口提供集疏运服务的对象也主要是这些货物。这就要求在港口与铁路联合枢纽内,应具备足够能力的、适应不同种类货物进行装卸、堆放、仓储、转运等作业的专业化设施设备。

(2)无缝衔接。通过港口与铁路综合枢纽的建设,使水运与铁路这两种运输方式能够有效衔接,进而可以使货物在枢纽内的运输实现无缝连接。通过合理布局港口内的铁路线路,采用现代化的专业装卸转运设备,优化作业组织流程等方式,减少货物在港口的堆放时间,简化转载过程中的作业流程,降低转运过程中由货损货差造成的损失,保证各种货物在枢纽内的安全和运输效率。

(3)联合办公。在传统的运输组织过程中,港口与铁路分属不同部门,互相之间缺乏有效的沟通和协调,工作中拥有很多困难和问题,如港口后方铁路与港口铁路缺少必要的配合,存在着机车换挂、车辆重复作业等诸多不必要的作业流程。而在港口与铁路综合枢纽中采用联合办公的方式,使路港双方加强协作,通力配合,各司其职,各尽其能,将对优化运输资源配置、加快机车车辆周转、减少重复作业、降低成本以及提高货物运输效率有着积极的意义。

(4)信息共享。港口与铁路综合枢纽内,需要建立广泛的信息共享机制。首先,对于进出港货物运输所需的必要凭证和手续,港口和铁路可以共同制订和执行。例如,货票、运单等托运凭证,路港双方可以统一格式统一办理,尽可能实现货物运输过程中一票到底,减少不必要的交接环节。另外,如海关、商检所涉及的动物植物检验检疫等货物查验工作,应合理安排其流程,做到铁路港口一次完成。同时,在运输组织上,路港双方应保持高度配合,相互共享各自的运输计划,如港口船舶的到发时刻和铁路列车的到发时刻,根据这些信息,合理安排港口内的作业计划,提高车船直取的比例,通过信息共享,提高资源、设施的利用效率。

3.1.2 港口与铁路综合枢纽的意义

铁路与港口联合枢纽在综合运输体系中发挥着重要的作用和意义,主要体现在以下几个方面。

(1)拓展港口腹地。集疏运方式经济运距的差异决定了港口的腹地类型,铁路在中长距离陆路运输具有较强的优势,且其运量大、运费少、可进行全天候运输,可为港口拓展广阔的内陆腹地。如图4-3-1所示,铁路运输就是从港口伸展出去的"触角",为其集散经济腹地内的货物,铁路集疏运形成的"触角"比公路运输形成的"触角"更长,吸引范围也就更大。

(2)为港口提供充足的集疏运能力。港口是大宗物资的集散地,随着经济的发展和贸易量的增加,港口集疏运系统能力不足与日益增长的货物吞吐量之间的矛盾不断激化,港口集疏运越来越成为制约港口发展的瓶颈。铁路运输能力大、适应性强,通过优化运输组织,能为港口提供充足的集疏运能力。

(3)降低港口集疏运成本。通过合理的产品设计和运输组织,铁路能实现港口货物的快速集疏运,极大降低货物的在港时间,降低港口作业成本。与此同时,铁路运输成本较低,建立铁路集疏运体系能降低口岸内陆的集疏运成本。

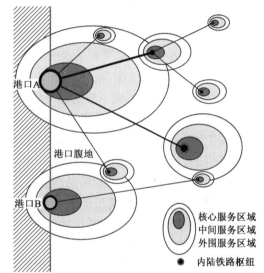

图4-3-1 港口腹地拓展与竞争关系

(4)提高铁路在港口的集疏运量。我国铁路在整个港口集疏运体系中所占的运输份额不到20%,特别是集装箱集疏运量仅占港口集装箱吞吐量的2%~3%。大连港集装箱水铁联运所占比重接近10%,该比例已位列我国沿海各港口之首。相比之下,洛杉矶港集装箱集疏运比重已超过24%,德国汉堡港铁路集疏运比重约为30%。这说明我国水铁联运还有很大的发展空间。

3.2 铁路与港口联合枢纽规划原则及方法

3.2.1 铁路与港口联合枢纽规划原则

铁路与港口联合枢纽中,路港双方是服务与被服务的关系,铁路为港口提供集疏运服务,港口依靠铁路实现运输生产的延伸,港口的业务性质决定了铁路与港口联合枢纽的性质。因此,港口与铁路联合运输布局规划要紧密结合社会经济发展、运输业务特点、工程建设成本和经济社会效益等因素,总体上要遵循以下几点原则。

(1)与城市的总体规划相协调。铁路与港口联合枢纽的总体布局取决于港址的选择,一般是先决定港址,然后使铁路及其他运输工具与之配合。其总体布局应满足港口总体布局及货物装卸作业过程的要求。另外,还需与城市总体规划密切配合,满足消防和卫生要求,最大限度地减少联合枢纽对城市规划的不良影响。

(2)铁路要保证必要的通过能力。一方面,在分析历史业务量数据的基础上,规划要满足当前港口集疏运能力需求;另一方面,以进行科学的运量预测为指导,规划还要满足一定时期内港口发展对通过能力的需要。

(3)铁路运输与港内运输作业组织相适应。实现铁路与水运或者海运在综合枢纽中的无缝衔接。港口铁路的规划应紧密联系港口运输作业的性质、流程和特点等因素,合理安排枢纽内各种设施设备的位置和数量,使货物列车在港内的到发、解编、取送、交接、装卸等作业有序畅通,便于货物在港内的高效流通。

(4)最大限度地控制工程建设成本及远期运营成本。工程建设期间,在符合工程质量标准的前提下,要尽可能地节省工程费用,减少土地等资源浪费;在投入运营后,要考虑日常使用及维护成本,节约能源,保护环境,维持生态平衡,促进联合枢纽的可持续发展。

(5)港口铁路的组成一般由吞吐量的大小决定。吞吐量大的港口,其铁路布置一般由港湾站、港区车场、码头线及货物装卸线组成。如港口距编组站或区段站较近,且吞吐量不大时,亦可不设置港湾站,而由编组站或区段站兼办港湾站的作业。如港口吞吐量较小、货物品种单一,且港口距港湾站(或编组站、区段站)较近时,亦可不设港区车场,而由港湾站(或编组站、区段站)兼办港区车场的作业。

港湾站是港口铁路集疏运体系中最为重要的组成部分,它介于路港双方交接处,承担着重要的货物中转任务,是铁路与港口联合枢纽的结合部。港湾站的规划建设直接决定了港口铁路的工作效率和作业质量。

对于车站作业而言,港湾站与一般区段站、编组站相比,有类似之处,更有所不同。港湾站除了办理出入港口货物列车的到达、解体、编组和出发等作业外,还需要办理路港交接、取送车及装卸等作业。这些作业特点构成了对港湾站规划的一些特殊要求,其中包括以下几项。

(1)尽可能保证出入港湾站的货物列车到发、解编、交接和取送等作业过程顺畅,选择最佳的交接地点,减少车辆在站内的走行距离,避免货物折角和迂回运输,加快机车车辆及货物的周转。

(2)按照港湾站的作业要求,合理配置相应数量的车场、联络线、调车和装卸设备,以及"信、联、闭"等现代化的行车指挥设备,以实现设备效率高、运输成本低和工程投资省的效果。

(3)根据交接方式的不同,必须采用与其相适应的布置图形。

(4)港湾站距码头、仓库作业区不宜太远,以便于取送车作业,与编组站间应有方便的通路,并考虑港口联络线(指港湾站和港口之间的联络线)接轨的合理性,以便为直达列车直接进入港口创造方便条件。

3.2.2 铁路与港口联合枢纽规划方法、流程

铁路与港口联合枢纽规划的主要流程为：港口现状分析、港口发展预测、主要设施能力计算、形成规划方案、方案评估比选、确定规划方案等。

(1) 港口现状调查分析

对港口现状进行客观全面的调研和分析是规划联合枢纽的基础。在此阶段，应主要从以下方面着手进行调研和分析：港口吞吐量，港口主要集疏运货物品类及运量，港口集疏运方向及运量，港口与铁路路网中其他场站设施的相对位置，港口后方通道通过能力，港口现有集疏运设施布局及能力情况，港口作业流程等。同时要综合考虑集装箱堆场以及港口的工矿企业、物流园区、基地、电厂等因素。以港口为依托的临港工业，是整个港口的重要组成部分，对铁路的需求较大，在铁路规划时必须予以考虑。全面深入的港口现状分析将为提高联合枢纽规划的合理性创造有利条件。

(2) 港口发展预测

联合枢纽的规划应充分考虑港口自身未来的发展，因此规划应具有适当的超前性。根据规划年度的不同，在联合枢纽规划初期，应结合港口现状，科学预测规划年度内，港口的发展情况，既要保证枢纽规划在一定时期内的适用性，又要避免能力浪费，合理控制建设投资支出。

(3) 主要设施能力规划

联合枢纽内主要设施能力主要包括港湾站铁路改编能力和港区车场通过能力，二者相互关联，必须合理匹配，否则将造成联合枢纽的运能浪费或运能不足。

港湾站的主要功能是保证水运到达港口的货流及时疏解，陆路到达港口的货流及时送入港口，其规划方法与铁路编组站规划方法类似，港湾站规划时应重点考虑改编能力，可按照下列公式计算其改编能力：

$$N_{改编} = \frac{T_{营} \, 24 L_{停} \, q_{铁} \, \eta_{线}}{(t_{间} + t_{场}^{车}) L_{车}} \tag{4-3-1}$$

式中：$N_{改编}$——港前铁路改编能力；

$T_{营}$——到发线的年营运天数；

$L_{停}$——到发线有效长度；

$q_{铁}$——车辆平均载质量；

$\eta_{线}$——到发线利用率；

$t_{间}$——各批车辆平均间隔时间；

$t_{场}^{车}$——车辆在车场的平均停留时间；

$L_{车}$——车辆长度。

港区车场需要通过能力可按照以下公式计算：

$$G_{能} = n_{货} \, Q_{总} \, \Phi \times 365 / K_{波} \tag{4-3-2}$$

式中：$G_{能}$——港区铁路需要通过能力；

$n_{货}$——港口每天装车数；

$Q_{总}$——货车载质量；

Φ——平均载重系数；

$K_{波}$——月间货流波动系数，由于港口货流波动较大，数值可取 1.3～1.5。

根据港区车场的需要通过能力,规划港口装卸线的有效长度、装卸能力等,有条件的港口尽可能保障港口专用线能够整列到发,并且根据货流情况设置分区车场,以利于直达列车的整列进出,减少增减轴作业,没有条件的港口可采用公路换装作为补充。

一般情况下,港湾站铁路的改编能力应大于港区车场的通过能力。主要原因有两点:

①在计算港区车场需要能力时,货流波动系数采用的值偏大。因此,港口实际需要的铁路集疏运能力很可能大于计算出来的需要能力。为满足港口集疏运需求,港湾站铁路改编能力应略大于港口铁路所需的集疏运能力。

②港区车场集疏运规划用地有时不能得到满足,随着港口吞吐量增长,可采用其他集疏运方式弥补;而港前铁路用地相对比较充足,所以在实际规划时,应具有一定前瞻性,设计港湾站铁路改编能力可略大,以适应运量增长需求。

(4)港口铁路设施布局规划

在综合考虑港口规模、吞吐量、交接方式、业务流程及在路网中的位置等因素的前提下,对港口铁路设施布局进行规划。主要内容包括:确定铁路与港口联合枢纽内主要设施设备的组成和数量,确定铁路与港口联合枢纽的总体布置图形,分别确定港湾站、港区车场、码头装卸线等设施的数量,确定港湾站布置图形等。

(5)枢纽内作业组织流程设计

在对港口铁路设施布局进行初步规划后,结合港口铁路运输生产的业务特点,需要对枢纽内的货物运输工作组织流程进行合理设计。在设计作业组织流程时,要有利于枢纽内作业过程的有序顺畅,尽量减少各项作业间的相互干扰,减少与道路等其他运输方式的交叉,创新组织方法,力求保证枢纽内运输生产作业的高效和安全。同时,还可以根据枢纽内的作业组织特点,进一步反馈调整港口铁路设施的布局规划。

(6)形成规划方案

在设计拟定多个规划方案的基础上,为联合枢纽规划建立科学全面的评价指标体系,选择合理的评价方法,对各种规划方案进行评价比选,进而得到最终方案。

根据以上对铁路与港口联合枢纽的规划原则和方法,可以得到其流程,如图4-3-2所示。

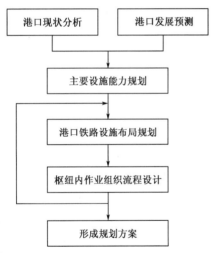

图 4-3-2　铁路与港口联合枢纽规划流程

3.3　铁路与港口联合枢纽规划

3.3.1　沿海港口后方铁路通道规划

我国梯次发展的经济格局和国家西部大开发、中部崛起和振兴东北发展战略的实施,区域分工加快,大量产业向中西部地区转移,使东中西部地区经济交流和互补效应持续增强,货运规模也不断扩大。沿海港口集装箱的经济腹地不断向中西部地区延伸,集装箱内陆运输的纵深距离明显加大。

随着客运专线的规划建设,我国铁路既有繁忙干线部分客车转客运专线运行,铁路货运能力将得到极大的提升,将形成连接我国主要港口和内陆城市的大能力运输通道,这将有利于港口作业向内陆纵深延伸。发展水铁联运,应首先重点发展港口纵深腹地货物的运输,其次再通过优化产品设计和组织,争取港口的中短距离集疏运量。根据铁路车站与港口布局形式分析,我国沿海港口后方铁路通道有"一港一线多城市"和"多港一线多城市"两种发展模式。基于这两种模式,配合内陆无水港的建设,可形成"多港多区域"的发展模式。

(1)"一港一线多城市"发展模式

"一港一线多城市"模式中,"一港"代表港口,"一线"为连接港口和内陆城市的铁路运输通道。它是在铁路枢纽和港口点对式布局的基础上,利用铁路主干线的延伸覆盖多个城市,而形成的一种水铁联合运输发展模式。日照港利用侯月线通道能力,可覆盖兖州、菏泽、新乡、月山及侯马等城市;连云港港利用陇海线大陆桥通道,覆盖徐州、郑州、洛阳、西安、宝鸡、兰州、乌鲁木齐以及中东、欧洲部分城市。

在"一港一线多城市"模式下,有以下几种运输组织形式:

①班列运输组织。组织海铁联运班列是水铁联运发展最为有效的运输组织形式。班列形式主要有"五定班列"、集装箱海铁联运班列等形式,具备条件时还可开行双层集装箱班列。通过班列运输,可以形成内陆城市到港口的快捷的运输通道。

②阶段接续列车运输组织。阶段接续列车的组织过程如图4-3-3所示,它是由于始发点没有足够的到达终点站的货流,且各区段牵引定数存在差异而不能直达班列运输产品,则通过优化编组计划,使列车在途中节点进行快速的甩挂和换装作业,而形成的两点间的快运列车。如广州港有20车至乌鲁木齐的货物,无法组织整列直达,则可组织至西安成组30辆,开出满轴50辆。到西安甩下西安组,挂上西安至乌西班列成组20辆,西安满轴开出40辆(受区段牵引定数的限制)。

图4-3-3 阶段接续列车的组织过程

通过阶段接续列车运输组织形式,可使货物通过"两程"或"多程"直达班列完成在港口和内陆城市间的快速运输,对提升铁路与港口的服务范围、扩大铁路运输市场和港口的经济腹地,都有重要的现实意义。阶段接续列车组织的关键是运输过程中节点的换装作业。

③组合形式。主要是城际班列和海铁联运班列的组合,其组织形式如图4-3-4所示。在主枢纽城市和周边中小城市之间开行灵活编组的城际班列,货物在主枢纽城市集结后组织海铁联运班列,实现货物在港口和主枢纽城市的快速集疏运。

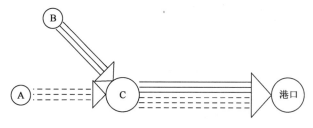

图4-3-4 组合形式的运输组织过程

(2)"多港一线多城市"发展模式

"多港一线多城市"模式中,"多港"为辐射式布局情形下的铁路枢纽衔接的多个港口,"一线"为连接铁路枢纽和内陆城市的铁路运输通道。该种模式是在铁路枢纽和港口辐射式布局的基础上,利用铁路将多个港口与铁路输运衔接,并利用铁路主干线使港口服务延伸并覆盖内陆多个城市,而形成的一种水铁联运发展模式。湛江、茂名、阳江、惠州、汕尾等港口,通过京广线将港口服务范围向中北部地区扩展,覆盖湖南、湖北以及河北境内部分城市;厦门、漳州、泉州等港口,通过赣龙线、京九线,将港口腹地进一步向纵深扩展。

对于绝大部分集疏运货物,港口和内陆城市间能直接组织货物运输,这实际上形成了"一港一线多城市"模式。因此,"多港一线多城市"模式下的铁路运输组织形式与"一港一线多城市"模式下的铁路运输组织相似。

对于其他不能组织班列的货物,则采用如图4-3-5所示的运输组织形式。它与"一港一线多城市"模式中的组合形式相似,在港口与所衔接的铁路枢纽之间,以及铁路枢纽和内陆城市之间分别组织班列,进而形成港口和内陆城市间的快速通道。

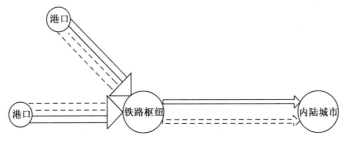

图4-3-5 "多港一线多城市"发展模式运输组织形式

(3)"一港多区域"发展模式

"一港多区域"模式中,"一港"是指沿海主要港口,"多区域"则是指内陆无水港的服务区域。"多港多区域"发展模式是"一港一线多城市"以及"多港一线多城市"两种发展模式的延伸,它是以沿海港口为中心,以内陆无水港为网点,通过铁路运输通道的衔接,形成的以港口为接点的内陆集疏运网络体系。其中,"无水港"是指在内陆地区建立的具有报关、报验、签发提单等港口服务功能的物流中心。通过"多港多区域"的发展模式,可扩展港口腹地范围,如天津港区辐射腹地由37km² 陆域面积扩大至450万 km² 以上,铁路运输通道的衔接使无水港与天津港通往内地的航道得以畅通。

"多港多区域"发展模式中,在无水港的辐射范围内,无水港与其衔接的铁路线,可形成"一港一线多城市"的发展模式,可进一步覆盖无水港服务范围的中心城市,使港口和铁路的经济辐射作用更加密集。

"一港多区域"模式中,港口作业向内陆转移。无水港的建设可使内陆货物可以在当地完成通关、报验、分装、配送、存储、运输、订舱等多作业,从而实现内陆与港口间货物的直通运输。

在沿海港口和无水港之间,组织班列运输,如"五定班列"、海铁集装箱班列、双层集装箱班列等形式。

而在无水港服务区域内,货物的集散方式有以下几种:

①小运转列车。主要针对枢纽内的货物运输,利用小运转形式,进行货物的集疏运。为

提高运输服务质量,可实行小运转定时、定点、定线开行,及时将货物输送至无水港。同时,小运转列车的开行计划和沿海港口、无水港之间的班列运行计划相协调,以减少货物在无水港的停留时间。

②城际货运班列。主要针对无水港和周边城市的、运输量较大的货物。城际货运班列可实行灵活编组,同时运行计划和沿海港口、无水港之间的班列运行计划相协调,以减少货物在无水港的停留时间。

实质上,"一线一港多城市"是一种线性发展模式,"一港多区域"是一种节点式模式。"一线一港多城市"模式利用铁路主干线,形成一条内陆纵深经济带,通过铁路运输产品的优化设计及组织,不仅有利于内陆地区,特别是西部地区城市与沿海港口的衔接,也有利用铁路通道沿线城市间的交流。"一港多区域"则是将港口作业向内陆无水港转移,使内陆地区直接与港口衔接。其中,沿海港和无水港间的铁路运输组织是影响"一港多区域"模式发展效率的关键。两种模式相辅相成,应配合发展,对中部崛起战略和西部大开发战略的实施,具有积极的意义。

3.3.2 港口与铁路综合枢纽布局规划

1)港口与铁路综合枢纽布局类型

港口与铁路综合枢纽按其组成的各部分位置,可分为纵列式、横列式和混合式三类。

(1)港湾站、港区车场和码头线纵列配置(图4-3-6)

一般应优先采用,它的优点是车辆取送顺序进行,无折返行程,各车场的调车作业互不干扰。其缺点是需要较长的场地。

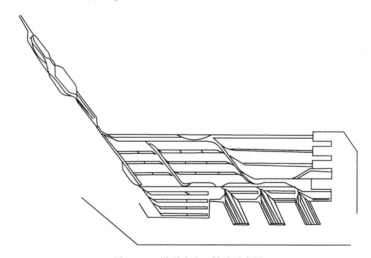

图4-3-6 纵列式港口铁路示意图

(2)港湾站与港区车场纵列配置、港区车场与码头线混合配置(图4-3-7)

它的优点是港湾站和港区车场间车辆取送顺序进行,无折返行程。其缺点是港湾站、港区车场间非顺序配置的码头线取送车,交叉干扰较多。

(3)港湾站、港区车场和码头横列配置

它的优点是需要的场地短。其缺点是车辆的取送有折返行程,车站咽喉区交叉干扰较多,一般不宜采用,仅在地形受限制时采用。

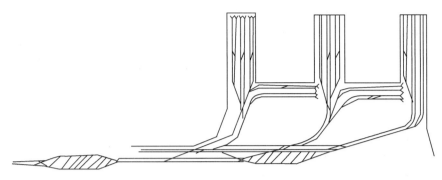

图 4-3-7 混合式港口铁路示意图

2) 港湾站布局

(1) 港湾站布置图的分类

在实践中,港湾站作为港口运输的出入口,其站型部分较为复杂,港湾站图形可按以下三种分类方法进行比较:

① 按港湾站所服务港口性质分类。这种分类方法是指该港口办理作业的性质,即旅客运输、货物运输或既办理旅客运输又兼办货物运输。办理货物运输的港口还可按装卸货物的品类进行分类,如散装、件装及集装箱货物运输等。

② 按港湾站图形结构进行分类。该种分类方法以主要车场布局进行分类,分为横列式、混合式及纵列式三种。其主要优点是可按港湾站作业量的大小进行选择,但无法充分反映车站图形对适应交接和满足取送车作业的要求。

③ 按路港交接方式,交接地点及港湾站和港口站联设或分设三个因素分类。

通过分析比较,宜采用第三种分类方法,该方法具有以下优点:充分反映港湾站交接和取送作业的主要特点,使车站图形与作业相适应;避免了各种图形的重复罗列;各类图形系统分明、眉目清晰,便于逐步系列化。

按上述分类方法,铁路港湾站布置图形主要分为以下三类(表 4-3-1):

Ⅰ类,为路港间实行货物交接制,或车辆交接制。港湾站与港口站分设,且交接场不设在港湾站的图形。

Ⅱ类,为路港间实行车辆交接制,港湾站与港口站分设,且交接场设在港湾站的图形。

Ⅲ类,为路港间实行车辆交接制,港湾站与港口站联设的图形。

港湾站布置图形 表 4-3-1

港湾站布置图形	路港交接方式	港湾站与港口站联设或分设	交接场是否设在港湾站
Ⅰ类	货物交接制	分设	否
Ⅱ类	车辆交接制	分设	是
Ⅲ类	车辆交接制	联设	—

上述港湾站是指路港双方实行车辆交接时,路方主要为港方服务的车站,而港口站是指港方的车站。

(2) Ⅰ类港湾站布置图

Ⅰ类港湾站布置图中,包括实行货物交接制或车辆交接制,港湾站与港口站分设,且交接场不设在港湾站的布置图。

当采用货物交接制时,不设港口站。为装卸件杂货或集装箱服务的港口,铁路与港口间一般在港口装卸线上向对方办理货物交接作业,铁路负责取送车,港方负责卸车;为装卸大宗货物服务的港口,在铁路重车解体推送场办理货物交接作业。

当采用车辆交接制时,由铁路调机至港口站到发兼交接场(或港湾站与港口站间的交接场)取送重空车辆,并在该场办理车辆的交换作业(包括货物装载及车辆技术状态的交接)。港方利用自备机车,办理港口站至分区车场、装卸线的取送车作业,并负责港口站的调车作业。

Ⅰ类港湾站各种布置图形分析,见表4-3-2。

Ⅰ类港湾站布置图形分析   表4-3-2

图形种类	港口主要货物品类	交接方式	图形特征	交接地点	图形优缺点
一级横列式	件杂货或集装箱	货物交接	该图型为横列式布置,并设有到发场及编组场。在本站两端分别设有机务段及简易驼峰	—	优点:站坪长度短,布置紧凑;设备集中,管理方便,车站定员少;缺点是:解编车流走行距离长,当调车作业增大时,进路交叉干扰多
		车辆交接		港口站到发兼交接场或港湾站与港口站之间的交接场	
单向三级四场	大宗煤炭或矿石等散货	货物交接	该图形设有到达场、重车推送场、空车集结场及空车出发场,设有机械化驼峰,采用翻车机或底开门卸车沟卸车,并采用牵出线折返设备、预留环线回转设备、港口储煤(矿石)场,宜设在环线内	当采用翻车机卸车时,可在重车推送场交接;底开门卸车时,需要解体的货物在重车推送场交接,不需要解体的可在底开门推送线交接	—
一级四场横列式	件杂货及大宗散货	货物交接	该图形设有到发场、编组场、重车推送场及空车集结出发场,并采用翻车机卸车	大宗煤炭或矿石等在列车到达推送场办理交接;其他货物在港口装卸线办理交接	该配置图具有横列式配置的优点,同时又适应件杂货及散装货物的装卸,灵活性较大

(3)Ⅱ类港湾站布置图

Ⅱ类港湾站布置图是在路港间实行车辆交接制,港湾站与港口站分设,且交接场设在港湾站的图形。

在港湾站和港口站分设时,两站间往往有一定的距离,双方车辆交接需根据重空车流的接续分阶段进行,并需要一定的车辆集结时间和交接前的调车工作。因本类图形车辆交接作业均在港湾站办理,为缩短车辆在港湾站到发线上的占用时间,减少作业上的交叉干扰,宜设置专门的交接场,办理一般车流的车辆交接作业。而能直接进出港口站的直达列车和大组车,则可在到发场办理交接。因此,Ⅱ类图形均设置了衔接港口联络线的交换场,同时港口联络线也有进出到发场的便捷通路。

Ⅱ类港湾站布置图分析,见表4-3-3。

Ⅱ类港湾站布置图分析　　　　　　　　　　　　表4-3-3

图形种类	港口主要货物品类	交接方式	图形特征	交接地点	图形优缺点
横列式	装卸件杂货、集装箱	车辆交接	该图形设有上下行到发场、编组场及交换场四个车场;交接场位置一般设于编组场的外侧,一端与编组场共同连通驼峰,另一端接港口线	港湾站到发场或交接场	此种布置图的优缺点,编解能力与Ⅰ类港湾站图形中横列式布置图相似,适用于车辆交接制的一般规模的港湾站

(4) Ⅲ类港湾站布置图

Ⅲ类港湾站布置图为路港间实行车辆交接制,港湾站与港口站联设。Ⅲ类港湾站布置图的分析见表4-3-4。

Ⅲ类港湾站布置图分析　　　　　　　　　　　　表4-3-4

图形种类	港口主要货物品类	交接方式	图形特征	交接地点	图形优缺点
横列式联设港湾站	件杂货或集装箱	车辆交接	该图形为横列式布置,并设有到发场及编组场。在本站两端分别设有机务段及简易驼峰	路港双方各自的到发场或对方的到发场	优点:站坪长度短,用地少;车场、设备布置紧凑,双方联系方便,车站定员少;当作业方式变化时,图形适应性较强。缺点:解编列车调车行程长;当调车作业量增多时,进路交叉干扰多,影响车站能力
二级四场混合式港湾站	大宗煤炭或矿石等散货	车辆交接	该图形为二级四场混合式布置	重车一般在峰前铁路或港口到达场交接,空车集结场交接	优点:利用翻车机卸车,封闭式皮带输送机输送到码头,卸车效率高,运货速度快,卫生条件好;地面地下运输方式配合使用,节省用地;加速机车车辆周转
二级六场混合式港湾站	件杂货及大宗散货	车辆交接	该布置图中设有到达场、编组场、空车集结场、空车出发场、办理出港车流的到达场及编组场六个车场	入港车流在港口到达线交接,出港车流在空车集结场及铁路到达场交接	—

当港湾站离港口不远,又基本上不承担路网车流的中转作业,在地形条件适合的条件下,宜将港湾站与港口站联合设置。联设与分设相比,具有以下优点:路港双方联系方便,易于联合调度指挥,有利于按照双方统一制订的技术流程有机地组织区间列车到发和出入港车辆取送的衔接,为双方在到发线上办理车辆交接作业创造良好条件,并能与列车到达及部分列车出发的技检作业平行进行;减少转线作业,加速车辆周转;节省定员。

联合设置具有以上优点,同时还存在一定的缺点,如:当路港双方横向联设时,双方作业在咽喉区有交叉干扰;要集中占用较大的场地,给车站选址带来困难。

在具体设计时,应根据不同的适应条件,结合当地具体条件,进行技术经济比较,确定将港湾站与港口站联设或分设,以充分发挥其配置图上的优点,更好地为港口运输服务。

3) 港区车场布置

港区车场是为码头和各泊位或货仓以及场库挑选、集结及配置车辆服务的。在作业量较大的港口设置港区车场,能更好地保证车、船的衔接和船舶装卸作业的连续性。港口作业量越大或港湾站距码头的距离越远,则设置港区车场的优越性越明显。

港区车场一般应有下列线路:收集自码头或场库送来车辆的集结线;自港湾站接发小运转列车或车组的到发线;为码头或场库挑选车辆的调车线;为调车机车走行的走行线以及进行调车作业的牵出线等。一般情况下,这些线路是互相混用的,其股道数量可根据作业量及作业性质确定,一般可按每衔接一个码头设 2~3 条线路考虑,但应根据码头形式和装卸量予以增减。有效长度不宜短于码头线及场库线的长度,约为港湾站到发线有效长度的一半或三分之一。当有直达列车进出港区车场并在此办理交接作业时,则某些线路的有效长度应与港湾站到发线的有效长度相等。

港区车场应尽量靠近码头或场库。一个港区车场以连接 1~2 个码头或场库为宜。港区车场的布置如图 4-3-8 所示。其中图 4-3-8a) 衔接两个码头,1~2 道为到发线,2 道兼走行线,3~5 道为调车集结线;图 4-3-8b) 的 4~6 道为到发线,调车线 1~3 道设计为尽头式。为了保证调车作业的便利与安全,在作业量大的港区车场应单独设置牵出线。

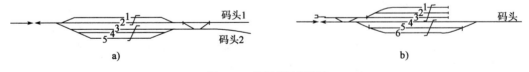

图 4-3-8 港区车场布置图

4) 码头线布置图

在港口内,码头应按货物种类进行专门化,如建立成件杂货、散货、集装箱、油码头等专业化码头,以充分使用码头的有效面积及选择合理的装卸工艺,配置合适的装卸机械。

码头线是直接为港口装卸作业服务的,其线路的布置取决于码头的位置、形式、机械化装卸设备的类型以及货物的种类和性质。成件货和杂货码头的码头线一般与泊船岸线或仓库呈平行布置,并设计为尽端式线路,如图 4-3-9 所示。

散堆货码头线的布置应根据装卸机械及设备类型确定,如图 4-3-10 所示。

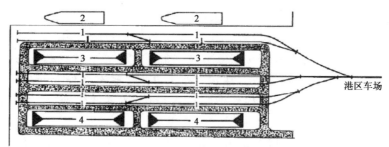

a)码头线、仓库平面布置图

b)码头线、仓库剖面布置图

图 4-3-9　成件、杂货码头线布置图
1-码头线；2-船舶；3-前方仓库；4-后方仓库

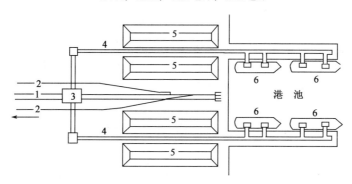

图 4-3-10　散堆货码头线布置图
1-卸重车线；2-空车线；3-翻车机；4-皮带输送机；5-煤堆；6-船舶

3.3.3　组织设计

1）路港交接方式的设计

路港直通是铁路与港口联合枢纽中一种先进的组织模式。它减少了车辆交接这一环节，实现了机车车辆在铁路与港口间的直入直出，无需在港湾站换挂机车，变调车作业为行车作业，有效地改善了路港间的协作。其作业流程如图 4-3-11 所示。如连云港港自成功实施路港直通以来收到了良好的效果：2008 年 1～9 月，连云港港内平均车停时 10.8h，降低了 2.9h，区间最高限速由原来的 40km/h 提高至 60km/h，货物在港中转速度显著提高。

2）作业流程设计

为了更好地完成港口货物的集疏运作业，必须加强铁路与港口联合枢纽的运输组织工作。货物在枢纽内整个联运过程，根据各港口所处的位置及其换装作业性质，主要有以下几种情况。

（1）船与车之间的换装

这部分主要是指到港的进口物资，或由国内轮船将货物运到港口，由水运转为陆运的水陆联运物资，货物从船上卸下，再装到车上运走。对这种情况，港站应加强装车组织工作，搞好疏运,保证港口的畅通。根据船与车之间换装的不同作业方式,主要有以下几种情况。

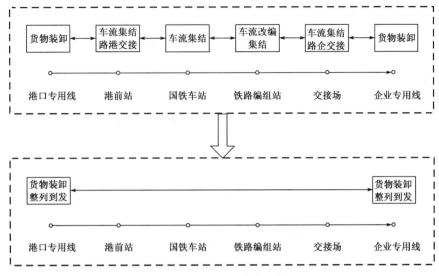

图 4-3-11 路港直通优势比较图

①船→车。这种方式是把粮食、生铁、化肥等便于车船直取的大宗品类货物,从船舶上卸下,直接在船边装车运走,组织车船直取。车船直取作业技术流程如图 4-3-12 所示。

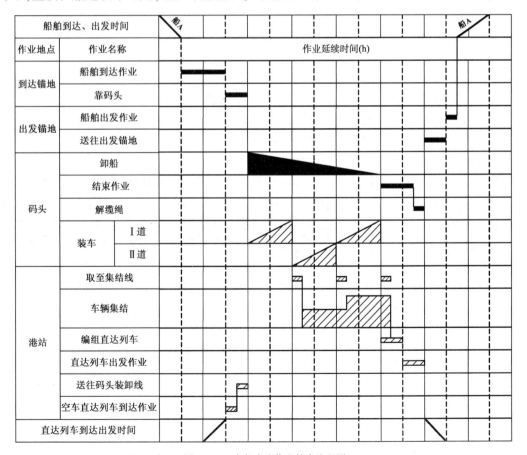

图 4-3-12 车船直取作业技术流程图

②船→港驳→车。由于港池吃水较浅,有些船舶进不了港,因此只能采取过驳方式。船舶在销地把货物卸到驳船上,驳船进港后,将驳船上以货物卸到码头上进行装车或直接卸到车上,采取车船直取的方式将货物运走。

③船→库→车。把货物从船舶上卸在码头上,或直接卸到港内搬运小车上,运到后方库场暂存,然后按铁路运输计划,再将货物从库场组织装车运走。目前,多数港口是采取这种方式。

④船→港驳→库→车。船舶在锚地把货物卸到驳船上,驳船进港后,将货物卸到码头上,使用港内小车,把货物运搬到后方库场暂存,再按计划组织装车,将货物从后方库场运走。

（2）车与船之间的换装

这部分主要是指出口及国内转口的货物,由陆运转为水运的换装作业,货物从到港的车上卸下后,再装船运走。对这种情况,港站应加强卸车组织工作,与到港接运船舶的紧密衔接,扩大原车直上的比重。主要包括以下几种情况:

①车→船。把到港的货车送到码头前沿,把装船所需的对口货物从车上直接装到接运的船舶上,这种方式叫作原车直上。在港口作业中,采用原车直上的作业方式可以减少港内的作业环节,提高港口运输效率。

②车→港驳→船。当港池吃水较浅、船舶进不了港时,必须采取过驳的办法,将货物从车上直接装到港驳上,港驳去锚地再将货物装到船上运走。

③车→库场→船。组织到港卸车的货物卸到库场内,等待接运的船舶到港后,再将货物运搬到船边装船运走。

④车→库场→港驳→船。到港的货物从车上卸下后,先运搬到库场暂存,等接运船舶到达锚地后,再将货物装到港驳上,港驳到锚地将货物换装上船运走。

在港站作业组织中,最主要的是组织船与车以及车与船之间的换装作业,即组织好进港货物的装车与出港货物的卸车组织工作。

在上述各种换装作业过程中,每一次操作叫作一次操作过程,每经过一次操作过程的货物吨数叫作操作量,它的计算单位是操作吨。其中只经过一次操作便可完成全部在港换装过程的,叫作直接换装(简称直取);经过两次以上的操作方能完成在港换装过程的,叫作间接换装。在港口运输工作中,一吨货物从进港时起到出港时止,无论经过多少次操作,都只算一吨装卸量。在装卸量中,直接换装的部分所占百分比,叫作直接换装比重。货物的操作量与装卸量的比值,叫作操作系数。

在港口运输工作中,直接换装的比重越大,操作系数就越小,因而在完成相等的装卸量中,就越能节省劳动力和机械动力的消耗,从而有利于进一步提高港口的劳动生产率,扩大港口的吞吐能力。因此,在港站作业组织中,应加强路港之间的协作,对于卸船的大宗品类货物以及装船所需的对口货物,有条件组织直接换装作业时,应组织好车与船以及船与车之间的直接换装作业,扩大原车直上以及车船直取的比重,亦即扩大港口直接换装的比重,减少操作系数,加速港内车、船、货的周转。

在港口运输工作中,为了组织好船与车之间的换装作业,就必须组织好港口的装车工作。

为搞好港口的装车组织工作,加速港口物资的疏运,路港双方必须首先正确处理好车与船之间的关系,认真贯彻"车船并重,相互衔接"的原则。实践证明,组织好装车是搞好港内的疏运工作的关键,只有经常保持港内库场货物流通的畅通,才能为加速船舶的卸船作业创造良好的条件。反之,如果只抓卸船,忽视港口的装车工作,其结果是港内库场货物积压,甚至造成库场堵塞,最后必然会影响卸船作业,造成装车卸船两头空。因此,路港之间必须加强协作,从全局出发,同心同德,为加强港口的装车组织工作,加速港口物资的疏运而共同努力。

除了组织好港口的装车工作外,还必须组织好车与船之间的换装作业,加强港口的卸车组织工作,多快好省地完成我国外贸出口任务以及国内由陆运转为水运的转运任务。

为组织好港口的卸车工作,最主要的是要组织车、货、船之间的紧密衔接,各发货单位要根据到港接运船舶的情况,有计划地组织发货,组织到港物的均衡到达,避免集中发运造成港内库场堵塞和卸车的积压。

3)管理模式设计

在港口运输工作中,是由路、港、货三大家组成的结合体,其原则分工是:铁路部门负责供应重、空车辆及港内的取送车作业;港务局负责车、船的装卸作业以及货物的保管与码放;外贸部门负责提供货物的去向及数量计划。因此,在日常调度指挥工作中,路、港、货必须统一思想,统一计划,统一指挥,统一行动,组织好车、船、货之间的紧密衔接,更好地完成港口运输任务。

在港区的作业组织过程中,港站调度指挥人员要加强与港务局作业区调度人员的联系。港区站调根据港站调度员下达的入空、送重计划,通知港务局作业区调度员组织机力、人力进行装卸车作业。码头前沿货运员应随时掌握港区装卸车作业进度,汇报港区主任货运员,填写装卸车作业进度表;港区主任货运员将装卸车完了时刻,通知港区站调。港区站调负责编制港区取送车计划,及时将装卸车完了的重、空车取走。为了便于港区作业的联系,港区站调与作业区调度人员应采取联合办公的办法。

根据我国各港区作业的具体情况,港内调车机的使用,主要有两种情况,一种是由铁路统一调度,由港区站调负责编制下达港内调车机的作业计划,如天津、青岛等港;另一种是由港务局作业区调度统一调度,由作业区机车调度员负责编制下达调车的作业计划,如大连、秦皇岛港。当由港务局作业区掌握港内调车机的使用时,港内必须指定路港双方的交接线,港区调车机将码头上装卸完了的车辆收集起来,送到交接线,再由港站调车机取回港站,同时,港站调车机将重、空车送到港内交接线,再由港区调车机将空、重车辆分别送到码头前沿或库场装卸线进行装卸车作业,在此,产生了港站与港区调车作业之间的中间环节。

在港区作业组织过程中,这两种办法无论采取哪一种,都必须首先保证船舶的不间断作业,做到"以船为主",安排好港区调车机的使用计划,缩短船舶在港的停留时间。

为了更好地组织港口运输工作,港站各级调发指挥人员应明确职责。

在港站作业组织工作中,港区站调在港内直接与港务局作业区调度人员对口联系,港区站调在港内运输工作中起着主导的作用。因此,港区站调工作的好坏,对港站的作业组织工作的好坏关系较大。为此,港区站调必须落实好以下工作:

(1)掌握好到达港内重、空列车的预确报,及时通知港务局作业区调度员,以便安排好港内装卸机械以及人力的使用。

（2）掌握好码头各泊位作业船舶的开舱量，装、卸货物品类及其作业进度，组织好车、船之间的衔接。

（3）掌握好港区到发线或交接线的使用，及时腾空港区到发线或交接线，安排好出入港车辆的取送车计划，组织好港内、外作业的衔接。

（4）按照港站班计划出发列车计划的要求（车次、时间、空、重车辆数），组织好港内按班计划出车，保证港站班计划的兑现。

（5）掌握好港内作业规律，按照港区作业的要求，组织好港区的取送车作业组织工作，主动搞好路港贸之间的联劳协作。

（6）正确及时填写港区技术作业表。加强港口运输组织工作，对加速车辆周转、减少船舶在港停留时间起着重要作用。

3.4 规划案例

3.4.1 CFD 港区铁水联运概况

CFD 港位于西煤东运陆路通道和北煤南运水路通道核心枢纽区，是华北地区下水煤炭和上岸进口金属矿石的"交换站"，服务临港和腹地冶金、石化、装备制造等大型重化工业。港区规划码头岸线 69.5km，共设计"一区三港池"，即甸头区和一港池、二港池、三港池，规划上岸矿石能力 1 亿 t，总规划设计吞吐能力达到 5 亿 t。甸头区为矿石和原油大宗散货作业区，规划 4 个大型干散货码头、4 个大型原油码头。一港池为 5 万~15 万吨级泊位，东侧岸线为某集团有限公司矿业公司泊位区和通用码头作业区，西侧岸线及其后方纵深主要满足"北煤南运"和临港工业区其他大宗散货运输需求。二港池为 10 万吨级以下泊位，东侧岸线以干散货运输为主，西侧岸线以集装箱、杂货等综合运输及物流综合服务功能为主。三港池主要服务 TS 及周边装备制造产业区，近期满足 3 万吨级以下货运船舶通航。

CFD 港区现有铁路包括迁曹线（QA 北—CFD 南）、曹西线（CFD 北—CFD 西）、唐曹线（TS—CFD 港）、唐呼线（CFD 北—呼和浩特）。此外，港区在建铁路为水曹线（QA 水厂—CFD 南），主要承担 CFD 港区供 TS 市中东部地区钢厂上水矿石和下水钢铁、SG 钢铁集团有限公司矿业公司 CFD 港区下水矿建运输；规划铁路为汉曹线（汉沽—CFD 南），起于津山铁路汉沽站，利用既有南堡线至南堡站，从南堡站引出后，新建铁路至南堡东站引入 CFD 港区，主要承担 HD、SJZ 地区矿石和部分有色矿需求和白货疏港任务。CFD 港区平面布置示意图如图 4-3-13 所示。

3.4.2 市场需求及集疏港运量分析

TS 市及周边地区共有钢铁企业 35 家，2019 年钢铁产能总计 1.55 亿 t，钢铁产量 1.24 亿 t，年消耗铁矿石约 2.5 亿 t。企业所需铁矿石主要来自 CFD 港和京唐港。《TS 钢铁产业发展规划》中明确：到 2021 年底，TS 市及周边地区钢铁企业总数将被整合至 30 以内。其中 18 家内陆"临铁"钢铁企业的原、燃料及产成品、辅料将主要采取铁路运输方式。该 18 家钢铁企业总产能核定 10 094 万 t/a,产量核定 8 350 万 t/a,预计煤炭、焦炭到达需求 6 300 万 t/a,铁矿石(含自产矿)到达需求 16 150 万 t/a。预计 2021—2025 年,TS 地区集港年运输需求 1 500 万~2 800 万 t,自 CFD 港疏港铁矿石年运输需求 6 000 万~7000 万 t,煤炭及焦炭到达年运输需求约 4 000 万 t。

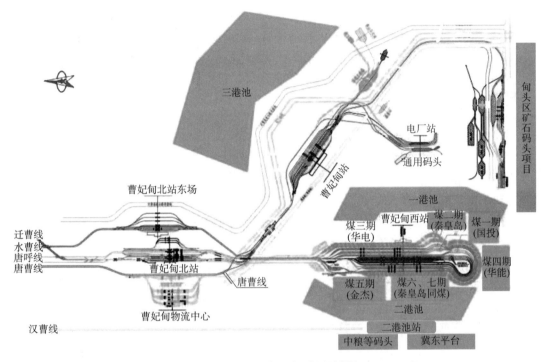

图 4-3-13　CFD 港区平面布置示意图

CFD 港区铁路运输集港主要是大秦线(韩家岭—柳村南)与迁曹线接轨后通过迁曹线进入 CFD 港区,唐呼线直接引入 CFD 港区;铁路运输疏港有唐曹线、水曹线、汉曹线等,主要承揽矿石等白货疏港任务。2017 年,CFD 港区集港煤炭 8 000 万 t,铁路运量 7 350 万 t,占比 92%;疏港矿石 13 100 万 t,铁路运量 258 万 t,仅占 2%。可见,集港煤炭绝大部分通过铁路运输,而疏港矿石铁路运量占比较小,制约和影响了铁路集疏运提升空间。2018 年以来,按照国家实施运输结构调整战略部署,通过对 CFD 港区采取集疏运分开、优化疏港组织模式、加大设备投入等措施,铁路疏港运量和占比快速增加。2020 年,铁路疏港运量达到 2 068 万 t,增长约 8.2 倍,铁路疏港占比达到 18%。按照国务院对《CFD 循环经济示范区产业发展总体规划批复》,CFD 定位于能源、矿石等大宗货物的集散港,同时为 TS 地区钢铁企业提供运输保障,服务于区域经济社会发展,需要进一步优化铁矿石疏运体系。

3.4.3　铁路集疏港运输能力分析及存在问题

1)路网通道能力分析

CFD 港区至腹地钢铁企业目前有 3 条铁路通道:曹南—唐曹—七滦、津山、唐遵;曹南—迁曹—七滦、京哈;曹南—张唐—张唐联络线—遵小,未来新增疏港通道曹南—水曹。技术指标如下。

通道一：曹南—唐曹—七滦、津山、唐遵，承担 CFD 港区上水矿石至 TS 古冶、YA 地区的运输任务，其技术指标见表 4-3-5。

曹南—唐曹—七滦、津山、唐遵通道技术指标　　　　　表 4-3-5

线路	运行区间	限制区段（口）	里程（km）	设计标准	单双线	牵引质量（t）	设计通过能力（对/d）
曹南线	CFD 南—CFD 港	无	13	国铁Ⅰ级电化	双	5 000	56
唐曹线	CFD 港—七道桥	七道桥	76	国铁Ⅰ级电化	双	5 000	180
七滦线	七道桥—古冶—卑家店—沙河驿镇(雷庄)	七道桥	45(54)	国铁Ⅰ级内燃	双	4 000	124
津山线	七道桥—狼窝铺—QA	七道桥	80	国铁Ⅰ级电化	双	5 000	180
唐遵线	七道桥—TS 东—崔马庄—党峪—遵化南	党峪—遵化南	83.3	国铁Ⅲ级内燃	单	3 500 1 500	29 17.5

通道二：曹南—迁曹—七滦、京哈，承担 CFD 港区上水矿石至 TS 的 QA、QHD 地区的运输任务，其技术指标见表 4-3-6。

曹南—迁曹—七滦、京哈通道技术指标　　　　　表 4-3-6

线路	运行区间	限制区段（口）	里程（km）	设计标准	单双线	牵引质量（t）	设计通过能力（对/d）
曹南线	CFD 南—CFD 北	无	11	国铁Ⅰ级电化	双	5 000	56
迁曹线	CFD 北—棱角山	棱角山	85.5	国铁Ⅰ级电化	双	10 000	180
七滦线	棱角山—滦县—雷庄—卑家店(沙河驿镇)—古冶	棱角山—滦县	29(34)	国铁Ⅰ级内燃	双	4 000	124
京哈线	棱角山—滦县—朱各庄—石门	棱角山—滦县	25	国铁Ⅰ级电化	双	5 000	180

通道三：曹南—张唐—张唐联络线—遵小，承担 CFD 港区上水矿石至遵化、迁西及以远地区的运输任务，其技术指标见表 4-3-7。

曹南—张唐—张唐联络线—遵小通道技术指标　　　　　表 4-3-7

线路	运行区间	限制区段（口）	里程（km）	设计标准	单双线	牵引质量（t）	设计通过能力（对/d）
曹南线	CFD 南—CFD 北	无	11	国铁Ⅰ级电化	双	5 000	56
迁曹线	CFD 南—CFD 北	无	14	国铁Ⅰ级电化	双	5 000	56
张唐线（唐包）	CFD 北—团瓢庄	无	137	国铁Ⅰ级电化	双	5 000 10 000	180
张唐线至遵小线联络线	团瓢庄—遵化南	遵化南	6.4	电化	单	—	尚未确定
遵小线	遵化南—东小寨	遵化南	9.5	地铁Ⅰ级内燃	单	5 000	38

未来新增通道四:曹南—水曹,承担 CFD 港区上水矿石至 TS 的 QA 地区运输任务。目前水曹线南段已开通,北段正在组织施工,其技术指标见表4-3-8。

曹南—水曹通道技术指标　　　　　　　　　　　　　　表4-3-8

线路	运行区间	限制区段(口)	里程(km)	设计标准	单双线	牵引质量(t)	设计通过能力(对/d)
曹南线	CFD 南—CFD 东	无	13	国铁Ⅰ级电化	双	5 000	56
水曹线	CFD 东—沙河驿镇—木厂口	沙河驿镇—木厂口	122.8	国铁Ⅰ级电化	双	5 000	180

2)港口发站装车能力分析

铁路疏港作业装车点主要位于通用码头、矿三码头及实业码头,分别具有装车线 2 条、2 条和 4 条,其中矿三码头及实业码头配备装车楼,目前最大装卸车作业能力 22 列/d,可实现年运量 2 800 万 t,见表4-3-9。

码头装车点场站设施及装卸能力　　　　　　　　　　　表4-3-9

码头	接轨车站	专用线	场站设施		装卸车能力	年运量
			装车线	装车楼	列/d	万 t/a
通用码头	CFD 站	CFD 港集团股份有限公司专用线	2	0	4	520
矿三码头	CFD 南站	TSCFD 实业港务有限公司专用线	2	1	6	780
实业码头	CFD 南站	TSCFD 实业港务有限公司专用线	4	2	12	1 500

3)钢铁企业既有专用线能力分析

截至 2020 年底,TS 及周边地区 16 家钢铁企业具备专用线,其中 3 家钢铁企业(SG 某钢铁联合有限责任公司、HB 钢铁股份有限公司 TS 分公司、TS 国义特种钢铁有限公司)临港,各自接轨车站及专用线日接卸能力见表4-3-10。其中 4 条线路为 2019 年既有改造,另有 5 条线路为 2019—2020 年新建专用线。

TS 及周边地区钢铁企业既有专用线情况　　　　　　　表4-3-10

企业名称	类型	接轨车站	日接卸能力(车/d)
SG 某钢铁联合有限责任公司	既有	CFD 南	—
SG 股份公司 QA 钢铁公司	既有	沙河驿镇	500
HB 钢铁股份有限公司 TS 分公司	既有	贾庵子、TS 南	—
TS 国义特种钢铁有限公司	既有	古冶	80
TS 丰南区经安钢铁有限公司	既有改造	古冶	80
TS 燕山钢铁有限公司	既有改造	QA	400
TS 不锈钢有限责任公司(唐钢下属)	既有改造	古冶	100
TS 丰南区经安钢铁有限公司	既有改造	古冶	80
QA 市九江线材有限责任公司	新建	木厂口	350

续上表

企业名称	类型	接轨车站	日接卸能力(车/d)
HB 鑫达钢铁有限公司	合建	沙河驿镇	400
HB 荣信钢铁有限公司			
TS 东海钢铁集团有限公司	新建	雷庄	200
HB 东海特钢集团有限公司	新建	茨榆坨	300
TS 瑞丰钢铁(集团)有限公司	合建	丰南西	650
TS 东华钢铁企业集团有限公司			
TS 市丰南区凯恒钢铁有限公司			

4）存在问题

CFD 港定位于能源、矿石等大宗货物的集散港，TS 地区钢铁企业在 CFD 港区具有 6 000 万～7 000 万 t 的年进口矿铁路疏港需求。为满足上述需求，结合评价结果并分析当前运输能力，CFD 港区铁路系统尚存在如下问题：

（1）曹南—迁曹—七滦—卑水通道能力紧张。由于曹南—水曹通道尚未建设完成，目前将 CFD 港区上水矿石运至 TS 的 QA 地区的任务完全由曹南—迁曹—七滦—卑水通道承担，而该通道同时承担 QHD 地区的运输任务，现有能力难以适应未来增量需求。

（2）线路电气化水平有待完善。七滦线（七道桥站至滦县站，62km）和卑水线（卑家店站至沙河驿镇站，14.3km）均为非电气化铁路，导致电力机车无法进入，电力机车牵引疏港矿石无法实现直通运输。

（3）集疏运主要通道交叉干扰。迁曹线、唐呼线集港煤炭运输与 CFD 南疏港矿石交叉干扰，没有形成高效畅通的集港煤炭、疏港矿石通道，无法满足煤炭、矿石大幅增量需求。

（4）CFD 南站到发线数量不足。目前，CFD 南站有 8 条到发线，不能满足未来 CFD 港装车设施提升后的运输需求。

（5）码头装车点设施设备不到位，装车能力不足。三个主要码头装车点目前最大装卸车能力为 22 列/d，仅能承担 2 800 万 t 的年运量，无法满足 6 000 万～7 000 万 t 的年疏港运输需求。

（6）企业专用线建设需进一步推进。目前既有专用线以 TS 市钢铁企业为主，未来需进一步建设 TS 市及 QHD 市钢铁企业专用线，以满足运量需求。同时应加快推进相关联络线的建设进度。

3.4.4　CFD 港区集疏运系统规划及改造方案

针对上述问题，为进一步完善区域路网结构，实现 CFD 港区功能与铁路运力的紧密结合，全面提升港口铁路集疏运能力和效率，在综合分析 CFD 港区铁路集疏运现状及规划、统筹考虑铁路建设和通道能力等因素基础上，提出 CFD 港区集疏运系统优化改造措施与建议如下。

1）推进场站改造，提升运输及装卸能力

（1）加快推进钢铁企业专用线建设

按照规划，TS 地区将从 2021 年新建 5 条专用线，见表 4-3-11，预计未来 TS 及周边地区铁矿石接卸能力将达到 55 列/d(年运量约 7 000 万 t)。针对专用线建设涉及的用地、施工等相关问题,由政府相关部门组织协调,加快推进项目建设,确保专用线施工建设按进度如期实现。

TS 及周边地区钢铁企业新建专用线情况　　　　表 4-3-11

企业名称	类型	接轨站	完工日期	日接卸能力(d/车)
TS 港陆钢铁有限公司	新建	东小寨	2021 年底	350
HB 津西钢铁集团股份有限公司	新建	东小寨	2021 年底	350
HB 安丰钢铁有限公司	新建	石门	待定	—
QHD 宏兴钢铁有限公司	新建	朱各庄	待定	—
QHD 佰工钢铁有限公司	待定	—	—	—

(2)加快提升 CFD 港区疏港矿石装车能力

按照 TS 地区钢铁企业在 CFD 港区 6 000 万~7 000 万 t 进口矿铁路疏港需求,装车能力不足问题十分突出。需加快推动港区装车线和装车楼的设计、施工进度,与 TS 地区各钢铁企业专用线建设保持一致。按照规划,对 3 个码头装车点进行扩能改造后,装卸作业能力可达 50 列/d,能够适应年运量 6 500 万 t 的运输需求(表 4-3-12)。

码头装车点专用线扩能改造方案　　　　表 4-3-12

码头	接轨车站	专用线	拟新建场站设施		未来装卸车能力	年运量(万 t)
			装车线	装车楼	列/d	
通用码头	CFD 站	CFD 港集团股份有限公司专用线	1	0	8	1 040
矿三码头	CFD 南站	TSCFD 实业港务有限公司专用线	6	2	22	3 120
实业码头	CFD 南站	TSCFD 实业港务有限公司专用线	2	1	18	2 340

(3)CFD 南站到发场能力提升改造

对 CFD 港装车设施进行提升改造后,CFD 南站现有的 8 条到发线无法满足未来运输需求。因此,可在 CFD 南站 14 道与 8 道预留区域增设 2 条到发线,并在 CFD 南站矿三码头增加一组道岔,从而形成平行进路,使得空车能够直接进入装车线进行装车作业,提高效率。

2)打通制约环节,增强路网通道能力

(1)加快推进张唐(团瓢庄站)—遵小(遵化南站)联络线建设

团瓢庄—遵化南联络线主要服务于 TS 港陆钢铁有限公司和 HB 津西钢铁集团股份有限公司,两家企业原燃料年需求量约 2 600 万 t,其中 CFD 港进口矿年需求约 1 500 万 t。按照上述企业于 2021 年底开通专用线的计划,需加快张唐—遵小联络线建设进度。

(2)加快推进水曹铁路北段建设

水曹铁路北段联通后,可连接与木厂口站接轨钢铁企业的专用线,打通至腹地的矿石、有色矿和白货疏港运输,同时有效缓解曹南线(CFD 站)—迁曹线(棱角山站)—七滦线(滦县站)—卑水线(卑家店站)疏港通道车流压力。

(3)增加曹西线能力

做好曹西配电所电源扩容改造工作,增设滦南—曹西铺设自闭线和更换迁曹线内变电所(亭)大容量隔离开关、真空断路器等设备改造方案,并同步加快曹西机车整备场建设,从而扩充煤炭接卸能力,增加曹西线能力。

(4)加快推进七滦线及卑水线电化改造

七滦线及卑水线均为非电气化铁路,对两条线路实施电化改造后,电力机车牵引疏港矿石可实现直通运输,提升运输效率。

3)创新合作模式,打造铁路集疏港服务产品

(1)优化国铁管理模式,整合合资铁路资源

针对 CFD 港区集疏运主要通道交叉干扰、阶段性运输不畅等问题,深入研究集港和疏港等组织模式,优化集疏运组织方案,提升国铁资源运营效率,为服务 CFD 和 JTG 铁路集疏运提供支撑。

针对 TS 市域内各不同合资铁路投资及经营主体,研究进一步优化股权结构及经营管理模式,整合合资铁路资源。

(2)搭建信息共享平台,延伸产业链条

围绕铁路疏港运输,发挥铁路企业牵头作用,搭建港口、运输及钢铁企业信息交流平台,推进信息资源共享,为进一步提升集疏运水平提供信息化手段支撑。在既有铁路运输服务基础上,加强与上下游相关企业合作,积极探索金融保险、融资质押等相关业务,进一步延伸大宗物资供应链业务,拓展增值服务空间。

复习思考题

1. 简述铁路与港口综合枢纽有哪些主要的组成部分,以及这些组成部分在枢纽内各自发挥的作用。

2. 铁路与港口综合枢纽规划应遵循哪些主要原则?

3. 简述铁路与港口综合枢纽规划的方法和流程。

4. 简述铁路与港口综合枢纽的布置图分为哪些类型及其各自的特点。

5. 结合你所熟悉的一个铁路与港口综合枢纽,分析其特点及存在的问题,并谈谈如何从枢纽规划的角度解决这些问题。

本篇参考文献

[1] 张超,李海鹰.交通港站与枢纽[M].北京:中国铁道出版社,2004.
[2] 陆化普.综合交通枢纽规划——基础理论与温州的规划实践[M].北京:人民交通出版社,2001.
[3] 张国伍.交通运输系统分析[M].成都:西南交通大学出版社,1991.
[4] 杜丽娟.城市综合交通枢纽设计研究[D].西安:长安大学,2008.
[5] 贾倩.综合交通枢纽布局规划研究[D].西安:长安大学,2006.
[6] 梁丽华.内蒙古综合交通枢纽布局优化研究[D].北京:北京交通大学,2007.

[7] 倪明.国内外综合交通枢纽规划设计的启示[J].交通科技,2010(1):94-97.
[8] 袁虹.综合交通枢纽布局规划模型与方法研究[J].公路交通科技,2001(8):45-47.
[9] 李代坤.综合交通枢纽布局优化研究[D].北京:北京交通大学,2011.
[10] 秦莹,何世伟.浅议城市轨道交通及客运枢纽建设[J].交通标准化,2005(5):128-131.
[11] 孙杨,宋瑞,何世伟.大城市轨道交通与接运公交综合发展研究[J].综合运输,2009,31(12):53-56.
[12] 何世伟.将高速铁路延伸到机场问题的研究——欧洲的启示[J].世界轨道交通,2006(11):50-52.
[13] 欧阳杰.机场与高速铁路之间的空铁联运模式[C].2006年海峡两岸智慧型运输系统学术研讨会论文集,2006.
[14] 蒋玲钰,陈方红,彭月.综合客运枢纽功能区空间布局优化研究[J].铁道运输与经济,2009,31(11):69-71.
[15] 赵海波,顾承东,林晨,等.虹桥综合交通枢纽规划方案研究与策划[J].城市轨道交通研究,2007,10(11):8-12.
[16] 张超永.上海铁路枢纽虹桥客站站场方案研究[J].铁道标准设计,2006(S1):118-121.
[17] 杨立峰,陈必壮,王忠强,等.虹桥枢纽集疏运体系规划研究[J].交通工程,2009(4):70-74.
[18] 吕莉玲.宁波港北仑片区后方集疏运方案研究[D].上海:上海交通大学,2006.
[19] 尹传忠,李秀泉,卜雷,等.港口铁路集疏运系统规划研究[J].中国铁路,2010(2):67-69.